Annemarie Weber

Immer
auf dem Sofa

Annemarie Weber

Immer auf dem Sofa

Das familiäre Glück
vom Biedermeier
bis heute

Severin
und Siedler

Inhalt

1 Anbruch des Lichtbild-Zeitalters

Wir könnten, einmal anders als hergebracht, die Zeitalter in einfach nur zwei unterteilen: Vor Daguerre und Nach Daguerre. Ehe das Lichtbild erfunden war, lag die Vergangenheit der Menschheit als Historienbild vor unseren Augen, gleichsam als eine Serie von Bühnenstücken vor gemalten Kulissen – als Kostümfilm. Wir wußten, wie die Menschen seit Jahrtausenden ausgesehen hatten, aber wir sahen sie nicht. Die vom Maler, vom Bildhauer dargestellten Personen waren mit ihrem Abbild nur repräsentiert. Die Bestätigung einer Ähnlichkeit, wie etwa ein »Gut getroffen«, kann das Äußere eines Menschen nicht wirklich fixieren. Die Daguerreotypie hat den Sinn der Menschen für das, was Wirklichkeit genannt werden kann, verändert. Die scharf erfaßte Realität des Augenblicks konnte, so meinten wir, der Wahrheit eher habhaft werden. Der erste Mensch auf einem Daguerreotyp – ein Strichmännchen in einer Pariser Straße – kommt uns vor, als sei da schlechthin der Mensch erstmalig überrascht worden, erwischt in seiner wirklichen Gestalt. Er war wohl ein Freund Daguerres; jedenfalls hat er lange geduldig stillgestanden, denn die Platte mußte minutenlang belichtet werden. Und doch wirkt das Bild wie eine Momentaufnahme, die allerdings einen bedeutenden, ja feierlichen Augenblick wiedergibt. Da stand er: der erste für die Nachfahren sichtbare Mensch. Dann tauchten sie auf aus dem Dunkel der Zeiten: der erste Scheitel, eine Locke, Licht auf einer Stirn, Schulterglanz, der Seidenschimmer eines gerüschten Ärmels – die Demoiselle, ein Biedermeierfräulein. Matronen und Familienväter folgten; ein Lichtbild von sich aufnehmen zu lassen, kam besonders dem bürgerlichen Sinn für Selbstdarstellung entgegen. Man war für den Fortschritt, setzte auf die Technik, bewunderte die Genies der Wissenschaften und ihrer Nutzanwendung. Die Daguerreotypie war eine atemberaubende Erfindung, die den Familien zugleich ein intimes Entzücken bereitete und ihrem Sinn für dauerhaft bewahrtes Personengedenken entgegenkam. Manche Dame mag beim Anblick ihres unerbittlich genauen Lichtbildporträts entsetzt gewesen sein: So sollte sie aussehen? Nun wurde die Kunst des Malers vermißt, der Farbe und Freundlichkeit in ein Porträt gebracht hatte; Korrekturen von Häßlichkeiten waren kaum noch möglich – jedenfalls nicht in so erheblichem Maße, wie in der Malerei. Die mechanischen Methoden der neuen Bildchronisten brachten den Menschen die betroffene Selbsterkenntnis: Das bist also Du!

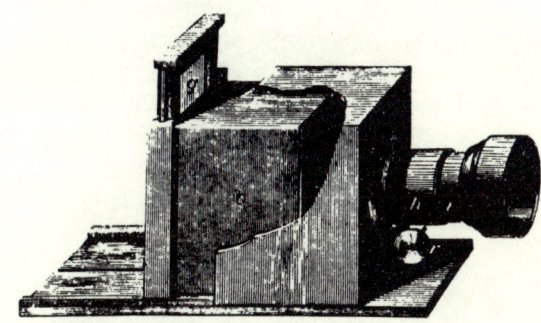

Fotoapparat aus der Mitte des 19. Jahrhunderts

Aber, wie ein jeder sich an sein Spiegelbild gewöhnt, fanden sich die dargestellten Menschen mit ihren Fotografien schließlich ab. Ohnehin sah man sich gehalten, zu posieren, wie einst für den Maler; auch ein solches Bildnis, zwar schnell gefertigt, war für die Ewigkeit gedacht. Den Begriff Natürlichkeit gab es nicht; man war nicht natürlich, man war erzogen.

Die ersten getreuen Bildnisse dieser Bürger stützen unsere individuellen Erinnerungen, die bei den heute Sechzig- bis Achtzigjährigen – wenn sie sich auf Erzählungen ihrer Großeltern von deren Eltern und Großeltern besinnen – in jene Zeit der ersten Daguerreotypien zurückreichen, also etwa in die vierziger Jahre des vorigen Jahrhunderts.

Gestern haben die Kinder nur unaufmerksam zugehört, wenn Eltern und Großeltern aus ihrer Kindheit erzählten. Erinnerungen wurden auch wohl zu oft aufgetischt, sie langweilten die Nachfahren; die Kinder wurden ungeduldig. Jetzt, in unserer Epoche der passionierten Rückwendung zu älteren und alten Zeiten, zu ihren Möbeln, ihren Utensilien, ihrem Krimskrams, ist sogar der Gedanke aufgetaucht, man solle eine Erinnerungsbank ins Leben rufen; dort sollten alte Leute zu Protokoll geben, wie sie früher gelebt hätten, wie es in ihrer Straße ausgesehen, wie es dort gerochen habe. Solche Chronistenpflicht ist lange

Zeit von der realistischen Romanliteratur erfüllt worden. Als Bewahrer kleinster Details dürfen auch Trivialromane nicht verachtet werden.

Allerdings blicken uns die meisten Personen aus unseren alten Familienalben enttäuschend anders an, als wir uns die Menschen der Romane ihrer Zeit vorstellen; unsere Vorstellung von ihnen verdanken wir illusionssüchtigen Modejournalen, Theaterstücken und Filmen, wo wir sie summarisch stilisiert als Repräsentanten einer Epoche sehen. Auch darin liegt Faszination, und aus diesem Grund wohl werden dicke Familienalben in schweren geprägten Lederrücken im Trödelgeschäft so hoch gehandelt. Abgelebte Tanten-Porträts schmücken die Wände unserer Nostalgie-Kneipen, wo eingesessene alte Sofas die Jeans-Jugend anheimeln.

Mit den Lebensumständen der Armen und Benachteiligten beschäftigt sich in neuerer Zeit die sozialkundliche Geschichtsschreibung. Daß aus dem Leben der unteren Volksschichten so wenig Augenscheinliches bewahrt wurde, ist nur zu verständlich: Die Armen haben nichts zu vererben, die Armen hinterlassen Leere.

Der Antiquitätenhandel, das Trödelgeschäft sind überwiegend mit bürgerlichen Hinterlassenschaften tätig, sehen wir von fürstlichen Besitzversteigerungen einmal ab; außerdem orientieren wir aus eigenem Selbstverständnis unsere Kulturgeschichte des Alltags an bürgerlichen Lebensweisen, bürgerlichen Ansprüchen, wobei wir dem Eindruck nicht wehren können, unsere eigenen Gebrauchsgegenstände – im Gegensatz zu unseren sonstigen luxuriösen Ansprüchen – seien ziemlich minderwertig. Vom Rosenholzsekretär bis zum Gurkentopf, von der Pendule bis zum Nudelholz – feinbürgerliche Kultur und kleinbürgerliche Lebenspraktik der Vergangenheit erscheinen uns als anziehend, und der

Geschmacksunsichere, der auf Stilmöbel umsteigt, sowie der Alternative, der beim Licht einer Petroleumlampe sich an einem in einer alten Kuchenform gebackenen Kuchen freut – sie haben Gemeinsamkeiten.

Bürgerliche Lebensweise, wie immer man sie definiert, ist attraktiv geworden. Seit dem Biedermeier hat sich eine geschlossene Ansicht von allem, was bürgerlich ist, durchgesetzt, eingeschlossen die Bourgeois-Beschimpfungen, die aus der bürgerlichen Schicht selbst immer wieder hervortreten. In den vierziger Jahren des neunzehnten Jahrhunderts ist die anmutigste, die Hoch-Zeit des Biedermeiers vorüber. Aber die Epoche hat ihre Nach-Zeit und noch einen langen Ausklang, bis in die Sechziger Jahre des vorigen Jahrhunderts. War der Bürger des Biedermeier bieder, war er bieder-sinnig? Das Wort hatte einen negativen Geschmack – lobend wurde es nicht verwendet. Vielmehr war der »Biedermeier« eine Spottfigur, erfunden von zwei witzigen Publizisten, Kußmaul und Eichrodt, die eines Schulmeisters, namens Sauter, naiv-beschränkte Gedichte parodierten. Wie sie darauf kamen, den als Familiennamen und als altmodischen Begriff bekannten Bieder-mann in Biedermeier zu verwandeln, ist nicht zu erkennen. Jedenfalls verfaßten sie ihre Biedermeier-Gedichte, die in den »Fliegenden Blättern« erschienen; sie schufen damit absichtslos die spätere Bezeichnung für die gesamte Epoche. Der Große Brockhaus von 1885 kennt den Begriff Biedermeier noch nicht. Erst um die Jahrhundertwende wertete man jene vergangene, plötzlich als gute, alte Zeit empfundene

Frühlings-Lieder.

I.

Nein, über's Herz kann ich's nicht bringen,
ich muß den schönen Tag besingen,
womit nach so vieler rauher Zeit
der Himmel wieder uns erfreut.

Die Aepfel-, Birn- und Zwetschgenbäume
die Traubenstöck' und Dinkelkeime
sie alle streben schon empor,
auch ich erhebe Herz und Ohr.

II.

Thal und Hügel werden grün
die Bäume schlagen aus,
ja mancher fängt schon an zu blüh'n,
und bildet einen Strauß.

Herrlich stehen schon und hoch
die grünen Wintersaaten,
o möchten die Kartoffeln doch,
in diesem Jahr gerathen.

III.

Ach Gott der schöne Weinstock ist
in dieser Nacht erfroren,
die Hoffnung, die den Schmerz versüßt,
ach, Alles ist verloren.

Vier Jahre hat die Kälte itzt
uns Obst und Wein genommen,
wohin wird, der in Armuth sitzt,
wohin wird der noch kommen?

(Fortsetzung folgt.)

9

Epoche kulturell auf, und sie trägt nun diesen Namen – den sie sich selbst wohl kaum gegeben hätte – als Zeichen gerührter Nachfahrenverehrung.

Man sah sich ja im Jahrhundert der Technik, der Chemie. Der Übergang vom 18. ins 19. Jahrhundert hatte im Zeichen der Dampfmaschine gestanden. Der mechani-

Dampfmaschine um 1850

sche Webstuhl, die Erfindung des Stoffdrucks hatten die Textilindustrie, die Gewinnung des Zuckers aus Rüben die Nahrungsmittelwirtschaft revolutioniert. Man dachte praktisch. Kein Schaudern empfand man mehr vor den Lokomotiven, die auf immer neuen Schienenstrecken in einer dem Eisenbahnverkehr erschlossenen

Stadt ankamen. Alte Leute, die in ihrer Jugend noch einen Zopf getragen hatten, begrüßten die Herren des Fortschritts, die mit geschwenktem Zylinder, umgeben von Rußwolken, die neuen Verkehrswege eröffneten.

Telegrafennetze wurden angelegt, die Dampfschiffahrt entwickelte sich, 1847 gab es regelmäßig verkehrende Postschiffe nach den Vereinigten Staaten. Neugotischer Architekturgeschmack vermählte sich dem Industriebau aus Eisen und Glas. Borsig lag breit und mächtig, aber doch auch gemütlich draußen in märkischer Landschaft unter romantischem Wölkchenhimmel, in den die Schornsteine ragten. Neue Brücken spannten sich, an neuen Lagerhäusern und Fabriken, Silos und Maschinenhallen zogen sich schmale Portale zu hohen Spitzbögen bis zum First; man tummelte sich in Stilnachahmungen, die dann doch einen Gesamteindruck neuer technischer Baudynamik ergaben; Eisen, Stahl, kombiniert mit Glas, waren die Industriebaumaterialien der Zukunft; nebenher zeitigen sie den Geschmack herrschaftlicher Gewächshäuser in diesem Stil, der späterhin in den großen Städten der Welt mit glasüberdachten Passagen, Palmenhäusern, Galerien und Glaspalästen urbane Pracht beherbergen sollte.

Kapitalumlauf, Investition, Aktienhandel elektrisierten aufgeweckte Kleinunternehmer und engagierten sie zur Hervorbringung von Lebenswerken. Der Mensch mußte nur tüchtig und mutig sein, so konnte er wirtschaftlich und gesellschaftlich aufsteigen. Handwerkstätten vergrößerten sich zu Manufakturen, Manufakturen stellten sich auf Maschinen um und wurden Fabriken. Gleichzeitig trennte sich der Architekt geniert vom Ingenieur: der solide Herrschaftsgeschmack von technischer Zweckbestimmung.

Kristallpalast

In den großen Städten waren Mietskasernen entstanden, die das Proletariat in eher perfidem Wohlwollen beherbergten und den Besitzern hohe Renditen einbrachten. In vornehmen Vierteln wurden große Wohnungen an Großbürger vermietet – es war jetzt auch elegant, zur Miete zu wohnen. Bessere und schlechte Wohngegenden etablierten sich, daneben ausgedehnte Stadtteile, wo das mittlere Bürgertum zufrieden wohnte – eine Einteilung, die sich bis heute erhalten hat. Besitz, der ohne Arbeit Geld einbrachte, bildete den Rentier heran: ein Traumberuf der Zeit. Ein Stand, der derartig die Gestaltung der Wirtschaft in der Hand hatte, kam zu einem neuen Selbstbewußtsein, das alle teilten, die vom Erfolg mitgetragen wurden, und das sich sogar gegen Fürstenthrone wandte; dies werde, so glaubten viele Bürger – sie nannten sich Demokraten und Liberale –, das Jahrhundert der Demokratie werden.

Das Bürgertum konnte jetzt allgemeiner Standesbegriff werden. Es gab das alte, vornehme Patriziertum, beinahe aristokratisch in seinem Selbstverständnis; es gab die notablen Zünfte, die Schicht der meist schlecht besoldeten Gebildeten, der Offiziere und Beamten, und die Menge der kleineren Handeltreibenden, die gering geachtet wurden. Die Grenzen zwischen diesen Standesunterscheidungen wurden jetzt unscharf, es gab Fluktuation. Nach der Französischen Revolution von 1789, von welcher der Dritte Stand auch in Deutschland profitiert hatte, zeigte sich jetzt, hier wie dort, das Bürgertum als eine breite Schicht von Erfolgsmenschen, die sich weiteren Empordrängenden ständig öffnen mußte. Die ruhige Mitte bildeten die Gebildeten in leidlich auskömmlichen Verhältnissen.

Den dynamischen Erfolgstyp scheint es aber nicht gegeben zu haben. Der Bürger der Biedermeierzeit bedurfte durchaus der Ruhe, einer maßvollen Nutzung des Tages. Der Idylle seines Heims galt letztlich alles Streben, der Pflege bürgerlicher Kultur war sein Geist geweiht. Alle Werte dieser Kultur waren nun beisammen: Behagensanspruch, Geselligkeitspflege, erzieherische Sorgfalt für die Kinder, angenehme Manieren, vernünftige Erwartung eines bescheidenen Glücks, das Sicherheit hieß und einfach in der Abwesenheit von Unglück bestand. Man wünschte ein schicksalsfreies

*Industriebauten
verändern die Landschaft*

Leben. Darüber thronten die überlieferten
humanistischen Ideale vom Wahren, Guten
und Schönen; die Aufklärung war in
unausschöpflicher Langzeitwirkung präsent. Das Bienchen Hoffmann von Fallers-
lebens summte, weil es seiner Bestimmung
gemäß für den Menschen den Honig sammelte. Tier, Pflanze und Gestein waren von
der göttlichen Natur bestimmt, dem Menschen zu dienen, wie es der Schöpfer
wollte, der auch alle Sterne am Himmel,
alle Mücklein in der Sonne gezählt hatte.
Der Begriff modern war nicht im Umlauf,
wohl aber das »Neueste«, ein Wort, das zur
Anpreisung des Praktischen diente, etwa
einer Mayonnaise-Rührmaschine. Etwas
Neuestes diente dem Verkauf, nicht etwa
einer Definition der neuen Zeit. Die Zeit
und ihre Verhältnisse sollten möglichst so
bleiben, wie sie waren. Die Werte, die man
früher eher in Wunschträumen geschätzt
hatte, konnte man jetzt, bei glücklichen
sozialen Verhältnissen, recht genießen.
Die Interieurs, die uns geläufig sind und
die das Biedermeier als eine Epoche der
Bescheidenheit und des sicheren
Geschmacks so berühmt machten, waren

jetzt, in den vierziger Jahren, so bescheiden nicht mehr. Die angenehm mittelpunktslosen Stuben des Empire und des frühen Biedermeier, wo alle Möbel, auch die Stühle, gereiht an den Wänden standen, füllten sich allmählich und schoben ein gemütliches Arrangement aus Sofa, Tisch und Stühlen in die Mitte vor – schließlich die vernünftige Erfüllung eines Bedürfnisses. Es gab wie zu allen Zeiten guten und weniger guten Geschmack; für den ausgreifend schlechten Geschmack stand die Industrie noch nicht zu Gebote, die sich später ausersehen wußte, schlechten Geschmack noch zu fördern, um ihn sich zunutze zu machen. Allerdings trennten sich jetzt schon das Kunsthandwerk und die Industrie; der Handwerker konnte die mechanisch gefertigten Produkte nicht schätzen.

Die Bürger sorgten sich nun, ob nicht viele Werte, die ihnen teuer waren, etwa verlorengingen. Schon in jener Zeit, die später als die gute alte Zeit gelten sollte, klagte man über die dahingegangene gute alte Zeit – der Begriff kam schon Anfang des neunzehnten Jahrhunderts auf. Das Lied »Als der Großvater die Großmutter nahm« war 1813 gedichtet worden und seufzte über die verlorengegangenen Tugenden und guten Sitten, die offenbar im achtzehnten Jahrhundert vermutet wurden, das uns eigentlich als ein Jahrhundert sehr freier Sitten bekannt ist. Die große Freizügigkeit aber war der Stil der Höfe und der Aristokratie gewesen, während das Bürgertum – so will es das Lied jedenfalls glauben machen – die Tugend pflegte.

So lebten die Bürger zwischen konservativem Wertsinn und Fortschrittstüchtigkeit. Das Genre, das sie sich geschaffen hatten, war traulich und bergend. Der Zeitgeist mochte mit den Maschinen sein, aber er hielt seine Flügel auch über Streublümchen. Dieser Zeitgeist hatte Versuche zu

Schmucklosigkeit und reinen Formen bereits hinter sich gelassen; Kannen und Töpfe von rein funktioneller Gestalt, wie sie heute als Modelle moderner Ästhetik erscheinen, waren schon Ende des achtzehnten Jahrhunderts gefertigt worden. Anfang des neunzehnten Jahrhunderts hatten Juweliere, dem Geist der Technik huldigend, technische Werkzeuge in Silber nachgebildet. Aber die Damen mochten keinen Schraubstock an der Halskette tragen – diese Designs fanden auf die Dauer kein Publikum. Eisenschmuck dagegen war eine Zeitlang sehr populär, nicht allein in den Freiheitskriegen, als Gold für Eisen hingegeben wurde, sondern weil die einzelnen Stücke in zierlicher Filigranarbeit hergestellt waren. Die Technik sollte keinen neuen Geist im Ganzen hervorbringen, ästhetischer Revolution neigte der Geschmack sich nicht zu.

Das Draußen des fortschrittlichen Menschen war die industrielle Revolution, die Welt der Eisenbahnen, der Aktiengesellschaften; das Draußen beschäftigte sich mit dem Zweckmäßigen, der Allgemeinheit Nützlichen, dem Unternehmer Gewinnbringenden. Im Drinnen des bürgerlichen Heims, das von den Frauen verwaltet wurde und wohin die Stürme des Weltgetriebes nicht gelangen sollten, fanden die lieblichen Gefühle, der Geschmack am Reizenden, die Pflege der Idylle ihren Platz. Der Hausherr, von der Erfüllung seiner Aufgaben heimkommend, streifte die kühle Luft des Existenzkampfes ab, wenn er in den Hausrock schlüpfte, die Hausmütze aufsetzte, die lange Pfeife entzündete, sich die Pantoffeln bringen ließ und, zufrieden ruhend, sich das behütete Genrebild der Familie vorführen ließ.

Die Geschäftsräume trennten sich von der Wohnung, es lebten nicht die großen Familienklans mehr zusammen, die Kleinfamilie bildete sich heraus, die, je nach Wohlstand, von mehreren Dienstboten so versorgt wurde, daß für die Herrschaften ihr Heim ein arbeitsfreier Raum war, in welchem vornehmer Müßiggang den Tag mit allerlei Beschäftigungen von geringer Bedeutung ausfüllte. Die Frau hatte nicht mehr für ein Hauswesen zu sorgen, das einem bäuerlichen Betrieb glich; sie verlor viele Aufgaben, und die mitschaffende Gefährtin des Mannes wurde zur Dame, die seinen Stand repräsentierte. Denkt man sich dies Modell als oberstes und äußerstes des bürgerlichen Standards, so waren darunter in allen möglichen Nuancen die äußerlich weniger vornehmen, vielleicht aber würdigeren Verhältnisse vertreten.

Überlieferte Tugenden festigten sich; Attitüden und Allüren kamen in Mode; alle bildeten verschiedenste Gemische. Eleganz wurde erstrebt und erreicht. Von allen reellen Tugenden der Bürger bildete sich ihr Familiensinn weiter aus. Mutterliebe stand jetzt als hohe Frauentugend da – vorher war sie als elementarer weiblicher Trieb so gut wie nicht notiert. Bei den Vermögenden war es allgemein Sitte gewesen, neugeborene Kinder den Dienstboten zu überlassen, vor allem in den Kreisen des Adels. Im Nachbarland Frankreich erhielt sich noch lange auch in bürgerlichen Familien dieser Brauch; sogar in fremde Häuser, zu Ammen in ärmlichen Verhältnissen wurden Säuglinge gegeben.

Die deutsche bürgerliche Familie wandte sich mit Ernst und Liebe ihren Kindern zu; die große Strenge aus vergangener Zeit wandelte sich in eine Erziehung, die von den neuzeitlichen pädagogischen Empfehlungen bestimmt war. Hier war Rousseau wirksam; Pestalozzi und Fröbel beeinflußten die Erzieher, und auch der recht brave, teils unselige Johann Heinrich Campe leitete die Eltern in Loben und Strafen ihrer Kinder. Knaben und Mädchen sollten zu nützlichen Mitgliedern der menschlichen Gesellschaft herangebildet werden. Die Beherrschung der Begierden war ein Hauptlehrsatz der Erziehung. Die Liebesbegierde war zugunsten der geistigen Entwicklung zu unterdrücken, und in aller Güte legten die Dorflehrer in den Schulen die aufmüpfigen Buben über die Bank und verdroschen sie mit dem Rohrstock, der Werkzeug und Zeichen ihres Berufs war. Ludwig Richter zeichnete die Entlassung des weinenden Sträflings aus der Schulhaustür, umstanden von vielen lieben Kameraden, als anheimelndes Dokument zeitgenössischen Kinderlebens.

Dennoch – der freundlichen Zuwendung ihrer Eltern konnten die Kinder sicher sein, wenn auch die Kinderstube – ein geräumiges Zimmer, voller Spielzeug und mit ein oder zwei Dienstboten ausgestattet – das ungezogene Kind kannte, das in der Ecke stehen mußte, bis ihm eine Unart verziehen war. Manche liebende Mutter zwang ihr Kind, das ihre Gebote übertreten hatte, in milder Gelassenheit, sich aus Papier zwei große Eselsohren auszuschneiden und diese um den Kopf gebunden zu tragen, bis sie seine Ungehörigkeit als gesühnt ansah.

»Artig« war das anerkennende Wort für kindliches Wohlverhalten. Der Begriff war damit degeneriert aus einer Anerkennung höfischer guter Manieren zu einer Wertkennzeichnung aus dem bürgerlichen Tugendkatalog. In Zeitschriften las man, wie bedauerlich es sei, daß auf den Pariser Boulevards die Herren den artigen Konversationston vermissen ließen, der einst dort gepflegt worden war. Indessen bildete das Wort artig bei deutschen Bürgern schon ein Raster der Anpassung für kleine Knaben und Mädchen. Die Kinderstube war der Ort umfassender Erziehung, moralischer Einwirkung auf den heranwachsenden Menschen. »Er hat keine Kinderstube« ist eine Redensart, mit der man noch länger als ein Jahrhundert anmerkte, daß jemand den Mangel an guter Erziehung merken ließ.

Kein Umbruch, so scheint es heute, hat sich so sanft vollzogen wie der in dieser sogenannten Biedermeierzeit, die ihre neue Prosperität und ihre alte, strenge Enge, ihre neue Eisenbahn und ihre alte Postkutsche, ihren neuen Freiheitssinn und ihre idyllischen familiären Gefühle unter einen Hut gebracht hat – unter den wunderbaren Zylinder des biedermeierlichen Herrn.

Wir sind gewohnt, uns jene Zeit und ihre Erscheinungen aufgrund der bunten Ansichten ihrer Bilderbögen, ihrer kolorierten Modekupfer, ihrer Holzschnitte und Stahlstiche gern präzis geformt, eben stilisiert biedermeierlich vorzustellen. Es ist die letzte Epoche, von der es noch ein so reinliches, artiges Klischee gibt; später bringt uns die Fotografie mehr optische Wirklichkeit.

Der veröffentlichte Zeitgeist weicht ohnehin von den realen Lebensverhältnissen einer Epoche kräftig ab. Beim Anblick der so adretten Ansichten der vierziger Jahre des vorigen Jahrhunderts, die uns hinterlassen worden sind, sollten wir bedenken, daß die meisten Straßen noch ungepflastert waren, der Staub um Fußgänger, Reiter und Equipagen wirbelte; in Herbst und Frühjahr versanken die Plätze und Avenuen in Schlamm. Die Toiletten der Damen und Herren sahen sicher nicht alleweil aus wie die eben aus Paris eingetroffenen Modefigurinen; womöglich machten sie eher einen ermatteten, angegriffenen Eindruck. Es gab zu Dicke und zu Hagere, denen die Mode gewiß nicht stand. Der viele Putz kann nicht alle Frauen gut gekleidet haben, und auf porträtgetreuen

Freundin nun wohlan,
Wird das Glük uns nahn.

Führ uns leichter Kahn,
Zum Wonneland hinan.

Treue Liebe spricht:
Freund, vergißmeinnicht.

Wie froh wir reiten,
Ins Land der Freuden.

Zeitgenössischer Bilderbogen

Stahlstichen sehen wir Persönlichkeiten, an denen die Fräcke doch sehr verzogen saßen, die Revers verbogen, die Knopflöcher zu enger Röcke bedenklich ausgedehnt. Das Modediktat kann, wie zu allen Zeiten, keineswegs die gesamte gesellschaftliche Szene in einen wohlgefälligen Zustand versetzt haben.

In den Straßen stank es; in vielen Häusern waren die Mauern durch und durch verpestet von den Gärungsgasen der Abtritte, die sich in den Höfen, den Erd- und Obergeschossen der Häuser befanden. Das Streuklosett, gelegentlich durch neue Erfindungen verbessert, war doch noch immer das Streuklosett; ein Kasten warf auf einen Hebeldruck Sand, Asche oder Torf ab. In Tonnen wurde der gesammelte Inhalt aus den Häusern von Zeit zu Zeit auf Kothwagen abgefahren. In den Schlafzimmern behalf man sich mit dem Nachtstuhl, einem Eimer, in einem tragbaren Kasten versteckt. In großen Städten standen vereinzelt an diskreten Stellen alte Männer und Frauen, die eine obrigkeitliche Konzession hatten, Passanten in dringlichen Fällen zu dienen: mit einer Bütte, über die ein Holzbrett mit einem Loch gelegt wurde. Der Kunde wurde mit einem weiten runden Mantel bedeckt und in einen versteckten Winkel geführt. Allmählich erst wurden, Jahrzehnte später, die Rotunden, die Retiraden eingeführt.

Dieß von einem Freund
Ders gut mit dir meint.

Unter Himmels Höhn
Macht Liebes Leben schön.

Bleib mir süßes Blut,
Stets von Herzen gut.

Habs erobert ich,
Soll's beglücken Dich

Boulevards, wie Paris sie kannte, gab es in deutschen Städten noch nicht, wohl aber die schon eleganten Flanierstraßen, die fürstlicher Selbstdarstellung dienenden Prachtstraßen. Marktplätze sahen an Markttagen aus wie unsere heutigen Marktplätze; Köchinnen und Wirtschafterinnen feilschten um Preise, erforschten die Frische der Ware und erhielten schlagfertigen Bescheid von den Händlerinnen. Damen traten mit ihren Dienstmädchen auf, die den Henkelkorb trugen. Der Alltag war sicher grau, wie zu allen Zeiten. Die Sonn- und Festtage waren wohl eher farbig und reinlich-heiter; der Putz, in welchem die Zeit sich so sehr gefiel, trat dann in Fülle auf Plätzen und Promenaden zutage, wo man, einander liebenswürdig grüßend, lustwandelte. Noch beherrschte man die Kunst der artigen Komplimente, der galanten Phrase. Das Kompliment bestand nicht nur in der ehrerbietigen Anrede, sondern auch in einer tiefen Verbeugung, besonders des Niedrigergestellten vor dem Höherstehenden, in einem anmutigenden Schwenken des Zylinders auf Seiten des Herrn. Die Damen nickten und knicksten.
Namen ohne vorangestellten Titel gab es kaum. Alle Bezeichnungen für Amt, Rang und Würde wurden zu Titeln erhoben. »Guten Morgen, Herr Archivarius« – »Habe die Ehre, Herr Sekretarius« – »Halten zu Gnaden, Frau Hofrätin«: So ging es

Der Staatsdiener qualificirt sich durch Unterleibsbeschwerden
zum Staatshämorrhoidarius. Man zieht den Arzt zu Rathe.

Titelsucht

leicht von aller Leute Lippen, unverändert
seit Kotzebues Lustspiel »Die deutschen
Kleinstädter«, das die deutsche Titelsucht
satirisch darstellte.

Immerhin hatte sich die Anrede »Sie«
durchgesetzt. Nur Träger hoher Würden
und Adelstitel wurden in der dritten Person
Pluralis auch im Verbum angesprochen:
»Haben Durchlaucht schon gespeist?«
Wenn sie sie nicht einfach duzten, befahlen
die Herrschaften ihren Dienstboten noch in
der dritten Person Einzahl: »Spanne er die
Kutsche an!«

Wer es zu etwas gebracht hatte, besaß eine
Equipage. Mit den Kutschen, von denen es
so viele Typen gab wie heute Automarken,
wurden Reichtum und Eleganz einer Familie vor aller Augen evident; sie waren Sta-
tussymbole. Das gewöhnliche Kabriolett –
Gefährt der Post- und Mietkutschendien-
ste, mit rohem Wetterverdeck und einer
Federung, die vor unsanftem Schütteln
nicht bewahrte – hatte immer feinere
Modelle entwickelt. Die Gefährte waren
exquisite Augenweiden, unerhört fein im
Profil, von geradezu nervöser Zierlichkeit.
Die Postkutsche führte noch Arm und
Reich zusammen. Viele Reisen mußten
weiterhin mit diesem Verkehrsmittel
zurückgelegt werden, und es wurde bei
weitem nicht als altmodisch empfunden.

Zahlreiche Postkutschenstationen lagen an Eisenbahnstationen, um die Passagiere für die Weiterreise aufzunehmen. Heinrich Laubes Reisebeschreibungen durch die deutschen Kleinstaaten geben ein Bild von Erlebnissen im späten Postkutschenzeitalter. Besonders spannend war es nach Halten in nächtlicher Dunkelheit bei Morgenlicht zu sehen, wer zugestiegen war: alte oder junge Damen? Eine kleine Anbandelei? Wie oft wurde eine junge Dame von einer alten begleitet – von der Anstandsperson. Selten fuhr man bis zum Ziel, ohne einmal umgeworfen zu werden; so war trotz der langweiligen Anstandsregeln für Abwechslung gesorgt.

Die Bildungsreise, in England Grand Tour genannt, beim deutschen Adel, sofern er es sich leisten konnte, als Kavaliersreise selbstverständlich, führte den jungen Herrn von großbürgerlichem Stand vorzugsweise nach Italien. Paris war die Ausnahme, London kam kaum vor. Bürger, denen es in ihrer Jugend nicht vergönnt war, so weit fortzukommen, holten eine solche Reise jetzt nach. Es gab neue Reisehandbücher von Italien, Frankreich und der Schweiz, aber auch von den Rheinlanden.

Man lebte in Kleinstaaten; viele Bürger kamen aber im Laufe ihres Lebens tüchtig durch die Lande. Doch wenn zum Beispiel die Aussicht auf eine Stellung einen Norddeutschen nach Bayern, einen Preußen nach Schwaben führte, so traf er dort ganz ähnliche Verhältnisse an wie die verlassenen. Räte, Professoren, Fabrikanten, Kaufleute, Pastoren, Vikare, Lehrer, Doktoren, Apotheker und aufstrebende Handwerker: Alle rangierten sich um einen Hof. Die Garnisonstadt bildete die Offiziersgesellschaft. In den Universitätsstädten waren es die Studenten, die eine Elite unterschiedlicher Qualitäten bildeten. Burschenschaften und Corporationen waren demokratisch-patriotisch politisiert; ihre auffällig

barbarischen, jedoch als elitär empfundenen Bräuche sind nicht nur Heinrich Heine mißliebig gewesen, der fand, daß sie *sich ewig untereinander herumschlagen, in Sitten und Gebräuchen noch immer wie zur Zeit der Völkerwanderung dahinleben…*

Neue Verkehrswege erschließen das Land

Ergab sich der Anschluß an die Gesellschaft nicht von Geburt und Familie her, erhob sich die Frage nach dem Verkehr mit Menschen gleicher gesellschaftlicher Stellung. Es dürfte Neuhinzugekommenen nicht immer leichtgefallen sein, Anschluß zu finden und in einem Kreis willkommen zu sein. Es ging dabei nicht etwa ausschließlich um Zeitvertreib, sondern beispielsweise auch um die Wahl einer Braut. Mochte auch der Jüngling so weit noch nicht denken, wurde er doch in kürzester Zeit zum Objekt von Heiratsentwürfen. Eltern heiratsfähiger Töchter unterhielten ausgiebigen Gesellschaftsverkehr, um die Mädchen mit passenden jungen Männern bekanntzumachen. Ihnen zuliebe wurden Tanztees und Hausbälle gegeben. Mit solchen Veranstaltungen löste man einander ab, und in manchen Familien war man ständig mit den Vorbereitungen zum Besuch mehrerer Bälle innerhalb einer Woche beschäftigt.

Die geistreichen Salons, die große, oft jüdische Damen zwanzig, dreißig Jahre zuvor geführt hatten, genossen einen langen Nachruhm. In allen Kreisen versuchte man, wenn nicht einen solchen Salon oder Jour fixe jener Art zu unterhalten, bei Zusammenkünften doch auch möglichst geistvoll zu sein, als Gastgeber etwas zu bieten, als Gast sich dem Kreis, besonders den Damen, angenehm zu machen.

Nun ließ sich der ersehnte Esprit nicht kommandieren, aber man konnte sich mit Deklamieren, mit Rezitieren, mit verschiedenen erlernbaren Vortragskünsten zur Unterhaltung behelfen. Lehrbücher einschlägiger Art beförderten die Lust an solchem Ersatz für Begabung mit Geist: Ein *Deklamatorium: Ernst und heiter, auch mit klassischen Beiträgen für Privatgesellschaften* wurde angeboten, und noch viele Werke ähnlicher Zielsetzung annoncierten: *Galanterien oder Der Gesellschafter, wie er sein soll. Eine Anweisung, sich in Gesellschaften beliebt zu machen und sich die Gunst der Damen zu erwerben. Ferner: Musterliebesbrief, 28 poetische Liebeserklärungen, 24 Pfänderlösungen, 93 verfängliche Fragen, Toaste etc.*

Pfänderspiele waren die beliebtesten Unterhaltungen. Fanden ein Herr und eine Dame gemeinsam eine Zwillingsfrucht – eine Doppelnuß, eine Doppelkrachmandel –, mußten sie sich beim nächsten Zusammentreffen mit den Worten »Guten Morgen, Vielliebchen« begrüßen. Wer es zuerst sagte, hatte von dem anderen ein kleines Geschenk zu fordern. Die Sitte hielt sich bis weit in unser Jahrhundert.

Zur Unterhaltung einer Gesellschaft machte auch ein Kompendium aus Schillers Werken dienen, doch vor allem war es das Heitere und Launige, womit man brillieren konnte:

Der Hauspoet. Eine Sammlung launiger Gedichte und Epigramme für gesellschaftliche Circel.

Lustiger Declamateur. Eine Auswahl launiger Dichtungen und Travestien zur Unterhaltung gesellschaftlicher Circel.

Schließlich ein todsicher zum Erfolg verhelfendes Buch:

»Knallerbsen Oder du sollst und mußt lachen!«

Am verläßlichsten aber war doch die Musik. Hatten zu Anfang des Jahrhunderts die Töchter in bürgerlichen Familien am liebsten Harfe gespielt, war es nun das Pianoforte, das in keinem Hause, das auf sich hielt, fehlen durfte. Die Kunst des Klavierspiels der beflissenen Töchter kann kaum immer ein Genuß gewesen sein; vor allem nicht das Vierhändigspiel, vom Nachbarn an der Wand belauscht, ist als Qual in der Literatur der Epoche bewahrt.

Der technische Fortschritt des Notendrucks machte es möglich, gefällige Musik in gedruckten Notenblättern in größeren Auflagen zu vertreiben; die Gassenhauer der Zeit gelangten schnell in die Wirtshäuser, und für die gehobene Unterhaltung in den familiären Salons stand nun eine große Auswahl zur Verfügung. Man spielte und sang nicht durchweg das Klassische und Noble, sondern gern auch das Neueste vom gefälligen Geschmack am reichen Gefühl. Hatte man »25 Stücke für das Pianoforte« erworben, war eine gesellige Unterhaltung wohlversorgt, aber noch reizvoller war es, wenn jemand sich auch noch zum Singen bereitfand. Ein Herr konnte sich in angenehmes Licht setzen, wenn er mit einem schön vorgetragenen Lied zur Unterhaltung der Gesellschaft beitrug. Aber vor allem wurde es von einem jungen Mädchen erwartet, daß sie außer Klavier spielen auch singen konnte. War ihre Stimme auch noch so dünn, wies sie doch ein Talent vor, das sie als musisch begabt und damit als Gattin begehrenswert erscheinen ließ.

Drohte eine Unterhaltung im kleinen Kreis zu versiegen – der Hausherr sog schweigend an der Pfeife, schweigend saß die Mutter am Stickrahmen, der galante Klavierspieler gähnte, auf dem Sofa räkelten sich schläfrig zwei Herren –, so war die Rettung aus der Langeweile vielfach die Frage an das Fräulein des Hauses, ob sie sich wohl bereit fände, noch ein Lied zu singen, vielleicht: »Du holde Kunst« oder vom eben herausgekommenen Blatt:

Pianonoten:›Die Träne‹. Gedicht von H. Grünig. In Musik gesetzt für eine Singstimme mit Begleitung des Pianofortes.
Der beliebte Componist – so war das Blatt in einer Annonce empfohlen – *hat den sehr ansprechenden Text gewählt und denselben in seiner anerkannten Gediegenheit so in Musik gesetzt, daß seine Composition einen tiefen Eindruck machen und jedes Herz warm und innig durchdringen wird.*

Zum guten Ton gehört ein Musikinstrument

Auf Tanzgesellschaften und Bällen, die in reichen Häusern ihren Höhepunkt in mitternächtlichen Diners hatten, wurde der unsterbliche Kotillon getanzt: die große Ronde, der die Quadrille folgte, wonach der Tanzmeister beliebige andere Touren kommandieren konnte; nach einer jeden walzte man einmal im Kreise, und bei freier Wahl zwischen Herren und Damen, unter Überreichung kleiner Geschenke, der beliebten Kotillonorden, endete der Tanz sehr ausgelassen. Den Walzer empfand man als einen Höhepunkt: Noch wilder konnte es nicht mehr kommen! »Der Gefährte des Todes und der Schwindsucht«, wie der Walzer schon genannt wurde, als er zu Anfang des Jahrhunderts aufkam, wurde von Stimmen der Vernunft noch immer kritisiert als schädlich und in seinen Auswirkungen auf die Tänzerinnen unästhetisch: Wie kamen die jungen Damen zu ihrem Platz zurück – nach Atem ringend, verschwitzt, mit triefenden Locken, die Wangen wie gekocht. Als epileptisch erschien der wilde Tanz. Wenn dies nun schon Wildheit war, wie stand es dann insgesamt mit der sittlichen Fügsamkeit der Jugend? In Häusern, die ängstlich jegliches Ungenormte von sich fernhielten, gediehen wohl die Nachkommen, die versprachen, die Werte der formierten bürgerlichen Gesellschaft zu erhal-

Allemande nach einer engl. Gravüre.
Ende des 18. Jahrhunderts.

ten und weiterzugeben. Gediegene Kreise um geachtete Künstler brachten keinen Bürger vom bürgerlichen Weg ab, aber hier und dort gab es doch Cliquen, die man nicht immer mit Milde als das lockere Künstlervölkchen bezeichnen konnte – das waren schon Brennpunkte der lockeren Sitten: die Künstlerfeste unter schrägen Glasfenstern, die Atelierfeste, Maskeraden, Budenzauber, wobei es bedenklich horizontal zuging, Feste, für die besonders München schon damals berühmt war. Betrunkene saßen eingeschlummert auf dem Fußboden, Männer und Mädchen umschlangen und küßten sich, man lagerte auf Polstern, man tanzte bacchantisch. Den Bürgerfräulein war es verboten, solche Gesellschaften zu besuchen oder auch nur Bekanntschaften mit ihren Teilnehmern zu schließen: So waren es wohl die Modelle der Maler, Kinder des Volkes – oder doch auch, heimlich, eine junge Dame aus gutem Hause, eine Entfesselte, Beklagenswerte, die auf eine passende Heirat zu warten keine Lust hatte.
Künstler gab es – wie zu allen Zeiten – mehr als Kunst, die für die Nachwelt Bedeutung gehabt hätte. Die der moralischen Norm ausweichenden Kreise der

Lebenskünstler, die sich um die Berufs-künstler scharten, waren so suspekt wie attraktiv. Die bürgerliche Welt kehrte sich von diesen Kreisen geängstigt ab und erwartete von den Bildern, die aus solchen Ateliers kamen, weder Erhabenheit des Gegenstandes, noch wahre künstlerische Fertigkeit.

Das Idol der Epoche war Franz Liszt. Ihm nun wieder sah man seine Amouren nach, war er doch ein wahrer Gott. Wo er spielte, lagen die Damen ihm buchstäblich zu Füßen und schmachteten ihn an. Liszt war in der Rolle des Vergötterten in der Nach-folge Paganinis am Himmel der Musik auf-gestiegen, und er hatte zu seinem Virtuo-sentum noch ein so schönes Gesicht!

Der Tänzerin Lola Montez aber nutzten ihre Kunst und ihre Schönheit wenig im Urteil des bürgerlichen Publikums: Sie war sittenlos, käuflich, wurde um ein Haar zum Ruin des bayrischen Königs.

Von der Betrachtung der großen Welt kehr-te man immer wieder gern in die Zufrie-denheit mit der eigenen Lebenseinrichtung zurück. Der literarische Geschmack war gediegen, speiste sich aber nicht so sehr aus dem Kauf von Büchern für die eigene ohnehin schon wohlbestellte Bibliothek als aus den Leihbüchereien und aus den Fort-setzungsromanen der Journale, wie der »Allgemeinen Mode-Zeitung«, der »Leip-ziger Illustrierten« und vieler anderer Perio-dica, die mit opulenten Illustrationen Nach-richten aus aller Welt ins Haus brachten. Goethe, das wußte man, hatte man zu achten. Schiller aber stand höher im bür-gerlichen Respekt, er erschien als verläßli-cher Idealist; seine Werke waren in jedem besseren Haus vorhanden. Die literarischen Beiträge der Zeitschriften waren eher vor-nehm als trivial; nie ließen sie die bilden-den, ethischen und ästhetischen Elemente vermissen, die man seinem Publikum schuldig war.

Besonders die »Miscellen« und Berichte freier Korrespondenten aus dem Ausland entsprachen dem Informationsbedürfnis der Leser. Aus England und Frankreich, aber auch aus den Vereinigten Staaten von Amerika, wohin so viele deutsche Auswan-derer gegangen waren, kamen die meisten Berichte. Man erfuhr Neues über die dra-matische Kunst in Amerika, auch von Erfolgen berühmter Schauspieler. Von der französischen Aktrice Rachelle las man, wie sie vor der Queen Victoria deklamieren durfte, daß sie in einem Zirkel des Herzogs von Wellington großen Eindruck gemacht hatte. Dieser dankte der Künstlerin am Schluß tiefbewegt im Namen aller, die sie hatten hören dürfen. Mademoiselle Rachel-le, die schnaubend und rollend offenbar ihr Äußerstes gegeben hatte, erwiderte seinen Dank geschmeichelt, worauf der alte Herr – er war vor Zeiten einer der berühmtesten Dandys gewesen – ihr gestand, daß er voll-kommen taub war und daß keiner der Geladenen Französisch verstand. An sol-chen anekdotischen Mitteilungen freute man sich verständlicherweise. »Ein Char-latan« war die Schilderung einer Betrugs-affäre aus Paris überschrieben; »Eigentüm-lichkeiten von New York« ließen den Leser auf dem Kanapee empfinden, daß es am besten doch daheim sei. Die enormen Ein-nahmen des Herrn Scribe in Paris konnten allerdings neidisch stimmen.

»Tollheit eines Engländers oder Bestrafter Geiz des Herrn von Rothschild«: So sahen die Nachrichten aus der Prominentengesellschaft aus, die allerdings nicht systematisch beigetrieben, sondern mehr zufällig aufgenommen wurden. In Südfrankreich war ein Mädchen verbrannt, weil es beim Zubettgehen vergessen hatte, die Kerze zu löschen. Das kam leider oft vor; es geschah schon, daß eine Dame ihre wunderbare Balltoilette angelegt hatte, dann aber den Ball nicht mehr besuchen konnte, weil sie vorher verbrannt war: Die leichten, duftigen Musseline und die Kerzen…

Beliebt waren Paul de Kocks humoristische Romane, die »Zizin« hießen, und »Der Hahnrei« oder »Das schöne Mädchen aus der Vorstadt«. Eugène Sue wurde übersetzt, ein neues Buch von ihm mit dem Nachdruck empfohlen, es dürfe in keiner Bibliothek fehlen. George Sands Romane lieferten manches Fortsetzungsvergnügen – die französische Literatur, war sie auch

Lyrischer Bestseller der Epoche

recht frei, hatte hohen Unterhaltungswert. Aber auch auffallend viele deutsche weibliche Autoren waren erfolgreich. Wir lesen von Henriette Hanke, geb. Arndt, deren »sämmtliche Schriften letzter Hand« 1840 herauskamen, »mit dem Portrait der Verfasserin in Stahlstich«. Die Damen schrieben gern Prosa, die sich Arabesken, Skizzen nannten, und längere Erzählungen, die als Novellen galten, und natürlich Romane, wie auch Ida Gräfin Hahn-Hahn, deren jetzt wieder herausgekommene Reiseberichte über England aus heutiger Sicht als teils trefflich, teils mindestens amüsant gelten können. Mancher männliche Schriftsteller konnte seine Bedeutung der Nachwelt nicht mehr vermitteln, obschon er zu Lebzeiten so hochgeachtet war wie offenbar Ernst Schulze: Der Verleger Brockhaus meldete 1841, er publiziere jetzt in vier Bänden die poetischen Werke Ernst Schulzes, darunter vor allem »Cäcilie, ein romantisches Gedicht in 20 Gesängen«. Neben der Belletristik, die mehr den Damen gewidmet war, empfahlen sich alle Arten von Lehrbüchern zur Fortbildung. Dem noch kleinen Mann, der Ehrgeiz hatte, waren alle möglichen Lernhilfen zugedacht. Der Schneidergeselle – warum nicht? – konnte sich selbständig machen, vertiefte er sich in das Lehrbuch: »Die vollständige Schneiderkunst. Anweisung für Mannskleider-Verfertiger«. Der Textil-Manufakturist bildete sich weiter in dem Verfahren der Zeugdruckerei. Den Galanteriewaren-Händler, oder auch manches Fräulein, das sich ihr Brot selbst verdienen mußte, interessierte eine »Anweisung zur Fertigung künstlicher Blumen«. Seidenblumen waren die große Mode. Der Möbeltischler bildete sich weiter in der »Farben- und Lackkunde für Handwerker: Lackieren, Vergolden, Versilbern, Bronzieren. Chemie und Technik«.

Was den neuen Techniken für ein Gewerbe gewinnbringend zu entnehmen war, konnte studiert werden in der »Technologie oder rationellen Praxis des chemischen und mechanischen Gewerbewesens«. Tuchhersteller interessierten sich für neuartige Appreturen, die alle Stoffe wasserdicht machten. Der aufstrebende Handwerksgeselle, der Kaufmannsgehilfe lernten »Die einfache und doppelte Buchhaltung in der Anwendung auf gewerbliche Unternehmen« – Streben war das magische Wort der Zeit.

Im Gesamtbild des Bürgertums sehen wir die nach dem ersehnten sozialen Rang und dem dazugehörigen Wohlstand Strebenden; wir sehen die bereits Arrivierten, die sich in ihren Geschäften ständig weiter ausdehnen; die schon zur Ruhe Gekommenen, vom erworbenen Geld lebend; die kleinen, mittleren und höheren Beamten und Hofbesoldeten sowie die schon seit mehreren Generationen finanziell Abgesicherten, die den zu Ansehen gekommenen Bürgerstand in seinen besten Verhältnissen repräsentieren und schon dem niederen Adel, der auch verarmte Familien kannte, nahestehen.
Bürger übernahmen manche Feinheiten der adligen Lebensweise. In ihren Wohnungen standen Möbel aus edelsten Hölzern, besonders aus Mahagoni, das mit zunehmendem Alter einen immer wärmeren Ton annahm. Verfügten die Bürger zwar nicht über ganze Zimmerfluchten, so ließ sich doch in der Putzstube zeigen, was man hatte, wer man war. Es war die gute Stube, die viele Bürger noch heute pflegen und schonen, die Visitenkarte der Familie.

Die nach vorn hinaus gelegenen Zimmer wurden besser ausgestattet als die hinteren Räume, wo vielleicht noch die alten Stühle standen, das alte Sofa, mit dem man einst vorliebgenommen hatte – schäbig gewordenes Empire, wer weiß. In der Putzstube wurden auf Blumentischchen dekorative Pflanzen gepflegt, standen in den Vitrinen aufgereiht die Tassen, das feine Porzellan, das nicht mehr »das weiße Gold der Könige« war, sondern jedem bessergestellten Bürger erschwinglich; Jubiläumstassen zu Geburtstagen, Hochzeiten und Tauffesten, Gedenktassen an die geliebte Königin Luise, Tassen mit Landschaftsbildnissen, Ansichten von königlichen Schlössern, mit Goldrand und Blumen. Die Servante, ein unentbehrliches Seitentischchen, das Sofa, für drei Personen, mit hohen Rücken- und Seitenlehnen, sanft gepolstert, Stühle und Armstühle mit leicht geschweiften Beinen – wie ihrer Stützaufgabe zuvorkommend ergeben; in einer Ecke stand der Sekretär mit seinen vielen Fächern, das Damenschreibtischchen, die Konsolen, das Pianoforte, das in vielen Häusern ein Flügel war: Hier war gesammelt, was man liebte, was man vor allem gern zeigte. Allerlei Kleinkunst hielt deshalb hier Einzug: Figuren aus Porzellan oder Alabaster, Engelsköpfe, Büsten, Schalen und Schälchen aus durchbrochenem Silber, Dosen und Döschen, in

denen nichts aufbewahrt wurde, Prunk-
schalen, die nur ihr schönes Dekor zeigten,
Vasen und Väschen ohne Blumen, und
noch weit mehr verspielte Niedlichkeiten,
wie sie besonders den Damen gefielen,
denen zuliebe sie geschaffen wurden. Diese
Nippes oder Nippsachen standen fast ein
Jahrhundert lang in unseren guten Stuben
herum – viel verspottet, aber nicht auszu-
rotten. Die charmanten kleinen Schwäne,
mit den halb aufgerichteten Flügeln, in
denen man doch irgendetwas aufbewahren
kann, stehen eben jetzt wieder in allen
Geschenkartikelläden.

Auf die vormals freien Fußböden, die glänzenden hellen Dielen, wurde nun immer
lieber ein Teppich gelegt, zunächst als Aus-
stellungsstück freibleibend, dann unter der
Sitzgruppe aus Sofa, Tisch und zwei Stühlen. Die Wände waren hell, Blümchentape-
ten waren passé. Bilder und Spiegel hatten
rechteckige, helle, polierte und sehr einfache Holzrahmen. Die Fenster trugen Gardinen wie Kleider: weiße, bogig hängende
Schals, mit Schleifen gehalten, eine oder
zwei oben quer genommene Partien ver-
klärten den Blick auf die Straße – die Wol-
kengardine, wie sie von vielen heute noch
oder schon wieder geliebt wird, obwohl sie
so schlecht zu unserer modernen Kästchen-
architektur paßt.

Neben dem erwähnten Ausstellungs-
Porzellan gab es, in anderen Zimmern, die
großen Service für Diners, die kostbaren
Kaffee- und Tee-Service, riesige Vorräte an
Tafeltüchern – was die unteren Stände als
Luxus ansehen mußten, gehörte jetzt im
Bürgerhaus zum anständigen Haushalt.
Die vielgerühmte Bescheidenheit der Zeit
ist ein Etikett, das um die Wende zum
neunzehnten Jahrhundert geprägt wurde,
als bürgerlicher Pomp seinen Höhepunkt
erreichte, neben dem die Vergangenheit
vergleichsweise schlicht erschien. Aber der
durchschnittliche biedermeierliche Haushalt war durchaus aufwendig; nach den
geringeren Ansprüchen der auch in der
bürgerlichen Schicht immer vorhandenen
Nichtvermögenden, Einkommens-
schwachen läßt sich der Stil einer Epoche
nicht kennzeichnen.

Luxus zeigte sich auch in einer Vielzahl
weiterer reizender Einfälle, die außer den
genannten Nippsachen, zum schönen
Leben gehörten: Kämmchen, Broschen,
Medaillons, Flacons, Tintenfäßchen, Streu-
sandbüchsen, Etuis, der Taschenkalender
»Vielliebchen«, dazu der Aufwand, der mit
den vielen Billets getrieben wurde, die man
einander schrieb. Im Papiergeschäft, das
sich Fourniture de Bureaux nannte, war
neben bester Stahlfedertinte und feinen
Briefpapieren auch alles Weitere an galanten Papierartikeln vorrätig: Billettpapier
mit gemalten und durchbrochenen Verzierungen, Präsentierkarten für Vielliebe-
chengeschenke, Nadeletuis, Bonbonnieren,
Buchstaben- und Devisen-Oblaten. Oblaten hießen die zartfarbigen, gelackten

Blumen- und Engelsbildchen, die in unserer nostalgischen Zeit bogenweise auch wieder lieferbar sind; unsere dekorativ gezackt unter dem Backwerk hervorschauenden Tortenpapiere sind biedermeierliche Überlieferung, so wie das Biedermeier-Sträußchen, mit Papiermanschette steif zusammengehalten, die wohl geläufigste Erinnerung an unsere, wie es scheint, Lieblingsvergangenheit ist.

Das Schlichteste in jenen vierziger Jahren waren wohl am ehesten die Alltagsfrisuren der Damen: der Mittelscheitel mit den geteilten Haargardinen scheint nach den überlieferten Gemälden und Daguerreotypien eine Einheitsfrisur gewesen zu sein, vor allem der jungen Mädchen. Sie hatte offenbar den Sieg davongetragen über Stocklocken und über stramme Zöpfe, die zu Brezeln und Henkeln, zu chinesischen Türmchen gelegt worden waren. Nun trug man das Haupt schlichter. Die Ballfrisuren wiederum waren äußerst kunstvolle, mit eingeflochtenen Blumen, Federn, Perlen, Bändern und Schleifen dekorierte Haararchitekturen.

Die Mode des frühen Biedermeier mag schlichter gewirkt haben als die des vorangegangenen Empire und die der nachfolgenden Krinolinenpracht. Aber der altdeutsche Stil, den sie nachzuahmen liebte – mit Brusttüchern, Puffärmeln, Schneppentaille und glockigem, schwerem langen Rock über einer Vielzahl von Unterröcken zu flachen Schuhen –, entsprach mit seinen vielen bestickten Tändelbändern ganz dem Wunsch nach einer Grundform und reichem Ausputz in den Details. 1840

Zeitgenössischer »Comic strip« über die Krinoline

beginnend, verfiel die Mode wieder darauf, den Damen statt der vielen Unterröcke mit einem Gestell aus Stahlreifen und Roßhaar eine reizend ausgreifende Silhouette zu verschaffen. Um wieviel schmaler wirkte so die Taille, noch dazu, wenn sie geschnürt wurde. Die Absätze der Schuhe wurden ein wenig angehoben, aber die Krinolinen reichten bis auf den Fußboden. Im Lauf der vierziger Jahre kam eine Rocklänge auf, die vorsichtig als sehr kurz annonciert wurde: Sie ließ etwas Füßchen sehen.

Von Kleidern war aber kaum die Rede, sondern nur von Toiletten. Sie bestanden aus vielen Einzelteilen, die zwar aneinandergenäht sein konnten, aber doch die gesamte Erscheinung in mehrere Partien gewissermaßen zerlegte: Rock, Korsage, Taille, Kragen, Überrock, Überwurf… Eine Dame mußte mindestens über fünf Toiletten verfügen, wovon die beiden, die für den Vormittag bestimmt waren, Négligé genannt wurden.

Da waren das Négligé für den Morgen, das Négligé für den Ausgang am Vormittag, die Toilette für den Nachmittagsausgang, die Abendtoilette, und möglichst noch die Toilette, die man allerdings Kleid nannte, nämlich das »Kleid zum Staate«. Ob nun schon Krinoline oder noch der lange Glokkenrock – über ihm wurden noch aufgelegte Überröcke getragen, etwa in Weiß, mit Valencienne-Spitzen verziert, oder in breiten Doppelvolants mit bogigen Dekorationen aus Stickerei und Spitze –, eine Mode, die nur eine bevorzugte Grundlinie kannte, wandte allen Erfindungsreichtum auf die Kombination von Stoffen und Mustern, auf die Kunst der Stickerei und Spitzen, und der Geschmack, mit dem dies alles zusammengestellt war, hatte das Entzücken zu erbringen, das sich auf die Trägerin der Toilette richten sollte.

Zu den Vormittagstoiletten trugen die Damen Stiefelchen; sie wurden in der Verkleinerungsform genannt, was verständlich ist: Es handelte sich eben nicht um Stiefel, sondern um zierliche Architekturen für das Füßchen; wir glauben nicht, daß sie immer züchtig versteckt wurden, sondern doch zum gelegentlichen Hervorlugen unter dem Saum gemacht waren: Ein pastellfarbenes Stiefelchen sollte allein für die Dämmerung unter der Krinoline gemacht sein?

Ein Négligé zum Ausgehen am Morgen konnte aus gestreiftem Drill sein – ein allerdings einfacher Stoff. Dazu paßte eine Großmutter-Mantille, und daran, daß man manche Elemente schon wieder aus vergangenen Moden bezog, sie scherzhaft nach den Großmüttern der jungen Damen benannte, sieht man, daß die Mode schon damals um neue Einfälle verlegen war. Zu diesem Gebilde aus gestreiftem Drill und Mantille wurde der Dame vom Modejournal vorgeschlagen, eine Kapotte aus genähtem Stroh ohne Verzierung zu tragen. Die Schutenhüte, die Kapotten, waren schon jahrzehntelang in Mode; ihre modischen Veränderungen in dieser Zeit erscheinen unserem Auge geringfügig. Man konnte sich offensichtlich schwer von ihnen trennen, wähnte man doch, sie verliehen jedem Gesichtchen einen besonders vorteilhaften Rahmen. Männerurteile sahen das zuweilen anders: Die Frauen sähen damit eher wie Pferde mit Scheuklappen aus. Tatsächlich waren die Florentiner Hüte mit Bändern, die Reiterinnenhüte mit geschwungener Krempe und einer kühnen Feder viel hübscher. Unsere

Damen der Gesellschaft

Dame, im Négligé auf dem Vormittagsaus-
gang – wahrscheinlich zu einer Freundin in
der Nachbarschaft –, sollte dazu schwarze
Stiefelchen tragen, aber einen weißen Sonnenschirm wählen. Nicht zu vergessen: ihr
Taschentuch, das ihren Namenszug trug.
Mit den Sonnenschirmchen wurde ein
großer Kult getrieben. Sie konnten rosa
oder blau gefüttert und mit Valencienne-
Spitzen verziert sein. Ebenso schwärme-
risch tändelte man mit dem Taschentuch.
Die dünnen und feinen Ziertüchelchen
wurden in der Hand gehalten, ließen ihre
Spitzen- oder durchbrochenen Kanten, ihre
eingestickten Namen sehen.
Die bevorzugten Stoffe waren Seide und
Organdi, Kaschmir, Samt, Foulard und
noch immer der duftige Tüll, der liebliche
Musselin vor allem. Wolle und Baumwolle,
hieß es in den Nachrichten aus Paris, seien
wahrhaftig nicht elegant. Auch wurde angenommen, die elegante Dame besäße selbstverständlich eine Mehrzahl von Toiletten
für jede Gelegenheit. Dann wieder lesen

wir etwas Besänftigendes: daß es ja einige sehr modische, dabei recht billige Stoffe gebe, wie Musselin zum Beispiel, so daß sich eine Dame statt einer teuren Toilette aus Seide fünf aus den erschwinglicheren Materialien leisten könne. Die langen Schals, gern aus Kaschmir, waren das Hauptaccessoire jedes Anzugs. Sie wurden im Rücken lose hängen gelassen, um jeden Arm einmal umgeschlungen; man drapierte sich, was Übung und Anmut erforderte. Die Damen interessierten sich in erster Linie dafür, welche neuen Detail-Ideen sie wieder an ihrer nächsten Robe zeigen sollten. Was war an Putz- und Nähweisen, an Zierstichen, Stick- und Spitzenarten neu herausgekommen, wie wurde es kombiniert? Waren Litzen, von oben bis unten mit Schleifen übersät, besonders elegant, oder sollte man die neue Schnürchenstickerei an sich sehen lassen?

Die neuesten Pariser, Londoner und Wiener Moden mußten in den Journalen für die elegante Welt gezeigt werden. Es gab einen besonderen Modedienst: »Le Voleur« (»Der Dieb«). Doppelsinnig, listig und flink, brachte er eine Ausbeute aus französischen Modejournalen vierzehn Tage eher in die deutschen Lande, als die normalen Blätter sie bringen konnten.

Die Ärmel der Damen waren noch immer sehr stark gepufft; zuweilen enganliegend, aber von der Schulter bis zum Handgelenk in Einzelpuffen gezogen. Zum Dekolleté, das bis über die Schulter reichte, war der Ärmel entsprechend tief angesetzt und um so ausladender, oft tellerförmig. Daher gab es lange Zeit keine Mäntel für die Damen,

im Winter mußten sie frieren und sich eben mit ihrem Schal behelfen. Aber immerhin hatten sie auch Überwürfe und Pelerinen und nun auch diese Mantille.

Die Herren auf den Modekupfern der Journale waren von idealer Gestalt und konnten es sich leisten, sehr enge Beinkleider und Fräcke zu tragen. Hosen war ein unanständiges Wort, man sprach statt dessen von Beinkleidern; launig-heiter nannte man sie auch die Unaussprechlichen. Diese Mode-Herren nun sahen wunderbar aus und waren allzumal als erstklassige Dandys gedacht, wie man sie in solcher Perfektion wohl niemals wirklich zu Gesicht bekam. Jene Götter aber, denen die Schneider ihre Ideen unterbreiteten, waren in alle feinen Farben gekleidet, die in einem praktischen Mannesleben fehl am Platze waren – weshalb die Herren, die wir auf den realistischen Stahlstichen sehen, sich immer an die mehr gedeckten Farben halten. Die Traummänner im Journal tragen das seidig weiche, leicht gewellte Haar halblang mit schlichtem Seitenscheitel, dazu einen feinen, das Gesicht nur umrahmenden Bartstreifen, mitunter einen zierlichen Oberlippenbart. Die Toilette zum Ausgehen eines Herrn konnte zusammengestellt sein aus einem hellblauen Lord-Byron-Frack mit seidenen Knöpfen, weißen Beinkleidern, einer gestickten weißgrundigen Pikeeweste und einer schwarzen Krawatte. Die Krawatte – »Cravate« geschrieben – wurde einmal um den Hals gelegt und ließ stets zwei Zipfel in duftiger Fülle nach beiden Seiten abstehen.

Eine Abendtoilette des Herrn von 1841 bestand aus einem schwarzen Frack, weißen Beinkleidern, Strümpfen von schottischem Zwirn, Lackschuhen, einer weißen Pikeeweste mit goldenen Knöpfen, einer weißen Krawatte. Und was trug der Herr, wenn er auf dem Lande war? Einen Rock aus gedeckter Farbe, aber wieder weiße

Beinkleider, Knöpfchengamaschen, Pikeeweste mit kleinen Blümchen, eine karierte
Krawatte, dazu ein Hemd von buntem Batist.
Herren, die in einiger Übereinstimmung
mit diesem Modebild auftreten konnten,
promenierten und flanierten auf den
Hauptstraßen der Städte und verkehrten in
den Cafés, die in Mode waren. Ihr Sammel-
punkt aber waren vor allem die Mode-
bäder. Die Seebäder mit ihren eleganten
Möglichkeiten sollten erst noch entdeckt
werden. Jetzt waren die Heilbäder mit
ihren gesundheitspendenden Heilquellen
en vogue; in schöner Landschaft gelegen
und mit weitläufigen Parks ausgestattet,
waren sie Treffpunkte der mondänen
Gesellschaft aus aller Welt. Monarchen,
Fürsten, den Hochadel und – den neuen
Geldadel zog es dorthin, unter dem Vor-
wand, die Gesundheit zu stärken. Baden-
Baden, damals nur Baden genannt, war das
berühmteste Modebad, wo sich die Crème
de la Crème Europas einfand, wenn die
Saison herankam. Dann war, was die Mode
betraf, Baden stellvertretend für Paris die
Hauptstadt Europas. Es war der Sammel-
platz für die Prominenz aus Politik und
Hochfinanz, die Bälle dort wurden als
Congresse von Staatsmännern, als
Schönheitsturniere der Damen bezeichnet;

*Der Herr der Schöpfung
mit der neuesten Schöpfung*

Anmut und Koketterie erreichten hier ihre Gipfelpunkte. Koketterie wurde nicht getadelt an den Damen: Der Wunsch zu gefallen, stand der Weiblichkeit zu.

Die obersten Bürgerkreise waren dort nun auch »angekommen«, während die unteren ihre Töchter noch auf Hausbällen hüpfen ließen, sie zu Redouten und Maskeraden ausführten. Diese Maskenbälle nun waren natürlich Höhepunkte der Wintersaison. Durch die dunklen Straßen die Maskierten und Kostümierten im Schatten der Gaslaternen heimkommen zu sehen, muß für die Nachtwächter ein verwunderlicher Anblick gewesen sein. Man wählte als Kostüme gern die Kleidung von Gestalten aus bekannten Opern; sonst gab es damals wie noch heute den Spanier, die Zigeunerin sowie Figuren aus den geliebten vergangenen, den historischen Zeiten.

Wer unter eher dürftigen Umständen lebte, konnte an solche Zerstreuungen natürlich nicht denken, war aber immer auf die Erhaltung des Scheins bedacht. Verarmte Witwen schlugen sich durch, indem sie ein Zimmer vermieteten. Hatten sie eine Tochter, sahen sie gern einen jungen Mann bei sich, möglichst einen Studenten. Es konnte sich dann ergeben, daß ein mitgiftloses Mädchen dennoch zu einem Ehemann kam.

Noch immer wähnte man, romantisch zu leben, das Romantische zu lieben. Noch immer durften die Mädchen und Jünglinge ihre freie Liebeswahl treffen – eine Freiheit, die sich in der Zeit der Romantik herausgebildet hatte. Freilich mußte die Verbindung durch den Nachweis eines hinreichenden Einkommens durch den Bräutigam erst gesichert werden; es gab daher lange Verlobungszeiten, und eine dreißigjährige Braut war keine ganz vereinzelte Erscheinung. War des Bräutigams Feuer dann auch vielleicht erloschen – sein Versprechen einlösen mußte er, aus bürgerlichem Anstand, der einen gewissen Rechtsschutz genoß, vor allem aber moralisch unerbittlich war: Ein Schuft, wer ein Mädchen sitzen ließ.

Jetzt, um die Mitte des Jahrhunderts, fanden aufsteigende und wohlhabende Familien, besonders in Kreisen des Unternehmertums, es doch vorteilhaft, darauf zu achten, was ein Mädchen mitbrachte, was ein junger Mann außer seinem Einkommen an Erbe, an Vermögen zu erwarten hatte. Herz zu Herzen – schon recht, aber Geld zu Gelde war auch vernünftig.

Mit der Prostitution mußte man sich wohl abfinden, denn mit dem Zügeln der geschlechtlichen Begierde konnten die meisten jungen Männer nicht leben. Daß nachts auf den Straßen Dirnen die Jünglinge in Versuchung führten, war fürchterlich. Aber diese Wesen, waren sie nun schon einmal gefallen, regulierten angenehm diskret, was sich im Licht der guten Gesellschaft nicht regulieren ließ. Zugleich fürchtete man sich sehr vor Geschlechtskrankheiten; hatte der Papa in seiner Jünglingszeit noch Glück gehabt, sorgte er sich

Gefahren für den Jüngling
lauern überall

um die Gefahren, die dem Sohn drohten. Die Syphilis war im Vormarsch begriffen, man nannte sie, da sie ja von jeher aus Frankreich kam, die welsche Krankheit. Frei von Gefahren war keine Stätte der Sünde; weder Rang und Preise eines gehobenen Bordells noch die Liebe einer Schauspielerin, einer Tänzerin, eines gefälligen Mädchens aus dem Volk boten Sicherheit. In derselben Epoche lebten Männer, die bis zu ihrem Tod niemals die Freuden der Liebe genossen: alte Hagestolze, wie man sie nannte, um deren Glücklosigkeit man sich keine Gedanken machte; sie waren liebenswerte Ergänzungen der geselligen Abende.

Natürlich gab es uneheliche Kinder, ganz gewiß gab es Fehltritte bei bürgerlichen Mädchen. Die Konflikte wurden zwischen den vier Wänden dramatisch ausgehandelt, nach außen schließlich mit rufschonenden Praktiken abgewickelt, so daß es keinen Skandal gab. Bürgertöchter gingen nicht gleich ins Wasser. Hinter allem zurück blieben zahllose alte Jungfern – Frauen, an denen das Leben vorüberging und von denen es in den folgenden Jahrzehnten immer noch mehr geben sollte. Die Frage nach der Aussteuer und der Mitgift war elementar – auch bei anziehenden Mädchen. War ein Mädchen unansehnlich und brachte zudem nichts mit, war ihre Lage hoffnungslos. Da sie nach den ritterlichen Patriarchatsprinzipien des männlichen Schutzes bedurfte, wurde sie in einer verwandten Familie untergebracht, mitunter von Haus zu Haus geschoben; sie machte sich nach Kräften nützlich, um nicht allzu sehr in der Schuld ihrer Wohltäter zu bleiben. Selbst Geld zu verdienen, war einem Mädchen von Stand so gut wie verboten. Viele Familien kauften Töchter, an deren Verehelichung sie zweifelten – oder um sie für alle Fälle zu sichern –, beizeiten in einem Damenstift ein. Da scheinen manche gereiften Frauen ganz munter gelebt zu haben. Nicht jede verzehrte sich nach Liebe. Wie viele gab es erst, die keineswegs um jeden Preis hatten heiraten wollen oder den Einen und Einzigen, den sie nicht bekommen hatten, nicht vergessen konnten.

Die Hauptforderung an die Frau war, alle denkbaren Einzelumstände außer Acht lassend, sie solle schön sein und dem Mann das Leben versüßen; zu dieser Aufgabe wurden die Mädchen erzogen. Ihre körperlichen Vorzüge sollten sie im besten Licht erscheinen lassen, die Mängel verschleiern. Hatte ein Mädchen keine Schönheit, sollte sie lernen, Liebreiz zu entfalten. Zur Unterstützung physischer Reize kam ihre Bildung in Betracht; ihre Konversation sollte den Geist des Mannes beleben und fesseln. Die dumme Gans war nicht gefragt. Auch sollte die Frau gesellschaftlich repräsentieren und durch besondere Talente Bewunderung erregen können. Aquarellieren und

Zeichnen, Klavierspielen und Singen, französische Konversation konnten manches wettmachen.

Weniger Vermögen, mehr Heiterkeit: Die Modelle der sympathischen bürgerlichen Familie hatten sich im früheren Biedermeier entwickelt. Einfache Stoffe – liebliche Kleider; bescheidene Gastlichkeit, aber wohlwollend veranstaltete Spiele, bei denen auch einmal ein Kuß erlaubt war. Die Bürgerkreise stuften sich zunehmend ab nach Geldmitteln und Lebensführung. War dies jedoch objektiv der Maßstab, so konnte sich doch jeder subjektiv nach anderen Kriterien seinen Rang zuweisen. Wer nur in eben auskömmlichen Verhältnissen lebte, konnte – wenn er sie besaß – sich auf seine Bildung etwas zugute tun. Diese ruhige, maßvolle Mittelschicht ist für den Bürgerstand typisch geworden.

Der Schlossermeister, der einen bürgerlichen Lebensstil annahm, leistete sich eine behagliche Lebensführung mit auch ästhetischen Qualitäten; nennenswerte Geschmacksverirrungen der Ungebildeten waren ja noch nicht möglich. Freilich war er deshalb noch kein Herr, und seine sich um Haus und Küche kümmernde Frau war keine Dame.

Der Bildungsstand der Frauen kannte keine großen Unterschiede, abgesehen von dem bißchen Konversationsgehabe. Daß es ein zehnbändiges Konversationslexikon für Frauen gab, kennzeichnet die völlige Entlegenheit weiblicher Bildungsziele von den männlichen Wissensgebieten.

Der Standesunterschied bestand in der Beschäftigung der Dame, im Müßigang, gegenüber der Frau, die, ob notwendig oder nicht, ihren Haushalt selbst tätig in Gang hielt und auch häufiger in der Küche oder bei der Hauswäsche anzutreffen war, das Gesinde unter Kontrolle haltend wie die Vorräte an Eingemachtem, Eingelegtem, Eingesalzenem. Ihr Stolz war noch immer die Küche, in der an den Wänden die Gemäße und Gefäße, die Formen und Kellen hingen, wo die Teller auf Borden aufgereiht waren und auf der Wasserbank die beiden großen Kannen mit Wasser standen, das vom Brunnen geholt worden war. Gekocht wurde auf offenem Herdfeuer, Töpfe wurden rußig, aber Eisen, Zink und Kupfer mußten glänzen, Holz hell gescheuert sein.

Illusionen von feiner, verwöhnter Weiblichkeit aber wurden genährt, wie es noch heute üblich ist: Ratschläge für die Pflege der Schönheit und Informationen über die Moden umschmeichelten die Frauen und hielten ihre Gedanken beschäftigt. Es gab Ratschläge und Mittel gegen allzu weiße wie gegen braune Haut und gegen Sonnenbrand. Eine Abkochung von Nachtschatten und Lattich war ein Mittel gegen rote Haut. Bedenken gegen neue Schminkpasten wurden ausgeräumt durch die Mitteilung, daß sie keine gefährlichen Substanzen wie Bleiweiß, Quecksilber und Mennige mehr enthielten. Zuviel Haar auf den Armen sollten Damen über einer Kerze absengen. Das Waschwasser wurde in kleine, von Eisengestellen gehaltene Schüsseln gegossen, eine Vorrichtung, die es im zwanzigsten Jahrhundert noch in den Kammern der Dienstmädchen und in Kinderzimmern gab. Mehr Zeit als vor der Waschschüssel verbrachte die Dame am möglichst vornehmen Toilettentisch in ihrem Boudoir. Daß Waschen der Gesundheit dienlich sei, hatte schon vor mehr als dreißig Jahren der Arzt Hufeland publik zu machen versucht, aber sehr langsam setzte sich diese Hygienetheorie durch. Napoleon habe zu viel gebadet, hatte man gerügt. Von Kokotten in Paris wußte man, daß sie Boudoirs mit denkbar kostspieligen Badewannen besaßen. Körperliche Sauberkeit und Wasser wurden in engen Zusammenhang mit Prostitution gebracht. Noch einhundert Jahre später hörte man von dieser und jener empörten Mutter, deren Tochter zu lange im Bad blieb: Hier stehen wir und warten, und die da wäscht sich wie eine Kokotte! Hufelands Rat, täglich den ganzen Körper mit frischem Wasser zu waschen und wenigstens einmal in der Woche zu baden, hatte sich noch nicht allgemein durchgesetzt. Allerdings wurde der Dame, wenn auch unendlich behutsam, angeraten, ab und zu ein Bad zu nehmen. 1833 hatte es noch in einem Buch, »Kosmetik des weiblichen Geschlechts«, verfaßt von der Raths-Wittwe Mittermeier geheißen: *Ruhe der Seele des Leibes und der Seele vor und nach dem Bade* seien zu beachten. Das Bad galt als große Anstrengung. Nach dem Bad im Bett liegend, sollte eine zarte Frau eine Stärkung genießen: *Chocolade, oder Bouillon, oder ein Gläschen guten Weins*

und etwas Semmel. Gesunde und starke Frauen sollten sich mit guter Speise und Trank laben.

Unter Beachtung aller Vorsichtsmaßnahmen galt das Bad dann doch als etwas Gutes. Schließlich wurde zugegeben: Ein Bad wirkte beruhigend auf den feurigen jungen Mann, es besänftigte die Nerven der Damen. Als genierend wurde es nur empfunden, daß man in der Badewanne gänzlich entkleidet saß. Die anständige Frau streute Holzspäne auf das Wasser, damit sie ihres Körpers nicht ansichtig werde. Ein eigener Raum wurde der Badewanne nicht zugeteilt. Meist war sie als Möbel kaschiert, etwa in einem fahrbaren Tisch versteckt, der nach Gebrauch wieder Platz machen mußte. In vielen Häusern waren die Badewannen noch einfache Holzzuber; jetzt kamen die Zinkwannen auf, in mittelalterlichen Formen. Die Luxus-Badewanne war aus Kupfer und befand sich in einer Mahagony-Ummantelung.

Offenbar allein für den Mann war schon 1835 das Brausebad erfunden, der Berliner Badeschrank: An seinem oberen Ende befand sich ein Eimer, den man mit Wasser füllte. Auf einen Hebeldruck kam das Was-

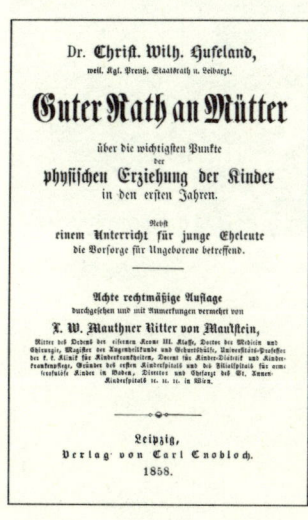

Dr. **Christ. Wilh. Hufeland,**
weil. Kgl. Preuß. Staatsrath u. Leibarzt.

Guter Rath an Mütter

über die wichtigsten Punkte
der
physischen Erziehung der Kinder
in den ersten Jahren.

Nebst
einem Unterricht für junge Eheleute
die Vorsorge für Ungeborene betreffend.

Achte rechtmäßige Auflage
durchgesehen und mit Anmerkungen vermehrt von

F. W. Mauthner Ritter von Maulstein,
Ritter des Ordens der eisernen Krone III. Klasse, Doctor der Medicin und
Chirurgie, Magister der Augenheilkunde und Geburtshülfe, Universitäts-Professor
der k. k. Klinik für Kinderkrankheiten, Docent für Kinder-Diätetik und Kinderkrankenpflege, Gründer des ersten Kinderspitals und des Blindspitals für arme
brustkranke Kinder in Baden, Director und Oberarzt des St. Annen-Kinderspitals ꝛc. ꝛc. ꝛc. in Wien.

Leipzig,
Verlag von Carl Cnobloch.
1858.

ser durch feine Düsen in vielen dünnen Strahlen heraus, das Brausebad dauerte eine Viertelstunde.

Der das Wasser als ein Allheil- und Wundermittel in große Mode brachte, war ein gewisser Vincenz Prießnitz, ein Naturapostel, dessen Wasserheilkuranstalt im schlesischen Gräfenberg viel Zulauf hatte. Seine Patienten wurden von außen und innen mit einfachem Wasser behandelt, solange bis sie sich in einem Zustand der Verzweiflung befanden, aber sicher sein konnten, daß alle ihre Leibesübel nun aufgestört waren und der Körper sich zu gesunden bereitete. Prießnitzens Lehre hieß: *Hydrotherapie oder die Kunst, die Krankheiten des menschlichen Körpers ohne Hilfe von Arzneien durch Diät, Wasser, Schwitzen und Bewegung zu heilen und durch eine vernünftige Lebensweise Krankheiten zu verhüten.*

Daß Bewegung in frischer Luft gesund sei, war nun allgemeine Überzeugung. Ein übriges taten allerlei eisenhaltige Arzneien. Wir erinnern uns selbst noch der Eisengläubigkeit unserer Mütter: *Iß deinen Spinat, der gibt Eisen ins Blut.*

Toilettenkomfort

Die Medizin schritt fort, hatte aber mit der Prüderie der Frauen zu kämpfen. Ein Arzt, der den Unterleib einer Dame zu untersuchen hatte, mußte dabei vor ihr knien und unter dem Rock der vor ihm Stehenden ihren Körper blind abtasten.

Die Aufklärung der Braut vor der Ehe war ein Problem, das nicht ohne behutsame Behandlung bleiben mußte, wenn ihre Eltern ein einschlägiges Buch erwarben: *Geschenk für Verlobte und Neuvermählte: oder Die Geheimnisse der Ehe. Ein wohlgeprüfter Rathgeber für beide Geschlechter vor und nach der Verheirathung von Dr. Fr. W. Wedeler. Durch seine decente Haltung dergestalt ausgezeichnet, daß niemand zu erröthen braucht, in dessen Händen es gesehen wird, was wohl bei wenigen Schriften dieser Art der Fall sein dürfte.*

Es ist anzunehmen, daß niemand – gewiß keine junge Dame – sich mit einem Buch dieses Titels in Händen hat sehen lassen. Aber verfänglicher wird es mit einem Werk von Dr. Robert »Hymenopoulis« (!), betitelt:

Almanach für Vermählte zur Beförderung ehelichen Glücks oder Schilderung der Ehe von der Seite der Moral, Natur und Medizin für Gebildete aller Stände. U. A. Physiologie der Begattung, Physiologie der Conception.

Wir können sicher sein, daß das Verschwiegene denn doch allenthalben hinreichend bekannt war und daß noch eine ansehnliche Anzahl alter Damen lebte, die in ihrer Jugend recht lustig gelebt hatten und sich insgeheim nicht nur so mancher Schäferstündchen erinnerten, sondern sogar die hübschen Offiziere der napoleonischen Armee näher kennengelernt hatten. Faszinierend wirkten die wenigen emanzipierten Frauen, die es George Sand nachtaten, sich in Hosen kleideten und Zigarren rauchten. Ein Aufbegehren von Frauen gegen die ungleiche Behandlung des weib-

Die Malerin.

lichen Geschlechts war seit Mary Woolstonecrafts Manifest von 1792 nie ganz verstummt. Bissige Witzeleien, wie Karikaturen in den »Fliegenden Blättern« von 1846, beschäftigten sich mit der Vorstellung, die Verhältnisse könnten sich, dem Wunsch dieser Frauen folgend, umkehren. Wollte dann die Frau etwa um den Mann werben? Trachtete sie als Malerin ein männliches Modell abzubilden? Womöglich wünschte sie, Professorin zu werden und Vorlesungen vor männlichen Studenten zu halten! Als Mäzenin junger männlicher Talente nahm sie, wer weiß, einen verschämten Jüngling auf die Knie?

Frauen, die unter emanzipatorischen Einflüsterungen litten, beugten sich besser über ihre Handarbeit, stickten eine neue rotfädige Kreuzsticharbeit mit einem Spruch für die Küche: »Sich regen bringt Segen«, oder Pantoffeln für den Gatten mit den Worten »Aus Liebe«; auch Rosen auf seinen Hosenträgern erfreuten ihn. Ein neues gesticktes Kissen war immer ein Liebesbeweis. Zum Mittagsschlaf bettete er sein Haupt darauf, allerdings kehrte er es vorher um, um das Stickmuster zu schonen und damit sich kein Muster auf seiner Wange abzeichnete.

Die Kinder, deren artiges Verhalten oberstes Gebot war, besaßen alles Spielzeug, wie es bereits klassisch geworden war: Ball und Reifen, Steckenpferd, Schaukelpferd, Holzschwert, Pferdewagen aus Holz, einen Bauernhof mit Tieren aus Ton, Bleifiguren – unter ihnen viele Soldaten; die Mädchen hatten Puppenhäuser, Puppenbetten und -wiegen. Ihre Puppen waren nicht etwa Babys, sondern erwachsene Damen aus Wachs oder Porzellan. Der Knabe übte sich, zur Freude des Vaters, in männlicher Tapferkeit zum Lied »Wer will unter die Soldaten«, indem er mit dem Holzschwert um sich hieb. Die schönste Attraktion eines verwöhnten Kinderzimmers war die

Stickmuster-Buch
Toiletten-Geschenk
für Damen.
I. Heft.
Neu Ruppin,
bei Oehmigke & Riemschneider.

Man spielt miteinander

»Laterna Magica«; und auch die Eisenbahn
fuhr schon unter Tisch und Betten.
In reizendem Scherenschnitt sehen wir junge Mädchen, die sich im Diabolo-Spiel
üben: Auf einer zwischen zwei Stöcken
abwechselnd hängenden und gespannten
Schnur galt es einen Doppelkegel aufzufan-
gen und wieder hochzuschleudern – ein
ziemlich schwieriges Spiel. Kreisspiele für
Kinder aus der damaligen Zeit werden
noch immer in Kindergärten überliefert.
Das »Häschen in der Grube« und viele
weitere noch heute gesungene Kinder-
lieder gehören dazu.
Auf den neuesten Kindermodebildern fehlt
selten der Knabe mit Stock und Reifen.
Den Kinderzylinder durfte er nun mit einer
weichen Ballonmütze mit Schirm ver-
tauschen; hübsch saß sie auf seinen
Locken. Dazu trug er einen Blouson mit
Kragen und Schleife, Gürtel und lange
Hosen. Damit konnte er sich wohl bewegen beim Spiel. Die kleinen Mädchen
sahen aus wie kleine Frauen, nur daß ihnen
die Krinoline noch erspart blieb. Junge
Mädchen durften nun auch die Freuden
des Winters auf dem Eis genießen, nicht
mehr im Stuhlschlittten sitzend, die Hände
im Pelzmuff, von einem Herrn geschoben.
Jetzt glitten sie selbst auf Schlittschuhen.

Den Namen Sport gab man solchen Vergnügen nicht. Man kannte das Turnen – Turnvater Jahn hatte es populär gemacht –, aber von 1811 bis 1842 gab es eine Turnsperre. Die Turner waren politisch verdächtig. Nach und nach gewann der Gedanke, daß ein Mann harmonisch in Körper und Geist ausgebildet sein solle – im gesunden Körper ein gesunder Geist –, viele Freunde. Der Grundsatz wurde zum Ideal patriotischer Gesinnung, Turner waren vaterländisch enthusiasmiert. Das waren gewiß nun nicht die Herren, die als Dandys auftraten und sich Korsetts anlegten, um die modische Linie einzuhalten. Das Bergsteigen war eine Passion, für die sich mancher Mann gewinnen ließ – auch ein solcher war natürlich kein Mode-Fan. Eine allgemeine Vorliebe der Zeit galt dem Blick von der Höhe, der Aussicht, dem Rundblick. Nachdem man Kirchtürme bestiegen hatte, um von oben die erhabene Landschaft zu betrachten, hatte man Aussichtstürme erbaut. Wer nicht dem neuen Alpinismus verfiel, konnte sich einen ähnlichen Genuß leisten, indem er hundert Stufen emporstieg und da oben die Brust dehnte.

Die Malerei hatte lange das hübsche Motiv des Interieurs mit dem Ausblick nach draußen gepflegt. Ein Fenster, eine Tür gab den Blick in die Welt frei, in eine unendliche Weite, vor welcher der Mensch im Zimmer, mochte er auch einen Sog nach dort verspüren, durch seine wohlgeordneten räumlichen Verhältnisse bewahrt blieb, vom Weiß der Gardine befriedet. Nun der Blick wieder ins Unermeßliche strebte, war die Kunst des Panoramabildes in den Vordergrund des Kunstinteresses und zugleich der Erbauung gerückt. Die großen Rotunden, in denen man von einem Podest aus ein mit Lichteffekten und perspektivischen Tricks, Augentäuschungen aller Art versehenes spektakuläres Rundbild sah, das nicht Kunst, sondern Wirklichkeit zu sein schien, wurden diese Panoramen so viel besucht wie in späterer Zeit die Kinos. Auch Daguerre hatte in Paris großen Erfolg mit seinem »Diorama«, das er mit seinen Lichtbildeffekten noch eigens raffiniert ausstattete und wo er in packend illuminierten Bildern Feuersbrünste und Sonnenuntergänge zeigte. Das Panorama galt als Gipfel der Kunst, als das sozusagen totale Kunstwerk.

Spaziergänge führten die Familien auch in den Zirkus, oder in eine Menagerie. Als in Berlin der Zoologische Garten eröffnet wurde, war dies eine Angelegenheit des Bürgerstolzes.

Für die nobelste Errungenschaft ihres Bildungssinnes hielten die Bürger ihre Museen. Ein Kunstwerk an seinem Ort zu belassen, hieß, es der bildungsbeflissenen übrigen Menschheit zu entziehen. Die Ausgrabungen der Archäologen wurden im Triumph empfangen und museal verwaltet zur bildenden Anschauung für die Öffentlichkeit. Gemälde waren am besten eins neben dem anderen aufgehoben, in langer Reihe. Man verehrte die alten Meister, feierte die Jahrhundertjubiläen mit Festzügen und poetischen Huldigungen. Neben dem bildenden Spaziergang spielte der Vergnügungsausflug eine familienbeglückende Rolle, vom guten Vater gern mit Weib und Kind unternommen. Der Biergarten, der Cafégarten – in Berlin das Krollsche Etablissement – waren Sammelpunkte bescheidener Seligkeiten. Der Spaziergang hinaus durchs Stadttor, in die freie Natur, führte in die »Waldschänken«, wo man an Holztischen unter den Bäumen saß, wo auf sonnenbeglänzter Wiese die Kinderschaukel schwebte.

Ein Vergnügen aber hatten die Frauen ganz für sich: ihre Kaffeekränzchen. Auch diese Zirkel hatten einmal ein höheres geistiges Niveau gehabt, mit gebildeten Referaten, selbstverfaßten Gedichten, mit Musik und Liedern. Jetzt handelte es sich mehr um Austausch von Klatsch – jedenfalls standen die von den Männern verspotteten Kaffeekränzchen in solchem Ruf. Das Wichtigste war aber doch der gemeinsame Genuß des Kaffees. Die Kaffeesucht war auf ihrem Höhepunkt angelangt, und zumal die Frauen waren verrückt nach Kaffee. Da er sehr teuer war, wurde er gestreckt mit allerlei schwärzenden Zutaten; nie fehlte in der Küche die Zichorie. »Blümchen-Kaffee« wurde das Getränk genannt, das auf dem Grund der Tasse das gemalte Blümchen sehen ließ.

Außer der Kaffeesucht wurde manchen Frauen ein weiteres Laster nachgesagt: das Tabakschnupfen. Auf Karikaturen sehen wir die Schnupfschwestern, wie sie ihre Nasen unter den Capoten zusammenstecken.

Die Herren, die daheim verwöhnt wurden, jederzeit ein Täßchen Kaffee verlangen, Zigarren, Pfeife rauchen und Tabak schnupfen konnten, ließen sich auch gern des Abends ein Glas Bier aus der nächsten Wirtschaft holen, im Deckelglas. Auch im Hausrock mal eben in einen nahen Biergarten zu gehen, war möglich, wie wir in Erinnerungsbüchern lesen.

Auch das Zusammentreffen mit anderen Männern gleicher Interessen in Cafés und Weinlokalen in den Straßen mondänen Lebens war eine Gewohnheit des Bürgers. Lebte der kleinstädtische Bürger noch eher im Fürstenrespekt, hatten die Herren in den großen Städten freiere Gedanken, die in der zweiten Hälfte der vierziger Jahre umstürzlerische Richtung nahmen. Die Liberalen, kann man sagen, waren in der Überzahl. Ihren Unmut über monarchische

In der Kneipe

Anmaßung äußerten sie im Qualm der Hinterstuben bekannter Weinlokale, auch an den Tischchen der Caféhäuser. Caféhäuser und Revolution gehörten zusammen, seit es Caféhäuser gab. Man konnte Schach spielen, die neuesten Zeitungen lesen, verstohlene Diskussionsrunden bilden. Die Lektüre der Zeitungen war unbefriedigend, weil die Artikel zensiert waren. Aufhebung der Zensur war die erste Forderung der Liberalen.

Fontane traf in London die emigrierten Revolutionäre. Die Bürger, die im Lande blieben und den Zeitpunkt für den Aufstand abwarteten, in dem sie mit den unteren Klassen zusammen kämpfen wollten, führten ihr jetzt heftig politisiertes Leben, von ängstlichen Gattinnen zur Vorsicht gemahnt, zwischen den Polen der Weinhaus-Hinterstuben und dem gemütlichen Heim, wo Schlafrock und Zipfelmütze, die Pantoffeln, das Nachtlicht, die gezipfelten Kissen warteten.

Bis zu den Märztagen 1848, den Tagen der Barrikaden, war die größte Erregung nicht so öffentlich, wie wir heute politische Auseinandersetzungen kennen. Die neuen Pferdeomnibusse fuhren in den Straßen, von denen nun immer mehr gepflastert waren. Alle Leute gingen ihre gewöhnlichen Wege. Nachts war die Dunkelheit noch immer beklagenswert. Zwar war der Laternenspazierstock erfunden worden, mit einem Laternchen an der Spitze, so daß der nächtliche Heimkehrer selbst seinen Weg beleuchten konnte, ein neues Patent. Die Zahl der Unfälle – beispielsweise Knochenbrüche des Handgelenks –, die sich allein durch das Stolpern über den Rinnstein er-

eigneten, wurde dadurch dennoch nicht eingedämmt.

In entlegenen Schrankecken standen noch Gewehre aus den Freiheitskriegen. Manche Dame hat die Waffe mit weniger oder mehr Begeisterung dann doch dem Gatten in die Hand gedrückt, als es soweit war. Ein schönes Beispiel des Schwankens zwischen nach Taten drängender Erzürnung und Einsicht in kämpferisches Unvermögen schildert Fontane in seinen Erinnerungen. Eine Berlinerin, Frau Agathe Nalli-Rutenberg, beschreibt um 1900, wie sie diese Märztage als Kind erlebt hat. Sie berichtet von einer Dame, die am 18. März 1848 sehr besorgt um ihren Bruder war, einen Führer der Liberalen Partei aus Leipzig, den sie auf den Barrikaden glaubte als Teilnehmer am gerechten Kampf um die Freiheit. Der Bruder aber aß zu dem Zeitpunkt bei Luther & Wegner zu Abend. Als er in seinem Hotelzimmer seine Sachen ablegte, fand er zu seinem Erstaunen in seiner Manteltasche einen Zettel: »Man bittet, diese Leiche bei Frau v. S., Breite Str. 15, abzugeben.«

No 1319.

Aus Neuruppin, bei Schmidt & Kunschneider.

Berlins Aufstand.
Barricade in der neuen Königs Strasse am 19. Maerz 1848.

Die 48er Revolution

2 Von der Barrikade zur Gartenlaube

Die Fürsten waren recht erschreckt worden. Von nun an, gelobten sie, wollten sie verfassungsmäßig herrschen. Die nur halbzufriedenen Bürger murrten, wandten sich aber wieder ihrem Alltag zu. Freiheitsdurst, der sich zur Demokratie bekannt hatte, vernachlässigte jetzt diese Seite politischen Aufbegehrens zugunsten eines allgemeinen Wunsches nach nationaler Freiheit.

Untertan war der Bürger nach wie vor, aber vertrauensvoll betrachtete er im Familienjournal den schönen Stahlstich von der Paulskirche, wo er durch die Nationalversammlung repräsentiert wurde. Einige enttäuschte Kämpfer traten noch als Redner hervor, erregten nun aber eher das Bedauern des Publikums: Wie konnte man anhaltend derartig wütend sein? Kein Zweifel: Diese Eiferer waren einer Nervenkrankheit nahe!

Die Zensur gab es nach wie vor. Dennoch entstanden zahllose neue Zeitungen: eintausendfünfhundert zählte man; sie vertraten die verschiedensten Richtungen. Hämisch wurde registriert, wieviele bald wieder eingingen. Aber die Journalisten zeigten sich als neu zur Geltung gekommenen, selbstbewußten Berufsstand, was den Zeitungsleser ärgerte: Was waren das denn für Leute? Welche Tätigkeit hatten sie bisher ausgeübt, was hatten sie gelernt, was studiert? Lauter Namenlose maßten sich plötzlich an, Meinungen zu bilden, aus Informationen, die sie Gott weiß woher hatten; noch dazu hatten sie selbst ihre Meinung innerhalb von kurzer Zeit schon einmal geändert.

Das neue satirische Wochenblatt, der »Kladderadatsch«, machte sich über die Spezies des schnell angepaßten Zeitungsschreibers lustig und stellte die Meditationsübung eines solchen Typs vor:

Die Volksrednerei habe ich gänzlich aufgegeben! Meine Frau hat recht: Es ist nichts dabei zu holen als eine heisere Kehle, und es schickt sich am Ende auch nicht für einen Publizisten von Bedeutung, in unmittelbare Berührung mit dem Pöbel zu treten... Wenn die »Reform« nur endlich besser zahlen könnte!

Die Frau des bedeutenden Publizisten, auf Sicherheit und Fortkommen bedacht, liegt ihm in den Ohren, und alsbald sieht er sich zufrieden in einer neuen Position:

Wahrhaftig, jetzt bin ich fast ein Vierteljahrhundert beim »Zuschauer« beschäftigt, und ich muß gestehen, Karoline hat wieder Recht gehabt: Das Blatt ist so übel gar nicht. Es hat doch wenigstens seinen eigenen Kopf, weiß, was es will, verteidigt das Königstum quand même und hat sich auch des Anstandes wegen einmal konfiszieren lassen – was kann ein vernünftiger Mensch mehr verlangen?

Seine freiheitliche Überzeugung konnte man wenigstens noch in seinem äußeren Habitus ausdrücken: Der demokratisch gesinnte Bürger lehnte den Zylinder ab, er zeigte sich im weichen Filzhut mit breiter Krempe. Je verwegener der Schwung der Krempe, desto aufrechter die innere Opposition. Doch dieser Hut setzte sich so wenig durch wie der Mut, den er ausdrücken sollte. Die Obrigkeit gewann ihre ganze Macht zurück, der Zylinder blieb führend,

№ 1.　　　Sonntag, den 7. Mai　　　1848.

Kladderadatsch.

Wochenkalender.

Montag den 8. Mai.
Von 1187 Wählern geben 1473 den Herren **Thadden, Krausnick, Meding** und **Möllendorf** ihre Stimme für Frankfurt.

Dienstag den 9. Mai.
Man entdeckt auf dem Altar des Vaterlandes mehrere galvanoplastische Schmucksachen.

Mittwoch den 10. Mai.
Die Stumme von Portici wird **ohne** Dekorationen aufgeführt.

Wochenkalender.

Donnerstag den 11. Mai.
Demonstration der Berliner Säuglinge für **direkte** Mutterbrust gegen **indirekte** Lutschbeutelernährung.

Freitag den 12. Mai.
Wegen anhaltendem Regenwetter keine Weltgeschichte.

Sonnabend den 13. Mai.
Den Tag über ruhig. Gegen Abend erscheint plötzlich Kladderadatsch Nr. 2 mit der Biographie des Dr. Eisert. Große Aufregung!

Organ für und von Bummler.

Dieses Blatt erscheint täglich mit Ausnahme der Wochentage für den Preis von 1¼ Sgr. Es kann jeden Sonnabend von fünf Uhr ab aus sämmtlichen Buchhandlungen abgeholt werden, und wird dem richtigen Bürger, dem fleißigen Künstler, dem tapfern Krieger Sonntags früh, überall, bis in die tiefsten Kellerwohnungen hinab, colportirt werden.

Die Redaktion.

ja, er wurde noch höher. Einen schönen Filzhut schenkte der Revolutionär Richard Wagner dem verehrten Franz Liszt, aber als dieser aus der Schweiz nach Baden einreiste, den Wagnerschen Freiheitshut auf seinem schönen Haar, bekam er gleich Scherereien mit der dortigen Polizei. Die Staatsgewalt wußte, an welche optischen Akzente sie sich halten mußte. Den Widersacher erkannte man auch am Vollbart. Ein anständiger Mann hatte höchstens einen kleinen Oberlippenbart, die altmodischen Koteletten, oder einen schmalen Backenbart. Der wildwuchernde, in alle Dimensionen strebende Bart umrahmte das Gesicht des Freiheitshelden. Die sich von ihrer Freiheitsidee nicht trennen wollten, gingen verbittert und vollbärtig ins Exil – vorzugsweise nach England.

In Deutschland regten sich die wirtschaftlichen und technischen Energien weiter, und die steigende Prosperität ließ den Mittelstand seine Enttäuschungen verwinden. Immerhin wußte man jetzt schneller und besser Bescheid über alles, was in der Welt vorging. Das moderne Telegraphenwesen ermöglichte kurzfristige Nachrichtenübermittlung, und die Journalisten, mochte man von ihnen halten, was man wollte, befriedigten den Wissensdurst. Das Interesse des Bürgers richtete sich, außer auf politische Entwicklungen, auf umfassende Anschauung von der ganzen Welt, auf alle Gebiete des Wissens, und auch über die Schönen Künste wollte er auf dem Laufenden sein, um seine Bildung abzurunden.

1853 erschien die erste »Gartenlaube«, ein hochmodernes Blatt für die ganze Familie, bürgerstolz, fortschrittlich, für die gebildete Welt, mit Berichten aus fremden Ländern und Erdteilen, Mitteilungen über Entdeckungen, Forschungen, Erfindungen, Neuigkeiten aus dem Kulturleben, Schilderungen des Landlebens, mit vielen ganzseitigen Illustrationen und mit langen Fortsetzungsromanen von E. Marlitt, Theodor Fontane, Levin Schücking und anderen damals ziemlich gleichgeachteten Schriftstellern. Weitere Gründungen ähnlicher Art, doch wieder mit anderen Schwerpunkten, folgten: »Westermanns Monatshefte« 1856, später »Velhagen & Klasings Monatshefte« und »Daheim«. Die »Gartenlaube« aber ist geeignet, der Epoche zur Charakterisierung zu dienen, vor allem mit ihrem prächtig gewählten Namen: War doch ein Garten ohne Gartenlaube nicht mehr denkbar; sie symbolisierte die bürgerliche Idylle als Refugium vor der kühn veränderten Welt.

Der Wunsch, als unterrichtet und gebildet zu gelten, mischte sich mit dem Verlangen, einen notablen gesellschaftlichen Status einzunehmen. Steigendes Vermögen blieb ohne Ansehen, wenn der Lebensstil sich nicht in gleichem Maße hob; der neue Lebensstil aber wurde belächelt, wenn die Bildung hinter ihm zurückblieb.

Bildung und Besitz: Diese beiden Güter – irdisch das eine, das andere ideell – kennzeichneten den sich neu formierenden Bürgerstand.

In den großen Städten war der Wissensstand höher als in Kleinstädten, in Residenzstädtchen, wo Fürstengnade eine beschränkte Hierarchie besonnte. Da waren die Neuigkeiten aus der näheren Umgebung interessanter als die Nachrichten aus der Ferne. Des Provinzbürgers Leben spielte sich zwischen seinem Heim und seinem Stammtisch im »Goldenen Pfau« oder »Zum Ochsen« ab, wo er abends sein Bier trank, seine Pfeife rauchte und, wenn er den häuslichen Frieden liebte, nicht so spät nach Hause kam, daß ihm die Gattin einen unguten Empfang bereitete. Hamburg, München, Frankfurt, Berlin, Leipzig, Dresden – das waren entlegene Brennpunkte. Wien, London, Paris: Mit diesen Namen verband der Kleinstädter vage Vorstellungen von Pracht, Laster und Elend. Er war zufrieden mit dem gesellschaftlichen Gefüge, in dem er lebte: Der Adel stand ganz oben, das Offizierskorps genoß Ehrfurcht, der Beamtenstand in seiner Staffelung von kleinen bis zum hohen Beamten wurde geachtet. In den Universitätsstädten hatte man mit dem Übermut der Studenten zu leben, denen man aber, als der Elite der Jugend, respektvoll begegnete.

Die Gartenlaube.

No. 29.   1866.

Illustrirtes Familienblatt. — Herausgeber Ernst Keil.

Wöchentlich 1½ bis 2 Bogen. Durch alle Buchhandlungen und Postämter vierteljährlich für 15 Ngr. zu beziehen.

Ein Mädchen lernte kochen, ein Haus zu führen, und wartete auf einen Ehemann. Jedem in Frage kommenden Besucher wurde bei Tische gesagt, diese Speise, die dem Gast so gut schmeckte, habe die Tochter des Hauses zubereitet. Natürlich perlten auch aus Kleinstadtfenstern die süßen Töne der Klaviere, ließ sich die Allmacht dieses jeder fleißigen Hand willfährigen Instruments vernehmen. Die großstädtische Bürgerstochter aber wurde immer mehr zum kolossalen Kulturobjekt: Ungeachtet ihrer Neigung und Eignung wurden Klavier- und Gesangsstunden an sie gewendet, sie erhielt Unterricht im Zeichnen und Aquarellieren, in französischer, englischer Konversation. Am Ende der Bemühung sollte sie als anmutige Erscheinung dastehen, die mit ihrer Bildung, ihrer gesellschaftlichen Gewandt-heit, ihrer Eleganz eine ideale Gattin abgab. Nur diesem Zweck diente die Prozedur: Das Mädchen wurde auf den Mann dressiert.

In den Großstädten bildeten sich die Familien mit den herrschaftlichen Ansprüchen und Attitüden heraus. Salons im traditionellen Sinne – gesellige Zusammenkünfte zu zwanglos kultivierter Unterhaltung – gab es nun wenige. Dafür hieß das Zimmer, das allgemein als Putzstube gepflegt wurde, jetzt Salon. Bei kleinen Leuten war das Vorzeigezimmer die gute Stube. Zweck der Geselligkeit in den Salons waren jetzt mehr und mehr Repräsentationsgründe und das Arrangieren passender Heiraten. Eine Vielzahl von Töchtern bereitete dem Vater große Sorgen; das Haus mußte für Heiratskandidaten attraktiv und gesellig belebt werden. Hatten die Mädchen Schönheit und Mitgift zu bieten, waren die elterlichen Sorgen geringer, und nur ein vermögender oder doch finanziell aussichtsreicher Heiratskandidat durfte sich Hoffnung auf die Hand der Umworbenen machen. Der Wille und das Urteil der Eltern waren maßgebend für das Schicksal des geliebten Kindes, das, in seinen verträumten Vorstellungen von der Liebe, vor Schwärmerei, die doch nur ins Elend führte, zu bewahren war.

Man irrt, wenn man annimmt, daß alle jungen Mädchen unwillig eine solche von den Eltern arrangierte Ehe eingingen. Die guten Eltern wählten nicht grausam einen häßlichen, alten Klotz oder einen kalten, unsympathischen Banausen; es gab genug passable Männer passenden Alters, die Aussicht hatten, nach Vollzug der Ehe in der jungen Frau die Liebe zu erzeugen, die der Vernunftheirat die höheren Weihen herzlicher Innigkeit gab. So vereint, bildeten Mann und Frau wiederum ein Elternpaar, das in gereifter Lebensweisheit für seine Töchter passende Gatten aussuchte. Es war gefährlich, den richtigen Zeitpunkt zu verpassen. War ein Mädchen erst über die erste Mädchenblüte hinaus, wie man sich galant ausdrückte, oder an Jahren schon etwas vorgerückt – also über die Mitte der Zwanzig –, mußte sie schließlich den ersten besten nehmen, der sich dann etwa noch um sie bewerben sollte.

In der Wartezeit, die mit dem sechzehnten Jahr anfing, las die Tochter fleißig Gedichte, machte Handarbeiten, war die Zierde der Familienkultur. Sie trat an den Flügel und ließ sich von einem jungen Mann – auch junge Männer spielten Klavier – begleiten, wenn sie sang:

Es war, als hätte der Himmel
Die Erde still geküßt,
Daß sie im Blütenschimmer
Von ihm nun träumen müßt.
Die Luft ging durch die Felder,
Die Ähren wogten sacht,
Es rauschten leis' die Wälder,
So sternklar war die Nacht.
Und meine Seele spannte
Weit ihre Flügel aus,
Flog durch die stillen Lande,
Als flöge sie nach Haus.

Der Dichter Eichendorff lebte noch, der Komponist Robert Schumann verdämmerte seine letzten Jahre in einer Nervenheilanstalt. Die Romantik mit ihrer tiefen Innigkeit, ihren strömenden Gefühlen, war zu Hause im bürgerlichen Salon, gehütet als hoher Wert.

Wie gern brachte auch der liebende junge Mann ein Lied zu Gehör: Er sang die älteste Tochter des Hauses an – ein Unseliger, wenn er sich etwa in die jüngere verliebt hatte, solange die Ältere noch nicht unter der Haube war. Zum Höhepunkt des Mädchenlebens gehörte es, mit Heinrich Heines Gedicht, in Schumanns Vertonung, angesungen zu werden:

Du bist wie eine Blume
So hold und schön und rein;
Ich seh dich an, und Wehmut
Schleicht mir ins Herz hinein.
Mir ist, als ob ich die Hände
Aufs Haupt dir legen sollt',
Betend, daß Gott dich erhalte
So rein und schön und hold.

Mancher Zuhörer mag bei den stimmlichen Gaben des Sängers, der Sängerin, die sich oft in bescheidenen Grenzen gehalten haben, von Furcht befallen worden sein, ob der Gesang ohne stimmliche Katastrophe zu Ende geführt werden könnte. Aber das Bewußtsein, im traulichen Familienkreis werde die Kunst geliebt und ausgeübt, war stark und warm.

Die schöne Blume, die so rein war, daß der Dichter sie in seinem Gedicht deutlich als zu schade für die Ehe erklärte, war in Wahrheit sehr erpicht darauf, weniger erhaben, dafür aber bald verheiratet zu sein. Und der singende Jüngling gab sich bei dem eigentlich unpassenden Lied, das einer Unberührbaren galt, der wonnevollen Hoffnung hin, die Blume doch zu knicken – mit dem Segen der Eltern.

War er aber ein Habenichts, ein Hungerleider, keiner, der in absehbarer Zeit etwa einen Hausstand gründen konnte, wurde er besser nicht mehr eingeladen, um dem Bedauernswerten keine Hoffnungen zu machen. Mädchen, die mit Männerherzen spielten, wurden getadelt. Hatte sich eines jedoch in einen Unpassenden ernstlich verliebt, mußte man auf die Zeit vertrauen als eine Kraft, die alle unangebrachten Gefühle kurierte.

Ein Journal meldete unter »Vermischtes«, im schottischen Gretna Green gebe es keinen Schmied mehr, der entlaufene Liebespaare traute. Reiche Erbinnen und ihre Verführer wurden zurückgeholt. Man sieht, wie arglos manche Mädchen, wie perfide manche Männer waren.

Wieviele Übertretungen der selbstverständlichsten sittlichen Grundsätze es gab, kann man an der wachsenden Zahl von Inseraten sehen, die in feiner, aber deutlicher Annäherung an ein prekäres Thema Hilfe für Gestrauchelte anboten:

Ein verheirateter und beschäftigter Arzt, in einem gesund und reizend gelegenen Orte Thüringens, ist zur Aufnahme von Damen, welche in Stille und Zurückgezogenheit ihre Niederkunft abwarten wollen, vollständig eingerichtet. Die strengste Verschwiegenheit und die liebevollste Pflege werden bei billigsten Bedingungen zugesichert.

Demoiselle Adele, wurde nach ihr gefragt, hielt sich also eine Zeitlang, um ihre schwache Gesundheit zu stärken, in gesunder Landluft auf. Daß die Leute sich vielsagend ansahen, daß geklatscht wurde, mußte in Kauf genommen werden. Die Frucht des Fehltritts wurde zu fremden Leuten weggegeben.

Geistliche Familie nimmt gegen billigen Entgeld Kind in frühem Alter in Pflege, wenn gewünscht, strengste Discretion.

Die junge Dame kam zurück und hatte sich nun eines sorgsam moralischen Lebenswandels zu befleißigen.

Kein Zweifel, daß die vielen Amüsier-Veranstaltungen der neuen Zeit die Sinne erhitzten und, wo nicht strengste Aufsicht geübt wurde, die Moral ins Wanken bringen konnten. In Paris war die Vergnügungssucht ausgebrochen, auch in Wien war man lustig. Eine neue, fidele Musik beseligte ganz Europa. Offenbach und Strauß, Polonaise, Mazurka, Gallop und Walzer, unerhört der Cancan; die Bouffes Parisiennes verbreiteten ein Evangelium der Freude in den Ballsälen der Welt. *Cancan – der Wahnsinn der Beine!* hieß es; nun, es ist nicht anzunehmen, daß deutsche Damen dem Wahnsinn der Beine so weit verfielen, daß sie das Strumpfband sehen ließen. Den Kopf voll hatten die Damen mit der Wahl immer neuer Draperien, die über der neu aufgekommenen Krinoline zu tragen waren. Die französische Kaiserin Eugénie hatte sie kreiert oder vielmehr den Rokoko-Reifrock wieder eingeführt. Man erriet den Grund: Als sie sich in interessanten Umständen befand, erlaubte ihr diese Idee, weiterhin in Glanz und Schönheit Hof zu halten.

Diese Draht- und Stahlreifengestelle, die um die Frauen herumwippten, waren bedeckt mit reich dekorierten Röcken in ausgeklügeltsten Farbzusammenstellungen. Die aufgelegten Teile bildeten Kaskaden auf den Krinolinen, aus denen der Oberkörper aufstieg wie die Lilie aus der Tonne. Die Damen glichen wandelnden Porträtbüsten auf einem geheimnisvollen Unterbau, der kleine Knaben vermuten ließ, sie hätten keine Beine. Gedacht waren die prachtvollen Aufbauten zum Preise weiblicher Schönheit; an ältere Frauen, so kommt es uns heute vor, an saure, verschlossene Gesichter war der ganze ballonartige Prunk verschwendet; für reifere Damen hielt er sich denn auch in mehr gedeckten Farben, mit schweren, freudlosen Ornamenten.

Die Aktricen traten selbstverständlich in der Mode ihrer Zeit auf die Bühne, einerlei ob ihre Rolle einer historischen Zeit zugeordnet war. Also stand auch die Schauspielerin Christine Enghaus, Gattin des Dichters Friedrich Hebbel, als Kriemhild in der Krinoline auf der Bühne des Weimarer Hoftheaters. Die Szene ihres Todes hatte sie vorher nicht geprobt: Als sie im Augenblick des Sterbens umfiel, stand die Krinoline um sie herum wie eine umgekippte Glocke; statt erschüttert, war das Publikum äußerst erheitert.

Betrat eine Dame einen Salon, konnte es geschehen, daß sie den ganzen Nippes vom Tisch fegte. Vielleicht war dies der Grund, daß man, wie wir es auf Bildern sehen, die geliebten Sächelchen etwas höher stellte: auf das Vertiko, diese neue Art eines Zierschränkchens mit geschnitztem Aufbau. Wo früher Platz für drei Damen war, reichte er jetzt nur noch für eine. Wollten zwei in eine Kutsche steigen, gerieten sie in Verlegenheit. Es wurde gewitzelt:
Raum ist in der kleinsten Hütte
Für ein glücklich liebend Paar.
Seit die Krinolin' ist Sitte,
Ist das Sprichwort nicht mehr wahr!
Auch, daß die Krinoline ein Tugendwächter sei, wurde angezweifelt:
Je kleiner die Tugend einer Dame, desto größer ist ihre Krinoline!
Die Dekolletés beim Ball, beim Souper, gingen bis an die Grenzen des Möglichen. In Paris – wo jetzt ohnehin die frivole Eleganz der Kokotten den Ton angab – schien die Enthüllung des Busens besonders gewagt; ein Herr berichtet von einer Hofgesellschaft Napoleons III., so etwas habe er seit seiner Entwöhnung nicht mehr erblickt.

Auf den Maskenbällen war zeitweise eine überladene Flitterpracht in Mode, wie eine Modezeitung naserümpfend anmerkt, eingeführt von gewissen Damen. In einem anderen Jahr entschied man sich für Abstraktes, Allegorisches: Man ging als *Polarstern,* als *Telegraph* als *Meereswoge,*

Aquarium, oder schlicht als *Die Musik, Der Krieg, Die Sünde, Die Tugend, Das Rätsel,* als *Die Philosophie.*

Alle Bälle aber boten dem Auge den Anblick der wippenden Ballons aus Spitze, Gaze, Musselin, voller Rüschen und Volants, des Flatterns der Fächer, die in erregter Koketterie bewegt wurden – Fächer aus Bändchen, aus Federn, aus Perlmutt, aus Spitzen, aus bemalten Holzplättchen, durchsichtig, changierend, schattend, mit Verführungspose aufgeklappt vor einem Gesicht, schnippisch zusammengeschlagen, neckisch einem Herrn auf die Hand klopfend, Luft fächelnd, die unter der Lichtfülle der Kronleuchter heiß und schwül wurde…

Die Musik spielt… Die Frackschöße flattern, die Herren neigen sich über die entzückt zurückweichenden Tänzerinnen, man walzt, man rast.

Den Frack legten die Herren nur noch zu Festlichkeiten an. Zu gewöhnlichen Gelegenheiten kleidete der Herr sich in einen Rock mit langen Schößen – den Gehrock. Der Elegant flanierte mit Zylinder, Pelerinenmäntelchen, engen Beinkleidern und mit einem Spazierstöckchen auf den Prachtstraßen, wo die Caféhäuser mit hohen Hallen, Sofas und Sesseln, Marmortischchen und Thonetschen Stühlen die Treffpunkte der Herren von Stand waren. Jeder Bürger liebte es, auch wenn anmutige Leichtlebigkeit seine Sache nicht war, sich dort sehen zu lassen und immerhin zeitweise so zu tun, als sei er ein Dandy, ein Lebemann. In seinem Kopf mochten, während er seinen Kaffee trank, die Zeitungen las, sich Gedanken konzentrieren, die nicht dem Vergnügen gewidmet waren.

Während die Frau in einem Reservat gehobener Harmlosigkeit wohlaufbewahrt war, standen dem Mann die ernsten Einblicke ins Weltgefüge zu sowie die gedankenreichen Bemühungen um die Vermehrung seines Vermögens. Von gehobenen Vermögenserwartungen ausge-

schlossen war der Beamte; er kompensierte diese Benachteiligung mit der besonderen Selbstachtung des staatstragenden Bürgers. Seine Karriere war meßbar und sicher. Träume von unbeschränktem Vorankommen durften Ladengehilfen, Buchhalter, kleine Händler hegen. Techniker, Erfinder, Chemiker fühlten Unternehmungslust und waren auf ein Anfangskapital aus.

Der Handwerker, der sich als Arbeiter der Industrie verdingte, trat den Weg ins Proletariat an.

Das kleine Kapital, gern Sümmchen genannt, beflügelte den strebsamen jungen Mann: War es erspart, konnte das Anlegen, das Eröffnen eines kleinen Unternehmens beginnen. Dem schon gesicherten Kaufmann stand seine Ehrbarkeit nicht im Wege, sein Vermögen zu verdoppeln und verdreifachen. Sein Geschäftsgebaren war seriös, das Hauptbuch in Ordnung, mit ruhigem Gewissen ging er dem sicheren Reichtum, seinem Lebensziel, entgegen. Was anständiges, vornehmes Kaufmannstum war, konnte man in Gustav Freytags »Soll und Haben« lesen. Soll und Haben: ein penibler Ehrbegriff, eine empfindliche Waage.

Abweichungen vom geraden Pfad waren leider auch zu vermerken, allerdings auf höherem Standard, in anderen Dimensionen. In Romanen trat ein Typ der Zeit schon auf: der Leichtfertige, der zuviel riskiert hatte und nun vor dem Ruin stand, oder der windige Charakter, der das vom Vater erworbene Vermögen durchbrachte und, außerdem das Unglück eines liebenden Mädchens verschuldend, bereits den Niedergang der Aufsteigerfamilie sichtbar machte.

Inmitten solchen allgemeinen Trachtens nach irdischen Gütern stand doch die Frömmigkeit obenan, hielt die Theologie ihren geehrten Platz noch inne. Ein Franzose schrieb aus Deutschland:

Wenn einer über den Rhein geht und denkt, in das Land zu kommen, wo Mignon und Gretchen zu Hause sind, findet man statt dessen ein derbes, gutes Volk, das tanzt, raucht, singt und sehr viel eingesalzenes Schweinefleisch ißt, um besser trinken zu können. Man glaubt in die Region der Träume zu treten und tritt in ein wahres Schlaraffenland. Freilich ist in diesem das Gefühl nicht verbannt. Es hat vielmehr Platz zwischen dem Sauerkraut und dem Tintenfasse, aber doch immer erst nach der Theologie… Kein Volk, indem es so gut für den Körper sorgt, sorgt auch so sehr für das Heil seiner Seele. Der Student spricht von ihr, wenn er seine Liebesgeständnisse macht; der Landmann verhandelt sie zwischen den Korn- und Haferpreisen; der Professor bringt sie in seine Vorträge über Chemie und der Offizier in das Gespräch, das er über die Verschiedenheiten der europäischen Taktik führt; kurz, die Sache der Religion, die Theologie, ist das Ein und Alles der Deutschen.

Des Himmels Segen ruhte auf jedem durch Fleiß erworbenen Wohlstand – ein Glaube, mit dem sich leben ließ, mit dem man sich nicht vor den armen Leuten des untersten Standes genieren mußte. Diese Schicht mußte es auch geben, das Los der Niedrigen war von Gott gegeben, der sie später im ewigen Leben, hatten sie sich anständig geführt, wohl belohnen würde. Auf Erden hatten sie zu ertragen, daß die Kluft zwischen Arm und Reich schärfer wurde. Wollten die Niedrigen als Domestiken den

Reichen dienen, so hatten sie die Chance, die feine Lebensart immerhin kennenzulernen und auf ihre Weise an ihr teilzuhaben; dann hatten sie Grund, auf die anderen Leute ihres Herkommens hinabzusehen. So gab es im Kleinen eine abermalige Kluft: Die Schusterstochter, die Mamsell in einem vornehmen Haus geworden war, empfing ihren Bruder, einen Schustergesellen auf der Wanderschaft, nur zögernd in der herrschaftlichen Küche. Sie war aufgestiegen, hatte Personal noch unter sich, trug sich in Damenputz, wenn sie Ausgang hatte.

Herrschaft und Gesinde, früher familiär verbunden, standen sich jetzt in einem kalten Verhältnis gegenüber. Nicht nur das Geld trennte sie, es war die Bildung. Der Gebildete, war sein Geistesbesitz auch noch neu, konnte mit Ungebildeten nur noch Worte wechseln, die von oben nach unten gerichtet waren – anordnen, bestellen, nachprüfen. Die Zofe als Vertraute der Herrin gab es nicht mehr. Nur die Kinder sahen im Kindermädchen, in der Köchin ihre Vertrauten. Sie hielten sich am liebsten in der Küche oder der Gesindestube auf. Der einfache Ton dieser ihnen wohlgesinnten Personen wirkte anheimelnd auf sie, und selbst wenn die Dienstmädchen widerborstig gegen die Herrschaft waren, waren sie liebevoll zu den Kindern. Kündigte eine Köchin oder ein Stubenmädchen, verloren die Kinder eine Vertrauensperson. Der Hang zum Küchenpersonal wurde ihnen erst allmählich im Laufe ihrer vornehmen Erziehung abgewöhnt.

Der Sprung von äußerst schlichtem Herkommen zu einem Leben in herrschaftlichem Wohlstand vollzog sich selten in einer einzigen Generation. Der Aufstieg erforderte mindestens zwei Vater-Sohn-Folgen. »Sparsamkeit ist der halbe Profit«, war der erste solide Grundsatz, mit dem ein kleiner Händler über Land zog, seine Groschengewinne im Strumpf versteckt. Der Sohn konnte sein sauer erspartes Kleinkapital übernehmen und – noch immer nach dem väterlichen Spar-Prinzip – ein Geschäft eröffnen; eine Hälfte des Gewinns wurde ins Geschäft gesteckt, die andere gespart. Als Kunden gewann er zuerst die kleinen Leute: nicht die ganz Armen, sondern die ein klein wenig Kaufkraft hatten, den Groschen aber dreimal umdrehten, ehe sie ihn ausgaben. Er bediente sie wie Herrschaften – das war das Geheimnis des Erfolgs. War er sehr geschickt, kauften möglicherweise auch Vornehme bei ihm; viele taten vornehm, waren aber in Wahrheit arm. Hielt er nun auch die Novitäten seiner Branche zu reellen Preisen vorrätig, konnte er auch die wohlhabende, elegante Kundschaft gewinnen. Hatte er einen Sohn, der einschlug im Kaufmännischen, huldigte dieser womöglich schon der modernen Art von Kapitalanlage, bei der alles nur Mögliche in Vergrößerung, Anbau, mondäne Ausstattung des Geschäfts gesteckt wurde; eine Illumination vor den Schaufenstern leuchtete abends weithin über den gepflasterten Platz zu der Straße hin, wo der Pferdeomnibus entlangfuhr: Die Kunden wurden in Massen angelockt, der Aufwand imponierte. Der so aufgestiegene alte Kaufmann, Sohn eines Straßenhändlers, Vater eines überlegenen Geschäftsmannes, ging nun morgens an seinen Gehilfen, seinem Substituten, seinem Prokuristen vorbei in sein Comptoir, stellte seinen Spazierstock, der jetzt statt des Mopskopfes aus Nickel eine Silberkrücke trug, in die Ecke und trat an sein Stehpult. Alles Glück war einen

»Schröder, Schröder, Sie
wollen mal Buchhalter
werden und können noch
nicht mal ordentlich
Bouillon servieren?«

soliden Weg gegangen. Seine Enkeltochter würde keinen Mann heiraten, der ihr nicht eine Wohnung mit Badezimmer hätte bieten können. Es kam sogar ein Adliger in Frage – der reiche Kaufmann konnte sich einen armen Aristokraten leisten, der sein Wappenschild vergolden wollte.

Auf Ärmlichkeit folgten die besseren Verhältnisse, das Aufrücken in den Mittelstand konnte zu Vornehmheit führen.

Mochte die angestammte vornehme Gesellschaft in der Fidelitas der Zeit schwelgen, der Durchschnittsbürger leistete sich solches Vergnügen in maßvoller Auswahl. Festsäle und Gartenetablissements schätzte er an seltenen Sonntagen; war er Geschäftsmann, verschmähte er die Umsätze eines auch sonntags offenen Hauses nicht. Krolls Festsäle in Berlin feierten 1863 ihr fünfundzwanzigjähriges Jubiläum – da war ein Signal der gemütlichen bürgerlichen Glücksansprüche gesetzt. Freilich war Kroll besser nur bei Tage zu besuchen; abends, hieß es, könne man dort nicht hingehen, da sei das Etablissement bevölkert von zweifelhaften Elementen, vor allem weiblichen; unverhüllt ausgesprochen: Da wagte die Prostitution sich keck hervor. Zur Sünde unterhielt der rechtschaffene Bürger ein unbehagliches Verhältnis. Er lebte, bis er sich verheiratete, recht reinlich, gab kein Geld für die käufliche Liebe aus, die ihn befleckt und dazu an seinen Ersparnissen gezehrt hätte. War er dann verheiratet, hatte er vollauf, was er brauchte. Wie hielt man es, zum Beispiel, in Leipzig? Nach der Arbeit konnte man sich schon einmal amüsieren; gemütlich ging der Mann mit Weib und Kind zum Biere. Bier- und Cafégärten mit Orchestertribünen, mit schönen Statuen und Fontänen im Grünen, Illuminationen – was man vom Leben haben konnte: Man hatte es.

So vereinte man mit einem sittlichen Lebenswandel des denkbar größte Vergnügen. Im Ganzen herrschte bis hinauf in die etablierte Gesellschaft ein Wohlgefallen an Tugend und Moral, eine Ablehnung unklarer oder disharmonischer Verhältnisse. Damit befand man sich im Widerspruch zu der allgemein hereinbrechenden Frivolität. Die griechischen Götter, denen man als Christ zwar keine religiösen Ehren erwies, als gebildeter Mensch jedoch tiefe Ehrfurcht entgegenbrachte, wurden in Offenbachs Operetten zu frechen Komödianten herabgewürdigt! Wie anständig war die gesamte Gesellschaft noch Anfang der fünfziger Jahre gewesen, als die Fürstenhöfe darauf achteten, daß auf ihren Bühnen nichts Dubioses gegeben wurde. Wien – trotz Lanner und Strauß, trotz allen Walzerübermuts – wünschte zum Beispiel nicht, daß illegitime Kinder im Theater zur Sprache kämen, vor allem keine schlechten Könige; und Zerfall zwischen Vätern und Söhnen litt man nicht. In Schillers »Kabale und Liebe« wurde aus dem Vater Ferdinands, einem kalten, intriganten Höfling, deshalb ein Onkel, und entsprechend mußte Ferdinand rufen: *Ich habe einen Fleck in meinem Herzen, wo der Name »Onkel« noch nie hingedrungen ist!* Solche sittliche Ruhe konnte auf die Dauer nicht von oben verordnet werden. Das Leben wurde üppiger und sinnlicher.

Die jetzt in mittleren Jahren standen, hatten die Freuden des Lebens nur kurz gekostet, statt dessen mancherlei Anstrengung hinter sich: Jetzt kam die Zeit der Pantoffeln, des Hausrocks und der Hausmütze, des guten Kaffees und der blonden Napfkuchen.

Der bessere Herr fühlte sich daheim in einem Hausrock orientalischen Stils wohl, zu welchem ein Fez mit Quaste gehörte; er sah sich als milde waltenden Pascha und gestattete sich einige besondere Verwöhnung: die Meerschaumpfeife, die kurz und elegant die langstielige Großvaterpfeife verdrängte; die Zigarre im ledernen Etui, die Zigarrenkisten und -kistchen, die eigens aus Bremen bestellt wurden; das lederne Reisenécessaire, die ellipsenförmigen randlosen Brillengläser mit Goldbügel, vor allem die wertvolle goldene Uhrkette, die die silberne ersetzte; schwer hing sie über manchem dicken Bauch, und wenn auch ausgreifende Körperfülle den modischen Gehrock als wahren Hohn auf die Herrenmode erscheinen ließ, war ein Bauch doch immer das deutlichste Wahrzeichen, daß einer etwas hatte; in die Verhältnisse eines Mannes mit Bauch konnte man Vertrauen setzen und in die Kochkunst der Ehefrau.

Vermögenswerte kamen zur Geltung, wurden zur Schau gestellt, wenn man Gäste empfing. Die neureichen Damen verstanden sich besonders schnell auf vornehme Lebensart, wenn auch ihrer Sprache noch oft die Merkmale ihrer Herkunft anhafteten. In den Hinterzimmern ihrer Wohnung sagte die Berlinerin gemütlich: »Na, heute jibt et wieder 'ne Abfütterung für jroße und kleene Raubtiere.« Wenn sie dann nach sorgfältiger Toilette in ihrem Schlafgemach, das ganz in Mahagoni eingerichtet war, sich im Spiegel erblickte, nahm sie schon die distinguierte Miene an, mit der sie in den Vorderzimmern ihre Gäste begrüßen würde.

Draußen im Korridor rannten die livrierten Lohndiener hin und her mit den großen silbernen Tabletts, auf denen die Batterien der benötigten Gläser standen: Rheinweingläser, Burgundergläser, Sektkelche. In den Wandschränken standen die hohen Stapel bemalter Teller bereit, Kristallschalen, Kompottièren, Terrinen und Tassen; alle Gedecke waren für vierundzwanzig Personen.

Spät in der Nacht wurden die Gäste von ihren Dienstboten mit Lampen abgeholt oder von ihren Kutschern. Die Straßenbeleuchtung in Nebenstraßen war noch immer mangelhaft; hier und da sah man noch zu später Stunde schattenhafte Gestalten um die Ecken biegen, aus Türen treten, hinter denen Licht und Stimmengewirr waren.

Heinrich Seidel, der Verfasser des Lieblingsbuches vieler Bürgergenerationen, des Romans »Leberecht Hühnchen«, barg in sich zwei extreme Charakterzüge seiner Zeit: Als Ingenieur hatte er die Glasdachkonstruktion des Anhalter Bahnhofs in Berlin erstellt; als Dichter floh er in die idyllische Enge bescheidenen Bürgerlebens. Im »Leberecht Hühnchen« finden wir den Prototyp des vermögenslosen Gebildeten, der sich auf schmalster wirtschaftlicher Basis auf einen ebenso fröhlichen, wie billigen Lebensgenuß versteht. Allzu ängstlich und ehrpusselig erscheint allerdings einiges, unter den Nebenfiguren zum Beispiel ein Liebespaar, das sich länger als ein Jahrzehnt nichts anderes

Madame empfängt

traut, als heimlich mitsammen spazieren-zugehen, ohne jede Hoffnung, jemals die Einwilligung des Vaters zur Heirat des Mädchens zu gewinnen: Der junge, immer älter werdende Mann hat kein Geld. Beide werden alt, sie werden welk – damals ein unerbittlich schneller Prozeß –, da, endlich, kommt dem Liebenden doch ein kleines Sümmchen zu Hilfe. Er hält beim Vater um die Hand des Jüngferchens an, der gibt seinen Segen, die Hochzeit wird gefeiert, alle sind vergnügt. Schauer über die ver-säumte Lebenszeit, eine Imagination der erlittenen Entbehrungen werden nicht beim Namen genannt. Die Literatur und die Öffentlichkeit der Epoche waren diskret bis zur Heuchelei und Verlogenheit. Die Realitäten, über die jeder Bescheid wußte, wurden nicht beim Namen genannt. Sollte ein jeder zusehen, wie er mit dem, was Geschlechtlichkeit genannt, aber nie ausgesprochen wurde, zurechtkam. Geschlechtlichkeit war keine veröffent-lichungswürdige Lebenskomponente. Man sprach von galanten Abenteuern, von galanten Krankheiten, auch von Aus-schweifungen. Das Wort Ausschweifung genügte, jungen Mädchen lüsterne Vor-stellungen vom Wesen der geschlechtlichen Liebe einzugeben.

Sehr feine Augen mußte man haben, um eine galante Dame von einer echten Dame zu unterscheiden. In Baden-Baden kannte man die Pariser Hoch-Kokotten vom bloßen Ansehen nicht heraus. Sie wurden ausgehalten von Baronen, Grafen, Fürsten, Angehörigen der französischen Kaiser-familie. Diese Damen, oft von denkbar niedrigem Herkommen, wußten, daß eine wie sie mehr Geschmack, mehr feines Benehmen nötig hatte als eine Herzogin. Die französischen Kurtisanen führten in Baden-Baden die neuesten Moden vor, ihre Equipagen waren die elegantesten. Deutsche Kurtisanen dieses grandiosen

Typs sind nicht in die Geschichte der Haute Prostitution eingegangen. Die großen Vermögen wurden nicht mit ihnen durchgebracht. Der junge Herr von Stand unterhielt eine Maîtresse, wenn das väter-liche Budget es erlaubte. War er weniger vermögend, schätzte er sich glücklich, ein Mädchen aus dem Volk zu gewinnen, mit dem ihn oft sogar wirkliche Liebe verband. Die Stines, die Lenes, wie Fontane sie beschreibt, wußten, daß sie ein Leben lang vom Glück dieser Herrenliebe zu zehren hatten, mehr verlangten sie nicht. Resoluter Bürgersinn zeigte Anstand genug, wenn das Mädchen nach Beendigung der Liebe-lei eine Abfindung erhielt, mit der es viel-leicht einen Hutladen eröffnete, oder sie als willkommene Mitgift in die Ehe mit einem braven Mann ihres Standes einbrachte. Ein Fortsetzungsroman in der »Garten-laube« gab ebenso tränenselig wie erstaun-lich unverblümt eine weniger glückliche Geschichte wieder: vom kalten, ehrgeizigen Bürgersohn, der eifersüchtig geliebt wird von einem armen Vorstadtmädel. Die geld-gierige Mutter des Mädchens hütet das Kind – die Frucht der unseligen Ver-bindung. Nun wird der Mann eine reiche Erbin heiraten – ja, die weinende Geliebte hat es richtig in den Gesellschaftsnach-richten gelesen, er will es nicht länger abstreiten. Wenn sie freundlich wie immer zu ihm sei, könne alles bleiben wie bisher. Wenn sie ihn aber mit ihren Vorwürfen ver-treibt! Tränen über Tränen! Was da im Familienblatt in sentimentaler Überhöhung geschildert wurde, hatte zum Stoff einen handfest unanständigen Sachverhalt. Eine unanständige Schilderung der Einzelheiten erübrigte sich, die Leser wußten Bescheid.

Schließlich mußten die jungen Mädchen aus gutem Hause auch ein wenig aufgeklärt werden, damit sie in ihrem Umgang die richtige Wahl trafen. Es konnten ja nun schon zwei Damen miteinander ein Café besuchen. Besser freilich, wenn eine von ihnen älter war: Mutter und Tochter, Tante und Nichte. Von Tanten erfuhr ein junges Mädchen mehr vom Leben als von der Mutter, sie hatten einen vertraulicheren Ton, konnten einem Mädchen eher zu etwas Weltkenntnis verhelfen: daß man zum Beispiel zweifelhafte Personen an einer überladenen Toilette, an provozierender Garderobe erkannte. Zwar mußten anständige Frauen solche Personen meiden, um ihren eigenen Ruf zu schonen, doch dies und jenes wiederum, was jene so reizend erscheinen ließ, konnte man nachahmen.

Während die anständigen Frauen sich sozusagen nur an der äußeren Wand des galanten Lebens entlangtasteten, nahmen die wohlhabenden Männer gründlicheren Einblick und kosteten, je nach Vermögenslage, die Freuden der ungebundenen Leidenschaften. Das Weib! Sei es auch sittenlos, wie köstlich war es! Daheim wurde die Gattin, wurde die Mutter geehrt, die Tochter behütet. Im eleganten Bordell wurde der Venus geopfert.

Begabte Kokotten vermittelten gern geheime politische Nachrichten, die sie freudebenebelten Kunden entlockten – einen anderen Grund gab es nicht, daß gelegentlich ein Kriminalbeamter in einem erstklassigen Berliner Bordell recherchierte:

Ich wählte zu meinem Einschreiten einen Abend, an welchem, wie ich erfahren hatte, zahlreiche verheiratete Männer vornehmen Standes mit mehreren blutjungen Mädchen niederen Herkommens ein Fest zu feiern gedachten. Ohne Arg, fröhlich trällernd und ihre Blöße nur ungenügend von einem Kimono bedeckt, öffnete Frau v. T., eine brennende Kerze in der Hand. Sie wähnte offenbar, noch einen verspäteten Gast zu empfangen, doch jäh standen vor ihr die gefürchteten Schergen der Polizei. Wie beim Anblick giftiger Schlangen fuhr sie mit ihrem Lichte voll Entsetzen zurück, mußte dann aber die unerbittlichen Besucher in ihre Räume führen. Hier saßen und lagen, in die schamlosesten Spiele vertieft und »bekleidet« nur mit einer Gesichtsmaske, mehrere unserer höchsten städtischen Beamten in enger Umarmung mit den ebenso unbekleideten Mädchen. Nachdem ich den Ertappten sämtlich mein Versprechen erteilt hatte, sie mit Verhaftung zu verschonen, falls sie sich auf der Stelle auswiesen, fing die Wehklage zu verstummen an, und die Festteilnehmer eilten zu ihren in wüsten Haufen abgeworfenen Kleidern.

Der Einzelne ließ nicht erkennen, wie weit er selbst in der Wahrnehmung der Liebesfreuden ging, aber allgemein kam nun – natürlich aus Paris herrührend – die Preisung weiblicher Schönheit als der großen Spenderin des Männerglücks auf. Man hatte gehört, ein französischer Maler habe eine Kokotte, bar der Scham, in blendender Nacktheit beim Frühstück im Grünen in der Gesellschaft einiger elegant gekleideter Herren gemalt. Das war natürlich unerhört und ging entschieden zu weit, konnte als Kunst nicht gelten wollen. Doch der Mut zum Ungewöhnlichen war hervorgetreten, und was die Moral betraf, war man nicht vollends hartgesotten in der Beurteilung der willfährigen Mädchen und gefallenen Frauen. *Kann die Gefallene Tugend haben?* war ein Thema, mit dem sich Alexandre Dumas in seinem Roman »Die Kameliendame« beschäftigte; jeder Eingeweihte erkannte in der »Kameliendame« die schöne, schwindsüchtige Kokotte Marie Duplessis wieder, zu der unter vielen anderen Berühmtheiten Europas auch Franz Liszt ein nicht nur galantes, sondern auch zärtlich-freundschaftliches Verhältnis gehabt hatte. Verdis Oper »La Traviata« machte 1853, wenige Jahre nach dem Roman, einem tiefgerührten Publikum bekannt, welch edlen Sinnes auch eine solche Person fähig war. Die Bürgersfrau versuchte zu verdeutlichen, daß das schwelgerische Anhimmeln der weiblichen Schönheit sehr wohl auch auf die Gattin bezogen werden konnte. Das glatte Gegenteil einer ausgehaltenen Frau wollte sie nicht sein. Auch ihr Heim konnte die Sinne des Mannes verwöhnen durch

Samt und Seide, Fransen und Quasten. Portieren wurden durch schöne Bänder mit Schleifen gehalten, das idyllische Nest wurde durch schmückende Auspolsterung füllig vervollständigt, Teppiche dämpften den Schritt, Tischdecken wurden doppelt, übereck, aufgelegt, eine zur Schonung der anderen. Das Speisezimmer, das Wohnzimmer erhielten einen höheren Rang, auch der Alltag erhielt sein verwöhnendes Gepräge. Ein Sofa war dem Mittagsschlaf des Hausherrn reserviert; gestickte Sofakissen für ihn waren Geschenke der Liebe, die schon die junge Braut für den Bräutigam fertigte. Von einem Geburtstagsfest wurde geschildert: *Er hatte nur Augen für das Sofakissen, das Amalie ihm geschenkt hatte.*

Alles mußte nun aber auch recht geschont werden. Die Herren pflegten ihr Haar gegen Haarausfall mit einem Öl: »Macassar«. Wie den Samt, den Plüsch, den Seidenbezug des Sofas vor dem fettigen Herrenhaupt bewahren? Mit den »Antimacassars«, den gehäkelten oder bestickten Sofaschonern, die erst nach dem Ersten Weltkrieg allmählich aus der bürgerlichen Wohnung verschwanden. Das

»Der Salon« – Aushängeschild der Dame

Schonen des Schönen: der bürgerliche Umgang mit dem Kostbaren. Die Dame des Hauses schwankte zwischen der Rolle der sorglichen Hausfrau und der Rolle der Verwöhnten, die als Priesterin im Wohntempel der Schönheit waltete. Mit einer feinen Handarbeit ließ sie sich nieder auf dem jetzt modischen geschweiftbeinigen Sessel mit der höheren, mit Schnitzwerk verzierten Lehne, die Füße auf einem Kissen mit Fransen. Die neue Petroleumlampe beschien die intime Szene; alles war getan, die Sinne des Mannes zu umschmeicheln.

Eine gewisse Bewegung trat auf in der Wahl des Wohnsitzes: Die einen zogen in eine schöne Straße in »guter Gegend« der Innenstadt, als andere schon wieder hinausstrebten. In stadtfernen ländlichen Gegenden entstanden Villenkolonien, erbaut von Bodenspekulanten. Berlins »Westend« war eine »Pleite-Kolonie«, hat aber seine bürgerliche Würde bis heute behalten. Diese neuen Siedlungen von Villenbesitzern waren von der Stadt durchaus nicht etwa abgeschnitten; sie lagen auf dem Weg zu Rennplätzen oder anderen Ausflugszielen, und sonntags zog der Korso der Kutschen und Reiter staubaufwirbelnd an ihnen vorüber.

Bürgerlicher Reichtum strebte auch nach dem Zweitwohnsitz auf dem Lande, einem Haus in der neuen, heimatverbundenen Mode, am liebsten über und über mit Efeu bewachsen. Die Stadtvillen hatten nach vornhinaus einen Ziergarten, nach hinten einen Nutzgarten, eingefaßt mit Blumen- und Sträucherrabatten, und eine Wiese zum Wäscheaufhängen und zur Bleiche. Seitlich lag ein kleiner Bau ganz im Stil des Herrschaftshauses, in dem Kutsche, Pferde und Kutscher untergebracht waren.

Es gab soviele Vornehmheits-Nuancen, wie Illusionen. Berufe und Gewerbe dienten als Rangbezeichnungen. Der Dampfziegeleibesitzer wurde als Briefadressat »Seine Wohlgeboren Herr Dampfziegeleibesitzer...« bezeichnet. Er war bedeutend respektgebietender als etwa ein Hoflieferant, der, obgleich Herrscher über kostspielige Verkaufsräume, doch immer noch in direktem Verkehr, also gewissermaßen servil, für jeden Kunden tätig war. An Vermögen konnte ein renommierter Einzelhandelskaufmann es mit manchem der vornehmsten des Landes aufnehmen. Der Hoflieferant der Königin für das Porzellan der königlichen Tafel hatte als Laden eine palastartige Flucht von Räumen mit Kronleuchtern, Säulen, Etageren, in denen die kostbarsten Neuheiten von Meißen bis Sèvres zu sehen waren. Mit Porzellanfiguren lieferte er auch den Glassturz für die teure Neuerwerbung: zur Schonung. Wie sah eine Karriere in den sechziger Jahren aus? Einer war Bäcker, dann Brauer, als solcher Kriegslieferant 1864 und 1866. Er hatte einen Kompagnon, der Handschuhmacher, darauf im Kornhandel tätig war, schließlich Buchhalter wurde. Die beiden stellten sich auf die jeweiligen Konjunkturen ein und kamen zu so beträchtlichem Reichtum, daß sie sich als Rentiers ins Privatleben zurückziehen konnten. Der Geldmann, der untätig von seinem Kapital leben konnte, hatte einen höchst beneidenswerten Status, war eine Traumexistenz.

Im Ganzen aber war die Industrie auf dynamische Tendenzen eingestellt; in ihnen gab es keine Ruhe, nur Wachstum. Krupp und

Siemens zeigten die enormen Potentiale, die im technischen Erfindergeist ehemaliger Handwerker und in kaufmännischer Tüchtigkeit lagen.
Geld kam zu Geld durch Fusionen, durch Investoren, die auf Gewinn spekulierten – hilfreiches Kapital für kleine ehrgeizige Firmen. Auch die Heiratsanzeigen der Zeit zeigen Sinn für reelle Interessenverknüpfungen.
Ein wissenschaftlich gebildeter Herr in vorgerücktem Mannesalter, von gutem Ruf, solidem Lebenswandel, wünscht sich, teils des Lebenszweckes und teils der notwendigen Erweiterung seiner rentablen Heilanstalt wegen, zu verheiraten. Jungfrau oder Witwe, von nicht zu jugendlichem Alter, Bildung, einigem Vermögen, welche hierauf reflektieren, belieben ihre nicht anonymen oder doch genauen Adressen anzugeben bei…
Ein junger Ökonom, von solidem Charakter, Inhaber eines Vermögens von 30 000 Talern, wünscht sich mit einem jungen liebenswürdigen Mädchen von angenehmer Persönlichkeit, die ein disponibles Vermögen von 10 000 Talern und mehr besitzt, zu verheiraten…
Der Ökonom, so nannte sich der Landwirt, der sich vom Bauern unterscheiden wollte, wünschte seinen Landbesitz zu vermehren. Güter wurden auch von Nicht-Ökonomen erworben, vor allem das Rittergut war begehrt. Lag es auch auf ärmlichem Boden und konnte sich nicht messen mit einem Hof auf fettem Grund, es war ein adliges Gut, sein Besitzer war dann ein »Herr Rittergutsbesitzer«.
Man las auch Anzeigen von wohlhabenden jungen Damen, die ihr Vermögen gern in eine gesellschaftlich höhere Stellung einbrachten. Munteres Vergnügen an Heiratsanzeigen ohne Vermögensangabe zeigten junge Mädchen mit dem Einsenden ihrer Photographie an einen Heiratsvermittler, der dann inserierte:

Wohlgetroffene Photographien junger sächsischer heiratslustiger Damen sind das Dutzend für 4 Taler zu haben…
Die meisten Anzeigen aber, soweit sie keine Waren anbieten, sondern sich an Menschen wenden, handeln vom Geld. So wurde auch gleich die Zeitklage laut: *Unsere Zeit, die sich durch Geldgier wie keine andere vorher auszeichnet…*
Wenn der Kaufmann erst Kaufherr war, wenn der Kaufherr endlich den Titel Kommerzienrat erhielt, war es geschafft, das Ziel: Geld plus Titel, war erreicht. Die Äußerlichkeiten, Rang und Ansehen betreffend, spielten eine quälende Rolle. Die Frage nach der Satisfaktionsfähigkeit konnte noch am ehesten bejaht werden: Ein Mann von Bildung konnte, auch wenn er von kleinem Herkommen war, einen anderen Mann zum Duell fordern oder selbst gefordert werden, wenn es um eine Beleidigung ging. Wer hinter einem Ladentisch stand, kam als Duellant nicht in Frage.
Ferdinand Lassalle, Sohn eines kleinen jüdischen Kaufmanns, war ein Sozialist, in dem die neue Arbeiterbewegung einen satisfaktionsfähigen Führer hatte: ein Dandy der feinsten bürgerlichen Schattierung, der weder Karl Marx noch den anderen Arbeiter-Ideologen ganz geheuer war; doch war er so erfolgreich, wurde so verehrt, daß sie ihn nicht entbehren konnten. Schmählich scheint es für die Geschichte des Sozialismus, daß er in einem Duell fiel, zu welchem er in einer Liebesangelegenheit gefordert worden war.

Verletzte Ehre Das Duell – möge Fontane seinem Baron
Instetten eine vornehm-resignierte Zustimmung in den Mund legen – war eine
Farce um ein Nichts, ein Hahnenkampf mit
feierlichem Zeremoniell, in welchem es die
Bürger dem Adel gleichtun konnten; vielleicht lag hierin sein gesellschaftlicher Reiz.
Das strenge, dramaturgisch festgelegte
Gehabe, mit dem ein Herr seine Sekun-
danten wählte, seine Hinterlassenschaften
ordnete, an seine Eltern schrieb, zum ver-
schwiegenen Wäldchen fuhr, um dort ver-
wundet oder tot umzufallen, war ein hoch-
poetisches Spiel mit dem Tod. Die schwarzen Zylinder, das grüne Gras, das rote Blut
– so spielte man Ritter im Zweikampf. Die
Ehre – eine äußerliche Buchstabenehre –
war bei beiden Duellanten wieder hergestellt. Wer den Gegner getötet hatte,
wurde mit Festungshaft bestraft. Lautete
das Urteil auf zwölf Monate, sah er sich

doch nach vier Monaten Kavaliershaft wieder in Freiheit.

Der oberste Begriff bürgerlichen Unterlegenheitsschmerzes lag im Wort hoffähig. Der Bürger war es nun einmal nicht, auch kein bedeutender Gelehrter oder Künstler. In Nebengemächern, bei geringer Beleuchtung, ohne höfischen Aufwand konnte auf Wunsch eines Fürsten eine derartige Begegnung ermöglicht werden. In den Journalen erhoben sich kritische Stimmen gegen diese Verhältnisse; das herrschende Gesellschaftssystem galt als revisionsbedürftig:

An manchen Höfen ist eine besondere Form für den Verkehr mit Gelehrten und Künstlern gefunden; aber solche Privatabende der höchsten Herrschaften stehen ganz außerhalb des Hoflebens. Es kann geschehen, daß der Fürst diese Persönlichkeiten, die ihm an solchen Abenden nahegetreten sind, niemals vor sich sehen lassen kann, wenn bei einem Hoffeste die Kronleuchter seines Schlosses angezündet sind. Man verwies auf Frankreich, wo es keine gesellschaftlich privilegierten Stände mehr gab, und ein bürgerstolzer Publizist schrieb:

Der deutsche Bürger sieht mit kaltem Blick auf die Exklusivität der deutschen Höfe. Er weiß wohl, daß das Bürgertum der Hauptträger der deutschen Tüchtigkeit und Bildung ist. Er sieht mit Stolz, daß in keinem Kreis deutschen Lebens, weder bei Fürsten noch beim Adel, die Sittlichkeit reiner, die Bildung humaner, der Sinn für das Schöne und Große entwickelter ist als in den gebildeten Familien, welche stolz darauf sind, bürgerlich zu heißen. Und fest überzeugt ist der Bürger, daß er nicht mehr Glied eines Standes, welcher zwischen Edelmann und Bauer gesetzt ist, sondern in freiester Stellung und Teil der Gesellschaft, daß vorzugsweise er der Repräsentant des edlen Lebens der Nation ist, und daß hoher und niederer Adel sich nur dann erhalten

können, wenn sie in geistiger und materieller Beziehung seiner Führung folgen.

So selbstbewußt dachten nicht alle Bürger. Da gab es noch den Begriff »ebenbürtig«, der tief verletzend in ihr Leben eingreifen konnte. »Nichtebenbürtig« – ein Thema des Trivialromans dieser und der späteren Zeit – konnte die Heirat von Liebenden verhindern, wenn kein bürgerliches Kapital vorhanden war, oder nicht gebraucht wurde zum Ausgleich.

Der Bürger glaubte an Seelenadel, an die inneren Werte des Menschen, auch wenn die Zeichen der Zeit so stark auf die äußeren Werte gerichtet waren. Wurde aber ein Bürger in den Adelsstand erhoben – wodurch sein würdiger Verkehr mit Fürsten ermöglicht wurde –, lehnte er die Erhebung nicht etwa aus Bürgerstolz ab. In gewisser Weise stärkte eine solche Auszeichnung sogar den ganzen Stand: Aus den Reihen der Bürger gingen eben die neuen Aristokraten hervor.

Im Bürgertum waren zur selben Zeit auch fortschrittliche und humane Bestrebungen spürbar. Gegen die Todesstrafe, für einen verbesserten Strafvollzug gab es veröffentlichte Meinungen. Das Judentum wurde wohlwollend einbezogen in den gesellschaftlichen Kulturbegriff. Die Eröffnung neuer Synagogen wurde in bebilderten Beschreibungen publiziert, geistig hochstehende Juden genossen Respekt. Ignaz

Mocheles wurde gewürdigt als *einer der berühmtesten Klaviervirtuosen der Zeit;* der Baron Moses Montefiore, ein Londoner Jude, wurde als großer humaner Wohltäter vorgestellt: *Der alte Herr gehört zu den verehrungswürdigsten Männern unserer Zeit.* Die »Gartenlaube« widmete einen ausgiebigen Artikel dem jüdischen Laubhüttenfest. *Aus den vier Wänden jüdischen Familienlebens,* mit der Abbildung einer Szene, die Frohsinn und Innigkeit sympathischer, schöner Menschen zeigte. Nur die »Fliegenden Blätter« gefielen sich in Bildern von karikierten Juden mit Unterschriften, die jüdische Sprechweise der Lächerlichkeit preisgaben – wenngleich sie kritisierten, daß die Juden zu allen erdenklichen Geldleistungen herangezogen, ihnen aber etliche Rechte noch immer vorenthalten wurden. Beamte und Offiziere konnten Juden nicht werden.

Im Offizierskorps aber hatte es auch der christliche Bürger schwer. Anscheinend war in Vergessenheit geraten, daß in der Zeit der Freiheitskriege die bürgerlichen Offiziere die nationale Begeisterung gegen Napoleon getragen hatten. Jetzt wurden sie von den adligen Kameraden bewitzelt und gemieden.

In manchen bürgerlichen Kreisen gab es, wennzwar nicht Sympathien für den Sozialismus, so doch soziale Ideale, Aussteiger aus der deutschen bürgerlichen Gesellschaft. Die Beispiele glänzender Erfolge hatten allgemein eine Glücks- und Geldsucht gezeitigt. Wer irgend konnte, spielte

wenigstens ein Achtellos der Lotterie. Bedauernswerter noch waren die jungen Männer, die mit Mut und Verwegenheit unter die Goldgräber nach Kalifornien, nach Mittelamerika gingen. Die Geschichten von bitteren Enttäuschungen wurden bekannt, nicht genug konnte vor dem Goldabenteuer gewarnt werden. Friedrich Gerstäcker, als Reiseschriftsteller eine Autorität, publizierte genaue Angaben über die fernen Länder, die vermeintlichen Glücksregionen, die jeweilig bekannt wurden: über die kargen Chancen, über die Bodenbeschaffenheit, über den Charakter der Einwohner und die etwaigen Bedrohungen persönlicher Sicherheit. Wenn ein Auswanderer sein Glück machte, war selten genug ein Goldfund die Basis. Aber sein wundersamer, freiheitlicher Lebensweg strahlte auf die in der Heimat Verbliebenen einen Glanz unbekümmerten, starken Selbstbewußtseins aus, das sich an gesellschaftliche Vorurteile nicht kehrte. In der Ferne also gab es die Demokratie der Glücksfindung.

Während die besseren Stände sich mit den feinen Rangeinstufungen plagten und abfanden, wimmelte es in den Hinterhäusern der Mietpaläste von den Erniedrigten und Beleidigten des Volkes. Die Fassade zur Straße bot einen täuschenden Prunk. Die Armenärzte, die in die Hinterhäuser drangen, kamen ins Grübeln, ob solches Elend gottgewollt sein könnte. Sie fanden eine Welt mit eigenen Lebensanschauungen vor, Tugend und Laster auf demselben Flur, Haß, Neid, Gezänk, dann wieder rührenden Familienzusammenhalt. Die Töchter gingen in die Fabrik, die Mütter plagten sich mit den kleineren Kindern, mit der Trunksucht der Männer. Da gab es auch die alte Waschfrau, das eigentlich einzige Objekt karikativer bürgerlicher Impulse. Die Schwindsucht war in diesen Quartieren zu Hause. Und

doch behaupteten auch hier noch Höher-
gestellte ihren Platz: Die Witwe im ersten
Stock des ersten Hinterhauses war in Harm
und Würde der Frauentyp, der bessere
Tage gesehen hatte und niemals etwa mit
der Schustersfrau aus dem vierten Stock
verkehrt hätte. Hochmütig verschloß sie
sich den Kreisen, mit denen sie hausen
mußte. Im Hinterhaus gedieh über dem
hoffnungslosen Trübsinn derer, die ganz
unten standen, noch der Stolz der Armen,
die verschämte Armut, wo das tapfere Prinzip geboren wurde: »Ärmlich aber sauber«,
das von höherer bürgerlicher Warte mit
Anerkennung bedacht wurde.
Sollte das Zusammenleben der Menschen
etwa auch nach der Darwinschen Theorie
vom Kampf ums Dasein bestimmt sein?
Darwin hatte die frommen Gemüter ver-
wirrt und empört, er brachte die bürgerliche Weltanschauung aus dem Gleich-
gewicht. Der Mensch war also nicht von
Gott erschaffen in seiner fertigen Gestalt?
Er hatte sich entwickelt, aus einem tier-
artigen Wesen, stammte wohl etwa vom
Affen ab? Der Mensch – ein Fortschritts-
affe? hieß die höhnische Gegenfrage. Wenn
man an diesen Fortschritt naturwissen-
schaftlicher Erkenntnisse nicht glauben
mochte, war man um so stolzer auf die
weiteren technischen Fortschritte der Zeit.
Nach längerer Stagnation kam der Eisen-
bahnbau in großen Gesamtaufschwung.
Durch den Schwarzwald waren vierzig
Tunnel gebaut worden. Überseekabel nach
Amerika waren gelegt. Mit Gaslaternen
wurden die Straßen beleuchtet, auf denen
jetzt Pferdebahnen führen. Die Nähmaschine war erfunden und veränderte die
Textilindustrie. Walzwerke, Hütten, Silos,
Maschinenhallen, Wassertürme, Festhallen
wurden gebaut, Dampfschiffahrtslinien
boten Reisen an. Das Veloziped machte
von sich reden, zweirädrig, dreirädrig, für
eine und zwei Personen. Weltausstellungen
waren in Mode; im Abstand von drei bis
vier Jahren zeigten sie die neuesten
Leistungen der begabten Nationen.
Die Photographiertechnik und die chemischen Verfahren, die Bilder von den Platten
zu entwickeln, konnten von jedem erlernt
werden; der Beruf des Photographen
bildete sich heraus und damit ein neuer
Künstlertyp. Der Meister hatte ein Atelier,
trug ein Samtbarett und eine lockere
Schleife zum Künstlerwams.
In der fortschrittlich veränderten Welt
wurden die alten Ideale nicht vergessen.
Der deutsche Mann durfte nun wieder
turnen, seine im Verein betriebenen
Leibesübungen wiesen ihn als vaterländisch Begeisterten aus; des Turnvaters
Jahn einstige verbotene Bewegung er-
blühte neu. Mit hohen Weihen wurden
große Turnhallen eröffnet, Schauturnen,
Musik, Gesang und Bier erfreuten die
Besucherscharen. Das Turnfest 1863 wurde
in Leipzig abgehalten, in der neuen Halle,
die fünfhundertachtundachtzig Meter lang,
vierundachtzig Meter tief war und sieb-
zehntausend Sitzplätze hatte, eine Redner-
tribüne, zwei Orchesterpodien, acht
Küchen, sechzehn Bierschänken und einen
großen Weinkeller.

NORD

Durchschnitt eines Photographenateliers um 1870

Für Mädchen gab es eine erst zaghafte Anleitung für das Frauenturnen. Meist blieb es beim Balancieren auf dem Schwebebalken. Eine Wilde, eine Kecke, versuchte sich wohl einmal auf dem Veloziped, aber gegen solche Übungen war die Modewelt, wo man erst ahnungsvoll die Möglichkeit der Pumphose erwog.
Eine gewisse körperliche Unternehmungslust drückte sich im Reisen aus. Im Ostsee- oder Nordseebad – dorthin zu fahren war jetzt fashionable – stiegen auch die Damen, streng von den Männern getrennt, vom Badekarren auf einem Treppchen ins Wasser, in langen türkischen Hosen, über denen sie bestickte Taillen trugen, oft auch in einem hübsch dekorierten, knielangen Rock, aus Serge oder Flanell, geblümt oder gestreift.
Neben die Heilbäder mit ihren berühmten Quellen traten die Kaltwasserheilanstalten – Prießnitzens Lehren bereiteten das

spätere Wirken des Pfarrers Kneipp vor. Allenthalben gruben kleinere Orte nach Quellen, um Kurgäste anzulocken. Sie mauserten sich, waren sie fündig geworden; oder hatten sie auch nur besonders gute Luft anzupreisen, nannten sie sich Kur- oder Luftkurorte, oder einfach »Perle« ihres Ländchens.

In Badeorten machte man lange Spaziergänge, »gebrauchte die Kur«, und jeder, der auf seine Gesundheit ebenso hielt wie auf seine gesellschaftliche Stellung, fuhr unbedingt in die Sommerfrische. Immer neue Hotels wurden gebaut mit großen Kapazitäten, einhundertzwanzig Zimmer waren keine Seltenheit. Restauration, Table d'hôte, Reit- und Fahrpferde, Laubengalerien und Sommertheater wurden in den Prospekten angepriesen. Zierliche

Pavillons entstanden für die Kur-Orchester – die Eleganz hatte ihre Freiluftszenen. In Baden-Baden war es einer Dame von Welt unmöglich sich zweimal in derselben Toilette sehen zu lassen.

Zur Brunnenkur in den Heilbädern traf der Dicke, der dünner werden sollte, den Dünnen, der dicker werden wollte. Nicht zu übersehen waren bei aller Vornehmheit die digestiven Effekte der eingenommenen Heilwässer. Friedrich Hebbel bekannte, welche Assoziationen ihn heimsuchten: *Ich glaube, es muß schwer sein, sich in einem Badeort zu verlieben, da alle Damen, die einem begegnen, und bei denen man sonst an Werther und Lotte denken kann, hier nur des Purgierens wegen im Walde herumlaufen. Wohin man auch komme, überall kleine Häuschen in Pyramidalform, deren Bestimmung sich keine Minute verkennen läßt, mögen sie nun über einem silbern dahinrieselnden Bach oder unter blühendem Holunder und flüsternden Birken angebracht sein, und wie oft stößt man auf bebänderte Herren oder nach Ambra duftende Damen, die mit verlegenen Gesichtern auf sie zueilen oder mit beschämten herausschlüpfen.*

Allen Bädern weit voran stand Baden-Baden mit achtzehntausendachthundertachtundsechzig Kurgästen jährlich. Zu Beginn des Jahres 1870 – man ahnte noch nichts vom Krieg gegen Frankreich – annoncierte die Kurverwaltung von Baden-Baden die Freuden der kommenden Saison, die vom 1. Mai bis zum 1. Oktober dauerte:

Gräfin: »Sag', lieber Alfons,
ist es nicht ein Jammer, daß
diese gottvoll schöne Gegend
so auffallend viel Bauern
hervorbringt?!«

Reisekomfort 1861

Ausgezeichnet durch die Wiener Kapelle von Johann Strauß, verstärktes Kur-Orchester mit Instrumental-Solisten, abwechselnd mit Militärmusik, täglich dreimal in und vor dem Conservatorium. Große Bälle, Réunions, Kinderbälle. Concerte unter Mitwirkung der hervorragendsten Künstler von europäischem Ruf. Zwei italienische Operngesellschaften; Theater vom Palais Royal; Comédie Française, Wiener Ballett – Fêtes champêtres mit Illumination – Waldfest mit Déjeuner, Wettrennen, Taubenschießen, Schach-Congreß.

Die Reisestrecken zurückzulegen, wurde noch als große Plage empfunden, auch wenn es sich um festliche Aufregung handelte. Das Eisenbahnabteil war schon gefüllt, wenn eine Dame sich mit ihrer raumgreifenden Krinoline darin niederließ. Sie empörte sich dann ihrerseits über den Zigarrenqualm der Herren. Lange hatten die Eisenbahndirektionen sich geweigert, einen Toilettenwagen mit den Zügen mitzuführen; sie verwiesen auf die Aufenthalte auf den Stationen. Die Aufenthalte waren aber zu kurz, vor allem für die Damen, die in äußerste, nervöse Erbitterung gerieten. Die Zahl der mitgeführten Gepäckstücke war immens, die Spannung, ob am Ankunftsort alle Koffer, Taschen, Plaid-

rollen, Reisekörbe vollzählig aus dem Gepäckwagen ausgehändigt wurden, beträchtlich.

Im »Modenjournal« wurde der Reisende des neuen Typs verspottet: *Der Ächte Tourist: Er will unbedingt Tourist heißen! Alljährlich vierzehn Tage im Gebirge oder in einem Badeort. Großer Aufwand für die Reise: graues, grünpaspeliertes Tuch, Tyroler Hut, Strohflasche mit Kirschwasser, Operngucker, Plaidriemen, Juchtenstiefel. Das ist für ihn die »Touristerei«.*

Treuherzige Lebenskunst stand neben der frivolen, modisches Dabeisein neben Wertschätzung des Gediegenen; im Genuß der Schönen Künste betrachtete man die Leistungen der Zeitgenossen alle mit einem Maßstab: ob sie den Menschen das Schöne nahebrachten, ob sie edle Inhalte wählten. Das Wohlwollen für das heute

Unbedeutende, Sentimentale ist für uns erstaunlich. Die zögernde Aufnahme des Neuen erscheint verzeihlich.

Wagner wurde aufmerksam von den Kritikern besprochen, aber vorwiegend ironisch. Über seine Texte, die zeilenlang *allallalala leiajala – heiajallaja…* lauten konnten, machte man sich lustig. Blätter für das Pianoforte, »Mädchen am Bache«, »Gebet einer Jungfrau«, »Kleine Blume – ein lyrisches Tonstück« blieben ohne spöttischen Kommentar. Die jungen Damen konnten aber auch von Liszt »Les adieus« spielen, oder, ganz neu für das Vierhändigspiel eingerichtet, Bachs Matthäuspassion. Der Herrengesang pflegte Lieder wie »Lied der Waffenschmiede«, »Waidmanns Trinklied«. Theaterstücke wurden von den Kritikern mit gönnerhafter Herablassung oder im

Der Parvenü im Theater.

».. Du, Kathi, die Preise sind so hoch .. Du mußt ein zufriedenes Gesicht machen – auch wenn das Stück schlecht ist – sonst glauben die Leute, das hohe Entrée ärgert uns!«

Ton des Besserwissers besprochen; die Sorgfalt, mit der Fontane sein Kritikeramt versah, war noch die Ausnahme. Ein Stück *wurde nicht ungünstig aufgenommen,* oder ein einzelner Akt gefiel nicht, der vom Autor angewandten Sprache kam der Inhalt des Stückes nicht nach. Achtungsvoller wurden die Meister der Bildenden Kunst notiert, besonders wenn sie einen Aufenthalt in Italien nachweisen konnten und einen Auftrag vom Hofe erhalten hatten, etwa *das recht gelungene Modell eines Amors in carrarischem Marmor auszuführen.* Selbst eine *Bacchantin auf einem Panther reitend* konnte die Kritik für sich gewinnen, wenn nur das Gewagte des Sujets durch die Schönheit in erhabener Entrücktheit eine sittliche Entrüstung zunichte machte. Am allseitigsten gefielen großformatige Gemälde historischen Inhalts, auf denen große Helden oder auch tragische Gestalten im Hofgewimmel, besser noch bei einer Schlacht zu sehen waren. Als der Maler Bleibtreu sein Riesengemälde »Die Schlacht von Königgrätz« enthüllte, fand er allergnädigste Aufnahme bei Hofe und den Enthusiasmus eines großen Publikums. Der religiöse Stoff blieb gleichzeitig beliebt, das Christusbild ergreifend. Die büßende Magdalena war die interessante Gegenfigur im szenischen Gemälde nach dem Neuen Testament, die Umkehr einer Frau vom Weg des Lasters war ein Thema der Zeit. Der deutsche Römer Overbeck lebte noch, mit ihm eben diese vielen Schöpfer der süßlichen Jesusbilder, von denen Öldrucke die Konfirmationsunterrichtssäle noch siebzig, achtzig Jahre lang schmückten und den Konfirmanden den Zugang zur Religion zuckrig versperrten.

Aber auch die Epigonen der Romantik malten noch; gerade hatte Moritz von Schwind einen großformatigen Zyklus »Die schöne Melusine« fertiggestellt. Wilhelm

Kaulbach, jetzt *von* Kaulbach, war einer der populärsten Maler mit seinen gefälligen Frauenporträts. Ludwig Richter aber präsentierte dem deutschen Bürger ganz das idyllische Bild, das dieser sich von seinem Wesen und dem Wesen des treuherzigen, anständigen, ordentlichen deutschen Volkes machte.

Die Architektur gefiel sich im Neu-Gotischen, das auch den modernen Eisen-und-Glas-Konstruktionen nicht fernblieb. Industriebauten, Kasernen, Gefängnisse fügten in rotem oder gelbem Ziegelbau spitzbogig hochgezogene Fenster ein. Bürgervillen hatten außer gotischen Fenstern Ziertürmchen und -dächelchen über verwinkelten Erkern. Bei Frankfurt wurde nach den Plänen des Irrenarztes und »Struwwelpeter«-Verfassers Dr. Heinrich Hoffmann ein Irrenhaus im gotischen Stil, mit schöner Aussicht, erstellt. Auch Geisteskranke und Epileptiker sollten doch einen schönen Weitblick haben.

Schließt man von der zunehmenden Zahl der Inserate von Anstalten für Leidende auf die Häufigkeit von Nervenkrankheiten, Gemütsleiden, Epilepsie, ist man versucht, diese Gebrechen für Symptome der Zeit zu halten. Zerrüttete Nerven, Depressionen, Krämpfe – nicht zu vergessen die Hautkrankheiten – waren es die Gebresten, die auf der Abseite des Bürgerwunders gediehen?

Ruhige Gemüths- und Nervenkranke gebildeten Standes finden in der Familie eines Arztes, der früher bei einer Irrenanstalt angestellt war, ein passendes Unterkommen und eine zweckmäßige Behandlung.
Privataufnahme von Hautkranken.
Für Leidende: Unter verblümten Redewendungen wurde die Behandlung chronischer Unterleibs- und Hautkrankheiten, sexueller Erkrankungen, von Impotenz und Syphilis verheißen – in öffentlichen Inseraten der Familienblätter.

Bei den Mädchen war Bleichsucht an der Tagesordnung – leicht als Folge der eng geschnürten Mode zu deuten. Die Frauen litten an Migräne. Ohrenleiden hatten sich viele Damen durch die Haarmode zugezogen: *Die thörichte und unnatürliche Sitte, das Haar mit einem großen Kissen aufzupolstern und dadurch die Luft vom Ohr abzuhalten,* war schuld daran. *16 Mittel gegen Zahnschmerzen,* zusammengefaßt in einer »Zahnschmerzapotheke«, lassen ahnen, was mitunter gelitten wurde. Gichtwatte, Gichtwasser, Blutreinigungspillen, Mittel gegen Haarausfall – die Anpreisung von Mitteln gegen Sorgen und Plagen stieg, die Zahl der Erfolge blieb ungeklärt. Dagegen las man energische Artikel gegen den weiblichen Glauben an Schönheitsmittel; es wurde nachgewiesen, daß sie ein Hundertfaches und mehr von dem wirklichen Wert der in ihnen enthaltenen Stoffe kosteten. Trotzdem ließen die Damen wohl

In der Mitte des Jahrhunderts werden die letzten Häuser im klassizistischen Stil gebaut. Dann wird der gotische Stil Mode, schließlich kommt der »Renaissanzismus«, alles wird am Ende Barock.

nicht von der beliebten Schönheitscreme »Viktoria« ab.

Erschreckend wirkt die Anzeige: *Keine Bettwanzen mehr!* Sollte ein solcher Befall sich etwa bei Familien von Stand ereignet haben? Aber sicher konnte in einem Miethaus niemand sein: Wanzen wurden eingeschleppt, wanderten von Wohnung zu Wohnung.

Die Waschsitten wurden etwas wasserfroher: Jetzt gab es Waschtische im ehelichen Schlafzimmer, mit schönen Porzellangarnituren: Kanne, Schüssel von zweiunddreißig Zentimeter Durchmesser, Seifenschalen und Dosen, alles passend zu den Nachtgeschirren. Vornehme Wohnungen besaßen ein Badezimmer, das aber in den meisten Fällen mit Sachen vollgestellt war, die man sonst nicht unterbringen konnte. Auch das Dienstmädchen konnte darin einquartiert werden. Der Hängeboden war allerdings ihre übliche Schlafstelle; sie erreichte ihn über eine Leiter in der Küche. Als gnädiges Zugeständnis der Herrschaften wurde ihr erst allmählich eine Mädchenkammer zugewiesen, die dann sogar vorschriftsmäßig Bett, Kommode, Kleiderhaken, ein Gestell mit der Waschschüssel enthalten mußte.

»Niagara« hieß die bekannteste Marke des neuen Wasser-Closets, das in England längst selbstverständlich war, in Deutschland aber noch ein seltener Luxus. Abends, wenn es dunkel wurde, ging die »Latrinenjule« durch die Straßen und sammelte ein, was wegmußte.

Als Königin Victoria von England 1861 in Coburg weilte, wurde dort für sie das erste deutsche WC installiert.

Die Sauberkeit der Küchen stand außer Frage, in den Zimmern regte das Stubenmädchen fleißig den Staubwedel. Mit dem Degout weiterer Notwendigkeiten beschäftigte sich man eher zögernd und ganz zuletzt.

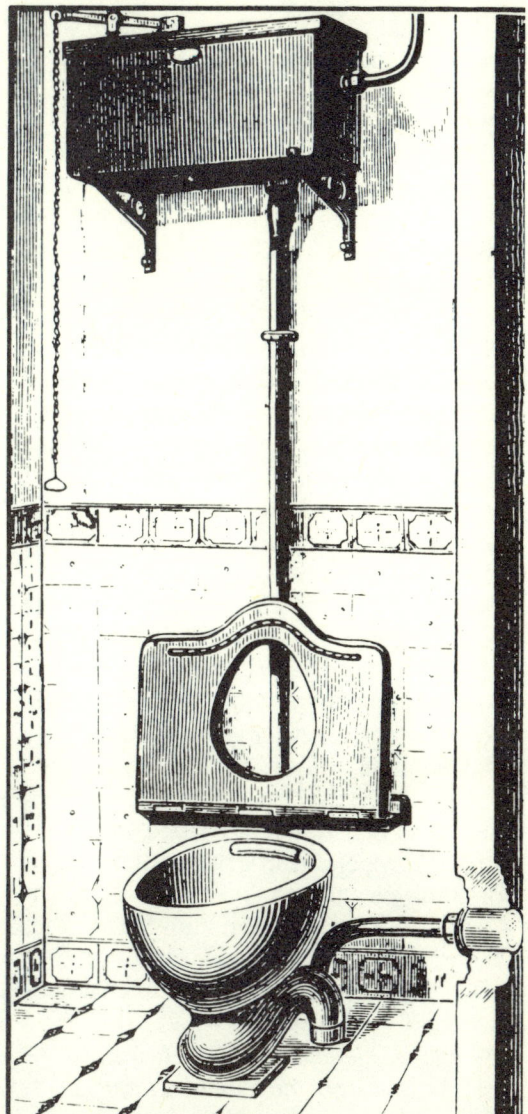

Manches läßt sich jetzt herunterspülen

In der pfleglichen Hut der Familie und ihres Personals wuchs die Generation heran, die in der folgenden Kaiserzeit reifen sollte. Die Kinder ließen sich von den Bildergeschichten des »Struwwelpeter« nicht erschrecken, denn außer Stuhlkippeln bei Tisch hatten sie keine der in dem Buch demonstrierten Unarten. Welcher Knabe hätte bei Regen alleine ausgehen dürfen? Welchem kleinen Paulinchen lagen Streichhölzer zur Hand, und war es denkbar, daß es jemals allein zu Hause gelassen würde? Es war ein Verzeichnis von Schrecknissen, das eher belustigte, und seine Zeichnungen zeigten keine schlimmeren Gräßlichkeiten als heutige Comics von Tom und Jerry. Die Puppen waren aus steifer Biedermeierlichkeit zur Hoffahrt großer Damen gelangt. Das glänzende, in sich hochmütig beseligte Puppengesicht träumt heute als preziöse Antiquität bei ihren Sammlern. Puppenhaus, Puppenstuben waren genaue Modelle der bürgerlichen Wohnung, mit Püppchen aus Biscuit im Ganzen gegossen. Sie lagen im Bettchen, saßen am Tischchen, ein Dienstmädchen stand am Puppenherd, ein Mamachen putzte sich vor dem Spiegelchen, ein schöner kleiner Vater lehnte am Türchen zum Salon. Die Garderobe der Kinder war im wesentlichen die Übertragung der Erwachsenen-Mode auf die kindlichen Maße. *Was die Toilette der kleinen Mädchen betrifft, so braucht man nur eine Damentoilette zu wählen und sie vereinfacht zu imitieren.* So trugen auch die Siebenjährigen kleine Krinolinen, nur kürzere. Dazu Stocklocken und einen hübschen großen Hut, alles in dem herrlichen Grün, das eine Zeitlang die vorherrschende Mode war, mit weißem Ausputz – ein reizendes Püppchen. Die Knaben hatten es etwas besser und bequemer; zeitweise trugen sie die modische Zuavenjacke, dann war wieder der schottische Stil beliebt. In einem alleweil adretten Zustand können die Kinder ihre Garderobe kaum getragen haben, so wie auch heranwachsende Töchter viele Stunden des Tages in ziemlich ungepflegten Négligés verbrachten, herumsaßen und sich langweilten, bis sie im großen Ausgehputz, jetzt mit Schleppe, ausgehen durften und auf der Straße den gesamten Kehricht mit ihrem Kleidersaum mit sich fegten.

Die Kinder lasen die Bücher von Robert Reinick, dem berühmtesten Kinderbuchautor der Zeit; seine Werke wurden noch in den zwanziger Jahren unseres Jahrhunderts gekauft und langweilten diese späteren Kindergenerationen unsäglich. Thekla von Gumpert aber war die Erfolgsautorin der Mädchen. Diese erfolgreiche Jugendschriftstellerin gründete 1855 das »Töchteralbum«, das alljährlich neu herauskam. Sie schrieb auch Erzählungen und einen Roman, der den Invaliden der sächsischen Armee im Feldzug gegen die Österreicher gewidmet war, »Der alte Stelzfuß«; ihre Mädchenerzählungen, »Die Herzblättchen« wurden so freundlich aufgenommen, daß sie nun das Jahrbuch »Herzblättchens Zeitvertreib« gründete; beide Jahrbücher wurden bis in die Zeit zwischen den Weltkriegen verlegt und durften in vielen Häusern auf dem Gabentisch zu Weihnachten nicht fehlen.

Mädchen besuchten nur wenige Jahre die Schule, wenn sie nicht zu Hause von einer Gouvernante erzogen wurden. Diese arme Person, in ihrer peinvollen Berufstätigkeit aus dem wirtschaftlichen Niedergang oder aus von vornherein sorgenvollen Verhältnissen hervorgegangen, meist aus Frankreich, aber häufig auch aus England stammend, hatte einen Ausweis, der ihre Lehrbefähigung bestätigte. Sie hatte aber die gesamte Erziehung des Kindes zu überwachen, war die Aufpasserin schlechthin und den ganzen Tag im Dienst. Ihre Stellung im Haus schwebte zwischen Dienstbotenstatus und distanzierter Familienzugehörigkeit.

Die Knaben, besuchten sie nicht das Gymnasium, durchliefen die Klassen der Bürgerschule, die eine Art Real- oder Mittelschule war. Das Abitur war noch nicht das alleinige Maß, nach welchem der Mensch von Stand beurteilt wurde. Ein angehender Kaufmann brauchte nicht die Universitätsreife zu erwerben, und als »gebildet« konnte er auch ohne Gymnasialbildung gelten. Die Pädagogik war der

Theologie entglitten, die Lehrer waren nicht mehr in der Überzahl Theologiekandidaten. Die differenzierte Qualifizierung des Lehrers trug auch den technischen Wissenschaften Rechnung; der gesamte Berufsstand gewann an Achtung. Unwillen erregte der Ehrgeiz einer wachsenden Anzahl von Frauen, die nicht länger Objekte männlichen Wohlwollens zu sein wünschten. Die ersten Frauenvereine, *welche sich das rühmliche Ziel gesteckt haben, das Loos ihres Geschlechts nach jeder Richtung zu verbessern,* hatten starken Zulauf. Das »Loos der Frauen« – damit war die als abwendbar erkannte Unselbständigkeit der Frauen gemeint. Das Ziel der Frauenbewegung war, zum Verdruß und Gespött der Männer, wirtschaftliche Unabhängigkeit durch berufliche Qualifikation. Wenige Berufe standen offen: Die Krankenpflege war den Frauen bereitwillig eingeräumt, als karitativ und somit standesgemäß für das bürgerliche Mädchen. Die Stenographie wirkte schon gequälter, und der Beruf der Verkäuferin, der Schneiderin, der Kassiererin war Frauen der unteren Stände vorbehalten. So strebten die Frauen nach Zulassung an den Universitäten. Aus Paris wurde belustigt gemeldet, ein Fräulein Garette habe dort den medizinischen Doktorgrad erhalten; ihr Dissertationsthema war bezeichnenderweise: die Migräne! In Edinburgh hatten Mädchen die Zulassung zur medizinischen Fakultät erhalten unter der Bedingung, daß die Vorlesungen getrennt vom männlichen Geschlecht abgehalten würden. Ein

Töchter-Album.

Unterhaltungen

im häuslichen Kreise zur Bildung des Verstandes und Gemütes der heranwachsenden weiblichen Jugend.

Unter Mitwirkung
von
Marie Bürkner, Wilhelm Hoppé, Seminarlehrer Hummel, Sophie v. Keller, Elisabeth Klee, Editha v. Kleist, W. Lackowitz, Marie v. Lindeman, Marie Petzel, Minna Petzel, Eduard Rüdiger, Pauline Schanz, Emma Schöne, Agathe Schöne u. a.

herausgegeben
von

Thekla von Gumpert.

XXXV. Jahrgang.

Mit 19 Farbendruckbildern, 2 Karten und 26 Holzschnitten
von Prof. H. Bürkner, Fanny Bürkner, W. Claudius, Prof. A. Diethe, B. Mühlig, E. Voigt u. a.

Glogau.
Verlag von Carl Flemming.
1889.

*Emanzipation
um die Jahrhundertwende:
Der Blaustrumpf*

Bürgerfräulein konnte nun aber schon Volksschullehrerin werden und die Kinder der unteren Stände unterrichten – eine lohnende Aufgabe, denn auch dort kamen die pädagogischen Ideen Fröbels zur Anwendung.

Die gnädigen Fräulein, die in üppigen Verhältnissen lebten, betrachteten den Fortgang der Frauenbewegung je nach Temperament zagend und neidisch oder mit Abscheu. Die Blaustrümpfe, die als Künstlerinnen schon lange ihr emanzipiertes Unwesen trieben, die zigarettenqualmenden Männernachahmerinnen und andere trotzig auffällige Personen verbreiteten tiefes Mißtrauen gegenüber den Frauenvereinen, bei denen es in Wahrheit sachlich zuging.

Die Mehrzahl der Frauen empfand sich noch nicht als eingeengt und erniedrigt, im Gegenteil: Verwöhnte Damen sahen sich als verehrte Göttin des Mannes. Die Eitelkeit und Selbstsucht vieler junger Mädchen war schon sprichwörtlich. In einer Novelle hieß es:

Wie schlecht es ihnen steht, wenn sie über die Maßen geputzt, voll übertriebener Ansprüche, den Neid auf andere im Auge und im Herzen, in Gesellschaft gehen, eifrig bemüht, sich liebenswürdig und angenehm zu zeigen und dann – wenn sie nach Hause zurückkehren, ihren Vater mit kurzen Worten abfertigen, ihre Mutter anfahren, die mit Arbeit überforderten Dienstmädchen, die ihren Wünschen nicht nachzukommen vermögen, ausschelten und die armen Näherinnen, deren Fleiß und Geschicklichkeit sie zu ihrem Nutzen ausbeuten…

Das Gegenbild zu solchen unsympathischen Mädchen ist das stille, sehnsüchtige Mädchen, das am Fenster sitzt und näht. In den Romanen der Zeit – wie oft sitzt eine Frau am Fenster und näht! Die Einsame, die Glücklose! Für die Sache der Frauen war wohl eher der Mädchentyp zu gewinnen, dem man ein gewisses schnippisches Wesen nachsagte. *Fräulein Elise liebt es zu witzeln, die Gäste ihres Vaters zu bespötteln…* In der Literatur der Familienjournale wurde natürlich der reizende Schalk dann bezwungen – durch die Liebe eines Mannes.

Der Mann kam aber auch oft genug nicht gut weg – zumal wenn die Erzählung von einer Frau stammte. Der Mann: *das wankelmütige Geschlecht;* damit war seine Neigung, ein Mädchen sitzenzulassen, gekennzeichnet. Aber auch die Härte, die ein Mann seiner Familie gegenüber an den Tag legte, wurde kritisch geschildert: Die Tochter fragt, ob sie einen Ball besuchen dürfe. Der Vater: »Wer gibt den Ball?« – »Mehrere Offiziere.« – »Ich wünsche nicht, daß du da hingehst!« Damit war der Gegenstand erledigt. Die Näherin, die das Ballkleid fertigen sollte, wurde abbestellt. Der Vater sagte danach zu einem Bewerber, den er gern als Schwiegersohn hätte: »Jetzt ist sie gedemütigt, und du wirst eine gute Frau an ihr haben.« Die Gattin, die einverständig mit ihrer – als dominant und zugleich liebend unterworfenen – Rolle lebte, suchte durch unablässiges Regen ihrer fleißigen Hände ihr Ansehen als kreative Gestalterin des Heims zu erhöhen: Handarbeiten waren ihre exzessive Passion. Betrachten wir eine Zusammenfassung alles dessen, was sie zu handarbeiten imstande war: Tischdecken, Nadelkissen, gehäkelte Morgenstiefel, Untersetzer, gestickte Namen mit Zierornamenten, Visitenkartenschalen aus weißen Kristallperlen, Fußsäcke, Fichues, Filetarbeiten, Tüllspitzenstickerei, Naturmalerei auf Kissen und Ofenschirmen, Antimacassars, schalldämpfende Umhäkelung eines Kegelspiels, Schlummerrollen, Glockenzüge mit Perlen, Taschentücher mit Durchbruchmuster, Wandtaschen, Serviettenringe, »Phantasiearbeiten« aus Carton und Leder, Samt, Perlmutt, Goldperlen, Seidenlitzen, Goldfäden, Korkapplikationen auf Linealen, Papiermessern, Briefmarkenkästchen, Nachtlampenschirme aus Canevas, Eierkörbchen, Eierwärmer, Fußkissen, Strumpfbänder, Promenadenfächer, Arbeits- und Schlüsselkörbchen, Altardecken, Sonnenschirmstickereien, gehäkelte Plaids, gehäkelte Haubenborten, Schürzen mit Frisur, Bienenkörbe als Kaffeewärmer, Blumentopfbekleidungen, Morgenhäubchen, Stickereien zu Albumdecken, Schreibmappen, Rückenkissen für Korbstühle, Perlenstickereien auf Canevas für Eckbretter mit drei Zacken und drei Troddeln, gehäkelte Bettdecken, Lampenschleier, Leuchtermanschetten, Vorhangbordüren, Reisetaschen für den Herrn mit Stickerei, einen Hundemaulkorb aus Häkelarbeit, und vieles andere mehr.

Der Geist des Mannes ragte in höhere Regionen. Zunehmend und inbrünstig wurde er sich seines Deutschseins inne. Das Feuer der Freiheitskriege von 1813 bis 1815 hatte sich als Glut erhalten. Die Erfolge im Krieg gegen Dänemark und gegen Österreich fächelten der Glut neuen Wind zu. Die Schlacht bei Königgrätz war zwar die blutigste Schlacht des Jahrhunderts, doch schnell verwunden. Viele Elegants hatten in jenem Sommer nicht nach Karlsbad fahren können, aber schon 1867 ließen sie sich bei ihrem Schneider wieder einen hellen Anzug für den bevorstehenden Karlsbadbesuch anmessen. Stufenweise schritt man der deutschen Einigkeit entgegen. Das Verlangen war »tiefgefühlt« – ein Lieblingswort der Zeit. Ein Klavierblatt hatte schon 1863 den Text:

Eins nach außen, schwertgewaltig,
Um ein hoch Panier geschart,
Innen reich und vielgestaltig,
Jeder Stamm nach seiner Art.

»Der Deutschen Freiheitskampf«, »Lieder zur Belebung des Volksgeistes«, »Lieder zu Schutz und Trutz«: Über das Pianoforte gelangte das Vaterländische mit Macht in die bürgerliche Wohnung. Wie sanft blikken die Gesichter der Komponisten und Textdichter aus ihren Porträt-Abbildungen, wie schöngescheitelt ist ihr Haar, wie weich der Ausdruck ihrer Augen. Ein solcher Künstler brach nun aus in die Verse:

Ehe wir weichen ihren Streichen
sollst als Leichen du uns schaun,

ein doppelter Refrain, der bei starkem Tastenklirren dem Gott der Deutschen deutsche Tapferkeit gelobte. Gleich nach dem sechsundsechziger Krieg lag eine »Illustrirte Kriegschronik« vor, eine Prachtausgabe auf Kupfertiefdruck, in Ledereinband mit vergoldeter Deckelpressung und Goldschnitt.

Doch der deutsche Dandy, der bürgerliche Lebemann, der Kaufherr, der Beamte – ihnen allen kommt die Kriegserklärung dann doch überraschend. Flanierend in ihren Modebädern – in gelben Strohhüten, hellen Anzügen, mit Monokel und Spazierstöckchen, die Modefarben Weiß und Lila herrschten bei den Damen vor –, werden sie und ihre genußsüchtigen Sinne überflutet vom Gesang: »Es braust ein Ruf wie Donnerhall«.

Der Krieg wurde Deutschland aufgezwungen – die veröffentlichte Meinung ist die Meinung aller. *Ein dreifach Hoch für Deutschlands Heldenehre, den deutschen Fürsten und dem deutschen Heere!* Das Volk – von ihm war jetzt als Ganzem die Rede –, das Volk war mit ganzem Herzen dabei, dessen waren seine gebildeten Führer ganz sicher. *Ja, es ist etwas Großartiges und Erhabenes um einen wahrhaft nationalen Krieg. Und ein solcher ist der gegenwärtige; dies schöne Bewußtsein trägt jetzt jeder in sich,* jubelten die Zeitungen. Die Bürger liebten ihr Volk, zu ihm bekannten sie sich, wenn sie sich führend an seiner Spitze wußten. Das Volk waren nicht die Leute, die in den Hinterhäusern, in den schlechten Vierteln der Städte wohnten, es verrichtete nicht niedere Arbeit in den Fabriken – das Volk lebte auf dem Lande, wo es keine Arbeiterbewegung gab; es trug bäuerliche Tracht, hatte einen Gamsbart am Hut, stramme Waden; es lebte an den Küsten im harten Kampf mit den Elementen, in Wetterhut und Wetterjoppe, blond und blauäugig. So war das Volk in den Familienblättern für die gebildeten Stände präsentiert und schwärmerischer Zuneigung empfohlen, während man den dort ebenfalls abgebildeten Wilden anderer Erdteile, die, Federn im Kraushaar, einen Ring durch die Nase, einen Schurz und Pfeil und Bogen trugen, schaudernde Befremdung entgegenbrachte. Eben war man noch mit der Pariser Lebewelt hautnah zusammengewesen im großen Glanz, der vom französischen Kaiserhof in die deutschen Bäder herüberwehte; jetzt war alles Welsche tief verhaßt, was von der Modewelt mit beklommener Zurückhaltung beobachtet wurde, bis man erleichtert wieder die französischen Modebilder aus Paris beziehen konnte.

Die Frauen die aus Standesrücksichten immer nur ehrenamtliche Betätigungen aufgenommen, auf Wohltätigkeitsbällen für die Armen getanzt hatten, zupften jetzt Scharpie: Leinen wurde in seine Fasern aufgelöst und diente für blutstillende Verbände. Die Damen widmeten sich auch der Pflege der Verwundeten – und leisteten Erstaunliches. In Berlin entsetzten sie sich über Tausende von Soldaten mit Verletzungen, Verstümmelungen, die an einem einzigen Tag auf den Bahnhöfen eintrafen. Solche Wunden, so viel Blut hatten sie sich nicht vorstellen können. Es heißt, daß sie, die so plötzlich die Kehrseite des heroischen Krieges kennenlernten, unerwartet tapfer reagierten und sich sehr befähigt zeigten, Hilfe zu organisieren. Ihre Fürsorge galt ebenso den verwundeten Franzosen wie den Deutschen; wurden die Feinde doch heimlich weiterhin bewundert wegen ihrer Kultur, ihrer schönen Sprache, ihres feinen Geschmacks.

Glühende Patrioten mahnten die Frauen, endlich den Stahl der Gestelle ihrer Reifröcke lieber dem Kanonenguß zuzuführen. Aber da hatte Krupp schon gezeigt, daß es am Stahl noch nicht mangelte. Dennoch wich die Krinoline tatsächlich einem hohen Tonnenrock mit gebauschtem Hinterteil und langer Schleppe. Die Rückenbekleidung, »Tournüre« genannt, war an der Toilette der Hauptakzent und sah aus wie eine Pferdeschabracke.

In den Modeblättern hieß es: *In dieser Zeit der Unruhe und der Aufregung, wo man mehr als je den Seinen nahezusein wünscht, wird manche projektierte Reise aufgegeben, mancher Badeaufenthalt verkürzt, und wo es die Verhältnisse gestatten, zieht man sich am liebsten in die Stille des Landlebens zurück und läßt den Sturm draußen an sich vorüberbrausen.* Die Toiletten für den Landaufenthalt: einfache, helle, waschbare Sommerstoffe – Unterkleid, Tunika und Taille, Volants und Rüschen –, wurden vorgeschlagen als kriegsgemäße, bescheidene Sommerfrischengarderobe.

Jetzt aber kommt auch das schwarze Kostüm in Mode – für viele Damen wird es ja ein Trauerjahr. *Während der ersten Trauerzeit kleidet man sich bekanntlich nur in tiefschwarze, glanzlose Wollstoffe. Die sogenannten Halbtrauer-Toiletten sind in einem ganz anderen Stoff gearbeitet.* Nach den sechs Monaten ganzer Trauer wählt man für die Halbtrauer wieder die Tournüre mit Volants, Rüschen und Fransen, wenn auch ohne Drapierungen. Weiß wird nur *in geringer Menge beigefügt.*

Schließlich kommen weitere Verzierungen hinzu: Jettknöpfe, Jettketten, Rosen aus weißem Tarlatan.

Auch jene Damen, die keinen Verlust zu beklagen haben, denen aber das schwarze Kostüm gar zu gut steht, gehen in Halbtrauer. Ein wenig nur lassen sie erkennen, daß sie des Trostes nicht bedürfen: Am Hut tragen sie eine weiße Blume.

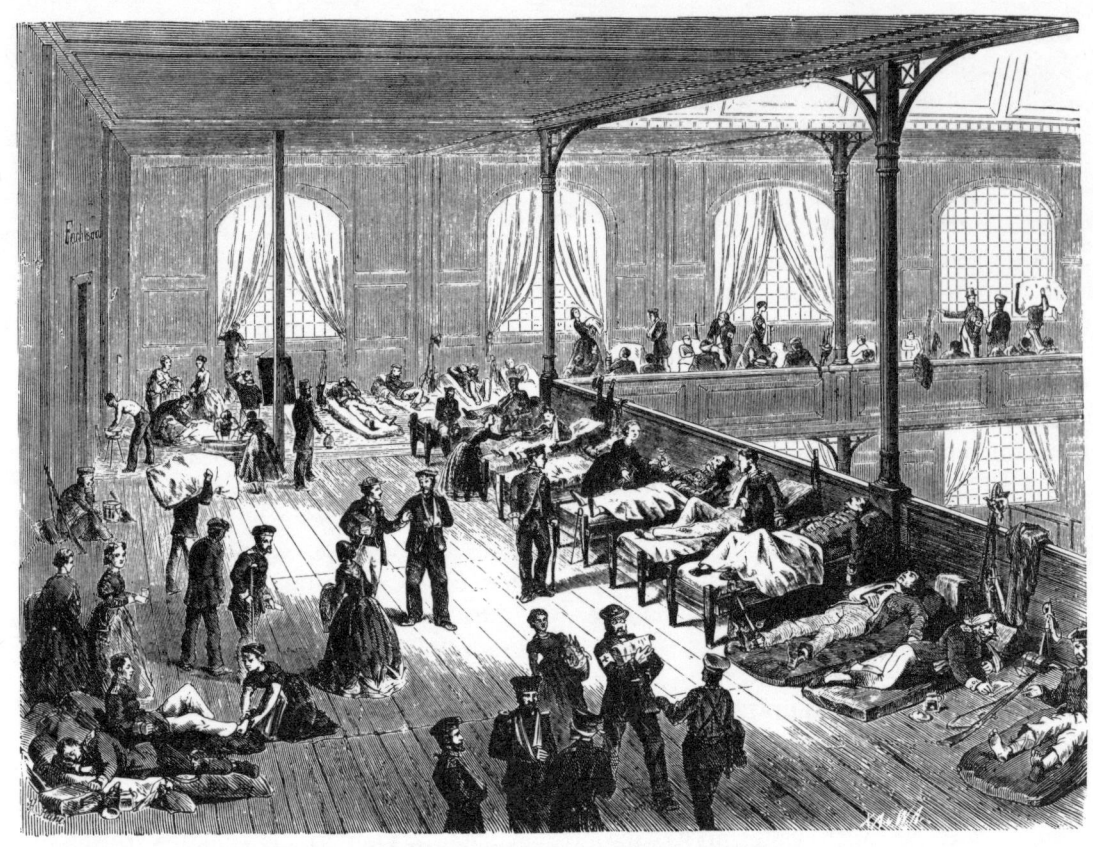

Das internationale Lazareth in der Leipziger Turnhalle
Nach der Natur aufgenommen.

3 Aufgang nur für Herrschaften 1871–1890

Glockenläuten, Viktoriaschießen, patriotisches Menschenwogen in den Straßen: Man eilte, die Wohnungsfassaden zu dekorieren, Kerzen in alle Fenster zu stellen, die Fahnen, mit Kränzen geschmückt, von den Balkonen wehen zu lassen.

Was für ein Frieden für uns Deutsche! schrieb eine Dame in ihr Tagebuch. Vereint zum Reiche, dem größten, mächtigsten, gefürchtetsten in Europa, groß durch seine physische Macht nicht allein, größer noch durch seine Bildung und den Geist, der das Volk durchdringt!

Die Modezeitschriften kamen schnell wieder zu ihrer Sache: *Wir werden voraussichtlich baldigst im Stande sein, Spezialberichte aus der Metropole der Mode zu bringen, nebst den so beliebten Kupfern, die wir leider so lange gezwungen waren, unseren Leserinnen vorzuenthalten.*

Die Mode stand dem Patriotismus nicht entgegen; deutsch zu sein hieß nicht, hausbacken, allem Äußerlichen feind zu sein, Eleganz als oberflächlichen Tand abzutun; diese besondere Variante des Deutschseins war einer späteren Zeit vorbehalten. Einer Siegernation stand Prachtentfaltung zu. Den aus Paris erwarteten Modekupfern waren keine Nachrichten von den letzten Tagen der Commune beigegeben; die nun zu ihrem Reich vereinigten Deutschen beschäftigten sich nicht mit jenen unerhörten Ereignissen. Sie wollten ihr Paris so wie sie es kannten: eine Metropole, in der es alle Leichtlebigkeit gab, die anderswo in solchem Überschwang nicht paßte. Schön, daß Offenbach weitere Ope-

retten komponieren wollte, daß seine Musik wieder gespielt und geliebt wurde. Von Wien aus weitete Johann Strauß, der Sohn, sein Walzer- und Operetten-Imperium auf die ganze Welt aus. Seine Musik tönte aus Konzert-Pavillons in allen Kurbädern – eigentlich war alles wie vor dem Krieg, nur daß Deutschland als Kaiserreich die Vormacht hatte, daß es den ihm gebührenden Platz einnahm. Der Erbfeind war Frankreich – aber die Franzosen sollten immerhin zum Amüsement der eleganten Welt beitragen, vor allem ihr Modediktat ausüben. Es gab nur eine Mode: die Pariser Mode.

Das Lebensgefühl auf den Promenaden und Flanierstraßen im deutschen Kaiserreich war enthusiastisch auf Genuß gestimmt. Wilhelm Busch beschrieb die elegante Szene:

Wie sie schauen, wie sie grüßen,
Dort die zierlichen Musjöhs,
Hier die Damen mit den süßen,
Himmlisch hohen Prachtpopös!

Die »zierlichen Musjöhs« zeigten sich in Cut und in engen Hosen, der Zylinder kam wieder in Mode; das Pelerinenmäntelchen des Herrn war recht verspielt: Seine Zierärmel hingen geschlitzt neben dem Arm herab. Zum dunklen Cut wirkten helle Beinkleider schick; ein heller Anzug, mit einem Rock von kecker Kürze, war auf vier Knöpfe gestellt, dazu paßte ein flacher Strohhut mit breitem dunklen Band. Zu einreihigen Westen sahen weich gebundene Schleifen sehr charmant aus – auch ohne den Offiziersrock konnte

Männerschönheit zur Geltung kommen. Der Bart – sehr gepflegtes Haar – konnte sich in seitlichen Koteletten verzweigen und sich mit einem breit auseinandergestrählten Oberlippenbart in kunstvoller Drehung vereinen; aber auch der gemäßigte Vollbart, mit Schwerpunkt unter dem Kinn, konnte zu schöner Würde verhelfen. Doch war dies schon eher der Stil des Bonhomme, nicht des Elegants der Modenhefte.

Der modebewußte Herr sollte ebenso ideal wie der Offizier gewachsen sein, aber beiden war in vielen Fällen die Freude an Essen und Trinken in Widerstreit mit der geforderten Linie geraten. Das Korsett schuf Abhilfe, und beim älteren deutschen Offizier war es die Garantie für den tadellosen Sitz des nahezu göttlichen Ehrenkleides.

Einen kahlen Kopf mochte kein Herr gern sehen lassen – Toupets und Perücken zu tragen, war keine Schande. Auch Moltke machte in diesem Punkt eine Ausnahme von seiner berühmten Maxime: »Mehr sein als scheinen.« Er zeigte Haar, wo er keins hatte.

Die Damen, die sich von der Krinoline endgültig getrennt hatten, entzückten sich an einem interessanten Ersatz für die weitreichende Kreiselfigur: Noch mehr Liebe wandten sie auf die Schleppe, die sie durch den Straßenstaub zogen, und auf die Kontrasteffekte ihrer Tournüre-Kleider, die aus zweierlei Material bestanden und sozusagen aus einem Vorder- und einem Hinterkleid zusammengesetzt waren. Dies ganze Gebilde war auf einem vogelbauerartigen Drahtgestell drapiert. Am Rücken war unterhalb der Taille im Rockteil ein untergelegtes Kissen angebracht, der Cul de Paris (die ordinäre Übersetzung »Pariser Hintern« wurde natürlich niemals ausgesprochen), der den optischen Auftakt zu dem pompös wippenden Schleppenteil gab; dieser bildete erst eine dekorative Tüte, ehe er in großzügiger Entfernung von der Trägerin zu Boden fiel und diesen noch mit einem halben Meter gerüschten, getollten, dekorierten Stoffes bedeckte. Unartigen Kindern und Scherzbolden gelang es, einer auf der Straße vorüberwandelnden Dame eine Brötchentüte in den Strudel dieses Aufbaus zu versenken, ohne daß sie es merkte. Die Tunika war der schürzenartige Vorderteil, der über den Rock-Vorderteil in raffinierter Versammlung zahlreicher Akzente, mit Rüschen, Schleifen, Bändern, Blumen,

New Look der 70er Jahre

Perlen, Federn, Troddeln, Fransen, Tressen, Blättern, Litzen, Biesen, Falbeln, Paspeln, Volants dekoriert war. Konnte sich das Auge hier schon kaum satt sehen, so wurde doch die Vorderansicht der Toilette noch weit übertroffen von dem Arrangement der im Rücken der Dame ihr Eigenleben entfaltenden Stoffpartien. Von ihrem Rückenkleid, das eine Art Kielwasser der Dame veranschaulichte, eine Ansicht von Materialentfaltung, eine Leistungsschau zeitgenössischer Ausputzkunst, schien die Trägerin - weit dort vorn - gar keine Ahnung mehr zu haben.

Später in den achtziger Jahren, als der Cul sich immer mehr hob, bis er eine Horizontale bildete, sah die Figur aus, als habe sich hinten jemand unter diesem Kleidteil versteckt und schöbe die Gestalt vorsichtig vor sich her. Gewiß ist kein modischer Einfal denkbar, der die Rückansicht einer Frau noch interessanter machen könnte. Ahnungslos ließ sie ihre Schultern in der Balltoilette schimmern, wenn sie die Treppe hinanschritt; wie von ungefähr hing eine lange Locke ihr im Nacken herab; Federn, Juwelen, Blumen und Bänder putzten das hochgetürmte Haar. Der hinter der Schönen die Stufen betretende Herr war wie verzaubert: Wie würde sie erst von vorn aussehen! Damen durften allerdings von den Schminkkünsten der Kokotten keinen Gebrauch machen. Sie rieben sich die Wangen, um sie rosig erscheinen zu lassen, fuhren sich mit dem nassen Finger über die Augenbrauen und benutzten höchstens eine farblose Lippenpomade; im Übrigen beschränkten sie sich darauf, sich öfter auf die Lippen zu beißen. Kostümfilme stellen die Frauenschönheit in jener Zeit häufig unhistorisch und gänzlich falsch dar. Die Frauen hatten kein Make-up, sondern eher blasse Gesichter, wenig Kontur in ihren Zügen, wiesen zahllose Unterschiede der Physiognomien

auf, und kein Visagist schuf einen Typ, dem alle nacheiferten, wie die heutige Filmkunst mit superlangen Kunstwimpern, mit Lidschatten und Lidstrichen glauben lassen will.

So trat damals der Unterschied zwischen den von Natur sehr schönen Frauen und den nur leidlich hübschen – nicht zu reden von den geradezu unschönen – besonders deutlich zutage. Die Wirkung der Frauen- und Mädchenantlitze war nicht wie heute demokratisiert. Der Schönheit gegenüber gab es nur Bewunderung und Neid – keine Annäherung durch Nachahmung und geschickte Retuschen. Die Anmut der Jugend mußte ausgleichen, womit die Natur gegeizt hatte – auch daher war die Besorgnis um eine frühzeitige Verheiratung zu erklären.

Nicht nur nach den großen Bällen stand der Sinn der Mädchen: Jetzt war die Zeit der Ehrenjungfrauen gekommen. Weißgekleidet begleiteten sie die patriotischen Festzüge, deklamierten Triumphtexte bei nationalen Fest- und Weihespielen, knicksten vor huldvollen Herrschern, stellten lebende Bilder, hielten Palmwedel, überreichten Lorbeer und Eichenlaub. Endlos wehten die Strophengewinde vaterländischer Gedichte, verfaßt von deutschen Oberlehrern:

Ehrenjungfrauen waren immer gefragt

O Deutschland, hohe Siegerin!
Die Du mit Klagen und Entsagen
Durch vierundsechzig Jahr' getragen,
Die Zeit der Trauer ist dahin.
Drum wirf hinweg den Witwenschleier,
Drum schmücke Dich zur Hochzeitsfeier,
O Deutschland, mit dem grünsten Kranz!
Flicht Myrten in die Lorbeerreiser!
Dein Bräut'gam naht, Dein Held und Kaiser
Und führt Dich heim in Siegesglanz!
Falls der über siebzigjährige Kaiser
Wilhelm als Bräut'gam gemeint war, darf
man vermuten, daß der Jubel vor allem
Bismarck als dem Brautführer galt. Die
Germania, die allenthalben als wehrhaftes
Weib mit geflügeltem Helm auf weithin
flatterndem Haar, das Schwert in zorniger
Hand, den Schild mit Aufschrift
»Germania« vor dem gepanzerten Busen,
heroischen Schritts im weiten Rock, von
Felsengipfeln ins Weite blickend, stand,
zierte Journalseiten, Albenblätter,
Urkunden.

1875 wurde im Teutoburger Wald vor einer begeisterten Menge das Hermannsdenkmal enthüllt; damit war das Gedenken der allerersten Germanenbefreiung geleistet. 1883 hatten gesammelte Spenden des deutschen Volkes und langjährige höchste Heldendenkmalsbaukunst das Niederwalddenkmal am Rhein erstellt. Dort sieht Germania noch heute mit sieghaftem Blick nach Frankreich hinüber, von wo täglich Reiseomnibusse mit Franzosen kommen, die das Monument gutmütig anstaunen.

Der Feind, der mit seinen wilden Horden unser theures Vaterland überziehen wollte, er hat uns größer und mächtiger gemacht, als wir je waren...

Die Plakatierung des Feindes als »wilde Horden« kann von besonnenen und gebildeten Bürgern nicht mitgetragen worden sein – außer für kurze Zeit im allgemeinen patriotischen Rausch. Zahlreiche Berichte vom Inneren französischer Schlösser und Villen vermitteln den Eindruck, daß auch die deutsche Besatzung in fremdem Land verstand, sich das Leben sehr gemütlich zu machen. Die Skizze eines sächsischen Offiziers in der »Gartenlaube« zeigt ungeniert ein luxuriöses Gemach, in welchem ein zerbrochener Spiegel, eine halb am Boden schleifende Tischdecke, sich herumräkelnde und kartenspielende Offiziere, denen gerade der Bursche einen neuen Vorrat an Bouteillen aus dem Weinkeller herbeibringt, gewisse Abweichungen vom korrekten Eroberer-Komment erkennen lassen. Aber: dem Sieger stand ein wenig Siegerübermut zu. Deutscher Sang war forthin vor allem vaterländisch, deutsche Vereine trugen patriotische Namen. Ruderklubs hießen »Germania« oder »Wiking«. Die Studentenkorporationen hielten von jeher die germanischen Stämme in namentlichem Andenken. Ihr Kommersbuch war ein Kompendium liedseligen

deutschen Wesens – vom vaterländischen Hymnus über das trauliche Liebeslied bis zum saufseligen Sang, der Trunkenheit pries. Das »Gaudeamus igitur« aber, die feierlichste Zustimmung zum Status des Studenten, jagte noch den Alten Herren, die in Mütze und Band den alten Riten zur Seite standen, feierliche Schauer durchs Herz.

Man könnte dem ganzen neunzehnten Jahrhundert den Namen des patriotischen geben; das hohe Wogen des vaterländischen Enthusiasmus verlief zwar sehr divergent zur Industriellen Revolution, in welcher Fortschrittlichkeit und Prosperitätsverlangen zutage traten, aber ohne hohe Ideale war Menschenwürde nicht denkbar. Kein Bürger hätte sich zu einer materialistischen Denkungsart bekannt. Die inneren Werte, die höheren Ziele, die aristotelischen Kategorien des Wahren, Guten und Schönen standen – auch für die emsigsten Vermögenserwerber – obenan. Das begreiflichste Ideal von allen war das vaterländische. Das deutsche Gemüt berauschte sich an der Glorie des geeinten Reiches. Bismarck-Gegner wurden nicht gehört. Die alten »48er«, denen eine gänzlich andere politische Zukunft vorgeschwebt hatte, bequemten sich dem endgültig etablierten nationalistischen Geist an, der sich im Begriff »Thron und Altar« als gottgewollt und gottgeschützt auswies.

Feſtſcene bei der Einweihung des Hermann=Denkm

ach der Natur aufgenommen von Knut Ekwall.

Das von Strahlenzacken umgebene Kreuz trat heilverkündend neben Krone und Zepter. Bismarck, durch den Einfluß seiner Frau seit langem tief und pietistisch empfindender Christ, war überzeugt, daß Gott mit dem deutschen Volk etwas Großes und Gutes vorhabe. Diesem innig-überheblichen Gedanken folgte das Bürgertum, und damit der politischen Führung, die in den Händen des Adels lag. Bürgermeister und Oberbürgermeister waren Bürger, Minister und Diplomaten waren Aristokraten.

Doch immer mehr Bürgersöhne wurden nun Offiziere; der Verkehr mit ihnen wurde von den adligen Offizieren gönnerhaft gepflegt – er ließ sich schließlich nicht vermeiden. Ein Kommerzienrat, Vater des Oberleutnants Müller, konnte zwar in keinen exklusiven Klub aufgenommen werden, dafür sah er die adligen Herren Offiziere oft genug bei seinen spendablen Soupers. Die tiefe Kluft, die zwischen der monarchischen Ordnung und der Links-opposition entstand, wurde vom liberalen Bürgertum besorgt verfolgt; es stellte sich dann auf die Seite des Throns.

Ein Ton zog in diesem neuen, geeinigten Deutschland ein, der sich in ehrerbietigen Verbeugungen vor den durchlauchtigsten Herrschaften nicht genugtun konnte, von huldvollsten Äußerungen allergnädigster Herrschaften mit Freuden berichtete. Monarchische Huld galt ja den Leistungen der Bürger, der von ihnen geschaffenen Industrie, dem Fortschritt in der Natur-wissenschaft, der Chemie, den technischen Wissenschaften. Der »Zentralverband der

Durchlauchtigste Herrschaften

deutschen Industriellen« tat seine Zufriedenheit mit der deutschen Wirt-schaftspolitik in einer Dankadresse an Bismarck kund.

Das Volk war nun doch auch in den niederen Schichten der Großstadt zu erblicken; gern hätten die Bürger sich in ihrer Zuneigung zu schlichten deutschen Menschen auf stolze Bauern, wackere Knechte, mutige Seeleute und erb-prinzliche Revierförster beschränkt. Sich vorzustellen, daß sozialistische Ideen, die im Proletariat gediehen, sich durchsetzen könnten, war furchterregend; besser also durch Gesetze zur sozialen Verbesserung diese Unruhestifter zu befrieden, als durch Anerkennung ihrer Partei die Verbreitung der gefährlichen sozialdemokratischen Ideologie zu ermöglichen; sie wurde gesetz-lich verfolgt. Der »brave Mann« sollte mit seinem Los zufrieden sein.

Es traf leider zu, daß bei den armen Leuten vieles im Argen lag. Die bei ihnen verbreiteten Krankheiten und Übel waren auch Herde der Ansteckung für die höheren Klassen. Schwindsucht mußte bekämpft, Hygiene ermöglicht werden. Der Arzt Dr. Rudolf Virchow, als demo-kratischer Politiker resigniert, bewirkte als energischer Förderer der Sozialhygiene die

entscheidenden Fortschritte der Berliner Kanalisation.

Öffentliche Badeanstalten, amtliche Gesundheitsfürsorge, Wohlfahrtseinrichtungen zeugten vom sozialen Patronat der Obrigkeit und gaben den besseren Ständen das Bewußtsein, es werde für »diese Leute« das Mögliche getan.

Im allgemeinen Interesse – besonders der bürgerlichen Frauen – standen indessen die Hofnachrichten obenan. In den Familienblättern wurde unter den Neuigkeiten an erster Stelle berichtet, welcher Prinz sich vermählt hatte, aus welchem Hause die Prinzessin war; welcher Fürst das Zeitliche gesegnet, wer den Thron erbte; welchem Fürstenpaar ein Thronfolger geboren war. Die Bürger schwärmten für die Höfe und bewunderten die edlen herrscherlichen Gestalten und ihre Prachtentfaltung.

Als unter allen europäischen Nationen als letzte nun auch die deutsche in den Besitz von überseeischen Kolonien gelangte, war der satte Stolz vollkommen. Virchow spottete: *Wo nur noch ein Territorium gefunden werden konnte, das sich durch Dürre oder Sumpf und Malaria auszeichnete – das Deutsche Reich erwarb es.* Die neuen Ladenschilder »Kolonialwaren« zeigten die Bedeutung deutschen Besitzes und Handels in Übersee an.

Branntweinhandel mit den primitiven Völkern Afrikas gehörte zu den Praktiken hanseatischer Kaufleute; Schutzverträge wurde listenreich geschlossen, Betrug und Gewalt stützten kolonisatorisches Geschick nach dem Beispiel anderer Kolonialmächte. Allerdings gebärdeten sich deutsche Schutztruppen nicht so arrogant wie die Militärs anderer Kolonialnationen; sie hatten eher naive pädagogische Vorstellungen, wie man deutsche Zucht und Ordnung auch bei Primitiven einführen könnte.

Militärmärsche, Fahnen und Uniformen waren von hohem Unterhaltungswert; Paraden, Manöver mit Manövereinquartierung boten Straßentheater und waren Gegenstand der Mädchenschwärmerei. Der Mensch fing erst beim Leutnant an, und der Spruch: *Der höchste Gott im deutschen Land: das ist und bleibt der Leutenant*, zwar ironisch gemeint, konnte auch in voller Zustimmung zitiert werden.

Galt es, einen Menschen abweichender, eigenwilliger Denkungsart abzuqualifizieren, brauchte man ihm – noch bis in die Zeit der Weimarer Republik – nur den Titel *vaterlandsloser Geselle* zu verleihen. Hatten bürgerliche Familien einen Sozialdemokraten unter den eigenen Verwandten zu beklagen, konnte ein Verkehr mit ihm nicht aufrechterhalten werden. Auch wer liberal, fortschrittlich, freisinnig war und sich den entsprechenden Parteigruppierungen verbunden fühlte, brachte gegen die linken Radikalen nur Erbitterung und Besorgnis auf und bedauerte tief, daß sich unter den Befürwortern ihrer Ideen auch gebildete Bürger befanden.

Das Bürgertum war eine sehr breite Schicht geworden, die sich als Grundlage des Staates und Urheber seines blühenden Zustandes sah. Gern verwies es auf große Geister, geniale schöpferische Temperamente, die aus ihm hervorgegangen waren; je länger sie schon tot waren, desto freudiger war ihre Anerkennung. In lebenden genialen Standesgenossen das Außerordentliche zu erkennen und zu loben, fiel dem Bürger, der sich in einem von Geistesstürmen freien Leben am wohlsten fühlte, schwer. Der Stand sah seine linken Abweichler als Abtrünnige einer allein verbindlichen Gesellschaftslehre an; stets reinigte er sein Selbstverständnis von dem Verdacht, er könne etwas mit Anarchismus, Kommunismus, Sozialismus zu tun haben. Und doch wurzelten alle diese Theorien eben im Boden bürgerlicher Bildung: das bürgerliche Geistesleben mit seiner Studien- und Forschungsfreiheit, seiner langen Tradition, seiner mutigen Befreiung von der Vormachtstellung der Theologie, seinen Idealen von Aufklärung und Vernunft war das Feld, in dem sich immer wieder die Keime einer revolutionären Denkkraft regten. Die Klasse, in der das Mittelmaß verbreitet und beliebt war, barg zugleich alle folgenden Entwicklungen. Die Moderne war längst inmitten des Bürgertums geboren. In der Epoche, in der noch Moritaten und Flugblätter das Volk unterhielten, war die Grundlage des 20. Jahrhunderts schon präsent.

Das Zeitalter der gelben Postkutschen war zu Ende. Die städtischen Postboten wurden mit Fahrrädern ausgestattet. Das Verkehrsgewühl in den Großstadtstraßen wurde beseufzt, der Staub beklagt. In engen Straßen war der Weg für Droschken schnell blockiert, wenn von einem Wagen gerade Waren abgeladen wurden. Die Kutscher mußten ihre Fahrgäste auf Umwegen zum Ziel bringen. Täglich war mit Unfällen zu rechnen. Wiehernde, sich bäumende Pferde, Straßenbahnbimmeln,

Räderrasseln bildeten ein beträchtliches Getümmel, während nun – vor allem in Berlin nach Bismarcks Vorstellungen, die das Paris des Barons Haussmann nachahmen wollten – neue, breite Straßen angelegt wurden mit Reitwegen in ihrer Mitte. Wir erkennen die einstigen Reitwege noch heute; aus den meisten sind allerdings Parkstreifen geworden. Auch in schlechten Stadtgegenden, in Arbeitervierteln, wurden breite Straßen gebaut, die die Mietkasernenblocks durchschnitten und so eine bessere Übersicht in Gegenden boten, wo Aufstände des Pöbels erwartet werden konnten.

Im städtischen Verkehr sann man auf weitere Modernisierungen. Es war schon abzusehen, daß die Elektrizität die Pferde der Straßenbahn ersetzen würde. 1980 bereits wurde die Berliner Schloßbrücke elektrisch beleuchtet. Die »Gartenlaube« und andere illustrierte Blätter machten in Zeichnungen verständlich, was von der Technik der Zukunft zu erwarten war; sie sahen Arbeiter mit dem Bau von Dynamo-Maschinen beschäftigt. Die Kenntnis von technischen Vorgängen war in dieser Zeit gerade noch zu vermitteln; wenig später konnte der normal, also einseitig »geistig«, gebildete Bürger sie nicht mehr erfassen. 1881 verbreitete der erste Phonograph Staunen und Entzücken in der Öffentlichkeit über solche Art der Musik-Vermittlung, aber der Durchschnittsmensch mußte den Spezialisten ihre Erfindung bereits ohne technisches Verständnis abnehmen.

In der Achtung standen die Geisteswissenschaften über den technischen Wissenschaften. So sahen sich die Physiker und Ingenieure, die alle technischen Fortschritte erbrachten, dem Hochmut der »wahrhaft Gebildeten« gegenüber, denen nicht bewußt war, daß sie sich durch freiwillige Wissensbeschränkung

*Vision der zukünftigen
Verkehrsentwicklung*

auszeichneten. Der physikalisch-mathematische Unterricht in den Schulen war hinter der Technik der Zeit weit zurück.

Wie die Nähmaschine, die nun weiteste Verbreitung fand, als rein mechanische Apparatur funktionierte, verstand jeder, was auch höchst wünschenswert war, da ja vor allem Frauen damit umgingen. Aber die Prozeduren, die der Maschinen-herstellung dienten, die Werkzeug-maschinenproduktion – kurz, die gesamte Metallindustrie, die chemische Industrie, die technische Welt schlechthin – waren vom bürgerlichen Bildungsdünkel separiert. Menzels Gemälde »Das Eisen-walzwerk« mochte großartig gemalt sein, doch war das Sujet für einen Maler von seinen Gaben befremdend.

Die Ingenieure – selbst Bürger mit dem üblichen Bildungsideal – sahen ihre Leistungen bescheiden außerhalb des hohen Wertgewölbes vom Wahren, Guten und Schönen.

Daß die Straßen aufgerissen wurden, damit Rohre und Kabel gelegt werden konnten, daß jetzt – besonders in Berlin und seither typisch für diese Stadt – ständig »gebuddelt« wurde, machte den kolossalen Eingriff in alle Verhältnisse sichtbar. Eine Gewalt war im Kommen, von der materielle Segnungen ebenso wie gewisse metaphysische Bedrohungen ausgingen: Wohin würde es die Menschheit noch bringen? Würde der Mensch eines Tages sogar fliegen?

Vorstellungen vom zwanzigsten Jahr-hundert wurden gern entworfen, und die utopischen Romane von Jules Verne gehörten zur Lieblingslektüre, weil sie die schweifende Vorstellungskraft des Lesers reizten, ohne genaue technische Kenntnisse von ihm zu verlangen. Zur spannenden Unterhaltung dienten diese Romane, die nicht wirklich ernst genommen werden konnten, obschon der Verfasser einige zukünftige technische Möglichkeiten visionär erfaßt hatte.

Technik, Industrie, Wirtschaft schufen das Kapital, das dem Bürgertum vollends zum Glücksbegriff wurde. Erst die Vermögen, die sich jetzt bildeten, gaben der Epoche den Namen Gründerzeit, obschon die Gründer bereits zehn, zwanzig Jahre vorher am Werk gewesen waren. Großunternehmen expandierten noch weiter, mittlere Vermögen wurden zu großen, neues Kapital entstand – und zahl-reiche Schwindelgeschäfte ließen gleich-zeitig ahnen, daß die Ströme Geldes und Goldes auch erschreckende Wege gehen, daß imposante Spekulationen plötzlich zu Papier zusammenfallen konnten: zu einer wertlosen Aktie.

Viele Bürger hatten jedenfalls begriffen, wie man Geld anlegte, um zu noch mehr Geld zu kommen. Sie unterschieden sich darin von dem sympathischen, aber welt-fremden Typ des Beamten, des Gelehrten, des über der Anbetung des schnöden Mammons stehenden Bürgers, der von den Gesetzen des Kapitalismus keine Ahnung hatte, obwohl auch er längst in eine hochkapitalistische Ordnung integriert war. Was auf den Gymnasien unterrichtet wurde, war nicht von dieser Welt. Dort herrschte verehrende Ergebung in die gesellschaftliche Hierarchie, die den Weiterbestand der höheren Bildung gewährleistete. Anbetung der alten Griechen, Bewunderung der alten Römer, vollständiger Konformismus mit der Bibel – an den Gymnasien wurde auch das Hebräische gelehrt –, Stolz auf das germanische Erbe: Alles dies konnte mit einem dreifachen Hoch auf das Herrscherhaus bekräftigt werden.

Zu solchem ideellen Überbau fügte sich die Erweiterung der Museenkultur als bildungstragende Kraft. Was Schliemanns Ausgrabungen erbrachten, was die Archäologie allgemein zutage förderte, wurde für die Nation der Ausgräber in Anspruch genommen. Sie freute sich an den Schätzen: Sie waren jetzt in den richtigen Händen.

Die familiäre Idylle war, wo nicht Not zur Bescheidenheit zwang, nicht mehr geprägt vom Vergnügen an sich selbst. Die Häuslichkeit wurde als behaglich empfunden, verschwenderische Auspolsterung des Heimes gehörte dazu. Das Ausruhen in der Mitte von allem, was man sich leisten konnte, war die bürgerliche Gemütlichkeit. Wo Repräsentation zum Lebensbedürfnis wurde, trat die Gemütlichkeit weiter zurück. Man mag es beim Wohlstandsbürger als geschäftssinnig oder als reine Prunksucht deuten; doch auch in harmlosen Kreisen wurde eine ausgiebige Gesellschaft gepflegt – ein Gemisch aus Geltungsbedürfnis und Gastlichkeit. Vom Wohlstand ausgenommenen Verwandten und Bekannten mochte man gern zeigen, wie weit man es gebracht hatte, und genoß dabei die gefühlvolle Genugtuung, daß man ihnen etwas Gutes getan hatte. Betuchte, aber nicht ganz gesellschaftsfähige Familien leisteten sich manche ärmere, aber gebildetere und gesellschaftlich höherstehende Person als Gast: eine Liebenswürdigkeit, die Herablassung und Beehrtheit in schöner Balance hielt und im kleineren Bürgertum seit jeher gepflegt wurde, wie uns Fontane in »Vor dem Sturm« mit seiner Mamsell Laake zeigt, die nur zu gern auf dem Sofa bei unter ihr stehenden Leutchen Platz nimmt. Geschäftssinn und Gutmütigkeit konnten verschwistert sein. Herzenswärme und Gemüt – sie standen recht eigentlich obenan; das war abgemacht. Daß dabei mancherlei Heuchelei unterlief, kritisierten tapfere »Gartenlauben«-Romane, die kalte Weltläufigkeit mißbilligten und besonders die aus Besitzgier und Standesdünkel geschlossenen Vernunftehen verurteilten. Was die Epoche aus sich herausprojizierte an idealischen Ansichten, entsprang dem schlechten Gewissen über die Praxis. Der »deutsche Normal-Roman« befriedigte nur theoretisch die Dame, die ihn, auf ihrem Kanapee ruhend, las. Von einem satirischen Poeten wurde er zusammengefaßt: *Mondscheinland, Bachesrand,*
Junges Paar in Lieb' entbrannt.
Heldin stammt aus reichem Haus,
Held so arm wie Kirchenmaus –
Stolz, schön, mutig, glühn'de Herzen,
Schwüre, Necken, Seufzer, Scherzen,
Glaube, Liebe, Hoffnung, Sehnen,
Zukunftspläne, Trost in Thränen,
Ew'ge Treue, ew'ge Küsse,
Eingetret'ne Hindernisse...
Den ungeliebten Bewerber will die reiche Erbin nicht, sie läßt sich von dem Geliebten entführen...

Behagliche Würde   *Vater rast, Enterbung, rennt,*
Schreibt ein neues Testament.
Vater kränkelt, denkt an's Kind,
Brief von Mutter: kommt geschwind,
Wiederseh'n, Versöhnungsschmaus,
Vatersegen baut ein Haus.
Doctor, Amme, kleiner Junge,
Ganz der Großmama Gesicht.
Gott verläßt die Seinen nicht.
Die Kontraste Arm – Reich, Hochgeboren
– Niedriggeboren, Hochmütig – Herzens-
warm, Leichtfertig – Ernst, Oberflächlich –
Tief waren aus dem Schema des Trivial-
romans leicht herauszukennen, wenn auch
die Fäden dazwischen geschickt
verschlungen waren und außerdem

berücksichtigt wurde, daß auch ein Leichtfuß sich ändern, ein Hochfahrender einsichtige Reue zeigen könne, wodurch eine Niedriggeborene am Ende noch das große Glück erlebte und erhoben wurde. Die Satiriker, selbst Bürger, waren ihrem Stand stets spöttisch zur Seite, und sie nahmen auch die übliche Brautwahl aufs Korn:

Die Frau sodann,
Die wo? und wann?
Von ihm zur Eh' Erkor'ne?
Ist jung? Ist alt?
Und was für 'ne Gebor'ne?
Und – kein Geheimnis draus gemacht:
Wieviel hat sie ihm zugebracht?

Fontane schilderte den Charakter von Frau Jenny Treibel, die gefühlvoll von der Liebe spricht, *Wenn sich Herz zu Herzen findt,* die aber die Liebesheirat ihres Sohnes zu verhindern weiß. Fontanes milde Belustigung über die Typen der Gründerzeit schloß einen spürbaren Mépris mit ein, aber er ließ den rationalistischen Verstand der Geldleute gelten: Mittellose Gebildete sollten klug genug sein, mit ihnen keine verwandtschaftliche Verbindung zu suchen. Dieser mittlere Mittelstand – Bildung enorm, Vermögen keins – lebte vergleichsweise in lockeren Formen und in Heiterkeit. Der Vater kehrte nicht den Herrscher heraus, die Mutter war seine »allzeit tapfere Gefährtin«, die Kinder durften unternehmend und lustig sein, der Geist des Hauses war »freisinnig«. Wo viel Vermögen war, konnte sich dagegen große Sorge einstellen, wenn nämlich der verschwenderische Lebensstil in der Erkenntnis endete: Das Geld ist alle – was nun? Junge Offiziere blieben ohne Ansehen, wenn sie nicht nach ihrem Stand lebten – die Familie konnte den Aufwand nicht durchhalten: Es blieb nur die Ausschau nach einer reichen Braut. Fand sich ein geeignetes Mädchen, konnte es getrost etwas älter sein als der Bewerber, an Liebreiz durfte ihr einiges fehlen. Eine Tochter aus reichem jüdischen Hause konnte manches Adelswappen vergolden, Bürgerfamilien aus der Klemme helfen. War sie ein schönes Mädchen, so war der beträchtliche Makel ihrer Herkunft ausgeglichen. Als Generationen später die Nationalsozialisten zur Ahnenforschung und zum Ariernachweis zwangen, blieb an diesem Punkt das Aufspüren der Vorfahren verlegen auf der Strecke; eine Rebekka Rosenzweig ließ es ratsam erscheinen, die Familiengeschichte nicht weiter zu verfolgen.

Waren in vielen Familien erst durch die Mitgift der Mutter die Entwicklung eines Unternehmens, der Wohlstand des Hauses ermöglicht worden, nahm doch der Vater die Rolle des Patriarchen ein, dem gedankt werden mußte, was man war und was man hatte. Die Frau hatte von ihren finanziellen Verhältnissen keine Ahnung und lebte in unmündig erhaltenem Vertrauen zu ihrem Mann. Heinrich Seidel schrieb eines Tages beklommen einen Brief an seine Frau, die im Nebenzimmer saß, in dem er ihr gestand, daß er ihr gesamtes Vermögen aufgebraucht habe, nun allerdings hoffe, von den Erträgen seines schriftstellerischen Werkes zu leben – worin er sich auch nicht täuschte. Von einem anständigen Gatten wurde erwartet, daß er als Vormund der Frau und Nutznießer ihres Vermögens gewissenhaft damit wirtschaftete – eine moralische Forderung, der die meisten Familienväter ehrenhaft nachkamen.

Die Rangverteilung im Hause sah die Frau als unumschränkte Herrscherin innerhalb der vier Wände vor. Der Mann unterwarf sich gern ihrer hausfraulichen Weisheit, ihrem Geschmack, der alles aufs beste richtete. Neben dem Patriarchen, ja Haustyrannen, gedieh natürlich auch der gegensätzliche Typ: der Mann, der daheim »unter dem Pantoffel stand«, in Furcht vor seinem Hausdrachen lebte. Am häufigsten war aber die erwünschte Teilung der Gewalten: Der Mann herrschte über das Ganze, innerhalb des Ganzen regierte die Frau, und jedem wurde die ihm gebühren-de Verehrung zuteil. In kleinen Verhält-nissen bestimmte die Vernunft der Frau, was man sich leisten konnte, und nicht selten konnte sie dem Mann den Wirts-hausbesuch verwehren, die Herausgabe des Hausschlüssels versagen, die Biergroschen verweigern. »Der Haussegen hing schief« – die Redensart bezieht sich auf die Holztafel mit dem aufgemalten oder eingebrannten Sinnspruch, der als Hochzeitsgeschenk überreicht wurde und den Lebensbund segnen sollte. Hing die Tafel schief, deutete sie auf Uneinigkeit und Wändezittern. Die Trinkfreudigkeit des Kleinbürgers hob sich deutlich von der Trunksucht armer Leute ab: Diese tranken Schnaps, das war der Fusel des Elends. Der kleine Mann trank Bier; je höher die gesellschaftliche Stufe, desto verwöhnter war man mit guten Weinen, und zu einem feinen Hause gehörte der gepflegte Weinkeller.

In vornehmen bürgerlichen Kreisen gab es keine Trunkenbolde, dort hielt man in allem das rechte Maß. Harmonische Verhältnisse wurden durch die Benehmensregeln innerhalb der Familie hergestellt und galten als erreicht vor allem, wenn der Hausherr bei guter Laune war. An seinem Geburtstag nahm er im schönsten Sessel seines Arbeitszimmers Platz und die Gratulationscour der Seinen entgegen: Der Reihe nach traten die Kinder an, hinter ihnen die Dienstboten. Liebevoll leitete die Gattin den Zug, gerührt nahm der Pater familias die Blümchen der Kleinsten entgegen.

Noch inständiger konnte er die Liebe der Familie nur an seinem Sterbetag spüren: wenn er sein Haus wohlbestellt, Frau, Kinder und Kindeskinder wohlversorgt zurückließ. Hochgebettet, wohl wissend, daß seine letzte Stunde gekommen, empfing er seine Angehörigen zu letzten Worten des Dankes und der Ermahnung. Der Sterbende blieb bis zum letzten Atemzug in seinem Hause. Mit dem Tod mußte vernünftigerweise gerechnet, seine Unvermeidlichkeit konnte nur beseufzt und beweint werden; die Umstände, unter welchen er eintrat, hatten geordnet zu sein. Somit hatte das Sterben alle Merkmale wünschenswerter Humanität.

Der gepflegte bürgerliche Lebenslauf sah die Wohnung als Bühne vor, auf welcher ein Stück gezeigt werden sollte, das möglichst ohne dramatische Handlung auskam. Glück war das Nichteintreten trauriger Ereignisse, das Fernbleiben von Schicksalsschlägen. Die Wohnung war nach einem Geschmack beschaffen, der solche schicksalslosen Menschen in ihrem besten Zustand zeigte. Diese Menschen waren und dachten sehr deutsch, pflegten nachdrücklich ihr Geschichtsbewußtsein – jetzt endlich hatte es volle Stärkung.

Ihr gediegener Wertsinn orientierte sich an allem Historischen. Das bürgerliche Speisezimmer war ein Rittersaal mit einem langen, schweren Eichentisch, der einer tafelnden und bechernden Ritterschaft harrte, waren es auch nur Vater, Mutter und die Kinder, die sich auf schweren, reichgeschnitzten Ritterstühlen mit hohen Lehnen zu grünen Bohnen mit Rindfleisch zusammenfanden. Die Kinder mußten ermahnt werden, die Fransen der dunklen Gobelindecke auf dem Tisch nicht zu Zöpfen zu flechten, wenn sie sich langweilten. Zu den Mahlzeiten wurde die Decke gegen das Tafeltuch vertauscht. Das Auf- und Abdecken, das täglich mehrmalige große Wallen der Tischtücher mußte beim Entfalten und Zusammenlegen peinlich genau in immer dieselben Falten erfolgen.

Wohnte man zwar bescheidener als ein Ritter, so konnte man doch im Speisezimmer mit dem Buffet die Nachahmung einer Ritterburg vor Augen haben – mit Türmen, Zinnen, Simsen, Altanen, Erkern, Geheimkabinetten und Verliesen. Kein Möbel war ohne Schnitzkerben, Buckel, Knäufe, Rillen oder Blattwerk. Früchte wölbten sich in dunklem Holz. Butzenscheiben, farbiges Glas machten Schrankinhalte dämmerig und geheimnisvoll. Während die Sessel sich mit dicken Wurstpolstern, schnurengeschmückt, troddelbehangen, stoffdrapiert bis zum Boden, einem plumpen und schweren Sitzbegehren öffneten, bewahrten die Salonstühle, welcher Mode immer sie folgen mochten, die nervöse Grazie, die ein Stuhl haben soll: sich selbst genug, elegantes Dekor in der Nähe des Salontisches, den Damen angenehm, deren Tournüren ein Platznehmen im Sessel nicht wohl angestanden hätte. In Sesseln saßen die Herren, reifere Damen wurden auf das Sofa genötigt.

Die spätbiedermeierlichen Öfen mit ihren heiteren Proportionen, die den Winter nicht wirklich ernst nahmen, waren Öfen der neuen Mode gewichen – schloßartigen Gebilden, die bis an die Zimmerdecke reichten, mit gezackter Zinne und breitem Sims versehen. Sie waren gekachelt und trugen Stuckreliefs als Schmuck, jedes einzelne heute Sammlerobjekt und Wanddekor.

Die Ofenklappe aus bronziertem Blech verschloß die wunderbare, tief gemütliche Höhlung, Ofenröhre genannt. Eine Familie mußte schon sehr vornehm und verschwenderisch sein, wenn sie die Ofenröhre leer ließ; mindestens das Wasser zum Spülen des Geschirrs sollte dort heiß werden. An besonderen Wintertagen war die Ofenröhre voller Bratäpfel. Kleine Leute hielten in der Ofenröhre das Essen warm; eine gewisse familiäre Neugierde umkreiste die Höhlung im Kachelofen, deren Verriegelung zu öffnen man einen Topflappen benutzen mußte: Was mochte sie heute enthalten? Ein Berlinischer, wohl aus der Klöße-Provinz Schlesien stammender Kindervers hieß:
Nu weene man nich, nu weene man nich,
Inne Röhre stehn Klöße, du siehst se
  bloß nich.
An den Wänden hingen dunkle Kopien alter Meister, oder dunkle Gemälde im Stil alter Meister. Eine Kopie von Rembrandts »Mann mit dem Goldhelm« zu besitzen, war ein besonderer Stolz. Öldrucke taten es aber auch. Bronzene Jungfrauen hoben

Kerzenleuchter. Petroleumlampen auf kostbaren Porzellansockeln, mit schmiedeeisernem Rankenwerk umwuchert, verbreiteten mehr Licht als Kerzen – am teuersten waren die aus Wachs –, waren aber weniger vornehm.

Der Lutherstuhl erinnerte an den großen Reformator; Renaissance, Mittelalter, Gotik – die ästhetischen Freuden wandten sich ferner Vergangenheit zu, während das Biedermeier als altmodisch verbannt war, und der alte Sorgenstuhl des Großvaters, dem vielleicht aller Wohlstand zu danken war, in einem der vernachlässigten dunklen Hinterzimmer dahindämmerte.

Das alte deutsche Reich, das es einmal gegeben hatte, und in dem man die Summe allen anständigen deutschen Sinnes vermutete, wurde stilbildend zur Lebensgestaltung herangezogen.

Auch dieser Geschmack wurde natürlich bewitzelt:

Getäfelt ist der Raum zu sehn,
Am Schenktisch prangen alte Krüge,
Und schön geschnitzte Stühle stehn
Ringsum von Eichholzgefüge.
Und ehe man zu Tische geht,
Erhebt der Hausherr fromm die Hände
Und spricht ein kräftig kurz Gebet
Um unsres Herrgotts Segensspende.
Wie? Kam zurück die alte Zeit,
Voll Poesie, so oft bewundert?
Wie kommt doch solche Frömmigkeit
In unser aufgeklärt Jahrhundert!
Die Kleinste frug ich: ›Betet ihr
Denn stets so eifrig? Sag, Mariele?‹

Sie lächelte und sprach zu mir:
›Papa sagt, das gehört zum Style!‹

Aber auch aus altem Brauch wurde in vielen Familien noch vor und nach Tisch gebetet. Je bescheidener der Haushalt, desto aufrichtiger die fromme Segensbitte, der Segensdank.

Eine Wohnung, die alle Wünsche befriedigte, umfaßte acht bis zwölf Zimmer; in einem Miethaus nahm sie unter Umständen zwei Etagen ein. Anspruchsvolle Familien brauchten: Wohnzimmer, Speisezimmer, Salon, Arbeitszimmer des Herrn, eheliches Schlafzimmer, zwei Kinderzimmer, unter Umständen ein besonderes Rauchzimmer, Damenzimmer speziell für Freundinnen-Empfänge und Kaffeekränzchen, Zimmer des Hauslehrers oder, beziehungsweise und, eines der Gouvernante, Schulzimmer, Ankleidezimmer, Plättkammer. Das Dienstpersonal bestand aus Köchin, Küchenmädchen, Stubenmädchen, Zofe, und einem Diener. Alle diese Dienenden waren in der Mansarde des Hauses oder im Souterrain untergebracht. Herrschaftliche Verhältnisse solchen Ausmaßes galten als Modell, dem man bei kleinerem Vermögen nur in weit schwächerer, aber immer noch das Standesansehen wahrender Annäherung nachstreben konnte: Dann war das Wohn- mit dem Eßzimmer kombiniert, der Salon war grundsätzlich das Besuchszimmer. Man kam mit fünf Zimmern aus, hielt auch nur ein Dienstmädchen; das Kochen übernahm die Hausfrau selbst. Ohne Dienstmädchen brauchte auch die bescheidenste Familie nicht auszukommen – sein geringer Lohn wurde immer aufgebracht –, und ohne Bedienung zu leben, wäre auch unausdenkbar gewesen.

Die Damenjournale fanden es angebracht, ihre Leserinnen in Fragen des Wohngeschmacks und vernünftiger Einrichtung

Alles wird üppig

zu beraten: welche Farben zusammen-
paßten, wie die Räume einer Wohnung
einzuteilen seien, wie die gesamte
Häuslichkeit eingerichtet werden sollte,
und vor allem, wie die dem Hausherrn zu
wünschende Ruhe, Schonung und
Behaglichkeit zu gewährleisten seien. Die
Ratgeberinnen entstammten den höheren
Kreisen, stellten sich aber auf Neuvor-
nehme ein, die noch Unsicherheit zeigten,
und selbstverständlich auch auf kleinere
Verhältnisse, das Blatt zielte ja auf eine
hohe Auflage.
*Der eigentliche Dienst des Hauses vom
Morgen bis zum Abend muß sich abwickeln,
ohne von der Familie in den von ihr
benutzten Stuben bemerkt zu werden.* Die
Forderung vermittelt die Vorstellung, wie
schönes Menschentum auf der Schau-Seite
eines Werkes, in dem Müßiggang
hergestellt wird, vom reibungslosen Ablauf

der Vorgänge in einem den Blicken entzogenen Gehäuse abhängt.

Das oberste Gesetz der Haushaltsführung: In den gedachten Zimmerfluchten mußte unbedingt der Hausherr seinen Platz zum ungestörten Mittagsschlaf haben! Doch war bei dieser Ermahnung wohl schon an die kleineren Verhältnisse gedacht, wo der Diwan ebenso wie das Klavier im Wohnzimmer standen. Jedenfalls ging alles auf Zehenspitzen, wenn der Vater nach dem Mittagessen ruhte.

Es scheint aber, als sei die Harmonisierung der Verhältnisse nicht von allen Frauen mit hinreichendem Talent gehandhabt worden: Es wurden Beispiele genannt, wo der Hausherr beim Eintritt in die Wohnung alles vollgestellt vorfand, weil gerade reinegemacht wurde; dergleichen durfte natürlich überhaupt nicht vorkommen, und schon gar nicht sollten Situationen entstehen, *wo die Lehrer tagtäglich mit den Kindern nach einem anderen Zimmer wandern müssen, um eine halbwegs ruhige Lehrstunde abzuhalten, wo die Näherin und das Stubenmädchen gelegentlich in jeder Stube ihre Werkstätten aufschlagen und die Frau vom Hause mit der Schleppe die bunten Lappen in den Salon hineinfegt, wenn sie einem Besuch entgegengeht.*

Die der Geselligkeit gewidmeten Räume, man nenne sie nun Empfangs-, Besuchs-, Sitzzimmer oder Salon, sollten möglichst nebeneinander liegen. Als Unsitte wurde der Brauch genannt, die engen und dunklen Räume für die Familie zu nutzen, nur um den Salon im hellsten Licht zu zeigen.

Auf den Tischen sollten keine gehäkelten oder sonstwie »transparenten« Decken liegen: Die Tischplatten könnten Schaden nehmen. Papageien, Kanarienvögel, Uhren mit Schlagwerk gehörten nicht ins Besuchszimmer.

Im Speisezimmer sollten helle Tapeten oder Malereien die Wände schmücken, Stühle mit Rohrgeflecht oder Leder den Eßtisch umstehen. Das Stilgefühl der Ratgeber wich auch damals schon mitunter beträchtlich vom tatsächlichen Wohngeschmack ab. Der Ritterstil blieb noch lange siegreich, und an den Wänden herrschte dunkler Ernst.

Die Wirtschaftszimmer umfaßten auch die Zimmer der Mägde: Die nicht so hochgestellten Leserinnen mußten derartige Wohnbeschreibungen deprimieren – nur *eine* Magd, jeden Monat einmal die Waschfrau…

Im Salon aber – und dies konnte wieder jede Ratsuchende beherzigen – sollten *die Neigungen und der Charakter der Hausfrau erkennbar sein.*

Auch Vergoldung, in richtiger Vertheilung, ist ein köstlicher Schmuck, der ebensowenig wie der Spiegel hier fehlen sollte.

Was man unbedingt haben und zeigen mußte, wurde mit der Floskel gefordert, es dürfe nicht fehlen: *Die interessantesten Neuigkeiten des Büchermarktes sollten im Salon nicht fehlen.*

Vornehmer Geschmack mochte es beklagen – aber es gab seit längerer Zeit schon einen plebejischen Frohsinn über alle Arten von Nachahmungen und Täuschungen in den dekorativen Künsten: Stahlnadelschmuck, der in der Ansammlung seiner blitzenden Spitzen wie Diamanten aussah; falsche Brillanten aus Bergkristall, imitierte Steine, Emaildekors auf Neugold empfahlen sich dem Geschmack der Frauen, die gern etwas täuschend Ähnliches, dabei Wohlfeiles, annahmen, wo an teure Juwelen nicht zu denken war, und mancher junge Mann war erst einmal stolz auf Chemisetteknöpfe aus Neugold.

Die Fertigkeiten der Imitation wurden zu einem neuen Handwerkseifer, der sich besonders, nach der herrschenden Mode, an alten Stilen delektierte. Kein Detail der Vergangenheit, das man nicht neu entdecken und nachbilden mochte. Das Imitieren gelangte zur Achtung eigen-ständiger Kunst: Getünchtes Blech konnte wie Marmor aussehen, Gips wie Alabaster, Stuck wie Stein, Papiermaché konnte Rosenholz vortäuschen, Glas wirken wie Onyx. Obst konnte aus Wachs sein.

Vom Echten sagte man ehrfürchtig, es sei echt. »Echt Silber«, »echt Gold« – ein Sprachgebrauch von Emporkömmlingen, den die Nachfahren übernommen haben und der in dem nachdrücklichen Hinweis auf »gute Butter« seinen letzten Ausläufer fand.

Alles kam darauf an, daß es nach etwas aussah. Glänzende Verhältnisse wurden regelmäßig vorgeführt. Lagen danach Salon und Ritterzimmer wieder im täglichen plüschdunklen Frieden, fiel das Licht in dünnen Bahnen zwischen schweren, dunklen Samtportieren auf Besuchssofa und Sessel, auf übereinanderliegende Teppiche und den weißen Eisbären, der mit ohnmächtig bösem Haupt sein Fell breitete. In dem Licht, das draußen einen sonnigen Tag vermuten ließ, tanzte vornehmer, lichter Staub – Staub, den das Stubenmädchen täglich einmal in Bewegung brachte. Lila, rembrandtbraune Töne, Weinrot, dunkles Moosgrün in Samt, Plüsch, Seide umkleidete die Möbel, die Fenster und Türen. Hinter den Glasscheiben des Bücherschrankes standen die Klassiker in Ausgaben von rotgoldener oder schilfgrüner Pracht, dies und jenes Gedichtbändchen, in Saffianleder mit Goldschnitt. Allerorten fanden sich Stöße von Reclamheftchen – sie hatten manchem Bürger zur Bildung verholfen.

Eine breite gehobene Schicht war von kleinem Herkommen. Der Selfmademan, der Autodidakt, war stolz auf seinen Werdegang. Daß er niedriggeboren war, bedrückte ihn am Ende nicht mehr – er führte das Leben eines Wohlgeborenen. Er war ein herrschaftlicher Mensch, und in dieser Hinsicht, in der Abgrenzung nach unten, dem Aristokraten gleich.

Die Herrschaften hatten manchen Ärger mit ihren Dienstboten, die nach ihrer Meinung den zu fordernden tadellosen Dienstleistungen nicht nachkamen. Unter den Damen war dies der Hauptgegenstand der Unterhaltung. Dienstboten waren naschhaft, klatschsüchtig und unsittlich. Die Mädchen empfingen Männerbesuch in der Küche; man mußte noch froh sein, wenn sie nicht stiebitzten. Es gab ständig irgendwelche Laster, welcher man sie verdächtigen konnte; vor allem meinten die Herrschaften zu spüren, daß Dienstboten grundsätzlich aufsässig waren.

Das Reglement, das von den Vermittlungs-stellen für Hauspersonal ausgegeben wurde, legte die Pflichten der Dienst-nehmenden genau fest:

Arbeitspflicht nach dem Willen und den Anordnungen der Herrschaft; die gesamte Zeit hat sich der Dienstbote dem Dienst zu widmen, und zwar nicht nur für die Herrschaft selbst, sondern auch für sämtliche Familienangehörige und Gäste; der Dienstbote untersteht der Aufsicht der

Herrschaft, darf ohne ihre Erlaubnis nicht ausgehen, und untersteht dem Erziehungsrecht der Herrschaft (zuweilen sogar dem Züchtigungsrecht). Der Dienstbote hat treu, fleißig, aufmerksam, gesittet und anständig, reinlich, ehrerbietig, gottesfürchtig und verträglich zu sein; er soll keinen Aufwand treiben und die Treuepflicht erfüllen, das heißt nicht klatschen, nicht naschen, nicht stehlen.

Belauschte Herrschaft

Kurz nur war die Pflicht der Herrschaft umrissen:
Sie muß den versprochenen Lohn pünktlich zahlen und gute, sättigende Speisen zur Kost geben.
»Aufgang nur für Herrschaften« stand an den Portalen der Miethäuser, deren Erker, Simse und Balkone von Karyatiden und Säulen getragen wurden. Marmortreppen führten zur Beletage, dem vornehmsten Stockwerk. Das oberste Stockwerk hatte niedrigere Zimmer, und meist führte der Aufzug nicht so hoch hinauf. Der Fahrstuhl – wieder ein wunderbarer Fortschritt, von zauberischer Wirkung: Hinter seinem schönen Gitter- und Glaswerk sah man die Herrschaften auf- und abschweben. Das Treppenhaus in blendender Marmorpracht war beiderseits der blitzenden Messinggeländer mit Szenen aus der Antike bemalt; schinkenrosa rundete sich Frauenschönheit in einer Landschaft mit Schäfer und Faun. In heute verkommenen ehemaligen Herrschaftsvierteln wird man noch von solchen arkadischen Augenweiden überrascht.
Der Fortschritt wurde als so allgemein empfunden, daß ihm auch der jetzige weltläufige Stil der Standespersonen zugeordnet wurde. Man sprach von den altväterischen Verhältnissen der Zeit vor dreißig, vierzig Jahren. Den historischen Geschmack brachte die Gesellschaft durchaus in Einklang mit dem großstädtischen Gepräge der neuen Zeit; Lichterglanz, Kristallfeuer in riesigen Lüstern, großzügige Geselligkeit, Bälle, Soupers, Schleppenrauschen, souveräner Plauderton – das war Eleganz im großen Stil. Doch dahinter blieb das Provinzbürgertum in großem – bedrückt empfundenem oder stolz abgeleugnetem – Abstand zurück. Im Residenzstädtchen brachte es schon viel Freude in manches Bürgerhaus, wenn der Vater mit anderen

Honoratioren von Serenissimus zur Abendtafel geladen wurde und wenn er von den dort angebotenen Köstlichkeiten den Kinderchen etwas mit nach Hause bringen konnte.

Häuser, in denen die Kunst mit wirklichen Künstlern gepflegt wurde, genossen überall die größte Achtung: Hier handelte es sich um eine Aristokratie der Kultur – wo noch Franz Liszt für seine Freunde spielte! Wo bei einem Hauskonzert mit Richard Wagner seine Bewunderer hingegeben lauschten, schwärmerische Damen sich um den Flügel scharten! Das waren die höheren Regionen gesellschaftlichen Lebens, von denen Salon-Abbildungen in den Journalen ehrfurchtgebietende Eindrücke vermittelten.

In durchschnittlich feinen Häusern hat man sich in den »der Familie vorbehaltenen Räumen der Herrschaften« neben den beinahe täglichen Besuchen allwöchentlich eine freudige Vorbereitungsstimmung für den Besuch eines Balls, einer Teegesellschaft, einer Soiree zu denken. Der Aufwand für diese unerläßliche Geselligkeit war enorm teuer. Ein Mann sagte seinen Damen nicht gern, daß sie ihren Wünschen Zügel anlegen müßten, aber gelegentlich sah er sich doch gehalten, der Familie zu erklären, daß die zur Verfügung stehenden Mittel den Toilettenträumen gewisse Grenzen setzten. Die Mode war aber nicht so grausam, daß sie nicht kleine Kniffe anzubieten wußte, wie man aus Alt Neu machen, aus Zwei Eins gewinnen konnte. Die »Modenwelt« riet zur Ballsaison 1875:

Die unabsehbare Reihe von Festlichkeiten, welche, bei Hofe beginnend, in allen Kreisen und Schichten der Gesellschaft die Höhe der Saison kennzeichnet, halten alle der Mode dienstbaren Geister und Hände in lebhafter Bewegung, und es ist nicht die geringste Aufgabe, aus Bekanntem und Vorhandenem immer wieder Neues, Überraschendes zu gestalten. Hier bedarf eine Toilette der Auffrischung, die andere ist schon gar zu oft in denselben Kreisen getragen worden, wieder eine andere hat beim Tanz oder am Buffet böse Schäden erlitten…

Eine neu ausgeputzte Tunika, ausgewechselte Borten, Bänder, Schleifen, Blumenschmuck, Schürzenteile konnten eine neue Toilette ersparen.

Als Taktlosigkeit wurde gerügt, wenn Damen eine Privatgesellschaft in Toiletten mit langer Schleppe besuchten. Ein fußfreier Rock wurde für solche Gelegenheiten empfohlen, der Schönheit, Grazie ebenso ermöglichte, während sonst die von Sporen und Absätzen zerfetzten Schleppen einen entsetzlichen Anblick boten.

Takt, gesellschaftliche Gewandtheit waren den Vornehmen Selbstverständlichkeiten. Ein Fauxpas war peinlich, noch furchtbarer der Gedanke, man selbst könnte ihn nicht bemerken, aber daß die Leute darüber hinter vorgehaltener Hand redeten. Die junge Generation lernte tadelfreies Benehmen in der Tanzstunde; nicht wenige unter den Eltern, die in den vornehmen Kreisen noch nicht so lange zu Hause waren, konnten davon mitprofitieren.

Zur Gewandtheit gehörte auch geschickte Konversation. Hier konnten Bücher mit Unterhaltungs-Beispielen Lebenshilfe bieten. »Salongespräche«, eine Sammlung aller erdenklichen Dialogmöglichkeiten, bereitete unter anderem auch auf die

Situation vor, daß ein junger Mann im Theater *Veranlassung nimmt, mit einer älteren Dame und deren jüngerer Begleiterin, die sein Interesse erweckt, ein Gespräch anzuknüpfen:*
Der junge Mann (zu der älteren Dame): *Entschuldigen Sie, meine Dame, daß ich mir die Freiheit nehme, Sie anzureden; allein aus einer Äußerung, die Sie gegen Ihre Nachbarin machten und die ich absichtslos hörte, glaubte ich zu entnehmen, daß Sie hier fremd sind.*

Wenn nun nach den Regeln des Anstandes und der Gewandtheit das Gespräch seinen richtigen Verlauf nahm, konnte der junge Mann gegenüber der jungen Dame das erste Kompliment anbringen:
Ich bewundere Sie wegen Ihres feinen Geschmacks, der mir ein Beweis von dem richtigen Takt echt weiblicher Seelen ist.
Darauf sollte die junge Dame lachend erwidern: *Daraus, daß ich an den modernen Possen des Theaters keinen Geschmack finde, auf den Edelmut meiner Seele zu schließen, das scheint mir doch etwas kühn zu sein.*
Nun durfte der junge Mann sich etwas vorwagen: *Sie könnten vielleicht Recht haben, mein Fräulein, wenn nicht der seelenvolle Blick Ihres schönen Auges die Kühnheit dieses Schlusses rechtfertigte.*
Ein solches Kompliment – darauf mußte der gewandte Causeur gefaßt sein – hatte zur Folge, daß die junge Dame die Augen errötend niederschlug und sich verlegen halb abwendete und es ihm als schicklich nahelegte, sich nunmehr wieder der älteren Dame zuzuwenden: *Sollte ich durch eine unüberlegte Äußerung Ihr Fräulein Tochter verletzt haben, so wäre ich untröstlich. Ich dachte bei meinen Worten aber wahrlich nicht an eine fade Schmeichelei, sondern sie strömten unwillkürlich aus dem Herzen über die Lippen.*
Nun war zu hoffen, daß die Mutter ebenfalls nach Vorschrift des Ratgebers antwortete: *Meine Tochter ist noch sehr schüchtern, da sie wenig Umgang mit jüngeren Männern hatte. – Der Vorhang geht auf!*
Bis zum Schluß des Stückes, das den jungen Mann nicht zu allzu enthusiastischen Äußerungen über eine junge Schauspielerin hinreißen sollte, ergibt sich nun alles nach Wunsch: Er darf hoffen, daß die Mama ihm Zutritt zu ihrem Hause gestattet, *sobald sich dazu die*

Gelegenheit bietet. Glücklich erwidert der prospektive Verehrer der Tochter: *Dann zürnen Sie mir nicht, wenn ich alles aufbiete, diese Gelegenheit herbeizuführen.*

Das Abfassen korrekter, gewandter oder gefühlvoller Briefe war eine Fertigkeit, die ebenfalls mit Hilfe eines Briefstellers erlernt werden konnte, der alle etwa in Frage kommenden Verhältnisse zwischen Briefschreiber und Adressat berücksichtigte, von den »*geliebten Eltern*« bis zum »*Allerdurchlauchtigsten,*

Großmächtigsten, Allergnädigsten Kaiser (oder König) und Herr!« Die in der Anrede zu verwendenden Titel hatten einen gewissen Ermessensspielraum wie etwa »*Durchlauchtigster Großherzog*« oder »*Gnädigster Großherzog und Herr*« und sollten im Verlauf des Briefes – es handelte sich vorwiegend um Bittbriefe – Abwechslungen anbringen, wie »*Eure Königliche Hoheit*« und »*Höchstdieselben*«, bei einem Grafen »*Eure gräfliche Gnaden*« und *Hochdieselben*«. Unterzeichnen sollte man mit »*Unterthäniger*«, »*Unterthänigster*«, »*Gehorsamster*«, »*Ergebenster*«.
Doktoren der Medizin, der Rechts-gelehrsamkeit, der Philosophie, ferner: Advokaten, Beamte bürgerlichen Standes,

Militärpersonen vom Hauptmann ab, sowie jeden Privatmann, tituliert man mit Wohlgeboren. Sind die angeführten Personen von Adel, so gebraucht man Hochwohlgeboren. Dasselbe gilt von den Frauen derselben.
Die Brief-Beispiele umfaßten sämtliche privaten Beziehungen sowie alle vorstellbaren Geschäftsverhältnisse, vom Bitten um Kreditgewährung bis zu äußerst höflichen Mahnungen, gewährte Kredite endlich zurückzuzahlen, von Bitten um Auskunft über die Bonität eines Geschäfts-mannes bis zur Bewerbung um eine Lehrstelle für den Sohn.
Hochgeehrter Herr!
Dem in Ihrem Werthen vom … ausgedrückten Wunsche nachkommend, beeilen wir uns, Ihnen nach bestem Wissen unsere Meinung über Herrn … mitzutheilen. Soweit uns derselbe bekannt, ist er ein thätiger und reeller Geschäftsmann, und haben wir bisher nicht gehört, daß er seinen Verpflichtungen irgendwie nicht nachgekommen wäre. Ohne daß sein Geschäft von gerade bedeutendem Umfange wäre, scheint dasselbe doch solide, und können Sie nach unserer Meinung ihm einen gemäßen Credit wohl gewähren, der ihm vielleicht zu einer weiteren Ausdehnung seines Geschäfts behülflich sein kann.
Strömende Liebes- und Dankesgefühle sollte in Briefen der Söhne und Töchter an die Eltern ausgedrückt werden; einem Töchterchen stand ein zwitschernder Ton wohl an, wenn es dem lieben Mütterchen zum Namenstag gratulierte:
Mein liebes Mütterchen!
Weißt Du wohl, daß Du mir eine schlaflose Nacht gemacht hast? – Ja, gewiß! Ich, die

sonst einen so gesunden Schlaf hat, war alle
Augenblicke munter und sah nach, ob denn
die ewige Nacht noch nicht zu Ende sei.
Endlich kam die Sonne und brachte den
Morgen, den Morgen Deines Namenstages,
mein Mütterchen, und nun sprang ich aus
dem Bett, da habe ich jetzt die Feder in der
Hand, und jetzt will ich Dir schreiben, wie es
mir um's Herz ist. Freilich wäre ich wohl
lieber an Dein Bett gekommen, hätte Dich
mit einem Kuß aufgeweckt und Dir
zugerufen: Ich gratuliere zu Deinem
Namenstag, mein liebes, theures Mütterchen.
Aber Du bist dort, ich bin hier, da muß ich
denn dem Papiere meine Wünsche
anvertrauen, es geht nicht anders. Was soll
ich Dir denn nun aber wünschen? – Alles,
Alles, meine theure Mutter, womit der liebe
Gott gute Menschen belohnt, Alles, was Dir
Freude bringen kann: das wünsche ich Dir,
wünsche auch, daß Du es lange, recht lange
genießen mögest! Und damit verbleibe ich
meines theuren Mütterchens
gehorsame Tochter
. . . .

Schuldiger Respekt nach oben, worunter
auch das Eltern-Kind-Verhältnis fiel,
gnädige, gütige und gerechte Ausübung der
respektierten Machtbefugnisse wiesen
jedweder Existenz ihren Platz an. Zwar
durften Kinder nun ihre Eltern schon mit
Du anreden, doch zehrte solche
Vertraulichkeit nicht an der
unumschränkten Autorität vor allem des
Vaters.
Die Untertänigkeit war allgemein, die
Versicherungen von Untertänigkeit
umschnörkelten die gesellschaftlichen
Beziehungen von unten bis oben. Höchste
Instanz war das Vaterland, über welchem
dann Gott stand, von dem man nicht
annehmen mochte, daß er sich noch für
irgendeine andere Nation engagierte.

Daß die Frau dem Manne untertan sei,
lehrte schon die Bibel, und jedenfalls bei
der Verlobung bereits legte die Braut
freudig ihr ganzes, ferneres Schicksal in die
Hände des Bräutigams. Die Anbetung, die
der Frau durch den Mann zustand und die
ihn bewog, auf den Knien um ihre Hand
anzuhalten, erklärte sie zugleich als
schutzbedürftige Unmündige. Die Frauenbewegung hatte einstweilen mit
kämpferischen Aufrufen für die Freiheit
der Frau weniger Erfolge als mit den jetzt
schon institutionalisierten Frauenvereinen,
deren Mitglieder notabene nicht in einen
emanzipationsgierigen Ruf gerieten.
Der Mann sollte bei der Eheschließung ein
gewisses gesetztes Alter haben, das mit
fünfundzwanzig erreicht sein konnte. War
ein Mann vierunddreißig, das Mädchen
zweiundzwanzig, galt dies als ein
angemessener Altersunterschied, nur sagte
man dem Mann dann gern nach, er sei
schon ein verknöcherter Junggeselle, den
die Frau sich erst noch zurechtbiegen
müsse. Arrangierte Heiraten fanden auch
zwischen einem über Vierzigjährigen und
einer Achtzehnjährigen statt. Am besten
aber, ein Bewerber war noch nicht über die
Dreißig, dann konnte ihm die
siebzehnjährige Tochter zugeführt werden:
im Salon, bei versammelter neugieriger
Verwandtschaft. Tanten und Großmütter
beugten sich vor, um den jungen Mann im
Frack zu beäugen; die Dienstmädchen mit
weißen Häubchen lugten verstohlen durch
den Türspalt, kleinere Geschwister der
Braut gafften, das Klavier war aufgeklappt,
Noten standen bereit, Palmen bewedelten

die Szene, in welcher auch ein kleiner weißer Spitz einen lustigen Sprung tat.

So ungestüm das Verlangen nach baldiger Hochzeit sein mochte – die Brautzeit durfte nicht leichtfertig kurz bemessen sein. Die Aussteuer war zu ergänzen, war noch nicht gestickt; Nachthemden, Hemden, Untertaillen, Unterbeinkleider mußten genäht, Toiletten anprobiert und vor allem das Brautkleid angefertigt werden. Schließlich war alles durchzuzählen, zu stapeln und mit Bändern zusammenzufassen. So sollten später die Wäschestöße im Schrank liegen, dazwischen Lavendelsträußchen für den unvergleichlichen Wäscheduft, den Stolz jeder Hausfrau.

Wochenlang saß die Braut stickend im Hochzeitsvorbereitungszimmer mit der

gleich, von dem aber nur die Frauen etwas verstanden.

Trotz der Prüderie der Gesellschaft zeugten doch die beliebten Bilder »Am Hochzeitsmorgen« vom tieferen und realistischen Einverständnis mit den Gegebenheiten der Hochzeitsnacht. Auf den meisten dieser schelmischen Bildchen sah man ein lächelndes Paar in der Morgensonne. In einer Ausgabe der »Illustrirten Frauenzeitung« von 1876 sehen wir allerdings ein Mädchen – nein: seit einigen Stunden ist sie Frau! –, bestürzt hingegossen auf dem Sofa eines Schlafzimmer-Vorraums, klagend zu ihrer Mama aufblickend, die ihre Hand hält und betreten vor sich hinblickt. Ihre jammervolle Haltung spricht Bände: Das also ist das Los der Frau? Offener konnte

beratenden Mutter, den Schwestern und der unermüdlichen Näherin, während Vater, Brüder und Bräutigam ab und an respektvoll verständnislos hereinschauten. Die Gründung eines Hausstandes kam der Gründung eines Wirtschaftsunternehmens

Frauen melden sich zu Wort

Die Hochzeit –
Alter zählt nicht

Brautausstattung

Unsere Ausstattung würde je nach Eleganz samt Bettstellen und Betten im Preise zwischen 2000 und 3000 Mark variieren. Es gehören dazu: a) Leibwäsche: 3 Dutzend Hemden, 2½ Dutzend Beinkleider, 1½ Dutzend Nachthemden, ½ Dutzend Nachtjacken, 1 Dutzend Untertaillen, 1 Dutzend Anstandsröcke, 6 Promenadenröcke, 2 Frisiermäntel, 4 Dutzend Taschentücher, 6 elegante Waschschürzen. b) Tisch- und Bettwäsche: 2 Damasttafeltücher für 12, 2 für 8 Personen, 36 Servietten dazu, 4 feine Jacquardtafeltücher für 8 Personen samt 24 Servietten, 6 Jacquardtischtücher für 6 Personen samt 24 Servietten, 18 Frühstücksservietten, 3 Teegedecke, 2 Kaffeedecken, 18 Kaffee-Servietten und 12 Obst-Servietten. 6 Garnituren Bettbezüge aus Herrnhuter Leinen, 6 aus Brokat, 6 Couverts, hochelegant mit 6 passenden Kopfkissen und 6 Plumeaubezügen, 6 einfache Bezüge, 18 Laken aus Herrnhuter Leinen, 6 Bezüge für das Leute-Bett, bestehend aus 1 Deckbett und 2 Kopfkissen, 6 Laken. Zwei Messing- oder Holzbettstellen mit Federboden, Roßhaarmatratze, Keilkissen und Fußrolle, einem Federkopfkissen und einem kleinen Roßhaarkissen, einer Kamelhaardecke und einem Plumeau oder einer Daunendecke oder Federbetten. Ein Leute-Bett mit einfacher Ausstattung. 4 Dutzend Handtücher in verschiedener Ausführung, 1 Dutzend Frottierhandtücher, 2 Badelaken, 1 Dutzend Leute-Handtücher. c) Küchenwäsche: 2 Dutzend Handtücher, 3 Dutzend Teller-, 2 Dutzend Gläser-, 1 Dutzend Tassen-, 2 Dutzend Fenstertücher. Dazu kommen noch je 1 Dutzend Zylinder-, Lampen-, Toiletten-, Silber-, Messertücher, ferner Staub-, Topf-, Spül- und Scheuertücher, Topf- und Waschlappen, Rolltücher, Plättdecken und Plättbrettbezüge, Wirtschaftsschürzen, kurz im ganzen etwa 30 Dutzend Küchenwäsche, eine enorme Zahl, aber für den Gebrauch doch nicht zuviel, wie die junge Hausfrau bald finden wird

Hochzeit – ein teurer Spaß

keine Illustration eingestehen, daß die Mädchen so gut wie unaufgeklärt in die Ehe gingen und viele zunächst keinen Geschmack an solcher Intimität mit dem Mann finden konnten. Die Beschwichtigung der Mütter – »Du gewöhnst dich daran« oder »Der Mann braucht das nun einmal« – half, das erste erschütterte Befremden zu überwinden. Daß Prüderie und Frigidität nicht allgemein waren, davon zeugten manche Abenteuer und Wagnisse junger Mädchen und Frauen. Junge Witwen, dürfen wir annehmen, konnten sich mit Vorsicht und Diskretion manches gönnen.

Erwartungsvolle und sinnenfrohe Mädchen sehen wir in alten Fotoalben: jene ein wenig dreist blickenden Augen, diese etwas sehr vollen sinnlichen Lippen, verträumte Züge, die ein Leben leidenschaftlichen Liebesglücks erhofften.

Das bürgerliche Leben spielte sich nicht ohne Affären ab; Schritte vom Weg wurden als Skandale notiert, nicht, wie in Frankreich, als zum eleganten Règlement gehörig angesehen. Dreiecksgeschichten, Mätressen des Mannes, Liebhaber der Frau, womöglich zu Komödienstoffen erhoben, waren in Deutschland offiziell tief verworfen, inoffiziell nicht an der Tagesordnung und niemals frei von Gewissensbissen. Größte Erleichterung trat ein, wenn eine Affäre vorüber und die Sünde nicht herausgekommen war.

Die junge Ehefrau mußte sich damit abfinden, daß ihr Gatte die Freuden der körperlichen Liebe schon mit einer anderen gekostet hatte.

Die vorgegebene Tugend und Sittlichkeit fanden ein Ventil in der Darstellung großer Sinnenfreude auf kühnen Gemälden. Es gab eine Malerei der neuen Prächtigkeit; Hans Makart war ihr größter Meister.

Arrangeur von Festzügen großen Stils, die Bacchus huldigten, Schöpfer von Gemälden riesigen Ausmaßes und rauschhaften Inhalts. Er durfte es wagen, Nacktheit in sinnlich-heidnischer Kombination mit Rosen, Atlasseide und Marmor zu feiern. Er wurde umschwärmt, wo ein Menzel nur hochgeachtet war. Ihn pries man als Jahrhunderttalent, während Liebermann erst mäßig gewürdigt wurde.

Den Künstlern, zumal solchen, die reich waren und einen attraktiven Lebensstil vorführten, war der Bürger jetzt geneigter als früher, als er mit Malern und Schauspielern keinen Verkehr pflegte. Jetzt trug der Herr schließlich selbst ein Künstlerbarett aus Samt in seinem Heim, das die Gattin mit Makartbuketts ausstattete – langstieligen Zweiggebinden mit trockenen, durchsichtigen Blättchen, schwärmerische Wehmut in dunklen Vasen verhauchend.

Über das Wesen der Kunst war sich das Publikum schließlich einig: Es könne auch irdisch und sinnenfroh sein! Die menschliche Natur war zum Sinnengenuß angelegt; die Gesittung lenkte sie in die rechten Bahnen. War nun der Geist der Widersacher der Natur? Manch papieren vergilbter Professor legte den Gedanken nahe.

Geist, der in der Kunst Erbauung suchte, bevorzugte das Genrehafte, das sich allmählich vom altmeisterlichen Malstil trennte; die neuen Richtungen, die in der Malerei aufkamen, wurden von den Schöpfern idyllischer Bilder wie »Die erste

Weinprobe«, »Im Brautschmuck«, »Der Schäfer« jedoch als Irrwege abgelehnt. Von einer Ausstellung im Münchener Glaspalast schrieb ein Kunstkritiker, der diese Meinung teilte, erfreut, man erkenne dort *eine bewußte Rückkehr von den Absonderlichkeiten der Hellichtmalerei, von den sozialistischen Tendenzbildern zu dem einfach Schönen und Erfreulichen.*
Auf dem Theater aber wurde eine Neuerung sehr wohlwollend aufgenommen: Der Aufführungsstil des Meininger Hoftheaters kam mit seinen realistisch getreuen, historisch bis ins einzelne alle Repertoirestücke ausstattenden Aufführungen dem Publikum entgegen und revolutionierte die gesamte Bühnenkunst in einer Weise, die späterhin lächerlich gefunden wurde, aber doch durch die zahllosen Gastspielreisen des Theaters Einfluß auf spätere, moderne Regiekunst ausübte; auch ein Stanislawski wurde beeindruckt.

Der Begriff der »Bildung« blieb unangetastet von neueren Möglichkeiten. Gegenwartskunst war ein abgetrenntes Gebiet, in dem ein jeder Mißfallen oder Zustimmung äußern konnte, ohne sich zu blamieren oder Unsicherheit zu empfinden – mochte es sich um Wagner, Verdi oder Saint Saens handeln, um Makart, Leibl, Corot oder Anton von Werner, um Tolstoi, Fontane, Felix Dahn oder die Marlitt. Bildung bedeutete den Umgang mit gesicherten Kategorien und die Ausstattung des Lebens mit dem Höheren. Die gebildete Schicht hatte Ideale und beanspruchte, so gerüstet, die geistige Führung der Nation.
Bürgerliches Geltungsgefühl war allerdings dort, wo Bildung war, oft nicht von nennenswertem Vermögen gestützt, und

Der Makart-Stil

Vermögende waren häufig mit Scheinbildung versehen, die belächelt wurde. Kleinbürgerliche Lebensart setzte sich in mancher zu Geld gekommenen Familie fort, anderswo suchte man angestrengt, der nächsten Generation zu vermitteln, was den Eltern versagt geblieben war: dem Sohn das Studium, der Tochter Klavierunterricht und das Pensionat für Höhere Töchter.

So herrschten Dünkel und Anmaßung, auch Geniertheit wegen niederer gesellschaftlicher Stellung, schließlich zugleich – erstaunlich verbreitet besonders in den Provinzen – behäbige Zufriedenheit. Wilhelm Buschs Bildergeschichten sind eine treffliche Dokumentation bürgerlichen Lebens, wie es sich ins zwanzigste Jahrhundert fortsetzte, und werden noch immer verstanden und bestätigt. Die geschilderten Freuden, Kläglichkeiten und Miseren der Kleinbürger wurden von diesen selbst wiedererkannt. Gutmütiger kann ein Stand sein ironisches Spiegelbild nicht akzeptieren. Da waren die Pfeifen der Familienväter noch lang, füllige Gestalten steckten im Hausrock, den Kopf bedeckte die Zipfelmütze. Mangelnde Frauenschönheit behalf sich mit falscher Locke, falschem Zopf; Altweiberfrömmigkeit stärkte sich heimlich mit der Flasche. Der Dicke, der mit seiner Mamsell glücklich wurde; die Männerrunde am Stammtisch mit dem Kirchturmhorizont; die Heimwonnen im gezipfelten Glück dicker Federbetten, mit Stiefelknecht, Nachtlicht und Nachttopf, Knabenübermut beim Bad am Samstag Abend. Da war die Harmlosigkeit in Vollendung abgebildet, selbst noch in den Geschichten von streichelüsternen bösen Buben: »Max und Moritz«; die Moritat von der Bestrafung der Missetat wurde von den Kindern sowenig ernst genommen wie des Dr. Hoffmanns »Struwwelpeter« – lustige Horrorgeschichten, weit entfernt von des Kindes Wirklichkeit.

Zum Zeitgeist fiel Wilhelm Busch ein gemütlich-hinterhältiges Aperçu in Reimen

Die große Zunft von kleinen Meistern,
Als Mitbegründer, Miterfinder,
Sich diese Welt zurechtzukleistern.
Welch ein Gedränge und Getriebe

Von Lieb' und Hast bei Nacht und Tage
Und unaufhörlich setzt es Hiebe
und unaufhörlich tönt die Klage.
Gottlob, es gibt auch stille Leute,
Die meiden dies Gewühl und hassen's
Und bauen auf der anderen Seite
Sich eine Welt des Unterlassens.

So gutmütig resigniert diese Zeitgeistbeschreibung ist, so trifft sie doch nicht die Erwähltheitsstimmung und Arroganz der höheren Gesellschaft. Ein strenger und kalter Ton kam dort immer mehr in Mode. War er ein Schutz der Alt-Vornehmen gegen die Neu-Reichen? Wurde er von diesen schleunigst nachgeahmt? Das Schnarrende, Schnöselige war besonders der preußischen Sprechweise eigen. Nietzsche kreidete es allen Deutschen an:

Etwas Höhnisches, Kaltes, Gleichgültiges,
Nachlässiges in den Stimmen: Das gilt den
Deutschen jetzt als vornehm!

Lebensphilosophie in
Wort und Bild

4 Die Schöne Epoche 1890–1914

Mode und Vergnügen vermitteln uns ein einheitliches Bild der Epoche, die wir die »schöne« nennen. Die Eleganz war in Paris, Wien, Berlin, London, New York die gleiche; die Amüsierlust und ihre süße, mitunter schwermütige Musik schufen Erinnerungen an ein schwebendes, leichtfertiges Glück, von dem die Welt noch lange würde zehren können.

Hinter dem schönen Schein wirkte eine Vielfalt von Stimmungen, Lehren, Meinungen, Bekenntnissen, Richtungen, in welche der Durchschnittsbürger aller Länder wenig Einblick hatte. Noch hielt der luxuriöse Überschwang der frivolen Operetten-Jahrzehnte vor, die schwarzbestrumpften Beine rasender Tänzerinnen wurden in Paris zum Blickfang der Druckgraphik-Kunst – Paris war das Zentrum der »Belle Epoque«, wo das lustige kleine Luder aus dem Volk die Lebewelt unterhielt und große Damen von großen Kokotten schwer zu unterscheiden waren. Der Dandy und der Lebemann konnten geistreiche Mittelpunkte der Gesellschaft sein, wie im viktorianischen London Oscar Wilde. Frech und spöttisch, graziös und überlegen war »man«, wenn man »von Welt« war. Als wisse man, daß dieses »Fin de siècle« einmal der Inbegriff einer deliziösen Vergangenheit würde, kostete man kennerisch die letzten Jahre des Jahrhunderts aus und verlängerte diesen Genuß sogar noch um mehr als ein Jahrzehnt. Das Automobil wirkte nicht dissonant in der eleganten Welt, und sogar ein Zeppelin konnte enthusiastisch begrüßt werden. Seit der Montgolfiere wußte man ja: Der Mensch werde eine Tages fliegen können.

Mitten im Schleppenrascheln, Straußenfedernwogen, Spazierstöckchenschwenken führte sich die Zukunft freundlich ein, kokettierte mit frischen, linden Lüften.

Der deutsche Bürger war fortschrittsvertrauend, aber beharrlich in seinem stabilen Selbstverständnis. Von der Welt-Gesellschaft war er durch seinen schneidigen, herrischen Nationalismus getrennt.

Die Melancholie auf der Abseite des gesellschaftlichen Glanzes wurde von immer lauterem Patriotismus übertönt.

Rasanter Fortschritt

112

Aber die Dekadenz, dem Inbegriff des Schönen immanent, griff auch auf den säbelrasselnden Militarismus über: Der schneidige Offizier genoß sein Spiegelbild – Narziß mit Korsett und Monokel.

Mitten aus der bürgerlichen Gesellschaft heraus brach eine blutige Selbstironie, Merkmale und Wesenszüge der gesamten deutschen Gesellschaft verhöhnend. Der 1896 in München gegründete »Simplizissimus« schnitt ins Fleisch der preußischen Anmaßung ebenso wie des bayrischen Klerikalismus. Die bildnerischen Darstellungen des Deutschen waren beispiellos in ihrer Häßlichkeit. Zensur, Beschlagnahme, Verkaufsverbote auf Bahnhöfen waren oft die Folge. Und doch sollte es sich 1914 zeigen, wie auch diese scharfen Kritiker, die immer mit einem Bein in der Gefängniszelle standen, vom chauvinistischen Affekt befallen werden konnten; der »Zeitgeist« in seiner besonderen deutschen Variante war mit allen Bürgern.

Das nationale Hochgefühl genoß noch immer den Sieg über Frankreich mit weiteren vaterländischen Festspielen, vor allem mit dem schulfreien Jubelgedenktag von Sedan. Man unterschied jedoch sehr fein zwischen bloßem Hurra-Patriotismus und echtem, tiefem Nationalgefühl. Der Kaiser selbst gab in diesem Sinn Anleitungen zu würdigen Weihefeiern, wie er auch historische Denkmäler, stolze Bahnhofsportale entwarf und sich nur als durch seinen kaiserlichen Beruf verhinderten Künstler betrachtete, der der Kunst seines Landes die rechten Wege zu weisen in der Lage war. Als Picasso sich in seiner »blauen Periode« befand, weihte Wilhelm II. in Berlin die Siegesallee ein. Je stärker die Sozialdemokratie im Lande wurde, desto mehr vertraute die Obrigkeit der Kraft einer von oben nach unten wirkenden Pädagogik, die – im Verein mit immer mehr patriotischen Denkmälern – das Vaterlandsgefühl noch in die letzte Seele pflanzen, dem Arbeiter den Stolz, ein Deutscher zu sein, nahebringen sollte. Deutschland sah sich als Führer unter den Völkern, als Verwalter der geistigen Güter der Menschheit; die nationale Gesinnung erschöpfte sich nicht in territorialem Expansionsdrang, man besann sich auf sein germanisches Erbe, seine »völkischen« Werte. Das Völkische – ein nebulöses Wort, zu dem es kein Substantiv gibt – bezog sich auf die alte deutsche Auflehnung gegen welsche Überfremdung, die im Barockzeitalter Gründe genug gehabt hatte, sich aber mit der Abwehr gegen die vorherrschende französische Sprache begnügt und nicht davon geträumt hatte, daß »am deutschen Wesen einmal die Welt genesen« sollte – ein Wort, das jetzt zum deutschen Rausch beitrug, ebenso wie, daß die Deutschen »das Salz der Erde« seien. So waren um die Jahrhundertwende bereits alle jene Substanzen vorhanden, die 1933 als geballte Ideologie die unumschränkte politische Macht übernehmen sollten. Die Deutschen behaupteten von sich, sie hätten Kultur, während andere Nationen, zumal Frankreich, nur Zivilisation besäßen. Eine solche Unterscheidung gab es in anderen Sprachen damals noch nicht. Im Alltag dieser fast fünf Jahrzehnte währenden Friedenszeit machte sich dieser Geist jedoch nur rhetorisch bemerkbar. Die Bürger lebten unter Wilhelm II. in denkbar freizügigen Verhältnissen. Daher bei so vielen die spätere sehnsüchtige Erinnerung an die Kaiserzeit. Sie konnten mit einem gewöhnlichen Paß reisen, wohin sie wollten, auch nach Paris – und Französisch war noch immer ihre bevorzugte Fremdsprache.

Das Bürgertum hatte jetzt definitive Schichten gebildet; außerordentliche Aufstiege waren kaum noch möglich. Das große Kapital war und blieb in den Händen weniger. Die Industriekapitäne bildeten den Geldadel und fühlten sich der Aristokratie gesellschaftlich gleichgestellt; einzig ihre Erhebung in den Adelsstand konnte ihr Ansehen noch heben.

Karrieren wurden noch von den Söhnen der Kleinbürger gemacht, die sich in den wohlhabenden Mittelstand hinaufarbeiten konnten, wo dann Besitz und Bildung das Erziehungsziel für die Kinder wurden. Der Bürgerstand war breiter geworden, da die Verwaltung mächtiger und komplizierter war: Die Beamtenschaft wuchs. Das Bankwesen beschäftigte eine Menge Bank-Beamter, im Volksmund: »Bankmenschen«. Die Wirtschaft benötigte Buchhalter, Kassierer, Prokuristen, Vertreter. Auf der unteren Linie dieser Berufe bildete sich das brave, auskömmliche Leben der bürgerlichen Basis.

Die Bürokratie entwickelte ihre Strukturen in streng obrigkeitlicher Ordnung und übte allgegenwärtige Macht aus. Das gewöhnliche Publikum wurde von den Behörden, die seine Einschüchterung für das Wesen ihrer Tätigkeit hielten, »abgefertigt«. Etwas von ihnen zu verlangen hatte allein ein Höhergestellter, dem man freilich höchst zuvorkommend begegnete. Es sprach sich herum, daß bis hinauf in die Ministerien die Beamten nicht viel zu tun hatten. In dieser Zeit entstand der schlechte Ruf des Beamtentums.

Daß auf der anderen Seite die kleinen Beamten ein denkbar niedriges Gehalt bezogen und sich krummlegen mußten, traf wieder auf eine gewisse Genugtuung bei Bürgern, denen es besser ging. Halb spöttisch, halb mitleidig sprach man von den Beamtenstullen: Die Beamten hatten so wenig zu beißen, daß sie die Butter auf die dünnen Brotscheiben kratzen mußten. Von der Justiz hatte der kleine Mann einen besonders ungünstigen Eindruck. Er glaubte zu erkennen, daß das Gesetz zugunsten der Vornehmen ausgelegt wurde. Der Ton der Richter war barsch, die Staatsanwälte traten besonders schneidig auf. *Angeklagter, sind Sie Sozialdemokrat?* steht unter einem Witzbild des »Simplizissimus«.

Den Juristen sagte man nach, daß sie ihren Beruf ergriffen hätten, weil sie keinerlei spezielle Neigung oder Begabung in sich hätten entdecken können. In ihren Studienjahren – so das Klischee – waren sie wackere Zecher, liebten Mädchen aus dem Volke und rückten dann mit roten Säbel-

narben im Gesicht in ihr Amt ein.
Wiederum im »Simplizissimus« sehen wir,
wie ein Richter eine fesche Prostituierte
fragt: *Wie konnten Sie nur so tief sinken?*
Ihre Antwort: *Geh, sei stad, zahl mir
z'erscht mei Geld z'ruck, dös i dir als
Kellnerin hab pumpen müssen!*
Vom Leben in Kellerwohnungen, von den
Verhältnissen in den Gefängnissen hatten
Richter und Staatsanwälte keine Ahnung.
Daß das soziale Problem, das immer
dringlicher von der linken Opposition
bekanntgemacht wurde, nicht länger nur
durch Wohltätigkeitsvereine bewältigt
werden konnte, wurde indessen auch klar.
Daß die Damen auf Bällen für die Armen
tanzten, die sich in Wärmestuben drängten
und nach Suppen anstanden, war edel und
sollte nicht etwa unterbunden werden, aber
die patriarchalischen Tendenzen in der
Industrie wirkten kräftiger für den sozialen
Frieden. Arbeitersiedlungen, werkseigen
und in Werksnähe, wurden zugleich
Objekte der neuen, geschmacksreinigenden
Architektur, die sich dem hohen Ziel
»Ästhetik für alle« widmete. Viele damals
gebaute Reihenhäuser-Quartiere mit vielfältig liebevoll gestalteten Gärtchen, hätten
sechzig Jahre später noch als Modell
dienen können, entsprachen aber dem
Geschmack unserer fünfziger Jahre nicht
mehr.
Abseits vom Sozialismus gab es die
»soziale Gesinnung« beim Bürgertum, eine
Moral, die jedem gönnte, was ihm zukam;
man fühlte sich wohler, wenn auch die
unteren Schichten ein Wohlbefinden in
ihrem Rahmen genießen konnten. Die
snobistischen Amüsierkreise allerdings
belasteten sich mit solchen Gedanken
nicht. Sie unterschieden – um wieder eine

Spötterei der Zeit aufzugreifen – die
Menschen in zwei Arten: solche, die Trinkgelder gaben, und solche, die Trinkgelder
nahmen.
Waren Handel und Kaufmannstum »en
détail« noch immer gering geachtet, waren
das En-gros-Geschäft und seine
Repräsentanten gesellschaftlich hoch-
geschätzt – außer in Preußen; besonders in
Berlin nicht, wo der hohe Beamte um
vieles mehr galt als der reiche Kaufmann,
der Koofmich oder Heringsbändiger.
Darüber konnte man in Hamburg, Lübeck,
Bremen nur lachen, wo der »königliche
Kaufmann« und der Patrizier traditionsgemäß an der Spitze der Gesellschaft
standen.
Daß Deutschland eine industrielle Groß-
macht, daß das Zeichen »made in
Germany« die Marke weltbester Qualität
war, erzeugte in der bürgerlichen
Führungsschicht höchstes Selbstbewußtsein. Die Schwerindustrie, die
chemische Industrie, die Elektroindustrie
sicherten Deutschlands Wohlstand und
versahen das nationale Pathos noch mit
einer kompakten materiellen Komponente.
Eine wachsende Zahl von Produkten, die
das Leben modernisierten und
erleichterten, es mit Luxus ausstatteten,
belebte den Markt, der mit viel Reklame

*In Werkskantinen bringen
Frauen und Töchter die
Henkelmänner*

um Kunden warb. Die Anschlagsäulen,
nach ihrem Erfinder Litfaß benannt,
dienten jetzt als optische Marktschreier.
Freie Flächen der Stadtarchitektur wurden
als Reklameträger entdeckt. Die Plakat-
graphik reizte neuerdings im Dienst der
Reklame mit Bildern von Hausfrauen, die
über Dr. Oetkers Backpulver jubelten,
kesser Mädchen in Pumphosen vor ihrem
Opel-Fahrrad, feiner Paare, die den großen
Markensekt in spitzen Kelchen erhoben,
gequälter Huster, die zu den bewährten
Hustenpastillen griffen. Schöne Damen
posierten für Automobilmarken,
verführerische Männer versicherten, ihr
Schnurrbart sei durch ein Haarwuchsmittel
gediehen, das die Erzeugungsfähigkeit der
Haarpapillen erhöhte und vom
Kaiserlichen Patentamt geschützt sei.
Die Kauflust war groß, aber der

Sparsamkeit des mittleren Bürgertums mußten die Reizwirkungen angestrengter Werbung entgegengesetzt werden. Jedes Fabrikat warb um Aufnahme in einen Etat, der Anschaffungserwägungen ihren Dringlichkeitsgrad zuwies, den Grundsatz berücksichtigend: »Erst das Notwendige, dann das Nützliche, dann das Angenehme!« Der Bürger war sich mit seiner Frau einig in diesem Prinzip; tatsächlich waren es ja die Frauen, die das Familieneinkommen zusammenhielten oder doch, wenn sie zwar nicht wußten, wieviel der Mann verdiente, jede Ausgabe wohlbedachten, als hätten sie mit einem Minimum auszukommen. Es war üblich, daß sie ein Ausgabenbuch führten, in das der Hausherr prüfende Einsicht nehmen konnte. Mancher strenge Mann verlangte wöchentliche oder monatliche Vorlage. Kleine Frauchen, die sich nicht allzulange den Kopf zerbrechen wollten, wo sie einen kleinen Betrag ausgegeben hatten, gewöhnten sich an, den Posten mit »G.w.w.« – »Gott weiß wofür« – zu bezeichnen oder, wenn zwei Pfennige fehlten, »armes Kind« einzutragen. Beinahe jede Hausfrau beherrschte die Kunst des Schmu-Machens; von dem so Beiseitegelegten bestritt sie die Geburtstags- und Weihnachtsgeschenke für den Gatten, der dann mit Milde übersah, daß er diese Sachen selbst bezahlt hatte. Der Mann beanspruchte – in den Kreisen, in denen man in angemessener Bescheidenheit, aber nicht zu kleinlich wirtschaftete – ein Taschengeld von fünfzehn Mark im Monat. Wenn der Frau ebenfalls ein Taschengeld zugestanden wurde – zehn Mark wurden für sie veranschlagt –, war sie nicht genötigt, heimlich etwas zu erwirtschaften. Frauen, die vom Lande kamen, waren besonders sparsinnig; erschrocken darüber, daß man in der Großstadt ohne

Portemonnaie überhaupt nicht weggehen konnte – fortwährend gab man Geld aus –, schlossen sie energisch die Hand um jeden Groschen.

Ein weiterer Leitspruch bürgerlicher Lebenskunst war besonders auf großstädtische Verhältnisse zugeschnitten: »Wohne *über* deinem Stand, kleide dich *nach* deinem Stand, iß *unter* deinem Stand!« Der Eindruck der Vornehmheit sollte eindeutig vor allem durch die gute Adresse erbracht werden. Die Wohnung und ihre Einrichtung sollten repräsentabel sein. Den Garderobenaufwand brauchte man dann nicht zu übertreiben. Am Essen aber konnte gespart werden. Man aß sich satt, aber man trieb keine Völlerei, genoß am täglichen Familientisch keine teuren Delikatessen. Die Butter wurde manierlich, das heißt nicht zu dick, gestrichen unter dem beobachtenden Blick der Mutter. Schmalz war billiger als Butter. Brötchen etwa mit Butter *und* Honig zu bestreichen, galt im mittleren Bürgertum als maßlos, ein Wochentagsmittagessen mit drei Gängen – Suppe, Fleischgericht, Pudding oder Kompott – dagegen nicht. Einmal in der Woche gab es aber auch Zusammengekochtes: Gemüse, Kartoffeln, Fleisch. Sonnabends, am Reinemachetag, setzte man sich zur beliebten Kartoffelsuppe, um ein Berliner Beispiel zu nennen. Waren Fleischklöße oder Würstchen in der Suppe, war das üppig genug. Andernfalls wurden danach Eierkuchen (Pfannkuchen) serviert.

Sonntags wurde Braten aufgetragen; jeder bekam eine Scheibe, der Hausherr zwei. Allgemein herrschte die Ansicht, der Mann brauche mehr Fleisch, und dem Verdiener stehe jedenfalls der größte Anteil zu; das galt auch in der Arbeiterfamilie.

Nach heutigen Gesichtspunkten überstieg die damals in diesen Familien als mäßig beurteilte Ernährung die Kaloriengrenze mitunter beträchtlich, und in der Tat waren viele bürgerliche Familien sehr wohlgenährt. Babys galten nur als gesund, wenn sie Speckringe aufwiesen. Die Frauen – noch lange entsannen sie sich ihrer einstigen Wespentaille, die der Bräutigam mit den Händen umspannen konnte – wurden füllige Matronen, denen die Ehemänner jetzt die Korsettschnüre zuzogen. Aus dünnen Junggesellen wurden in kürzester Zeit schwerleibige Hausherrn, denen alles neu angepaßt werden mußte. Interne Sparsamkeit sah man also niemandem an; nach außen war gleiches Ansehen unter Gleichgestellten erreichbar. Wenn einer Dame in der Beletage morgens ein Tablett mit Schokolade und feinem Gebäck ans Bett gebracht wurde, hatte sie diese Verwöhnung ganz für sich allein, ohne Erhöhung ihres äußeren Ansehens, während die Dame in der gegenüberliegenden Wohnung manchen Groschen sparte durch ein Musbrötchen und Kaffee, der mit reichlich Zichorie gestreckt war. In ihren Toiletten auf der Straße war kein Unterschied zu erkennen. Es gibt Grund genug, noch länger bei den Kreisen des begrenzt bemittelten Bürgertums zu verweilen, denn hier entstanden eine neue intime Behaglichkeit und der enge Zusammenhalt der Kleinfamilie, die noch bis in unsere Zeit Bestand haben, zumindest als Vorstellung von klassisch gewordenen Gegebenheiten, denen man anhängt – oder die man bekämpft.

Wir sehen die Großeltern, die Urgroßeltern unserer Eltern auf den typischen Familienfotografien würdevoll, in herzlich ernstem Zusammenhalt. Frohsinnig vereint, hielt man größere Verwandtenversammlungen durch Gruppenbilder für die Erinnerung fest: Die hintere Reihe bildeten stehend die jüngeren Leute, davor sitzend die Respektspersonen, vor ihnen auf dem Fußboden, im Schneidersitz, die Kinder, und in scherzhaftem Übermut die Komposition vervollständigend von rechts und von links

Landpartie im Sonntagsstaat

noch zwei flotte Vettern, langliegend.
Fotografien von Freundes- und Klub-
ausflügen sind uns erhalten: Heute ist man
in die Natur ausgeschwärmt, lagert im
Grünen; der Ruderklub »Wiking« macht
seinen Jahresausflug, mit Damen: In
weißen Kleidern, schwarzen Strümpfen,
mit weißen Hüten und Sonnenschirmen
sitzen sie im Gras, Herren mit Strohhüten
an ihrer Seite.
Ausflug, Spaziergang, Picknick waren die
Feiertagsvergnügungen in jener Zeit, als es
noch lange, schöne Sommer gab. Die
Ausflügler versahen sich mit Butterbroten
und Getränken, spannten Hängematten am
Waldessaum von Baum zu Baum,

erlaubten ihren Kindern ohne Jacke zu spielen. Die Kinder hatten, waren sie vollständig ausgerüstet, Schmetterlingsnetze und Botanisiertrommeln mit. Schmetterlingssammlungen waren geachtete Schätze. Die samtene Farbigkeit ihrer gebreiteten Flügel, der mit Stecknadeln aufgespießte schmale Leib – so verweilten die poetischen Akzente schöner Sommertage noch Jahrzehnte in den allmählich verstaubten und vergessenen Schaukästen. Das »Botanisieren« wurde bei den Kindern als kindliche Lust an der Natur vorausgesetzt; in die dafür vorgesehene Botanisiertrommel – eine längliche grüne Blechbüchse in der Form eines abgeplatteten Zylinders mit Schnappdeckelverschluß, zum Umhängen – ging aber nicht viel hinein.

Wo immer eine schöne Aussicht zu genießen war, wurden Aussichtslokale gebaut. Naturliebhaber lehnten sie als Naturverschandelungen ab. Mußte man denn beim Blick von einem Berg, am Ufer eines Sees, Bier trinken? Kaffee und Kuchen genießen? Mit Rücksicht auf die Familien-Budgets teilten sich dann die

Ausflugslokale in teurere und billigere; an besonders schönen Punkten gab es mehrere zur Auswahl, und das einfachste war immer noch attraktiv genug mit seinen langen, schlichten Holztischen, an denen man einen mitgebrachten Kuchen verzehren konnte. Bei Berlin entstanden die berühmten Lokale mit dem einladenden Schild »Hier können Familien Kaffee kochen«: Da brauchte man nur die Leihkanne und das kochende Wasser zu bezahlen.

Moderne Familien – wir würden sagen: »lockere« – sah man schon auf Radtouren. Vater und Mutter suchten ihren Kindern besonders die Liebe zum »deutschen« Wald zu vermitteln, der – kannte man zwar kaum Wälder anderer Länder – ohne jeden Zweifel der schönste war. Es wurde zur überlieferten Pflicht der Mütter jeder Generation, im Walde öfter stehenzubleiben und die Kinder anzuhalten: »Steht doch mal still! Atmet mal tief!«

An Feiertagen besuchten sich die Verwandten abwechselnd. Die Geselligkeit vieler bürgerlicher Familien bestand weniger in der Pflege gesellschaftlicher

Neuer Begriff:
Die Radlerfamilie

Beziehungen, die der Repräsentation dienten. Besonders zu Weihnachten mußten verwandtschaftliche Verbindungen gepflegt werden, und die Hausfrau war nach diesen Feiertagen zwar glücklich, aber ebenso erschöpft wie ihr Dienstmädchen. In jeder Verwandtschaft fanden sich aber auch dunkle Punkte: Hier war ein ungeratener Sohn auf und davon gegangen und seither verschollen; dort hatte einer »nicht gut getan« und war zornig enterbt worden; ein Leichtfuß hatte sich in lockere Kreise begeben, hatte Schulden gemacht – die Eltern verbargen ihren Kummer. Cousins, Onkel, Tanten, Cousinen existierten hier und da nur als Legenden von existentiellem Aus-dem-Rahmen-Gefallensein und auf vielsagenden Fotografien; sie beflügelten so die Phantasie der Kinder.

Manche Familien waren lebenslänglich verzankt. Erbstreitigkeiten zogen sich jahrelang mit Erbitterung hin, wie überhaupt Testamentseröffnungen so manchem die Augen über gewisse Verwandte öffneten.

Daß der Standard einer Familie von ihren Kindern aufrechterhalten wurde, war derart selbstverständlich, daß von einem »Dünkel« gar nicht die Rede sein konnte; man brauchte den Kindern das Ziel, daß zu erreichen sie geboren waren, nicht zu erklären – sie nahmen es mit der Luft und der Nahrung auf, daß es ihnen gut ging, weil sie einer besseren Klasse angehörten. Wenn dennoch Heiraten zustande kamen, bei denen ein Teil von geringerem Herkommen war, bestätigt die Bezeichnung Mesalliancen nur die Ausnahme von der allgemeinen Anschauung. Wollte ein Akademiker,

Reserveoffizier, die Tochter einer Friseuse heiraten, zerfloß die Mutter in Tränen über den Schicksalsschlag.

Der Vater mit seinem Rang, seinem Einkommen, war das Modell des Mannes, der gut verdiente, vernünftig lebte und in seinen Kreisen etwas galt; ihm hatten seine Söhne nachzustreben. Da aber, außer dem Offiziersstand, der geachtetste der Akademikerstand war, ließen doch viele Herren mit kaufmännischer Karriere ihre Söhne gern studieren: Sie sollten doch noch mehr werden als der Vater, wenn sie auch möglicherweise etwas weniger verdienten. Die Entscheidung fiel früh: Wenn der Schüler die Untersekunda eines Gymnasiums absolviert hatte, konnte er zwar das sogenannte Einjährige vorweisen, das ihn bei einjährigem freiwilligen Militärdienst zum Offizier qualifizierte, aber zum Studium brauchte er die Matura, das Abiturium. Obersekunda, Unterprima, Oberprima – noch drei Jahre auf dem humanistischen oder dem Realgymnasium, und der Jüngling reifte zum Studenten

Statussymbol:
Die Schülermütze

heran. Seine Schülermütze, die von der Sexta an jedes Jahr ein anderes Band trug, an dem man die Klassenstufe erkannte, kennzeichnete den Gymnasiasten auf der Straße weithin. Vielbewitzelte Schreckensgestalten waren die verknöcherten Gymnasiallehrer, denen man doch auch so manchen liebenswürdigen bis vertrottelten Wesenszug bescheinigte. Im Ganzen kann der Geist des deutschen Lehrkörpers so schlimm nicht gewesen sein, sonst ließe sich der immer erhaltene Bildungsstand des Bürgertums nicht erklären. Auch mündeten pädagogische Erneuerungsbestrebungen gleich nach dem Weltkrieg in ein durchaus modernes Schulwesen ein. Niederstimmend war eher der Anblick manches Primus von mäßigen Gaben, der es einzig durch Büffeln und Pauken zu seiner Lichtstellung in der Gunst der Lehrer gebracht hatte. Es ist hinreichend bekannt, daß schlechte Schüler oft genug die Größen ihres Landes wurden – auf Bismarck konnte sich jeder Klassenletzte berufen – und tatsächlich staken die deutschen Ämter und Behörden voller solcher ehemaligen Streber, Existenzen des dumpfen, stumpfen Mittelmaßes.

Für das teure Studium der Söhne mußte manche Familie sich einschränken. An den Töchtern wurde gespart, allerdings nicht so, daß ihre Heiratschancen vermindert wurden. Ihre Mitgift und die ihr zu vermittelnden Ehetugenden waren garantiert. Klavierstunden erhielten jetzt normalerweise auch Knaben, aber die Mädchen wurden länger unterrichtet und mußten länger üben. Täglich eine Stunde war das Pensum, zu dem Fingerübungen und die Etüden von Clementi und Czerny gehörten. War der Lehrer ein junger Musiker, kam es zu Mädchenschwärmerei und womöglich zu Liebesgeschichten –

besser man nahm eine alte Jungfer, die als
Klavierlehrerin ein bescheidenes
Auskommen fand, wenn sie genügend
Schüler hatte; ihr Beruf war jedenfalls
standesgemäß, und sie war besser daran als
manche Tochter einer verarmten Witwe,
die mit Wäschesticken Geld verdienen
mußte.

In großbürgerlichen Häusern wurden die
Kinder noch von einer Gouvernante oder
einem Hauslehrer unterrichtet. Neben der
Französin trat jetzt vermehrt die »englische
Miß« auf – ein Typ, dem man geringen
weiblichen Reiz nachsagte. Durchaus
normal war aber der Besuch von Privatschulen für Kinder bis zu zehn Jahren.
Danach gingen sie gegen ein monatliches
Schulgeld auf die Höheren Schulen.
Hochbegabte Schüler genossen Schulgeld-
freiheit, wenn sie aus bedrängten
bürgerlichen Verhältnissen stammten.
Reformbestrebungen drängten nach einem
neuen, einem allgemeinen Bildungsideal
und einer besonderen Pflege der kindlichen
Seele. Das zwanzigste Jahrhundert sollte
ein Jahrhundert des Kindes werden. »Ein
Volk, eine Schule«: Das war eine Parole,
die vom Bürgertum im allgemeinen
natürlich nicht gebilligt wurde – Bildung
war ein Vorrecht und sollte es bleiben.
Eher konnte man darüber streiten, ob es
sinnvoll sei, daß auf den Gymnasien so viel
Griechisch und Latein gepaukt wurde
anstatt mehr auf die Anwendbarkeit des
Gelernten im Leben zu sehen. Der
Schultyp des Realgymnasiums trug dieser
Richtung bereits Rechnung, ohne daß
jedoch den Disziplinen der klassischen
Bildung an Achtung etwas abgezehrt
wurde.

Die Erstkläßler erhielten wunderschöne
bunte Fibeln, dazu Schiefertafel, Griffel
und Schwamm. Die Schulbänke waren

In vollem Wichs

nach sorgfältig errechneten Maßen gezimmert, die ein störendes Toben der Kinder verhindern sollten bei zugleich garantierter Bequemlichkeit im Stillsitzen. Ihren Nachruf als Marterinstrumente tragen diese Schulbänke zu Unrecht. Daheim hatten die Kinder ein Schularbeitspult, das neben dem eingelassenen Tintenfaß im aufgestellten Rähmchen den Stundenplan zeigte.

Neben der altväterischen Erziehung nahmen sich die neuen pädagogischen Lehren tatsächlich seltsam aus. »Weckruf des Sollens« war eine Maxime des Erziehungswissenschaftlers Kerschensteiner, der einer ethischen Verpflichtung, wie sie später die Nationalsozialisten vertraten, schon gefährlich nahekam.

Die Eltern der Gymnasiasten waren vor allem stark daran interessiert, daß für das Schulgeld möglichst viel Wissen in den Köpfen ihrer Kinder gespeichert wurde. Lückenlose Geschichtskenntnisse mit den Jahreszahlen aller Schlachten und Regierungszeiten der Herrscher, tote und lebende Fremdsprachen und Geographie bedeuteten die Wissensausstattung fürs

Leben, die man Allgemeinbildung nannte. Im Zeichenunterricht wurde vor allem perspektivisches Zeichnen gelehrt, mit Lineal und Zirkel. Verständnis für die neuere Bildende Kunst konnte damit nicht geweckt werden.

In seltenen Fällen durfte schon einmal ein Mädchen ein Gymnasium besuchen, gemeinsam mit den Jungen lernen. Im Ganzen aber herrschte zwischen Gymnasiasten und den Mädchen der Lyzeen und Töchter-Schulen die denkbar strengste Trennung.

In der Tanzstunde begegneten sich Jünglinge und Mädchen, zunächst steif und förmlich, doch spätestens beim Abschlußball wurde offenbar, daß man der Jugend ihren Frühling gönnte – natürlich im Rahmen der geltenden Anstandsregeln.

Wo es irgend zu ermöglichen war, erhielten die Mädchen ihren letzten Schliff in einem Internat für Höhere Töchter. Die Bezeichnung Höhere Töchter leitet sich von der Höheren Töchterschule ab und dient noch heute zur belustigten Umschreibung für ein Mädchen aus besserer Familie, das mit bestimmten Ansprüchen aufgewachsen ist und sich in allen Lebenslagen passend zu benehmen weiß. Die Höhere Tochter, verewigt in Backfischromanen wie »Nesthäkchen« und »Trotzkopf«, bereitete sich zwischen Klavier und Küche auf ein höheres Frauendasein vor. Das Töchter-Internat verhalf ihr zu Fertigkeiten in allen Hausfrauenarbeiten, damit sie ihr künftiges Personal anleiten und überwachen könnte; denn sie sollte von einem Dienstboten nichts verlangen, was sie nicht auch selbst beherrschte. Daneben wurden ihre Schulbildung in Fremdsprachen erweitert, der Klavierunterricht fortgeführt. Die Töchterheime lagen in schönen Gegenden Deutschlands und wurden von Damen geleitet, die nicht das Glück gehabt hatten, sich zu verheiraten. Das Mädchen, das als Wildfang dorthin gebracht wurde, kam hold und heiratsfähig zurück: der klassische Verlauf weiblichen vorehelichen Lebens. Darauf liefen auch die Inserate der Institute hinaus:

Pension Laurentia, Katrinengasse 8, nimmt junge Damen aus nur besten Familien auf. Lehrzweige: Schneidern, Kochen, Backen, Einmachen, Einschlachten, Wurstmachen, sowie Geistes-, Gemüts- und Herzensbildung.
Wie kontrovers viele Zeitzeichen zueinander standen, ist von den Bürgern jener Zeit nicht wahrgenommen, oder es ist verdrängt worden. Neues, Zeitgenössisches war den meisten sehr entlegen; Steifheit herrschte neben Heiterkeit, Kalkül beeinträchtigte nicht die Herzlichkeit; in der Kindererziehung konkurrierte der Rohrstock mit einem Überangebot lustiger Spiele. Das neue, durch kein folgendes übertroffene Brettspiel »Mensch, ärgere dich nicht« zog mit Würfel und Figuren ins Familienleben ein und hat bis heute eine Auflage von fünfzig Millionen erreicht.

Außerdem war in so gut wie allen Familien vorhanden: ein Halma-Spiel, ein Dame-Mühle-Schachbrett, ein Satz Dominosteine, mehrere Lotto-Legespiele, Quartette, ein »Flohhupfspiel«, ein Magnet-Angelspiel. Die Kindergärten, natürlich private, überlieferten die alten Reigenspiele. Ein liebes und artiges Kind hatte es sehr gut bei seinen Eltern, die alles an es wendeten. War es nicht lieb und artig, wurde es mit Teppichklopfer und Stock verhauen. Auch die Klavierlehrerin schlug mit einem Stöckchen auf ungeschickte Finger.
Ins Kinderzimmer zog der Kaufmannsladen ein: mit Vorräten aus Zuckerlinsen und -erbsen, Marzipanbroten, einer kleinen Waage auf dem Ladentisch mit Gewichten, nebst einer kleinen Kasse. Niemals würde das Kind aus besserer Familie später hinter einem Ladentisch stehen, aber zum Spiel und Spaß konnte es sich mit Handel und Wandel beschäftigen.
Die Puppenstube war parallel zur elterlichen Wohnung modernisiert im neuen ätherischen Geschmack. Väschen

standen auf kleinen Anrichten, ein Vogel-
bauer enthielt ein Vögelchen, und
zwischen den Stühlchen glotzte ein
Porzellan-Möpschen.
Der Puppenherd aus Messingblech konnte
mit Spirituskochern richtig zum Kochen in
Gang gesetzt werden. Kupferne Töpfe,
Kessel und Pfannen gehörten zu seiner
Ausstattung. In vielen Familien war es
Brauch, den Puppenherd nur zu
Weihnachten vom Boden herunterzuholen
und die Kinder nur an den Feiertagen
damit spielen zu lassen. Unter Erwachse-
nenaufsicht wurden Apfelmus und Schoko-
ladenpudding bereitet.
Schokoladefabriken und Nährmittelwerke
gaben ihren Packungen prächtige Sammel-
bilder bei – heute begehrte Nostalgie-
Objekte. »Liebigs Fleischextract« war
besonders erfolgreich; die Firma
Stollwerck, die stolz ihre deutsche
Schokolade aus deutschem Kakao aus
deutschen Kolonien anpries, gab eine Serie
Kolonialbilder heraus; da sah man die

Schwarzen, wie sie einen weißen Mann auf
einer Sänfte durch den Urwald trugen:
märchenhaft.
Hampelmänner, Brummkreisel, Stehauf-
männchen, große Stofftiere auf Rädern
neben dem obligaten Schaukelpferd,
Holzwagen mit Holztönnchen und prallen
Sandsäckchen, Bauernhöfe mit bemalten
Kühen, Kälbchen und Schäfchen aus Ton,
Ritterburgen waren die mehr idyllischen
Spielzeuge – alle von Kindern gefertigt, die
niemals selbst damit spielen durften. Die
Spielwarenindustrie gründete sich auf
Familien-Heimarbeit. Eisenbahnen und
Bleisoldaten waren die Passion der Knaben
und ihrer Väter. Neu war das bunte Blech-
spielzeug, das allmählich dem Holz-
spielzeug vorgezogen wurde: Neben
Aufziehfiguren gab es Bahnhöfe, Schiffe,
Kutschen und Omnibusse mit Fahrgästen –
alles perfekt bis ins Detail. Märklin war ein
Begriff für zeitgemäße Spielwaren.
Die kleinen Mädchen konnten jetzt mit
Babypuppen beglückt werden. Sie blickten

mit porzellanenem, sehr abweisenden
Gesicht aus einem Häubchen und wurden
dem Kind im Taufkleidchen und
Steckkissen auf den Arm gelegt; das Baby
besaß einen kompletten herrschaftlichen
Babystaat; die ältere Puppe im Damenkleid
wurde damit nicht abgelöst, sie hatte eine
kleine Schwester bekommen.

Eine besonders luxuriöse Attraktion bei Kindergesellschaften war noch immer die Laterna magica. Papiertheater mit verschiedenen Dekorationen beschäftigten auch die Erwachsenen, die überhaupt jetzt mehr als früher mit den Kindern spielten. Ausschneidebilderbogen, Abziehbilderbogen, Oblaten, Hauchpapier und viele andere Spielsachen zarterer Beschaffenheit erschwerten die Ordnung in den übervollen Kinderzimmern. Das abendliche Einsammeln der Bauklötzer war die Plage der Kindermädchen. Die Holzbaukästen waren überholt durch die Anker-Steinbaukästen, mit blauen, roten und sandfarbenen Bausteinen in den Formen von Quadern, Würfeln, Säulen, Rundbogen und Spitzdächern – jedes Kind konnte mühelos einen Bau der eigentlich vergangenen, der Gründerzeit, errichten, ja etwas anderes konnte gar nicht herauskommen als ein Prachtbau mit Erkern und Zinnen, Rundportalen und Säulengängen, alles ausgestattet mit Spitztürmchen.

Zur selben Zeit wurden die Kinder mit Bilderbüchern versorgt, die künstlerisches Engagement auszeichnete. Sie hießen »Die Wiesenzwerge«, »Hänschen im Blaubeerwald« und standen dem Jugendstil nah. Das Künstler-Bilderbuch war etwas Neues; der bekannteste und beliebteste Bilderbuchgraphiker, der meist auch die Texte verfaßte, war Ernst Kreidolf, der diese Entwicklung eingeleitet hatte. Neben den Knabenjahrbüchern, unter denen das bekannteste »Der gute Kamerad« war, und den Mädchenjahrbüchern »Herzblättchens Zeitvertreib«, »Töchteralbum« war seit 1882 »Auerbachs Kinder-Kalender« für die Kinder beiderlei Geschlechts nun beinahe das wichtigste Buch auf dem Weihnachtsgabentisch, und die folgenden Weihnachtsfeste waren ohne die weiteren »Auerbachs Kinderkalender« undenkbar. Das rotgebundene Buch trug eine Vignette, auf welcher ein Knabe und ein Mädchen einen seligen Reigen hüpften, während vor ihnen im Grase ein »Auerbachs Kinderkalender« lag, auf welchem wiederum ein Knabe und ein Mädchen hüpften. Dieser Kalender barg vom gesamten deutschen Wesen etwas: Gedichte und Gedichtlein auf den Frühling, Liedlein und Verslein zum Wandern, Geschichten von Seenot, Berichte von Farmen in Übersee, Paukergeschichten, Scherenschnitte, Märchen von zeitgenössischen Autoren. Inniges hatte merkwürdigerweise den Vorrang vor Patriotischem, ja, es haftete dem »Kalendermann«, der im Briefwechsel mit den »Kalenderkindern« stand, eher etwas Pietistisches an. Der Hauptbeitrag stammte von einem fiktiven »Mätzchen Mohr«, der über Jahrzehnte seine Abenteuer und Streiche aus dem Pennälerleben selbst illustrierte und stets damit schloß, daß er von seinem Papa wieder furchtbar verdroschen worden war. »Auerbachs Kinderkalender« erschien bis 1968 – es werden also noch Kalenderkinder im Jahr 2000 an ihr kindliches Weihnachtsbuch zurückdenken.

Gegen Ende des neunzehnten Jahrhunderts wurde es üblicher, daß das Familienleben auch die kleinen Kinder miteinschloß. Sie wurden nicht mehr im Kinderzimmer abgefüttert, sondern in einem Patentstühlchen an den Eßtisch gerückt. Nach dem Essen wurde der Kinderstuhl zu einem Stuhl-Tisch-Möbel heruntergeklappt, in welchem das Kleinkind sich mit festangebrachten bunten Kugeln beschäftigen sollte. Auch die etwas größeren Kinder hatten Tischchen und Stühlchen.

So freudig noch immer der Ruf »Ein Junge!« bei Geburt eines männlichen Kindes erklang, setzte sich doch in den ersten Jahren des Knaben der Wunsch der

Unverwüstlich

Bleyle's Knaben-Anzüge

Mutter durch, ihn als Mädchen anzuziehen, mit Samtkleidchen, weißem Kragen und langen Stocklocken. Schürzchen trugen Jungen wie Mädchen. Wenn die langen Haare fielen und der künftige Mann zum Vorschein kam, war für die Mutter die Zeit der weichen Zärtlichkeit dahin, die sie mit ihrem Kind verbunden hatte.

Der Matrosenanzug für den Knaben, das Matrosenkleid für das Mädchen waren früh schon Haupt- und Grundbestand der Kindergarderobe; blau für alltags, weiß für Sonntage. Sie konnten von tiefem Marineblau, aber auch hellem Blau sein, das nach mehrmaligem Waschen ausblich. Die Kaiserliche Marine war der Stolz der Nation, die von der Mode aufgegriffene Uniform der Mariner fand hingerissene Zustimmung.

Die röhrenförmigen Hosen der kleinen Jungen reichten bis übers Knie. Dazu trugen sie lange Woll- oder Baumwollstrümpfe, die mit Gummibändern an einem Leibchen festgemacht wurden, wie bei den kleinen Mädchen. Diese trugen wadenlange Faltenröcke. Wichtig war, daß die Kinder stets warm genug angezogen waren. Die Mädchen trugen über Hemd und Leibchen unter einer warmen, knielangen Hose ein Höschen, darüber einen dicken Unterrock, darüber einen dünnen Unterrock, dann kam der Faltenrock, der an einem Leibchen befestigt war, und endlich die Matrosenbluse. Im Sommer, gewiß, wurden die jeweiligen Zweitgarnituren dem Kind nicht aufgezwungen. Doch währte es sehr lange, bis die Mutter den Kindern gestattete, Wadenstrümpfe anzuziehen. Die Kinder litten unter den wärmenden Wollsachen: Sie kratzten auf der Haut. Aber Jammern half nichts: Die guten Bleyle-Blusen mußten getragen werden.

Die Damenmode des Fin de siècle bis kurz vor dem Ausbruch des Weltkriegs drängte zur schmaleren Silhouette und veranschaulichte, was wir noch heute unter »mondän« verstehen: die Eleganz der gestreckten Linie, einen gewissen Hochmut der Erscheinung; wagenradgroße Hüte, hinten weit schleppende Röcke, lange weiße Sonnenschirme, winters riesige dekorative Muffs waren Ausdruck überlegener Verwöhntheit. Dazu fand sich hier und da schon ein Hauch maskulinen Dandytums: im 1893 kreierten Schneiderkostüm, das eine langschößige, stark taillierte, aber doch gehrockartige Jacke mit einem engen Rock kombinierte. Diese Linie war eine Spitzenleistung des neuen ästhetischen Verständnisses, neben dem freilich auch alle Bizarrerien sichtbar wurden, für die jede Mode Raum hat. So kamen nun wieder die »Schinken«-Ärmel auf, die der Dame einen statuösen Oberkörper ausplusterten und womöglich noch von gerüschten Volants überdeckt wurden. Als Strandtoilette wurde ein solches Gewand 1897 vorgeschlagen, mit Rüschen hochgeschlossen, passend zu einem Federn-, Rüschen- und Blumengebilde als Kopfbedeckung. Das einzige Hübsche an dieser Dame ist ihr zusammengeklappter Sonnenschirm, den sie weit genug von sich abhält, um seine zauberhafte Ausstattung mit umgeklappten Plissees und Bandverzierung oben am Griff erkennen zu lassen. Bis zum Jahr 1912 war es noch weit: zur schlanken Linie ohne Schleppe, zum klassischen Damenkostüm, mit nun überdimensionalen, reiherfederumwehten Hüten, wie sie auf den Rennbahnen getragen wurden; zum Tango-Kleid, das vorn übereinanderschlagend gearbeitet war und von einer echten Dame eigentlich kaum getragen werden konnte – aber die Unterscheidungen waren schon nicht mehr so streng. Reizend sahen die jungen Mädchen und Frauen aus in ihren hochgeschlossenen Batistblüschen zum kleinen Canotier, dem Strohhütchen, das dem Herren-Strohhut nachempfunden war. Obwohl die Bluse einen mit mehreren Knöpfchen verschlossenen Stehkragen hatte, war sie doch sehr verführerisch, weil der Batist die Untertaille sehen ließ – ein harmloser Reiz, der indessen stärker war als das größte Ballkleid-Dekolleté und manchen Bräutigam ungeduldig den Hochzeitstermin fordern ließ.

Üppige Damen trugen unbekümmert die gleichen Kostüme, die gleichen gewickelten und schrägen Rockpartien, die engen Rocksäume, unter denen eine Volantblende kleine Wellen schlug. Für dicke Frauen gab es keine vorteilhaften Modevorschläge; sie trugen, was die anderen trugen – Hauptsache, es war à la mode.

Maßkleidung trugen ohnehin alle vornehmen Damen, während in weiteren Kreisen sich die Vernunft durchgesetzt hatte, die Vorteile der Konfektion zu nutzen. In hocheleganten Modegeschäften, wo man nach Maß arbeiten lassen, aber auch ein fertiges »Modellkleid« erwerben konnte, betrachteten Mütter und Töchter durch Lorgnons Mannequins, die ihnen das Neueste vorführten – was sie sich selbst nicht leisten konnten. Die »Vorführdamen« waren meist gelernte Schneiderinnen oder gutgewachsene Näherinnen.

In Journalen aus Paris sah man hohe Eleganz kombiniert mit passendem Hund. Weiße und gelbe, dünnschädelige Hunderassen ließen in der »Gazette du bon ton« ahnen, welche unerhörten Akzente im Auftritt einer Frau von Welt denkbar waren. Der Windhund war gerade dekadent genug, um eine solche Wirkung zu erzielen. In deutschen Bürgerfamilien war man noch beim weißen Spitz, beim weißen Mops.

Ein Herr jener Epoche würde in seinem Tagesanzug heute nicht besonders auffallen, nur daß man ihn zu abendlich gekleidet fände, ginge er am hellen Tage neben uns. Die Herrenmode war damals in ihren Grundzügen mit allen Elementen beisammen, wie sie erst heute in Frage gestellt werden – nicht einmal definitiv, wie es scheint. Das ästhetische Selbstverständnis des eleganten oder nur solid und gut angezogenen Herrn hatte seine Linie gefunden und stagnierte von nun an: Das Nonplusultra der männlichen Erscheinung war erreicht; Zierrat und Tändelei waren der Beschäftigung des Mannes nicht mehr angemessen. Das Raffinement der Herrenmode lag nun nicht mehr in auffälligen Formen und Farben, sondern in der feinen Abstimmung möglicher Nuancen. In der Uniformität der Herrenmode trat, wer besonders elegant war, auch besonders hervor: Ihm stand das Uniforme eben am besten. Trug ein eleganter Offizier einmal Zivil, war auch dieser Anzug elegant. »Man erkennt gleich den Offizier!« war ein Extra-Lob. Großer Kult getrieben wurde mit der Krawatte – weitaus in der Form des breitgeschlungenen Plastrons getragen. Über die Kunst, sie zu binden, gab es philosophische Abhandlungen; das Schlingen der Krawatte war das tägliche Zeremoniell des Herrn, vor das leider sehr oft das Suchen nach dem Kragenknopf gesetzt war. Denn Hemd und Kragen waren getrennte Kleidungsstücke. Der Kragen, stets scharf und steif gestärkt, im Kragenbeutel aufbewahrt, wurde mittels eines goldenen Knöpfchens im Nacken am Hemd befestigt, das ebenfalls gestärkt und vorn steif wie ein Brett war.

Im Übrigen verfügte der gutangezogene Mann nun schon über eine Reihe bequemerer Röcke und Mäntel, war nicht alleweil in die Linie feierlichen Auftritts gezwängt. Den Zylinder trug er nur noch bei offiziellen Gelegenheiten und des Abends. Der junge Mann, der sich in einer Firma als erster Buchhalter vorstellen wollte, wofür er den Vormittag wählte, trug den Cutaway, gestreifte Beinkleider und Zylinder. Als eleganter Normalhut setzte sich endgültig der aus England kommende

und dort schon lange getragene Bowler Hat durch, die Melone, oder der Pralinéhut genannt: eine makellose Hutform.

In solcher Ausstattung konnte der Dandy noch weit mehr Dandy sein als er es je gewesen war, ebenso wie der Familienvater sich anständig angezogen wußte.

Der Mann war auf solcher Höhe seines Selbstbewußtseins, daß er Perücken und Toupets verschmähen konnte. Der Kahl-kopf mit guter Schädelform war ebenso mondän wie ein schon eher dubioser Lockenkopf oder eine Schmachttolle: Wer eine beginnende oder schon weit fortgeschrittene Glatze hatte, ließ sich kurzerhand kahl rasieren und tat so, als passe Haar nicht zu ihm. Frack und Glatze erweckten plötzlich den Eindruck, als seien sie geradezu füreinander bestimmt. Der Mann zeigte überhaupt jetzt Schädel: Der militärische Haarschnitt – hochrasiert bis zu einem winzig kleinen Scheitel – galt als sehr schick und bekundete zugleich eine korrekte Gesinnung. Der total rasierte Kopf

Er hat ihn –
den Kragenknopf

ließ Mädchenherzen höher schlagen. Lackschuhe, freier Schädel, ein eleganter Schnurrbart, Monokel – wenn eine Frau zum Schwachwerden neigte, ein solcher Mann konnte es ihr antun.

Viele Männer und Frauen waren jetzt kurzsichtig. Die Augenschwäche wurde als Makel empfunden, besonders bei Frauen; wer eine Brille trug, wurde angesehen, als ginge er an Krücken. Daher die Beliebtheit der Monokel und Lorgnons: Sie wurden nur momentweise benutzt, waren eher mondäne Zutaten zur Garderobe. Der Kneifer oder Zwicker, ein bügelloses Augenglaspaar, das mit einem Zwickmechanismus auf dem Nasenrücken befestigt wurde, galt als erträglich, jedenfalls besser als eine Brille.

Junge Mädchen mit Brille waren als Objekte der Liebe und des Heiratsbegehrens verloren.

Verheiratete Damen der höheren Kreise konnten sich einiges erlauben. Bei hohem Vermögen entfiel zuweilen die hohe Moral. Verhältnisse, Affären, Liaisons gehörten zum eleganten Leben, hielten sich aber – im Gegensatz zu Paris – unter dem Deckmantel äußerster Diskretion. Den Witzblättern zufolge – wo immer wieder eine lustige Karnevalistin auf fremdem Bettrand sitzt und seufzt: *Ach, wieder einmal habe ich meinen Charakter nicht bei mir!* oder ein schönes Weib einen Liebhaber die Treppe hinaufführt und bittet: *Pst! Mein Mann hat einen leisen Schlaf!* – scheint auch in anderen Kreisen so manche Lockerheit möglich gewesen zu sein.

Es gab wenige, aber fest umrissene Typen von Weiblichkeit: die Mütterliche, die Hausfrau; die Sinnliche, Verführerische; die Vermännlichte, die Emanzipierte; eventuell noch das Elfchen, die Fee, die im weißen Kleid in einem Boot stehend fotografiert wurde, wie sie sinnend die Seerosen anstarrt. Männliches Pathos sprach von dem Weib als der Madonna, der Dirne, der Puppe. Allen drei Typen war der Mann geneigt, aber er hatte sie gern getrennt. Die Gattin sollte Madonna sein – daher das häufig sich einstellende Ungenügen an der Ehe.

Manche Frau spürte in sich das Verlangen, heute diesem, morgen jenem Bild zu entsprechen. Als das Schlagwort von der unverstandenen Frau aufkam, griff sie es freudig auf.

Erzogen wurde sie, mit einer Schürze angetan – nachmittags war es eine weiße – im Haus herumzusitzen und zu sticken. Durften die jungen Mädchen zwar ausreiten, Tennis spielen, Rollschuh und Schlittschuh laufen, Tanzen gehen – immer wieder kehrten sie zu ihrer Handarbeit zurück. Hysterie, Rückenschmerzen, Migräne gaben der Medizin Rätsel auf. Die Psychoanalyse, die neue, vielbeachtete Wissenschaft, stürzte sich auf das Phänomen der hysterischen Frau. Der Fall »Anna O.« war eine Zeiterscheinung. Siegmund Freud beobachtete den Fall der jungen Patientin seines Kollegen Breuer und publizierte ihn. Die attraktive, hochbegabte junge Dame aus reichem jüdischem Hause war, nach dem Weiblichkeitsverständnis besonders des Judentums, in strikter Untätigkeit erzogen worden: reitend, tanzend, stickend. Sie geriet in beängstigende Psychosen, hatte Halluzinationen, zeigte alle Anzeichen von Schizophrenie. Die Behandlung durch den Arzt zeitigte keinen Erfolg, im Gegenteil: Eines Tages wurde er gerufen, weil sie gerade ein Kind gebar – sein Kind, wie sie glaubte. Diese hysterische Schwangerschaft veranlaßte den bestürzten Seelenarzt, die Behandlung abzubrechen, schon seiner eifersüchtigen Gattin zuliebe. »Anna O.« gesundete nach Jahren von selbst, und sie kompensierte ihre verkorkste Sexualität durch ein tätiges Leben in der Sozialarbeit. Das Pseudonym wurde erst vor wenigen Jahren gelüftet: Es handelte sich um Bertha Pappenheim, die Gründerin des Jüdischen deutschen Frauenbundes. Die Untätigkeit der Höheren Töchter und der Ehefrauen der höheren Ränge war die Ursache für weibliche Hypochondrie. Vitale Mädchen, die es nach Ausbruch aus der Enge verlangte, fanden keine standesgemäße Betätigung. Lehrerin zu werden, hieß schon, sich in den Schatten zu stellen. Bürodame? Ein Mädchen, das Steno-

graphie gelernt und eine schöne Handschrift hatte, etwa sogar die in den Büros neu eingeführte Schreibmaschine zu betätigen genügend Körperkraft besaß, womöglich etwas von Buchhaltung verstand, konnte sich mit Erfolg bei einer Firma bewerben. Sie wurde dort zuvorkommend als Dame behandelt und fand im Kreise ihrer Kollegen dann auch einen Ehemann. Töchter aus kinderreichen Familien, die keine nennenswerte Mitgift zu erhoffen und wenig Lust hatten, auf den Mann zu warten, entschlossen sich, einen solchen Beruf zu ergreifen. Es gab Ausbildungsinstitute für weibliche Berufe mit angeschlossenen Wohnheimen, wo auch ein Mädchen vom Lande es wagen konnte, sein Glück in der Großstadt zu suchen.

Ob Dresden oder Lausanne –
man bildet sich

Töchter aus kleinerem Hause wurden gern Putzmacherinnen – das ging gerade noch an. Aber wie leicht kamen sie in die Kreise amüsierlustiger Mädchen, die sich mit jungen Offizieren einließen – von denen keiner an Heirat dachte!

Junge Damen konnten auch bei der Post ankommen, sogar bei den Banken. Doch junge Mädchen aus großem Hause wollten am liebsten Schriftstellerin werden, und der Erfolg so vieler weiblicher Autoren beim Publikum war verlockend. Aber die vielen waren bald zu viele. So zogen die Damen immer wieder mit Andacht den Faden durch den Stickrahmen – in Kreuzstich, Stielstich, Dickstich, Langettenstich. Sie stickten auf Kanvas im Kelimstich Tischläufer und Wandbehänge, häkelten Filetdeckchen aus Seidengarn, fertigten Hohlsäume. Dabei lebten sie in Tagträumen von einem Mann, der kommen könnte, oder einem, der hätte kommen sollen … Tagträume, in denen sie ein zweites Leben lebten. Siegmund Freuds Hinweis, daß Frauen, die viel mit Handarbeiten beschäftigt seien, zu Psychosen neigten, lag freilich nahe!

Ausstellungen von Frauenvereinen sollten zeigen, was Frauenfleiß zu schaffen imstande war – eine Bemühung, die den Zielen der Frauenrechtlerinnen aber ganz entgegengesetzt war, die auf berufliche Qualifikation der Frauen drängten. Nicht wenige Mädchen aus gutem Hause brachen ganz aus ihren Familien aus und lieferten sich dem beklagenswerten Schicksal der »Verlorenen« aus; Münchens Künstlerkreise lockten mit einem ungebundenen Leben. Schließlich gedachte manche junge Dame ihr Maltalent beruflich zu nutzen und sich unter die geachteten Malerinnen, die es hier und da gab, einzureihen. Dabei mußte sie nicht gleich in Sittenlosigkeit untergehen – ein standesgemäßes, gesellschaftlich dekoratives Hervortreten war denkbar. Auch die Künstlerehe kam in Betracht. So sehen wir im »Simplizissimus« einen Maler vor der Staffelei, der sein allgemeines Urteil über die »Malweiber« abgibt: *Die einen wollen heiraten, die anderen haben auch kein Talent.*

Die Malweiber, die Blaustrümpfe, die Dichterinnen und die Studentinnen bildeten in den Augen der »normal« Lebenden die Gruppe der suspekten Frauen – obwohl diese modernen Frauentypen untereinander nicht gerade viel verband. Die Studentinnen waren ernst und ehrgeizig, meist nicht sehr anziehend, was ihren seriösen oder leidenschaftlichen Lernwillen wesentlich unterstützte. Die Männer qualifizierten die nach Selbständigkeit gierigen Frauen kurzerhand als verschrobene Schachteln ab. Die hübsche Studentin, die auf die Universität ging, weil sie gern unter Männern war, trat erst später auf.

Die Suffragetten, die in England von sich reden machten, flößten den vornehmen Kreisen ganz Europas Schrecken ein. Sie verlangten das Stimmrecht für Frauen – auf diesen Gedanken war seit der Einführung des Wahlrechts noch keine Frau gekommen, geschweige denn ein Mann. Die englischen Kämpferinnen – unter ihnen Damen der Gesellschaft – scheuten sich nicht, in Augenblicken ihres Frauenzorns sich in derangierter Toilette sehen zu lassen, von Polizistenarmen roh ergriffen. Wie diese wollten die meisten Damen nun durchaus nicht sein: niemals lächerlich, den Schirm zum Kampf erhoben!

Dennoch zog »Nora« ihre Kreise. Ibsens Bürgerfrauen-Drama, 1879 uraufgeführt, hatte einen brennenden Span in die seit einem Jahrhundert angesammelten Entzündlichkeiten zwischen den Geschlechtern geworfen; zum offenen Brand kam er nur deshalb nicht, weil die Liebe so hoch im Kurs stand, sachlicher ausgedrückt: weil es doch allzu klar war, daß Mann und Frau einander brauchten, nacheinander verlangten – wozu also den Haß ausrufen!

Ein bißchen böse miteinander zu sein, machte die Beziehung Mann–Frau interessanter, brachte in die Erotik prickelnde Delikatesse. Der Mann verfiel zuweilen in Melancholie, gefiel sich in Müdigkeit. Neben seiner Anbetung der Frau, die nach seinem Geschmack war, trat die Empörung, wenn sie von der Linie seines Frauenverständnisses abwich. Sie blieb ihm die Antwort nicht schuldig; ihr Material bezog sie aus den Schlagworten, die in der Luft lagen. Dabei schmeichelte es ihr, daß alle Welt vom »Rätsel des Weibes« sprach. Wenn die Frau sich selbst erforschte, wenn sie dabei nichts weiter als Leere fand, wußte sie nun es als Fülle des Ungenügens zu deuten. War sie mehr Nora, war sie eher wie Lulu, das von Frank Wedekind geschaffene Ungeheuer, eine männerverschlingende Urkraft? Oder nur eine blasse Wartende, wie Edvard Munchs verwunschene Mädchenfiguren?

Im großen Streitthema fochten zahllose Männer und Frauen gegeneinander, die für den Streit geistig nicht gerade gerüstet waren – das machte den Gegenstand des Disputes zu einem auch immer wieder amüsanten Gesprächsstoff.

Strindbergs Klage: Das Weib beutet den Mann aus! – es trat in seinen Stücken hinterhältig und gemein auf – war die Antwort auf die Proklamation des Frauenrechts. Daraus konnte der männliche Betrachter seine Stärkung gegen die Frauen beziehen, wenn sie es wagen sollten, ihm auch so zu kommen. Schließlich war mit ihm die Macht:

Machtgefühl ist mehr als Wollust. Spar deine Kraft für dich selbst, dann siegst du in den Kämpfen des Lebens über deine Feinde. Das ist die höchste Lust! Verschwende deine Manneskraft nicht; mit der wird das Weib dich unterdrücken.

So standen die Dinge, die der neue Kunst-
stil – in Frankreich »L'art nouveau«, in
Deutschland nach der Münchener Zeitschrift »Jugend« der »Jugendstil« genannt –
mit bebender Vegetation umschlang, wenn
er die Liebe darstellte. Das Liebespaar –
auf welch furchtbares Märchen läßt es sich
ein? Das Weib – was will es? Den Mann in
den Abgrund ziehen? »Der Kuß«: ein in
ein symbolisches Ornament eingegangenes
Bild, das die Anziehungskraft der
Geschlechter dämonisierte.

War das Weib physiologisch schwach-
sinnig? grübelte der junge Philosoph Otto
Weininger, eine vielbeachtete Autorität auf
dem Gebiet der Frauen-Psychologie, und
entwickelte seine These von der seelischen
und sittlichen Minderwertigkeit der Frau:
*Der tiefststehende Mann steht noch
unendlich hoch über dem höchststehenden
Weibe, so hoch, daß Vergleich und Rang-
ordnung kaum mehr statthaft scheinen.*
Gnädig setzte er hinzu:

*Und doch hat niemand das Recht, selbst das
tiefststehende Weib irgendwie zu schmälern
oder zu unterdrücken.*

Über solchen Gedankenbränden, über der
neuzeitlichen Erforschung der Sexualität,
retteten sich die »normalen« Liebespaare in
ihre gerührt begangene Hochzeitsfeier, von
der sie noch nächtens aufbrachen zur
Hochzeitsreise nach Venedig. Die
Mädchen, die jungen Frauen, die in ihrer
Selbstdarstellung dem Jugendstil
zuneigten, zeigten sich gern mit gelöstem
langen Haar, mit Mittelscheitel und Stirn-
band, bemüht, etwas Geheimnisvolles an
sich zu haben. Maler der neuen Kunst-
richtung sahen die Frauen als romantische,
naturselige, träumerische Gestalten; dann
wieder statteten sie sie mit den Linien des
Weihenden und Geweihten aus: Welche
Art von Weihe diese schöpfenden,
hütenden, etwas hebenden Hände
ausdrückten, wurde nicht recht offen-
kundig. Oft leitete ein schwüles
Raffinement direkt zum Ruchlosen über,
zum erotischen Kult, zur Furcht vor
Vernichtung durch das Weib, doch selbst
dann wurde die feierliche Grundstimmung
niemals aufgegeben.

So entstand auch eine neue Kunst der
Modegraphik, die sich von den üblichen
Modezeichnungen schöpferisch-visionär
unterschied. Roben des neuen Stils wurden
vielleicht nur zu dem Zweck entworfen,
daß Künstler sie am lebenden Modell
nachzeichnen konnten.

Diese raffiniert-ästhetischen Träumereien –
die Modezeichnungen dieser Zeit sind
Kunstwerke – entstanden etwas im Abseits
der regulären, der unbekümmert gefall-
süchtigen Mode; auch der »Jugendstil«-
Schmuck war ein gänzlich anderer als der

herkömmliche, der sich in schwerer neobarocker Ornamentik gefiel; an langer Kette das Medaillon mit ausgestanzter blütenhütender Figur, Emailschmuck, auch Alabaster waren beliebt; Rubine waren en vogue, herrlich war die Tropfperle, an einem dünnen Kettchen auf der Stirn zu tragen.

So feierlich, wie man die Frauen sehen mochte, waren auch die Gedichte, die von Frauen und von Liebe sprachen.

Stefan George dichtete in strenger, zurückhaltender Huldigung:

Von ihrer schlanken Anmut spricht alleine
Bei Perlenschnüren eine seid'ne Locke
Die eine fromme Freundin birgt im Schreine…
Und schlichtes Gras mit einem Marmorblocke.

Rilke sah sich in entrückter, schwärmerischer Gemeinsamkeit mit dem weiblichen Wesen im Licht der Natur:

Ein Händeineinanderlegen,
ein langer Kuß auf kühlen Mund,
und dann: auf schimmerweißen Wegen
durchwandern wir den Wiesengrund.

Daß der neue Stil sich gefährlich eng mit reinem Schwulst einlassen konnte, läßt sogar Arno Holz in einem Gedicht ahnen:

Rothe Rosse
umwinden meine düstre Lanze.
Durch weite Lilienwälder
schnaubt mein Hengst.
Aus grünen Seen,
Schilf im Haar,
tauchen schlanke, schleierlose Jungfrauen.
Ich reite wie aus Erz.
Immer
dicht vor mir
fliegt der Vogel Phönix
und singt.

Anonyme Dichterinnen versuchten sich in der gefühlvoll-gewagten Dicht-Mode; in vielen Auflagen erschienen die Verse von »Madeleine«: »Die rote Rose Leidenschaft«, in denen die Autorin verströmte, was offenbar in manch einer Frau zum Überfließen vorhanden war:

In meinen Adern strömt so klar
Der blühenden Reife Saft und Kraft, –
Und zum Segen ward, die ein Fluch mir war:
Die rote Rose Leidenschaft!

Durfte man im Wort nun dasjenige ausdrücken, was mit Leidenschaft gemeint war, so doch nicht in der Malerei. Der Wiener Maler Gustav Klimt erregte

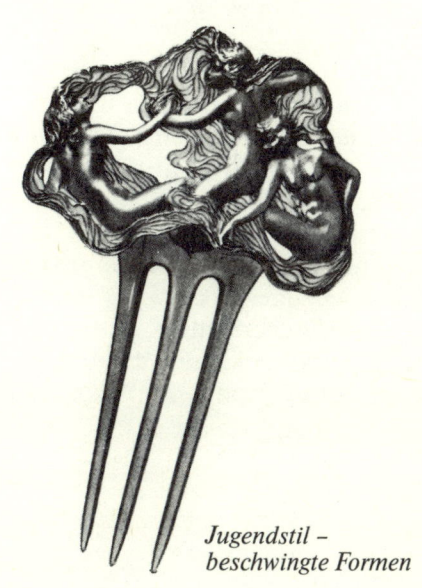

Jugendstil –
beschwingte Formen

Skandale durch seine Zeichnungen weiblicher Akte, die unumwunden die Linien wollüstiger Körperstellungen zeigten.

Aber – wohin man blickte, wohin man kam: Das Thema Numero Eins war Gegenstand emphatischer Kunst. Auch in der Oper »Salome« von Richard Strauß (nach Oscar Wilde) sang das Weib:

Ah! Jochanaan, Jochanaan, du warst der Mann, den ich allein von allen Männern liebte! Dein Leib war eine Elfenbeinsäule auf silbernen Füßen. Er war ein Garten voller Trauben und Silberlilien. Er war ein silberner Turm, mit Elfenbeinschilden gedeckt. Nichts anderes in der Welt war so weiß wie dein Leib...

Derlei war ganz gewiß nicht Gegenstand der Gespräche im bürgerlichen Besuchszimmer. Unterdrücktes, Verdrängtes ließ sich wiederum ablesen an Inseraten von Sanatorien, die Herren sowohl wie Damen von Depressionen heilen wollten.

Pornographische Photographierkunst fand heimliche Liebhaber. Aktphotos von sizilianischen Fischerknaben, nur mit Flöte und Lorbeerkranz bekleidet, entzückten den Homoerotiker, von dessen Neigung niemand etwas wissen durfte. Als es am kaiserlichen Hof einen Skandal um den Fürsten Eulenberg gab – wie liebte man allgemein die »Rosenlieder« des künstlerisch begabten Kaiser-Beraters, und gerade er? –, brach in sittsamen Bürgerhäusern eine Welt zusammen. Zögernd erklärten Ehemänner ihren Gattinnen, daß es »so etwas« gab. Die Damen wußten sich nicht zu lassen vor Empörung.

Zum empören gab es ohnehin übergenug. Die weiblichen Aktmodelle in den Malerateliers – überhaupt: München! Kirche und Zensur fahndeten ständig nach Sittlichkeitsdelikten.

Beide Seiten des Zeitgeistes – die schwärmerische Pracht des neuen Stils wie das kecke Fortschreiten der überlieferten Lebenslust – gaben ja Anlaß genug zur Sittenschnüffelei, die indessen mit den tatsächlich geübten Sitten nicht Schritt halten konnte. Was in den Chambres séparées der eleganten Cafés, der Cafés chantant, der Ballsäle vorging – jeder wußte es; es war das Zeremoniell der leichten Liebelei, wie es noch Jahrzehnte in Operetten, Boulevardstücken und Filmen zum festen Bestand der Handlung gehörte. Das Frou-frou der seidenen Roben, die Perlen im Champagnerglase, Geigenmusik, verführerische Düfte, betörende Worte, gewagte Einflüsterungen, kokettes Fächeraufschlagen: Dies alles genießen hieß, auf dem Höhepunkt des Lebens stehen.

Von erotischer Leidenschaft war auch manche arrangierte Heirat nicht etwa ausgeschlossen: Einerlei, ob Liebes- oder Vernunftehe – Mädchenneugierde konnte zu Frauenleidenschaft werden, und der vielbeachtete Naturheilkundige Dr. F.E. Bilz fand Anlaß, in seinem dicken Buch »Das neue Naturheilverfahren« vor Übertreibung der ehelichen Lust zu warnen. Im Inhaltsverzeichnis lesen wir

unter »Beischlaf«: *Mißbrauch in der Ausübung desselben – und wie oft derselbe auszuüben ist:*
Was die Befriedigung des Geschlechtstriebes anlangt, so wird infolge Übertreibung viel hierin gesündigt, wodurch zu früher Verbrauch der besten Lebenssäfte geschieht. Besonders gilt dies von dem Manne, weil der Kräfteverbrauch bei der Ausführung des Begattungsaktes bei demselben ungleich größer ist, als bei dem Weibe, der Mann also dabei bedeutend mehr geschwächt wird als das Weib. Die Folge hiervon ist Mangel an Lebenswärme und Lebenskraft, wodurch schlechte Verdauung, Trübsinnigkeit und vorzeitiges Altern, schwere Krankheit und früher Tod erzeugt wird.
Der Arzt, der immerhin der Sexualität ihren Wert als Trieb beimaß, war aber nicht einmal mit der Regel des Dr. Martin Luther einverstanden: Dieser Brauch sei noch zu häufig, *da das gegenwärtige Menschengeschlecht durch zu viele körper- und geistesaufreibende Tätigkeiten bereits geschwächt ist.*
Die Trauungszeremonie heiligt zwar den Geschlechtsverkehr, aber sie kann keines- falls die Folgen seines Mißbrauchs ausgleichen oder verhindern. Übermäßige Befriedigung in der Ehe ist vielleicht ebenso sehr der Macht der Gewohnheit als der Kraft der Geschlechtsbegierde zuzuschreiben. Ich habe Patienten vor mir gehabt, welche in ihrer Unwissenheit nach ihrer Verheiratung zehn oder mehr Jahre hindurch fast jede Nacht die Geschlechtskrise hervorgerufen haben. Die Folge davon war natürlich früh- zeitiges Altern. Mit vierzig und fünfzig Jahren waren sie bereits so abgestumpft, erschöpft, matt und steif geworden, wie sie es erst mit siebzig und achtzig hätten sein können…

Die Naturheilkunde, die sich viel auf ihre moderne Körperauffassung zugute tat, belastete sogar Ehepaare, die sich ihrer Liebeslust freuten, mit einem schlechten Gewissen.
Unerschrocken nannte Dr. Bilz auch das Laster der Onanie beim Namen, deren Symptome und Praktiken er, besonders bei Knaben, ausführlich beschreibt. Seine Mittel zur Bekämpfung des Frevels: Unaufhörliches Beobachten des Knaben, mehrmaliges Aufschlagen der Decke in der Nacht, das Anlegen grober Handschuhe ohne Finger mit fester Verknüpfung am Handgelenk. In hartnäckigen Fällen, so riet er, solle man *dem Kinde ein im Schnitt vollständig geschlossenes, für den Rumpf und die Gliedmaßen einheitliches Kleid nachts über anlegen, wodurch dann selbst die härtesten kleinen Sünder mürbe gemacht werden.*
Die Drohung des Naturarztes: Wer »das« nicht lassen könne, ob Knabe oder Jüngling, werde seinen Mitmenschen bald erkennbar; frühzeitige Vergreisung und Zittern verrieten den Verbrecher.
An den vielfältigsten Punkten der Gesell- schaft waren also die Regulierer der Sittlichkeit tätig, und doch lebten immer

Bastionen der Verführung

mehr Menschen ziemlich freisinnig. Kellnerinnen, Wäscherinnen, kleine Näherinnen schenkten ihre Gunst traditionsgemäß den jungen Studenten, machten aber keine lange nachwirkende Tragödie daraus. Schnitzlers Drama »Liebelei« schilderte einen Fall, der sich aus den Alltäglichkeiten der Liebeleien heraushob. Seine Komödie »Der Reigen« löste einen Skandal aus: So direkt wollte die Gesellschaft es nicht vor Augen geführt haben, wie frivol manche Menschen lebten. Die Zimmerwirtinnen der Studenten hielten eifersüchtig auf Einhaltung sittlicher Besuchsstunden für Damen. Nach zehn Uhr abends durfte keine mehr kommen – oder Damenbesuch war überhaupt verboten. Die Umgehung der Gebote verlangte viel Scharfsinn. Die Literatur der Zeit, die Chansons der Kabaretts waren voller lebens- und liebefeiernder Poesie. Otto Julius Bierbaum schwärmte von seinem Waschmädel:

Charlotte, Lotte, Lotte,
Heißt meine Wäscherin,
Sie bringt mir selbst die Wäsche,
Weil ich ihr Liebster bin.
Und hat sie nichts zu bringen,
So kommt sie ohne was,
Kein Tag geht ohne Lotte,
Auf Lotte ist Verlaß.
Kommt ohne Hut und Schleier
Und hat auch kein Korsett;
Weil ich kein Sofa habe,
So setzt sie sich aufs Bett.
Ihr ahnt nicht, wieviel Schönes
die kleine Lotte hat;
Ich hab's schon oft gesehen
Und seh mich doch nicht satt.

Die reizende Preisung enthält versteckt noch das Bild der Dame, die mit Hut und Schleier – einem sehr verschleiernden Schleier – einen Herren besuchen kommt, eine Dame mit Korsett, und mit der Viel-

zahl außerordentlich stimulierender
Kleidungsstücke, die der anständigen Frau
vorgeschrieben waren. Lange Reihen von
Haken und Ösen waren zu lösen, die
Korsettschnur zu lockern – eine hoch-
erotische Tändelei, während welcher der
Jüngling, der zum erstenmal damit
beschäftigt war, Zeit hatte, sich auf das
Abenteuer einzustimmen und sich an den
Duft eines ständig abgeschlossenen
Körpers zu gewöhnen.

Das tägliche Bad mag in sehr reichen
Häusern Gewohnheit gewesen sein; Hans
Castorp in Thomas Manns »Zauberberg«
begann jeden seiner Tage wie ein »frisch-
gebadetes Baby«. Aber gemeinhin war das
Bad am Samstag Abend der Brauch. Dann
wurde der Badeofen geheizt und die
Familie trat in der festgelegten Reihenfolge
an, zuerst die Kinder. Es gab schon große
und sehr vornehm ausgestattete Bade-
stuben, aber den für ihre große Sauberkeit
berühmten Deutschen kam doch normalerweise nichts noch Reinlicheres in den Sinn,
als sonnabends zu baden und Sonntag früh
frische Wäsche anzuziehen. Der Brief einer
Tochter von der Hochzeitsreise – so hat es
jedenfalls ein Witzbold überliefert – habe

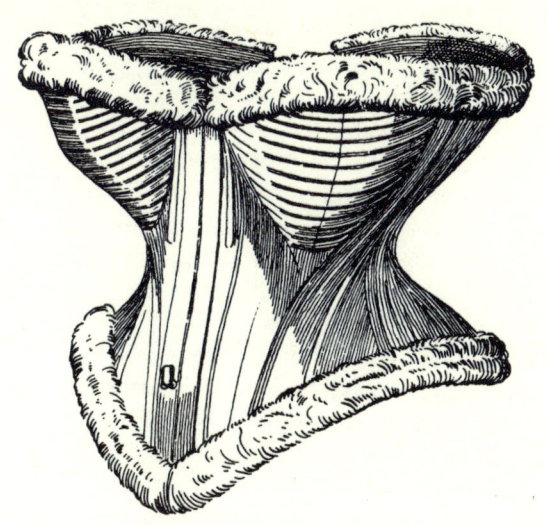

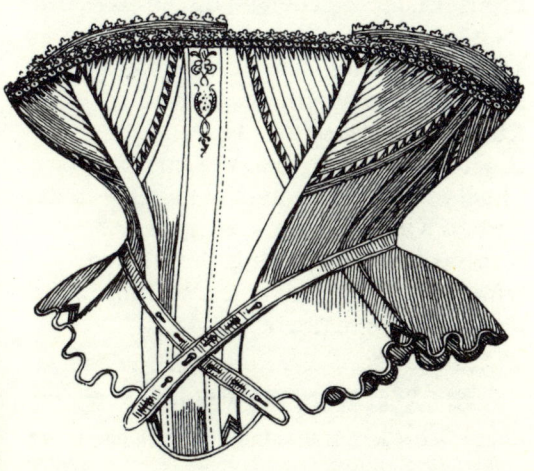

folgende Mitteilung enthalten: *Wir bewohnen herrliche Zimmer im Grand Hotel mit einem luxuriösen Bad! Ich freue mich schon auf Sonnabend!*

In mittleren Verhältnissen mußte das Hemd des Mannes eine Woche »vorhalten«. Unterhemd und Unterhose – ein formloses Wäschestück mit den langen, schlampigen Beinen, dem übereinandergeschlagenen Vorderteil und dem höhnisch hängenden Hinterteil – lagen ebenfalls sonntags morgens frisch an seinem Bett. Wenn Frauen kummervoll über ihre Unfähigkeit nachsannen, den Körper des Mannes schön zu finden und ihn zu begehren, so lag es daran, daß sie ihn zu oft in der Unterhose sahen. Auch sein Nachthemd hatte keine erotisch stimmenden Züge; es machte ihn zu einem der Männlichkeit enthobenen Wesen. Es war damals, so haben es unsere ihrem Eheglück anheimgegebenen Vorfahren versichert, nicht Sitte, sich jemals total entblößt voreinander zu zeigen. Es gab Frauenstolz, der sich zu solcher Preisgabe nicht verstehen mochte, und es gab Männerscham, die nicht wagte, denjenigen Teil des Körpers sehen zu lassen, über dessen Häßlichkeit Übereinkunft bestand. Die Gattin, eine Frau höherer Sittlichkeit, sollte geschont werden.

Die scheue Körperlichkeit der Eheleute störte sich jedoch nicht daran, daß einer den anderen im Dunkel der Nacht das Nachtgeschirr benutzen hörte. Das Dienstmädchen hatte es am Morgen zu leeren.

Vom niederen Volk hielt man sich sehr fern – man scheute Krätze, Läuse und Wanzen. Daß die Schwindsucht jetzt auf die höhere Gesellschaftsschicht übergriff, wo sie alsbald den Rang eines sehr vornehmen, hochpoetischen Leidens einnahm, konnte man aber nicht verhindern. Liest man den Roman »Der Zauberberg«, gewinnt man den Eindruck, daß diese Krankheit wirklich zu schade für das Proletariat war, das Blut hustend in seinen Quartieren verblieb. Unerhörte Dekadenz ließ sich mit diesem Leiden verwirklichen, alle Süße der höheren Melancholie und geschärften Wahrnehmung des Schönen mit dem Strohhalm saugen. Die Essenz der von einem schwermütigen Mond beschienenen Nachtseite der Belle Epoque liegt in der »Zauberberg«-Gesellschaft beschlossen, wie sie auf französischer Seite von Marcel Proust in der »Recherche du temps perdu« als ironisch-genießerisches Gemälde eines kaum beschreiblichen Zeremoniells epochalen Schau-Glücks einem in Krankheit dahinschwindenden Leben abgerungen wurde, und wie uns Robert Musil in einem Panorama-Gemälde in den Farben Kakaniens die komische und würdevolle Überalterung, die äußerst kultivierte Müdigkeit eines Weltreiches zur Kenntnisnahme übergeben hat.

Wenn die Schmerzen, die sich aus dem Nebeneinander der erschreckenden Moderne und dem Überwiegen festgelegter, konventioneller Anschauungen erträglich sein sollten, sah man sich auf die Regeln guten Benehmens verwiesen. Für alles gab es eine Etikette. Wer sich an sie hielt, konnte niemals die Contenance verlieren; die guten Manieren, die auch in Fleisch und Blut des einfachen Bürgers übergegangen waren, stellten recht eigentlich sein größtes Kapital dar. Sie gesellten ihn der Oberklasse zu; und nähme man ihm alles: Gut und Geld – es blieben ihm immer noch seine guten Manieren.

Viele rein zeremonielle Usancen erscheinen uns heute als lächerlich. Ausfahren, nur um Visitenkarten bei Leuten abzuwerfen, die man nicht wirklich und gleich zu sehen wünschte; Anreden in der Dritten Person: »Haben Exzellenz alles zur Zufriedenheit gefunden?« – »Wie meinen, Frau Justizrätin?« – wirken heute komisch. Die Herrschaften jener Zeit gingen gewandt damit um. Rüdes Benehmen war unvorstellbar. Selbst in äußerster Erregtheit ausgesprochene Beleidigungen waren vollendet formuliert und zeitigten noch immer Duelle – natürlich nur unter »Satisfaktionsfähigen«. Das mittlere Bürgertum, deren männliche Vertreter auch satisfaktionsfähig waren, mochte solchen Herausforderungen nicht gerade gern ins Gesicht sehen. Der »Simplizissimus« zeigte ein frivoles Paar am Bettrand; der Galan sagt: *Um Gotteswillen – ist dein Mann etwa satisfaktionsfähig?*

Die Luft da oben, in den höheren und höchsten Kreisen, war dünn. Weiter unten war es gemütlicher. Zu Ostern ließ man die Kinder Ostereier suchen, dann trat man den obligaten Osterspaziergang an. *Vom Eise befreit…* zitierte der Vater den Dichter, der jetzt Schiller in der bürgerlichen Hochachtung den Rang ablief, dessen Maske an der Wohnzimmerwand mit der Beethovenmaske über dem Klavier harmonierte.

Pfingsten, das liebliche Fest, war gekommen… – wieder ein schöner Familienspaziergang mit Picknick und Hängematte.

Die Sommerfrische verbrachte man an der Ostsee oder Nordsee, auf dem schönen Helgoland – seit 1890 wieder deutsch – oder im Gebirge. Bei bescheidenen Bedürfnissen nutzte man das Angebot von Verwandten auf dem Lande, wo Tanten und Großmütter mit herzlichen Küssen am Bahnhofszaun warteten.

Zu Weihnachten hatte die Frau genügend Geld von den Haushaltsmitteln abgezweigt, um dem Gatten eine schöne Überraschung unter den Weihnachtsbaum zu legen, neben die schöne Handarbeit: eine Decke für den Tisch im Herrenzimmer, ein

weiteres Kissen für das Besuchssofa dort, neue *Lambrequins* mit einem modernen Linienmuster für die Fensterbretter im Herrenzimmer.

Der Mann war der Frau eine Gabe der Huldigung schuldig: aus Dankbarkeit, daß er sie zur Frau hatte gewinnen können, und daß sie ihm so treu und tüchtig zur Seite stand. Indessen kamen nun die Männer auch auf die Idee, statt einer Granatbrosche, statt eines Rubinkolliers, könnte es auch eine Nähmaschine sein – irgendein nützlicher Gegenstand, der die Arbeit der Hausfrau erleichterte. Die erste Nähmaschine, die eine Dame zu Weihnachten in Empfang nahm, löste sicher noch großen Jubel aus, doch als mit der Zeit die »nützlichen« Geschenke überhandnahmen, zog milde Enttäuschung ins Frauenherz ein, die in der Mitte unseres Jahrhunderts erst wirklich offenbar wurde.

Nach Weihnachten sahen sich die Verwandten und Bekannten wiederum vereint zum Silvesterpunsch und zu den vielfältigen Speisen, die am letzten Tag des alten Jahres zu verzehren Pflicht war. Eine Karpfenschuppe wurde ins Portemonnaie gelegt, damit das Geld niemals ausginge. Die Winter waren Bilderbuchwinter, mit weichfallenden Flocken, wie sie in den wundersamen Briefbeschwerern stäubten. Die alten Leute litten an Rheumatismus und Podagra, wie die Gicht allgemein genannt wurde. Alte Damen hatten von diesem Leiden gekrümmte Finger, trugen auf dünnem silbernen Scheitel einen »falschen Wilhelm« – so hieß der falsche, zu einem Dutt gelegte Zopf – oder eine schwarze Spitzenhaube mit seidener Kinnschleife. Sie gingen ganz in Schwarz, hatten immer Schultertücher um; ihr Mund, war zahnlos, ihre Wangen waren eingefallen. Die alten Herren hatten ab sechzig Jahre auch keinen Ehrgeiz mehr, zu blenden – man war im Greisenalter. Auch die Fünfzigjährigen zogen willig die von liebenden Frauenhänden gestrickten Pulswärmer an. Man trug Kniewärmer, und wer am Ischiasnerv litt, legte sich ein Katzenfell in den Rücken.

An den Doppelfenstern bürgerlicher Wohnungen – sie waren in den meisten Großstädten eingeführt – erschienen nicht mehr die poetischen Eisblumen. Vor den hohen Öfen, die in den großen Zimmern viel Kohle verbrauchten, stand ein Ofenschirm, etwa im Jugendstil bemalt, oder eine Ofenbank. Neben dem Ofen war auch der Platz des Großvaterstuhls, der wieder zu Ehren kam: mit hoher Rückenlehne und zwei Backen, zur Seitenstütze für den Kopf. Dieser Sessel war tatsächlich der Platz entweder des Großvaters oder der Großmutter; einen verwitweten Elternteil nahm man zu sich und versorgte ihn bis ans Lebensende.

Am ahnungslosen Wohngeschmack der mittleren Mittelklasse zogen die anspruchsvollsten Geschmackserneuerungen vorüber. Vom »Deutschen Werkbund«, von den »Wiener Werkstätten« hatte man kaum einen Begriff und hing jedenfalls dem neuen Stil der Möbel und der Inneneinrichtung nicht an. Nur die Sofa-Mode konnte man aufgreifen: das zwei- oder dreisitzige Sitzmöbel, das mit Seiten- und Rückenlehnenmöbeln umbaut war; auf dem Umbau konnte man eine Handarbeit ablegen, auch Ziergegenstände unterbringen.

Leute, die allem Neuen hinterherjagten, orientierten ihren Geschmack natürlich an den großen Entwürfen der neuen Formgestalter; sie werden heute allgemein dem Jugendstil zugeordnet, obwohl sie sich untereinander sogar befehdeten. Der in England erzogene Großherzog Ernst Ludwig von Hessen war ein begeisterter Mäzen der Künstler, die sich im Verein mit dem Handwerk dem zu erneuernden Geschmack aller Gesellschaftsschichten zu widmen wünschten. Der Großherzog wollte ein moderner Monarch und, anders als der gesamtdeutsche Landesvater Wilhelm II., Förderer der modernen Kunst sein.

Auf der »Mathildenhöhe« in Darmstadt errichteten namhafte Architekten und Bildhauer ihre Ateliers, wundersame Villen,

Jugendstilträume

um die sich ein Ring aus einfacheren Bauten für die Handwerker schließen sollte. In ernster Abgeschiedenheit wollte man sich der Gestaltung von Häusern, Wohnungen, Möbeln und noch des kleinsten Geräts zuwenden. Auch der Arbeiter sollte mit Vorschlägen für gutes, anständiges Wohnen versehen werden. Der Idealismus der neuen Künstler sah die Heilsfindung der Menschheit in einer neuen Ästhetik, die auch dem Becher des Armen eine angemessene Form gab.

Es war die Zeit der Künstlerkolonien, der Weltverbesserung und zugleich der Weltflucht. Das Dichter-Refugium Erkner bei Berlin mit Gerhart Hauptmann, die Malergemeinde in Worpswede mit dem jungen Rilke als dichterischem Begleiter, die Mathildenhöhe stehen stellvertretend für viele Sehnsüchte nach Abkehr vom als verirrt empfundenen Fin de siècle.

Die ersehnte Einfachheit, die Anfang der neunziger Jahre die neue Richtung gekennzeichnet hatte, wich aber sehr bald einer träumerischen Formkunst, die den Grundsatz des Protagonisten der »Wiener Werkstätten«, Adolf Loos, *Das Ornament ist ein Verbrechen,* ins Gegenteil verkehrte. Hochgezüchtete Möbelformen setzten sich durch; gebrechlich-schmale Stühle, Schreibschränke und Vertikos mit ausschweifenden Linien und Verstrebungen waren weit entfernt von der reinen Funktionserfüllung, die ihnen einmal zugedacht war. Die gotische Komponente gewann die Oberhand, und barock blähten sich alle Proportionen. Keine Form wurde in Herkömmlichkeit belassen: Ehemals Rundes war nun gequetscht, Ebenes wurde hochwölbt, Ecken wurden ausgebuchtet, rechte Winkel in Ovale verändert, jede Vertikale wurde pflanzenhaft als Stengel geformt; Symme-

trie wurde in Asymmetrie übergeleitet.
Schönheit um der Schönheit willen: Diese
künstlerischen Energien schufen Werke für
andächtige Bewunderung, der Nachwelt zu
immer wiederkehrender Neuentdeckung
hinterlassen.

Daneben bestand ein gemäßigter Schmuck-
wille. Die Architektur dieser Zeit weist
klare und reine Formen auf. Villen und
Miethäuser entstanden, die in ruhiger
Versonnenheit von einem feinen
Menschentum kündigten, wie es freilich
von nur wenigen erlangt werden konnte.
Alle Träume von einer ästhetisch-
harmonischen, humanen Hierarchie
erwiesen sich am Ende als tief bürgerlich-
individualistisch. Der Künstler zog sich als
Bürger in sein Traumhaus zurück, in
welchem alles nach seinem noblen
Geschmack eingerichtet war. Sein Garten-
tor mit schmiedegeschlungenem Blattwerk
verkündete: In diesem Anwesen hat die
Erlösung von Häßlichkeit stattgefunden.
Was immer unter Jugendstil verstanden
wurde, verzweigte sich auch in verdünnter
und verfälschter Auffassung in vielen
Nachfolgeerscheinungen – sei es in Tür-
knäufen, Fensterriegeln, Feuermeldern,
billigem Schmuck aus gestanztem Silber-
blech, Kinderbuch-Illustrationen, und
wurde besonders von der Industrie
aufgenommen, was ursprünglich durchaus
im Sinn der Künstler war, die die Schönheit billig machen wollten, und noch die
Schullesebücher der Zwanziger Jahre
standen unter dem Einfluß des gefühlvoll-
illustrativen Geschmacks.

Die Typographie, der Bücherdruck und der
Bucheinband wurden aus ihrer
jahrzehntelang über sie verhängten
Häßlichkeit erlöst; der Jugendstil, einmal
märchengesichtig dämonisch, dann wieder
frischbekränztem Tanz auf grüner Wiese

*Das Buch schmückt
sich wieder*

geweiht, war die bedeutende Gabe des neunzehnten Jahrhunderts ans zwanzigste. Wenn Bürger mit mäßigem Einkommen und wenig Verbindung zu den wirklich feinen Kreisen der großen Formenmode auch zwangsläufig fernblieben, so hatten sie doch Geschmack an den kleinen Lieblichkeiten, und es gab auch für sie erschwingliche Vornehmheiten: eine silberne Schale für Visitenkarten, eine silberne Krümelschippe mit silbergriffigem Handfeger an der Wand zum Abfegen des Tischtuchs, Messerbänkchen aus Silber oder Kristall, Salzfäßchen und schöne Vasen – vieles davon in diesem modernen Stil – wurden als elegante Abrundung der Einrichtung empfunden. Die Ansammlungen von Gebrauchsgegenständen, die in erster Linie zur Zierde gedacht waren, konnten ein Leben lang ergänzt werden. Etageren mit mehreren Kristallschalen boten nicht immer die Früchte der Saison an – es konnten auch Äpfel und Birnen aus Wachs sein. Konfekt wurde auf Schälchen aus berühmtem Porzellan gereicht; sonst standen sie in der Vitrine, wo indessen die Keksbüchsen tatsächlich die Besuchsplätzchen enthielten, die immer vorhanden sein mußten und von der Hausfrau selbst gebacken wurden. Es waren dauerhafte Mürbeteigplätzchen, hauchdünn und von feinster Blässe – so war es vornehm.

Auf dem Ofensims, auf Nähtischchen und Vertikos standen neben den immer noch geliebten Nippessachen Andenken von eigenen Reisen in Bade- oder Kurorte oder die man als Geschenke von dort erhalten hatte.

In keiner Wohnung fehlten die hohen, schlanken Rosenvasen in linearem Kristallschliff, die es in allen Größen gab. Selbst die Nachahmungen aus Preßglas konnte man schön finden. Sonst liebte man noch die schweren, bauchigen dunklen und – außer zu Festtagen – häufig leerstehenden Vasen, die mit ihrem moderigen Geruch auf Kinder einen Grabeseindruck machten. Hochzeitsgeschenke wurden mitunter in tiefem Mißtrauen betrachtet: Verwandte, die sehr rechnen mußten, wollten dennoch etwas schenken, was etwas hermachte. Was hatten sie nun gewählt, was aufgewendet? War diese bunte Schale, als Korb geformt und mit Blumen verziert, aus Majolika, wie die Tante sagte? Oder war sie eher aus Blech? Große Tafeln mit Hochzeitsgeschenken waren oft stattliche Ausstellungen von »Tinnef«. Bürgerhumor rechnete damit.

Die meisten bürgerlichen Familien hatten jetzt keinen Salon mehr; das Herrenzimmer war an seine Stelle getreten. Dort machte der Schreibtisch des Hausherrn einen vornehmen Eindruck; mit fächerreichem Aufbau ersetzte er den Sekretär, der ebenso wie der Damenschreibtisch in mittleren Kreisen allmählich aus der Mode kam. Die Frau hatte nichts mehr als ihren Nähtisch für sich. Im Herrenzimmer vollendeten Bücherschrank und Rauchtisch den Eindruck, daß dies ein Raum männlichen Ernstes war. Das Sofa und zwei Sessel bildeten die Garnitur, in die man den Besuch nötigte. Drei oder vier Stühle, dazu vielleicht ein Schaukelstuhl, vervollständigten die Einrichtung, der eine Konsole mit einer Zimmerlinde – auch die

Plüsch und Pomp

große Zeit der Zimmerpalme war vorüber – einen freundlichen Akzent gab. Über dem Sofa hing Böcklins »Toteninsel« oder eine Gebirgslandschaft, ein Seestück, eine ländliche Idylle. Der röhrende Hirsch war ebenfalls ein Standardstück und nicht einmal auf den unteren Mittelstand beschränkt.

Im Herrenzimmer konnte aber auch das neue Grammophon untergebracht sein, mit dem großen schwarzen Trichter; Caruso verbreitete Andacht, der Besuch saß da mit höflich geneigtem Kopf, ein Ohr der Musik entgegenhaltend.

Elektrische Beleuchtung in den Wohnungen war, jedenfalls in Europa, noch lange nicht etwa selbstverständlich, sondern eine zunächst teure Anlage in den vornehmen Gegenden. Sogar in Berlin wurde die Umstellung von Gasbeleuchtung auf elektrische Glühlampen erst in den zwanziger Jahren ganz durchgeführt. Licht war in der Zeit nach 1890 noch immer ein hoher Wert, der den Brauch, das Dämmerstündchen einzuhalten, noch lange nicht verdrängte. Wenn es dunkel wurde, ließ die Dame die Handarbeit sinken, ermahnte die Kinder, sich die Augen nicht zu verderben und das Bilderbuch aus der Hand zu legen. Es war die Zeit des Plauderns, die Heure bleue, die andernorts, in den Quartieren zweifelhafter Lebenskunst, als Stunde erotischer Annäherung genutzt wurde, im Familienkreise aber als stille Einkehr zu familiärer Gemütlichkeit galt. Wenn die Mutter befand, nun sei es dunkel genug, um Licht zu machen, wurde der Gasstrumpf entzündet, und die hell-dunklen Kontraste entstanden im bürgerlichen Wohnzimmer, wo nun alle sich um den einen Lampenschein drängten, um in ihren Beschäftigungen fortzufahren. Licht war ein Luxus, der besonders im Schlafzimmer sparsam angewandt wurde, wo ohnehin eine mit Seide verhängte Lampe am passendsten schien.

Nicht nur das Handarbeitstalent der Hausfrau verschönte die Wohnung, auch manches Bemühen des Hausherrn war zu erkennen, der einst, als Bräutigam, der Braut schöne Brandmalereien und Laubsägearbeiten als Schmuck für das spätere Heim dargebracht hatte. Blumen, schwarz gebrannt in braunes Holz,

Es werde Licht

umrankten einen Spruch, etwa: »Der Mensch braucht ein Plätzchen, und sei's noch so klein, von dem er kann sagen: ›Sieh hier, das ist mein.‹«

Auch einen Staubtuchbehälter in Form eines Starkästchens hatte der Bräutigam gefertigt und ebenfalls mit Brandmalerei verziert; anstelle des Vogelköpfchens lugte der Staubtuchzipfel daraus hervor. Standesgemäß eine Familie zu gründen, kostete Kopfzerbrechen, wo man nur auf das Einkommen eines jungen Mannes ohne Vermögen angewiesen war. Die junge Frau war aber zu Verzichten bereit, sofern sie ihrem Ansehen nach außen hin nichts abzehrten. Ihre Aussteuer an Wäsche reichte für Generationen, ihr Silber war beisammen. Wenn man sich im Anfang mit einer Dreizimmerwohnung und einer Zugehfrau begnügte, konnte man heiraten, sobald der Mann zweihundert Mark verdiente. Die Miete durfte dann nicht mehr als vierzig Mark kosten: ein Fünftel des Einkommens – wie es die Regel geblieben ist. Dies Prinzip bestimmte den Zeitpunkt der Heirat wie die Wahl der Wohnung.

Familien, die es später – nicht mehr durch wunderbare Zeitgunst, sondern durch zähen Fleiß des Mannes – zu etwas brachten, führten dem feineren Bürgertum eine neue Generation wohlerzogener Söhne und Töchter zu, die unter verwöhnenden Umständen aufwuchsen. Ambiente und Gewohnheiten aber des Elternhauses blieben im Grunde unverändert, prägten sich ein und wurden übernommen. Die erwachsenen Kinder hielten in langer Erinnerung die Küche, wo sie beim Dienstmädchen gehockt oder der Mutter das Geschirr abgetrocknet hatten; wo die Kochkiste stand, dies keine Energie benötigende, mit Holzwolle gefüllte Kastengebilde, wo im zugedeckten Kochtopf, deckelverriegelt, das Essen fertiggarte und heiß gehalten wurde; wo der Kohlenkasten stand, ererbt von der Großmutter und immer noch gut genug und wo alles mit gestickten Tüchern verhängt war, daß man keine benutzten Küchenhandtücher sähe. Dort führte auch die Hintertür zu der Treppe, die den Berührungspunkt mit dem Hinterhaus bildete. Dort hinunter wurde der Mülleimer getragen, wo auch die Hinterhausnachbarin den ihren hinuntertrug. Natürlich ließ eine Dame sich niemals mit dem Mülleimer sehen: Die Selbstbewertung des höheren Standes war denkbar kleinlich.

Thüringer Originalwaschmaschine.

*Revolution
in der Waschküche*

In der Küche hing ein Wandkalender, auf dem in jedem Monat die Worte »Große Wäsche« standen. Dann benutzte man, zum von der Portiersfrau geregelten Termin, die Waschküche und den Trockenboden unterm Dach. Schmierseife wurde pfundweise in gelben, glänzenden Ballen eingekauft und die Wäsche damit eingerieben, sodann einen Tag lang eingeweicht. Dienstmädchen und Waschfrau schleppten die Körbe hinauf, die Wäsche wurde im großen Kupferkessel unter Umrühren mit dem hölzernen Wäschestock gekocht, dann in großen Wannen auf dem Waschbrett gewaschen, danach noch zweimal klargekocht. Die Waschfrau war da oben zwei Tage lang einquartiert und nahm dort auch, feucht umwölkt, ihr Essen ein. Sie mußte kräftiges Essen haben, und in bescheidenen Familien sahen die Kinder den Waschtag als Freudentag an, weil es gebratenes Fleisch gab.

Die getrocknete Wäsche wurde gezogen, danach gelegt, schließlich in Körben auf den Handwagen gestellt und zum Rollen gebracht. Zu jeder Brautausstattung gehörten ein Dutzend Rolltücher, die um die Wäscherollen gewickelt wurden. Zwei solche Wäscherollen wurden mechanisch unter einem riesig großen, schweren Kasten hin und her bewegt; an jedem Ende wurde wechselweise eine Rolle schnell gegen die nächste ausgetauscht. Die Seifengeschäfte, die eine Rollkammer stundenweise vermieteten, gab es noch in unseren fünfziger Jahren, in Kleinstädten bis in die siebziger. Manchmal sieht man in alten Haushalten noch jetzt ein altes Rolltuch, oder auch auf Flohmärkten: unverkennbar in den breiten Streifen bindfadenfarbiger Schattierungen mit schmaler roter Linie am Rand.

Hausfrauen in den Kleinstädten waren nicht alle so heikel mit den Begrenzungen

ihrer Damen-Zumutbarkeiten. Wenn der
Mann etwas vorstellte, konnte die Gattin
ruhig den Ruf genießen, sie verstehe zu
wirtschaften. Die Einzelhäuser in der
Kleinstadt nannte man nicht Villen, sie
galten als Landhäuser und hatten Neben-
gebäude, wie Remisen, Waschküche, Rollkammer, unter Umständen eine Kammer,
in der Obstwein bereitet wurde, und immer
noch das ländliche Holzkistenklosett,
hinter der Tür mit der Herzöffnung.
Das städtische Miethaus bot mehr
Komfort, mehr Vornehmheit als das
Bürgerhaus in der Provinz. Die Nachteile
lagen in der unvermeidlichen Berührung
mit den anderen Parteien, im kleinen
Gezänk um die Waschküchenschlüssel,
auch mußte man damit rechnen, daß die
Dienstmädchen untereinander heftig über
die Herrschaften klatschten.

Die bessere Gegend

Während die breite Schicht des soliden, fleißigen, bildungsbeflissenen Mittelstandes das Gesamtbild des Bürgertums zu prägen begann, bewegte sich die über ihm stehende, die reichere Gesellschaft in freierer Luft und hatte gewisse Affinitäten zu der Freiheit der Künstler. In diesen Kreisen wußte man Lebensfrische, Mut zur Modernität, Reformwillen mit der Rückbesinnung auf romantische Entzückungen zu verbinden, verschmähte auch Tristesse und Dekadenz nicht – der Jugendstil des Geistes trug viele Zweige und trieb viele Blumen. Heilsfindung war ein Zeichen der Zeit; die Furcht, an dem in der Gesellschaft herrschenden Geist zu ersticken, der Haß auf den schnöseligen, schnarrenden Ton des etablierten Herrenmenschen zeitigten viele Arten von Verlangen nach neuen Lebenswegen. Ob es die Forderung war, die Frauen sollten das Korsett ablegen und Reformkleider tragen, ob es die Flucht in die Natur war, in ländliche Siedlungen, oder der Ruf nach Sanatorien, nach »Freien Schulen« im Geiste neuer Erziehung, nach jeder Art von Heilszentren, wo der Mensch sich zur Lichtgestalt läutern konnte – überall wurden Fenster aufgestoßen, Arme gebreitet, die Brust gedehnt. Reiche Bürger zogen in Vorortsiedlungen, denen man Reformbekenntnisse ansah. Waldschulen wurden eröffnet, der Unterricht sollte dort der freien Natur geöffnet sein, die Schüler sollten mit einem neuen pädagogischen Feinsinn sensibilisiert werden. Die Odenwald-Schule wurde gegründet, ein Internat, das das Ideal einer vielseitigen Menschenbildung vertrat.

In Ascona erschien die »Naturheilanstalt Monte Verità« als neues Paradies, als eine Insel der Seligen und Sammelstätte für notable Geister aller Richtungen – Anarchisten, Theosophen, Spiritisten unter ihnen. Gründer und Jünger lebten alternativ und kleideten sich schockierend. Langes Haar der Männer, fließende Gewänder der Frauen, oft und gern vollständige Nacktheit, Gehen im Reigen auf der Wiese, tiefe Meditationen und dichterische Festakte, Urgemeinde-Pathos. Die notabelsten erlagen dem Edelgeist Asconas allerdings nicht auf Dauer. Erich Mühsam sowohl wie die Gräfin Reventlow fanden wieder zur Distanz von der Stätte immerwährenden Leib- und Seelenadels. Schwerindustrie, Militär, Leichtathletik, Musik, Literatur, Tanz – ihre bedeutenden Vertreter holten sich zeitweilig dort, der interessanten Mode folgend, die als nötig empfundene Gesundung von der Zivilisation, zu der sie dann gern zurückkehrten. Es wucherte in Ascona auch eine Edeldichtung, der kein Eintritt in die Literatur der Zeit beschieden war – wo ein Rilke, ein George die Gipfel der poetischen Seinsdeutung schon besetzt hielten.

Das Geweihte und Geträumte drückte sich auch in der Eurhythmie der Körperbewegung und in einer neuen Auffassung vom Tanz aus. Isadora Duncan war die Göttin der modernen Tanzkunst, die viel dazu beitrug, die Frauen eine selbstseligere Körperlichkeit empfinden zu lassen. Mit vielen seelenschweren Theorien trat die amerikanische Tänzerin ihren Siegeszug durch Europa an, korsettlos, barfuß, sparsam umschleiert, tanzte sie nach Beethoven, Gluck, Chopin und vermittelte ihre körperlich-seelische Einfühlung in die Musik. Sie hielt Vorträge, begründete Schulen und bewirkte, ebenso wie der führende Tanzpädagoge Rudolf von Laban, die »raum-rhythmische Bewegungslehre«; Rudolf Steiner lehrte die »Eurhythmie der Bewegungskunst«, die *als sichtbare Sprache geistige Inhalte durch beseelte Leibes-*

Zurück zur Natur – selbst mit der Schule

bewegung darzustellen suchte. Der anthroposophische Überbau dieser Art von Gymnastik hat bei der Weitergabe ihres Prinzips an spätere Gymnastikschulen nicht störend gewirkt. Hinrich Medau mit seiner »Methode Medau« war ein Nachfolger der neugefundenen Gymnastiklehre, die in unserer Zeit erst das exakte Drill-Schulturnen abgelöst hat.

Der Begriff »Körperkultur« wurde damals geprägt. Erhabene neue Vorstellungen von Hygiene und Leibesschönheit stellten sich einem noch zögernden Publikum vor. Unbekleidete Lichtgestalten zu photographieren, war in den heilsfinderischen Kreisen kein Tabu. Der weltläufig werdende Erlösungsgedanke fand natürlich auch seine Spötter; der Kultur- und Modehistoriker Max von Boehn schrieb über die Duncan:

Als Künstlerin hat Isadora Duncan versagt. Sie verblüffte, weil das, was sie tat, neu war, nicht weil es gefiel. Der Körper war durchgearbeitet, aber nicht schön, die unfreundliche Natur hatte die Tänzerin im Stich gelassen. Sie hopste auf der Bühne herum mit Arm- und Handbewegungen, als finge sie Fliegen… Aber was sie als Tänzerin schuldig blieb, hat sie als große Anregerin gutgemacht…

Das neue Evangelium des Tanzes war tatsächlich epochemachend; daß es noch in der Nazizeit in der Organisation »Glaube und Schönheit« wirksam war, darf man ihm nicht ankreiden.

Auch eine neue Musikbewegung gab es: Das Volkslied wurde wiederentdeckt, alte Reigen, Landstraßenlieder, die Klampfe als Begleitinstrument, schönbebändert, zu volkstümlichem Singen. Wandern und Singen gehörten zusammen, die Jugend sollte wandern und singen. 1904 wurde in Berlin-Lichterfelde »Der Wandervogel« gegründet, mit ihm war der Anfang der bald so bedeutenden »bündischen Jugendbewegung« gemacht. Bald lagen die Liederbücher vor, schon im Jugendstil gedruckt und illustriert, und das Unglaubliche ereignete sich: Junge Männer und junge Mädchen zogen gemeinsam hinaus in die Natur. Auch die Fiedel wurde ans Kinn gehoben, wenn man sich zur Rast niederließ und in Gottes freier Welt umsah, ohne Zwang, ohne Anstandspersonen. Das Miteinander der Geschlechter im Wandervogel war so sittenrein, daß der leiseste Verdacht eine tiefe Kränkung gewesen wäre. *Rein bleiben und reif werden* – der Dichter Walter Flex gab diese Losung aus, die ihn auf Jahrzehnte zur Leitfigur der Jugendbewegung machte. Rein blieben die Jünglinge so wie die Mädchen; auch war der Genuß von Alkohol auf den Fahrten der Wandervögel natürlich verboten. Sie waren sauber, tief anständig – so hingegeben an ihre Ideale, wie deutsche Bürgerskinder es nur sein konnten. Sie waren innig deutsch und gingen 1914 mit treuem deutschen Kulturbewußtsein auf die Schlachtfelder.

Die Wandervögel verachteten das Großstadtleben und seinen Amüsierbetrieb, seine Hektik, seinen schalen Lebensgenuß. So ganz aber waren auch sie von ihren häuslichen Bräuchen nicht zu trennen; die Familie entließ sie nicht total in ein ausschließliches Wandervogel-Dasein, und so mochten sie sich doch wohl auf Tanzstunden, Hausbällen und Besuchen so betragen, daß die Eltern zufrieden waren.

Auf jugendlichen Geburtstagsgesellschaften wurden Pfänderspiele veranstaltet, wo harmlose Küsse gefordert werden konnten. Wo ein großes Haus geführt wurde, erschienen zu aufwendigen Soireen die Geladenen in Frack und großer Toilette. Das war noch die alte bürgerliche Welt, wie sie in Nachahmung aristokratischer Lebensführung entstanden war und wo zunehmend eine gewisse gesellschaftliche Mischung zwischen hohen Bürgern und niederem Adel stattfand. Die älteren Herren standen umher oder ließen sich in einem ihnen vorbehaltenen Zimmer zu einem Spielchen nieder; die älteren Damen zogen sich zu einem Kaffee in die Bibliothek zurück. Die Jugend tanzte in ausgeräumten weiten Zimmern.

*Mit Rucksack
und Klampfe*

Chrysanthemen ergänzten mit schmelzendem Weiß das sprühende Licht der Kristall-Lüster, Damen sanken ermattet vom Tanz auf die Stühle, schöne Schultern schimmerten, Fächer flirrten, und schon wieder spielte die Musik auf. Der Walzer herrschte noch immer, Galopp und Polka erbrachten die übermütige Stimmung, in der die jungen Herren besonders fidel wirkten mit klackenden Lackschuhen und flatternden Frackschößen.

Als aus Argentinien der Tango nach Europa kam, begann eine neue Ära des Gesellschaftstanzes, eine »Geometrie der Füße«; statt gehüpft und gedreht, wurde jetzt übers Parkett eher geschlichen. Zunächst war die Hauptforderung des Tangos – »Der Herr stellt ein Bein zwischen die Beine der Dame« – erst einmal eine Unmöglichkeit. In den Tanz-schulen wurde er mit Vorbehalt aufgenommen. Der Tanzlehrer, obwohl er sein Amt in strengem Kommandoton ausübte, wäre sehr verlegen geworden, wenn er einen solchen Befehl laut heraus-gerufen hätte wie die immer noch geübten Quadrille- und Kotillon-Kommandos. Die offiziellen Ballvergnügungen, obenan die Hofbälle, waren vergleichsweise fade im Vergleich mit den lustigen Veranstaltungen des Karnevals und der Vorstadt-Redouten, wo Vorstadt-Kavaliere sich mit Dienst-mädchen und Mamsells amüsierten, wo auch kleine Kommis von den Freuden des Lebens nippten und selbst Herrschaften inkognito im Qietschvergnügen badeten. Die Hauptstadt der herzhaften Lebenslust und der mit einem zugedrückten Auge geduldeten Unmoral war München – sieht man von Wien ab, wo die Waschermadl-Bälle auch berühmt waren.

Der Zeichner F. v. Reznizek hielt die frivolen Bilder der Amüsierwelt fest. Tänzerinnen, beseligt durchgebogenen Rückens, Tänzer, siegesgewiß über lockende, freche Münder gebeugt:

Alte Herren, junge Mädel,
Runde Brüste, kahle Schädel,
Heiße Küsse, kalter Sekt,
Liebe ohne Schlußeffekt.

Augenblicksgenuß, Unverbindlichkeit, Tollheit und Überschwang – dieser Welt waren die modernen Heilsgedanken jeglicher Schattierung völlig fremd. Kess, frech, ordinär – das wollte man auch einmal kennenlernen. *Wo mein Humor ist?* fragt im Berliner Karneval ein Mädchen aus dem Volke ihren Tänzer. *In deinem Portemonnaie!*

In München sagt eine »Simplizissimus«-Figur: *Zu dumm, daß man nur im Frack kommen darf. Man unterscheidet sich gar nicht von den Kellnern. – Doch,* heißt die Antwort, *die benehmen sich anständig!* »Berliner Bälle« hieß ein sarkastisches Bilderbuch mit Zeichnungen von Ernst Heilemann und den pikanten, frechen Texten des berühmten »Rideamus«, der es wie kein anderer verstand, die morbide Gesellschaft zu charakterisieren. Lange, komische Typenbeschreibungen in routiniert gereimten Balladen waren seine Stärke. »Der Hausball«, Untertitel: »Das Mädchen mit dem schlechten Ruf«, ist eine davon:

»A fescher Domino«

Anne-Marie, die Tochter vom Haus,
Sieht heute wieder entzückend aus.
Sie ist gewachsen wie eine Pinie
Und hat eine klassische Nackenlinie.
Aber sie hat einen scheußlichen Ruf –
Weiß der Teufel, wer ihr den schuf!
Die Tanten ziehen die Stirnen kraus:
›Sie geht schon den fünften Winter aus!‹
Der Vater blickt sie sorgenvoll an. –
In der Ecke steht ein bescheidener Mann.
In den folgenden Strophen wird offenbar,
daß drei elegante Herren diese Höhere
Tochter schon sehr genau kennen, und
eben deswegen einer Heirat nicht geneigt
sind. Der bescheidene Mann in der Ecke
wird in der Verzweiflung der von Anne-
Marie gewählte Gatte werden. Die
ehemaligen Liebhaber aber werden auch
fernerhin ihr Vergnügen an der pikanten
jungen Dame haben.
Ein Diener bietet Erfrischungen an.
Der Bräutigam als bescheidener Mann
Sagt höflich: ›Wollen Sie sich nicht
*   bedienen?‹*
Doch jener erwidert lächelnd: ›Nach Ihnen!‹
Frivol war die Belustigung über die
Frivolität.

Der verbummelte Student, der von dem
Vergnügungsangebot der Zeit in jeglicher
Moral frühzeitig geknickte junge Elegant,
der unmögliche Neffe, der sittenlose,
mißratene Sohn – Typen der Zeit, in jedem
Klan vorkommend oder befürchtet. »Willys
Werdegang« hieß ein weiteres Versbuch
des »Rideamus«, das die Lebenskurve
eines deutschen Spott-Bürgers beschrieb,
vom schwachen Gymnasiasten zum Typ
des frühreifen Dienstmädchenverführers,
von diesem zum feschen Korpsstudenten,
dem unbekümmerten Lebemann auf dem
Weg zum Typ des gesetzten Herrn in Amt
und Würden, der sich am Ende präsentiert
als ein ältlicher, endlich die passende Partie
findender, abgetakelter Spießer.
Die Rideamus-Bücher hatten hohe
Auflagen, die Bürger erkannten sich oder
andere in diesen Spottgeschichten wieder.
Und hatte das nicht jeder schon erlebt, daß
man von einem Bürschchen gepumptes
Geld anmahnen mußte, und war es einem
nicht auch so ergangen wie mit diesem
Willy:
Und ward ganz blaurot im Gesicht,
Und die zehn Mark, die brauche er nicht,
Und warf das Geld auf den Tisch, daß es
*   krachte,*
Es waren aber nur noch achte.

Das beginnende zwanzigste Jahrhundert
sah den Mann im quergestreiften Badeanzug, in den Wellen planschend,
unbelehrt über die neue Körperkultur, aber
sich harmlos seiner Sommerfrische
freuend. Dauerte vielen auch der Frieden
schon zu lange, wurden Offiziere schwer-
mütig über ausbleibende Bewährung, kam
bei manchem deutschen Jüngling schon
der Gedanke an ein »reinigendes Stahlbad«
auf, wurden Wertbegriffe des Krieges
poliert – das Bürgertum als Einheit von
ganzen Familien, im großen gemütvollen

Quergestreifter Adonis

Zusammenhang gesehen, verlangte nicht nach einem Stahlbad. Es plante Jahr für Jahr beizeiten, wohin es sich wenden werde. *Baden heißt, sich amüsieren, kokettieren...*, stand im Modejournal. Mit keinem Wort wurde erwähnt, wie verheerend der Eindruck der meisten Körper im Badekostüm war. Die nassen Stoffe lagen den Gliedern an, machten deformierte Körperpartien erbarmungslos sichtbar. Da war es angebracht, daß Freibäder noch immer streng getrennt waren: »Für Herren« und »Für Damen«. An einer Damen-Badestelle soll einmal ein Schild gesehen worden sein: *Badestelle für Damen. Zutritt für Männer verboten! Der Bademeister ist kein Mann im Sinne dieser Vorschrift!*

Im Familienbad wurde der Übergang geschaffen zu den später allgemein zugänglichen Freibädern. An schönen Stellen wurden Badeanstalten errichtet: ausgedehnte Holzbauten mit zwei Flügeln zu je etwa dreißig Zellen, männlich und weiblich getrennt, mit Sandstrand oder Wiese, Nichtschwimmer- und Schwimmerabteil, Sprungtürmen in verschiedenen Höhen. Diese wahrhaft humanen öffentlichen Einrichtungen haben in den zwanziger Jahren noch an vielen Orten Nachfolger gefunden; heute werden sie eher vernachlässigt, obwohl sie Denkmalsschutz verdienten.

Das neue Körpergefühl zeigte sich in verstärktem Interesse am Sport, der jetzt nicht nur aus Turnübungen bestand, sondern alle Disziplinen der Stärke und der Körpergewandtheit umfaßte, wie die alten Griechen sie in den Olympischen Spielen geübt hatten. Diese Spiele wurden 1896 erneuert, und stolz konnten die Deutschen ihre Turnerriege als olympische Sieger feiern.

Noch war das Tauziehen im Schulunterricht und Männerturnverein beliebt; Mädchen gingen auf dem Schwebebalken – noch immer –, hingen an der Sprossenwand, schritten im Storchgang. Da kamen nun ganz neue Sportarten auf, vor allem der Skilauf. Das Rodelvergnügen wurde zum Wettsport und wandelte sich zum gefährlichen Bob-Rennsport. Für alle, die sich in Wintersportgegenden aufhielten, wurden die flotten Wollsachen kreiert: Sweater, Jumper, Strickjacken, lange Schals, Pudelmützen, Baretts – Kleidungsstücke, die auch den Damen viel Freude machten.

Im Skilaufen übten sich aber vor allem die Männer; die Damen blieben beim Reiten, meist noch im Damensitz. Beim Tanz auf dem Eis in der Winterdämmerung, bei Walzermusik, mit einem eleganten Offizier, trugen sie hohe Pelzmützen und große Pelzmuffs.

Paraden der exklusiven neuen Moden waren die Begleiterscheinungen der großen

»Die Elektrische« kommt

Sportereignisse: der Pferderennen und nun auch der Autorennen.

Alte Leute, die aus dem ersten Drittel des Jahrhunderts stammten, kamen aus dem Staunen nicht heraus: Hoch- und Untergrundbahnbau veränderten in Berlin das Stadtbild, eine Stadtbahn verband die Fernbahnhöfe untereinander. Auf den Straßen waren die Pferdedroschken noch die üblichen Mietfahrzeuge, aber die Herrschaften, die auf Prestige hielten, vertauschten ihre Kutsche mit dem Automobil und den Kutscher mit einem Chauffeur. Die Straßenbahn wurde auf Elektrizität umgestellt. Das Nebeneinander der ausklingenden Pferde-Zeit und der neuen Motor- und Elektrizitäts-Zeit ließ das Straßenbild eigentümlich erregt und konfus erscheinen; die Unfallgefahr stieg.

Die Eisenbahn hatte mit ihren Schienen das Landschaftsbild ganz unterworfen; die Hänge und Waldesränder, Eisenbahnbrücken, Telegraphenstangen, mit einer typischen Vegetation winkenden Gesträuchs, die man vom Fenster aus sah, wirkten, als seien sie von altersher in dieser Weise dem Schienenstrang angeglichen. Die Eisenbahnfahrt verband romantische Reise-Aufregung mit resolutem Versorgungswillen: Bald nach Antritt der Fahrt teilte die Mutter die belegten Brote aus, die sie in Pergamentpapier eingewickelt und beschriftet hatte: »Ei«, »Leberwurst«, »Mettwurst«. Käsebrote nahm man nicht mit.

Den Speisewagen aufzusuchen, war eine Verschwendung, die sich der Durchschnittsbürger nicht leistete – ohnehin legte er meist nur kürzere Strecken zurück, mußte oft allerdings mehrmals umsteigen; das letzte Stück zum ländlichen Ziel fuhr man oft mit dem »Milchzug«, der, weil er sein Eintreffen mit einer Klingel ankündigte, auch »Bimmelbahn« hieß.

Bürgerliche Fahrgäste benutzten normalerweise die Dritte Klasse. In der Vierten Klasse fuhren die Armen und die Landleute, mit Gemüsekiepen, lebenden Hühnern, Ferkeln im Korb.

Wer sich seinen vornehmeren Rang etwas kosten ließ, benutzte die Zweite Klasse. Die Erste barg hinter den Vorhängen Diplomaten, Schwerindustrielle und Hochstapler. Es gab ungemein reiche Patrizier in den Hansestädten, die stets in der Dritten Klasse fuhren. Sie hatten es nicht nötig, sich ein Ansehen zu geben und hielten die geringere Bequemlichkeit nicht des Aufhebens für wert. Kleinbürgerliche Frauen wiederum schleppten ihre Koffer, kurz ehe sie ihr Reiseziel erreichten, von der Dritten zu einer Tür der Zweiten Klasse, um dort auszusteigen, wenn sie von den Verwandten abgeholt wurden.

Der Großstädter wurde von den modernen öffentlichen Einrichtungen sehr verwöhnt: Zweimal täglich kam die Zeitung; der Briefträger kam morgens, mittags und am Nachmittag noch einmal mit der Post. Per Rohrpost konnte man einen Brief in kürzester Zeit zu seinem Empfänger befördern. Nun wurden auch die ersten privaten Telefonanlagen installiert, doch zunächst nur zögernd: Kam da nicht allzu viel Technik ins Haus? Zu jeder Zeit könnte man durch Klingeln gestört werden. Ein kostspieliger Luxus außerdem, der reiflich überlegt sein wollte.

Nachdem die billige Postkarte eingeführt worden war, gab es dann auch die Ansichtskarte: eine fabelhafte Erfindung, um anderen Leuten mitzuteilen, wie schön es dort war, wo man sich befand. Grüße aus Bansin, Swinemünde, Norderney, Pyrmont, Baden-Baden, Bad Kudowa – Mode-Sommerfrischen und Kurorte, aber auch Tausende kleinerer »Luft-Kurorte« und »Perlen« der Provinz vermittelten derart ihre schönsten Ansichten an alle Welt.

Es war eine kleine Zeit, wie sie dem bürgerlichen Menschen lieb und teuer ist. Die großen Worte des Kaisers gehörten dazu als ein pompöser Schmuck, den man sich leisten konnte.

In dem Vielerlei der modernen Kunstrichtungen kannte man sich nicht aus. Impressionismus, Symbolismus, Fauvismus, Realismus, Naturalismus, Expressionismus – wo es so viel Widerstreit gab, entfiel das Bedürfnis, sich zu orientieren; man konnte abwarten, was sich als beständig erweisen würde. Vom Naturalismus wußte man etwas: In der Literatur schilderte er den Menschen, wie beispielsweise der Franzose Emile Zola, in seinen niedrigsten Trieben, in all seiner Scheußlichkeit. Zolas Bücher hatten in deutscher Übersetzung trotz bürgerlicher Ablehnung großen Erfolg. Sie standen hinter den Klassikern im Bücherschrank, vor den Töchtern verborgen.

Die meisten Bürger teilten den Geschmack des Kaisers, der von neuen Erscheinungen im Kunstleben, die ihm nicht gefielen, einfach sagte, die ganze Richtung passe ihm nicht, und der als Ausdruck seines Allerhöchsten Mißfallens das Wort »Rinnsteinkunst« parat hatte. Die Sezessionen der Künstler in Wien, München und Berlin mit allen kunstinternen Aufregungen beschäftigten bürgerliches Interesse kaum; der öffentliche Geschmack war mit den verbleibenden Akademien, mit akademisch gelenkter Kunst.
Man liebte Gemälde, die im Geiste des bürgerlichen Realismus gemalt waren, würdige oder schöne Personen in feinen

Man liebt Gemälde

Interieurs; Bilder dieses später verachteten Genres werden jetzt wiederentdeckt und neu gewürdigt. Dem Münchener Maler Franz von Stuck konnte niemand seine Achtung versagen: Etwas gewagt, sehr sinnlich, aber doch herrlich gemalt – und dies Gekonnte war schließlich die Hauptsache. Kandinskis erstes abstraktes, 1911 gemaltes Bild konnte in bürgerlichen Kreisen kein Aufsehen erregen, weil man es gar nicht kennenlernte.

Der etablierten Kunst waren viele Kunstkritiker aber schon überdrüssig. Über eine Ausstellung im Münchener Glaspalast veröffentlichte die »Jugend« ein vernichtendes Gedicht:

Im Schweiß des Angesichts unverdrossen
Die Kunstgenüsse en gros genossen:
Zwölf Dutzend Sonnenuntergänge.
Und Morgensonne in gleicher Menge,
Die mir so wurst sind wie Hekuba.
Und tausend grinsende Niedlichkeiten,
Die ich schon tausendmal grad' so sah!
Und ›Märchen‹, die kein Mensch verstund,
Stilleben mit Hummern und todten Hasen,
›Jagdstücke‹ mit und ohne Hund.

›Tanzstunden‹ mit Rokokogespreize
Und ›Klosterbrüder‹, vergnügt und fett,
Und ›Wonneträume‹, die weibliche Reize
Freigebig enthüllen – ach, Gott, wie nett!

Dem lange nur zögernd geachteten Richard Wagner hatte sich das Bürgertum nun aber passioniert zugewandt. Man konnte sich doch hineinhören in diese Musik, wurde sogar ganz gefangengenommen, verführt. Der Inhalt der Opern war ja auch ein Teil deutscher Größe, germanischen Erbes mit all seiner Tragik.

Nietzsche mußte man nicht gelesen haben, man glaubte jetzt auch so, daß er ein großer deutscher Philosoph gewesen war. Der Übermensch! Die Bezeichnung schien anwendbar. Die Idealperson, heroisch. Die Damen kannten von Nietzsche nichts als den Ausspruch, der Mann solle zum Weibe mit der Peitsche gehen – empört winkten sie ab, wenn auf Nietzsche die Rede kam. Die Literatur stand in einer Blüte mit heute berühmten Namen, die zu ihrer Zeit nur mäßig geachtet waren. In den bürgerlichen Kreisen wurden gern Bauernromane gelesen, auch Schilderungen vom Aufstieg eines Bürgerhauses oder wie aus einem einfachen Knecht ein großer Mann wurde, weil er sich von jung auf gebildet hatte. Gustav Frenßen war berühmt und beliebt; die Auflage seines Romans »Jörn Uhl« war ungleich höher als die von Thomas Manns »Buddenbrooks«.

Es war eine banausische und zugleich dekadente Epoche. Die kleinen Gemütlichkeiten, die naiven Beschränktheiten behaupteten sich neben kühn-progressivem Intellekt ebenso robust wie neben einer höchst verfeinerten Feier des schönen Scheins: Bilder stilisierter Selbstdarstellung – Bildgegenstand und Bildgenuß, ausbalanciert in einem Gedicht von Arno Holz:

Idylle mit Leutnant

Im Tiergarten, auf einer Bank, sitze ich
und rauche
und freue mich über die schöne Vormittags-
sonne.
Vor mir, glitzernd, der Kanal:
den Himmel spiegelnd, beide Ufer leise
schaukelnd.
Über die Brücke, langsam Schritt, reitet
ein Leutnant.
Unter ihm,
zwischen den dunklen, schwimmenden
Kastanienkronen,
propfenzieherartig ins Wasser gedreht,
den Kragen siegellackrot –
sein Spiegelbild.
Ein Kuckuck ruft.

Der Krieg kam erwartet und doch bestür-
zend. In den Modebädern, alle Menschen
in Weiß, senkte man den Sonnenschirm,
ließ das Monokel fallen. In Europa gingen
die Lichter aus. Die Belle Epoque war zu
Ende.

*Vornehm geht die Welt
zugrunde – August 1914*

5 Verstörung 1914–1918

Der Einheitshut des sommerlichen Herrn, umlegt mit breitem schwarzen Band, war wie geschaffen, an dem großen Tag geschwenkt zu werden: dem Obersten Kriegsherrn zur Huldigung, der Kriegserklärung enthusiastisch zustimmend. Ja, das war es, was das Volk – und in seiner Begeisterung rechnete sich nun auch der bessere Herr zum Volk! – sich schon längere Zeit brennend gewünscht hatte: loszuschlagen! Der Kaiser, der auf sein Volk vom Fenster seines Schlosses hinabsah, muß den Eindruck einer reich

Hurra, der Krieg ist da!

eingebrachten Ernte an mutigen Strohhüten gehabt haben. Das Wetter kam hinzu – ein heißer Augusttag, die weißen Kleider der Frauen, blauer Himmel, der Sieg lag schon in der Luft, Gott war mit den Deutschen.

Jeder Schuß ein Russ, jeder Stoß ein Franzos! Kein Geringerer als Alfred Kerr ließ sich zu diesem Reim begeistern. Auch die satirischen Zeitschriften zielten urplötzlich auf den Feind. Ohne Stimmung eines brutalen Chauvinismus war kein Krieg zu machen; ohne Kitsch und Sentimentalität ging es nicht ab. Kleine Söhne trugen dem Papa das Gewehr zum Zug; die Mütter bemühten sich um strahlend tapferen Gesichtsausdruck. Die besseren Herren waren nicht etwa alle Reserveoffiziere; viele rückten als einfache »Muschkoten« ein, militärisch eher unforsch.

»Zur Treibjagd nach Paris« stand auf den Eisenbahnwaggons; Mädchen reckten triumphal den Arm im weißen Blusenärmel, am anderen den Bräutigam untergehakt. Damen verabreichten Tee auch an manchen einfachen Mann, wie sie da alle miteinander zum Zugfenster heraushingen. Auch die Sozialdemokraten, das konnte man jetzt sehen, waren Patrioten. Ein einziges, einiges Volk war man, und die Herren, die unter die einfachen Männer gerieten, mußten sich mit denen gleich duzen.

»Zum Frühstück in Paris« wollte man sein. *Auf in den Kampf, mir juckt die Säbelspitze:* Der Kriegsgott lenkte manchem begeisterten Mann die Kreide, die in Schönschrift bravouröse Parolen an die Eisenbahn schrieb.

Die Soldaten beugten im Feldgottesdienst das Knie, sangen Choräle, dann wieder kriegerische Lieder; sie sandten gefühlvolle Bildpostkarten nach Hause, einen Soldaten mit seinem Mädchen und, im nun schon bewölkten Kriegshimmel, den Vers zeigend:

Abschied nahm ich nun von Dir,
Denn es ruft die Pflicht.
Lieder hat die Lerche wohl,
Küsse hat sie nicht.
Selbst den Tod des Kriegers wußte manche Bildpostkarte bald in Verklärung darzustellen: ein Soldat mit Kopfverband, in voller Montur, den Stahlhelm in der Hand, himmelwärts schwebend an der Seite eines Engels im langen Hemd mit mächtigen Flügeln.

Die Todesanzeigen waren unterzeichnet: »In stolzer Trauer«.
Nach der Schlacht von Langemarck, wo ein überaus idealistisches und heldenhaftes, von kriegerischer Überlebenskunst nicht viel haltendes Potential bürgerlicher deutscher Jugend zugrunde ging, entstand die Legende, da seien Deutschlands gebildete junge Männer – die Hoffnung der Nation – allesamt gefallen.
Die Bürger an ihren Stammtischen in der

Hoch das Bein,
das Vaterland soll leben –
»Germania-Ballett«
im Wintergarten

Heimat waren beklommen. Der Krieg verlief so ganz anders als erwartet. Es ging nicht vorwärts. Kein Vergleich mit 70/71; man hatte an eine Wiederholung dieser herrlichen Siege gedacht, an weitere Vergrößerung des Reiches. Die Urlauber, die von der Front kamen, ließen den rechten Schmiß vermissen, die Siegesgewißheit, die man gern an ihnen sehen wollte.

Die Siege im Osten hielten das Vertrauen in die deutschen Waffen aufrecht. Hindenburg und Ludendorff – das waren geniale Feldherren. Besonders Hindenburg erkor man sich zum nationalen Helden. Der Name Hindenburg war geradezu magisch. Sogar die kleinen Talglichte, die man für sparsame Beleuchtung brauchte, nannte man Hindenburglichte.

Der Krieg fand jetzt auch in der Luft statt. Was war da ein Kavallerist gegen einen Kampfflieger wie Manfred von Richthofen? Bei solchen Helden konnte der Krieg doch nicht mehr lange dauern? Schützengräben, der Grabenkrieg: neue Gegebenheiten des modernen Krieges, den Daheimgebliebenen nicht vorstellbar.

Unter den eingerückten Bürgern war mancher Liberale, der sich so total vom heroischen Opfersinn nicht überwältigen ließ. Wie? Er ließ sich das »Berliner Tageblatt« an die Front nachschicken? Wer eine so kritische, intellektuelle Zeitung las, war verdächtig. Viele Soldaten, die einen geistigen Beruf hatten, womöglich Brillenträger waren, wurden von ihren Unteroffizieren geschliffen und durch den Dreck gejagt,

noch ehe sie die Front kennenlernten. »Können Sie überhaupt lesen und schreiben?« wurden sie angebellt. Ihre Bildung wurde verhöhnt von Primitiven in diensthöheren Rängen, die es genossen, einmal einen Gebildeten in ihre Gewalt zu bekommen.

Es gibt beinahe unübersehbar viel Kriegsliteratur über diese Zeit. Sei sie national oder sei sie gegen den Krieg – selten fehlt das Paar, das ein soweit ganz sympathischer Leutnant und sein Bursche bilden, dieser meist mit einem polnisch klingenden Namen, wie »Kazmarek«, und mit dem fabelhaften Geschick gesegnet, dem Leutnant immer etwas Gutes zu apportieren, sei es ein Hühnchen, ein paar Eier, eine Flasche Wein. Das Klischee ist selbst in Remarques Roman »Im Westen nichts Neues« nicht ausgelassen.

»Weihnachten im Schützengraben«: Die kriegführenden Nationen leisteten sich die gefühlvolle Unterbrechung des Krieges; beiderseits aufgerissene Äcker und zerfetzte Bäume klang es aus französischen wie aus deutschen Kehlen – immer waren es in der lyrischen Berichterstattung Kehlen, »rauhe Kehlen« – »Stille Nacht, heilige Nacht«. Wer davon las, dem blieb das Auge nicht trocken.

Was alles in des Menschen Brust unterzubringen war – jetzt wurde es dort einquartiert: die Pflicht zu schießen und sich erschießen zu lassen sowohl wie das Mitgefühl mit dem letztlich vielleicht doch menschlichen Wesen, auf das man schießen mußte. Dazu die erneuerte Religiosität; Gott war anzubeten, und den Soldaten mußte, wann immer es sich machen ließ, ein Gottesdienst ihrer Konfession geboten werden. Priester auf beiden feindlichen Seiten segneten Kanonen und Tanks.

Soldaten »mosaischen Glaubens« scharten sich um einen Rabbi zum Feldgottesdienst.

Mit gläubigen Augen, das Eiserne Kreuz auf der Brust, sahen sie in den Apparat des Fotografen. Juden konnten jetzt auch Offiziere werden. Viele von den damals bei ihrem jüdischen Feldgottesdienst Fotografierten kamen dreißig Jahre später in deutschen Konzentrationslagern um.

Was trug der deutsche Soldat im Tornister? Wirklich das Reclamheft Nr. 1, »Faust«, und das Inselbuch Nr. 1, den »Cornett«, von Rilke? Das glaube, wer mag. Das Bildungsbürgertum wünschte sich solches Niveau bei den Soldaten, man schickte diese Bücher ins Feld. Die später erschienenen »Kriegsbriefe gefallener Studenten« kündeten tatsächlich von tiefer, geistiger Konzentration, von der Besinnung auf höchste Werte. In den Tornistern aber der deutschen – wie auch der französischen – Soldaten hatte auch die Pornographie ihren festen Platz. Erst fünfzig, sechzig Jahre später sollte diese Information ans Tageslicht treten. Der gebildete Stand an der Front hat sich von der plebejischen Soldatenallgemeinheit zwar wahrscheinlich beträchtlich abgehoben, aber es ist eine Illusion, an sein ständiges Festhalten an hohen Geistesbedürfnissen zu glauben.

Der Herr an der Front, ob im Osten oder Westen, Mitte der Dreißig, litt Qualen im engen Beieinandersein mit den anderen. Auf Urlaub kommen, fühlte er sich auch in seiner bürgerlichen Wohnung schon fremd. Klagend sagte er zu seiner Frau: »Wenn ich doch im Schützengraben nur ein ganz kleines Plätzchen, wie unsere Mädchenkammer, für mich allein hätte!«

Die Soldaten bekamen selten Urlaub. Es konnte geschehen, daß sie ihre Familie zwei Jahre lang nicht sahen. Mancher Herr war Gefreiter, nicht mehr, geworden; andere hatten es bis zum Unteroffizier gebracht. Sie mochten wohl jetzt sehr bereuen, in ihrer Jugend nicht nach dem »Reserveoffizier« gestrebt zu haben.

Wieder andere lehnten es auch jetzt im Krieg ab, Lehrgänge für eine Offizierskarriere zu durchlaufen. Der Prokurist, der Oberbuchhalter, der Bankangestellte, der Fabrikant – sie kamen heim, saßen im Sessel des Herrenzimmers, lauschten dem Klavierspiel der Kinder, genossen die Liebe der Gattin und fühlten sich benommen, fremd. Wenn sie von den rohen Sitten der Soldaten erzählten, staunte die Frau. Das alles mußte ihr Mann mitmachen? Die ganze Essenration in ein einziges Kochgeschirr: Warmes und Kaltes, Süßes und Saures? Nun, im Urlaub aß er wieder mit Messer und Gabel; die Messerbänkchen blinkten auf dem Damasttischtuch. Das Essen war allerdings knapp. Es wurde immer knapper.

Wenn der Mann wieder an die Front fuhr, mahnte ihn die Frau ängstlich: »Geh nicht zu nah an die Schießscharten!« Sie wunderte sich, daß der Gefreite, ihr Gatte, dazu lachte – sie hatte doch keinen Witz gemacht?

Nach der Trennung begab sich die Frau wieder an ihre Handarbeit. Viele feldgraue Strümpfe hatte sie schon gestrickt – »alles für unsere Feldgrauen« war die Losung und dies feldgraue Stricken dröselte sich so hin durch die vier Kriegsjahre – immer vaterländisch, aber von der Hochstimmung langsam in grauen Trübsinn mündend. Papier war nicht knapp im Ersten Weltkrieg; alle Publikationen erschienen wie gewohnt. Die Journale hielten auf Eleganz und guten Ton: Die »Elegante Welt«

schrieb 1916: *Teekleider betrachten wir als den wichtigsten Bestandteil der neuen Ausrüstung.* 1917 fand dieselbe Zeitschrift einen großen Vorteil für die Damen heraus: *Der Krieg hat zahlreichen Damen eine wirtschaftliche Selbständigkeit gebracht, von der sie früher nichts ahnten. An Stelle ihrer einberufenen Gatten verwalten sie das Vermögen, oft nehmen sie auch die geschäftliche Vertretung des Gatten wahr, und so haben sie die Möglichkeit, über größere Beträge zu verfügen.*

In der Tat, war der Ehemann vorübergehend seiner wirtschaftlichen Sorge enthoben, war zeitweise unmündig. Seine Frau hatte Gelegenheit, sich mit den Geschäften vertraut zu machen und einmal souverän mit Geld umzugehen.

Schließlich gab es auch Kreise, die der Krieg nicht sehr hart traf: Das Familienoberhaupt war nicht an der Front, sondern an verantwortlicher, aber sicherer Stelle, in der Etappe tätig. Herren im Alter ab Ende Vierzig waren überhaupt in der Heimat verblieben. Auch waren nicht alle Söhne an der Front. Es gab die Zurückgestellten, die nur bedingt Tauglichen. Das Bild des zivilen Lebens im Lande war nicht total entstellt. Jedenfalls hatten die Journale für die vornehme bürgerliche Welt Anlaß genug, ihre Themen so zu präsentieren, als seien sie aktuell: Mode, Geschmack, Geselligkeit, Reisen. Im Kohlrübenwinter 1917, dem Jahr, in dem diese gelbe, herbe Feldfrucht die Familien vor dem Verhungern bewahrte, meldete die »Elegante Welt«, die modische Linie der Saison heiße *Saloppe Grazie.* Mit der zunehmenden Verschlankung der Damen ging gewiß ihr Interesse an grazilen Kleiderschnitten einher.

»Das vornehme bürgerliche Heim« war der Titel eines prachtvollen Bildbandes, der 1917 von der gänzlichen Wandlung des Wohngeschmackes kündete. Die Illustrierten Zeitungen zeigten bereits, wer so wohnte. In lichtdurchfluteten Wohnungen standen sehr helle Möbel, im sonnenhellen Frühstückszimmer sollte man feingestreifte Tapeten haben, schmale hellgeblümte Übergardinen. Oder es war ein Kontrast zwischen dunklen Möbeln und hellen Tapeten anzustreben. Man staunte: Elegante Leute hatten noch – oder schon wieder? – Himmelbetten, oder doch Betten, die ringsum mit einem weißen Vorhang umzogen waren. Wandmalereien von Malern, die keinen extrem modernen Stil vertraten, aber geschmackvoll dem Anspruch feinsinniger Bürger entgegenkamen, statteten Räume aus, zum Beispiel ein Damenzimmer mit Szenen aus dem Frauenleben. Vornehmheit drängte zu einfachen Formen. Der Wert der Möbel aus teuren Hölzern wurde durch Intarsienarbeit noch erhöht. Neben dem immer noch beliebten Mahagoni spielten nun Ahorn, Kirsche, Birke, Nußbaum und Palisander eine bedeutende Rolle. Weiße Vertäfelungen in Neben- und Durchgangsräumen, Wohndielen mit Schmucksimsen – Vorschläge, für hochherrschaftliche Großvillen gedacht, wo Marmorkamine, Wintergärten, große Erkerhalbrunde ins Auge fallen sollten. Besonders die weißlackierten Möbel in Damen-, Töchter- und Ankleidezimmern verdeutlichten den neuen Geschmack, in Wohn- und Herrenzimmern wurde der Liebe zu dunklen Möbeln noch Raum gegeben. Dunkle Eiche wies Schnitzwerk auf, aber das war die Arbeit eines noch dem Jugendstil nahestehenden Künstlers, der eine ganze Schrankfläche mit einer hingelagerten Frauengestalt gefüllt hatte. Ankleidezimmer hatten Waschbecken mit fließendem Wasser; Badezimmerwände waren ganz mit Fliesen belegt – das war der modernste Luxus. Geschmack zu haben, war eine strenge Forderung der anerkannten Geschmacksbildner, die für »die Deutschen Werkstätten« arbeiteten. Einen solchen Geschmack zu erwerben, mußte der Bürger erst einmal das Milieu kennenlernen, in welchem Ansprüche gedeihen können. Wer nicht in angestammter Vornehmheit großgeworden war, mußte der nächsten Generation der Familie das Trachten nach den erforderlichen Räumlichkeiten überlassen, in denen es – neben den Standardräumen – Hallen, Dielen, Vorplätze einzurichten gab, Empfangszimmer, Fremdenzimmer, Anrichtezimmer. Die Lehre des vornehmen Geschmacks lautete zwar, daß jedermann das für seine Verhältnisse Passende im guten Geschmack auswählen solle; aber der Kult mit den schönen

Vom Plunder befreit

Formen und den edlen Materialien setze sich über die realen Vermögensverhältnisse der meisten Bürger hinweg und wandte sich dem Exklusiven zu.

Als der Krieg sich beinahe schon als verloren abzeichnete, als an den Fronten die furchtbaren Materialschlachten geschlagen wurden, als die Frauen in Sorge ihre Lebensmittelkarten einteilten, zum Hamstern aufs Land fuhren, waren doch die geschmacksbildenden Ästheten nicht müde, die den Menschen veredelnde Schönheit seiner Möbel und Geräte zu predigen. Es gab ja jegliche Schönheit zu kaufen – knapp waren nur die Nahrungsmittel.

Die »Innendekoration – Reichillustrierte Zeitschrift für neuzeitliche Wohnkunst« brachte – als hätten in dieser Zeit die Brautpaare keine andere Sorge als die um ihre zukünftige Wohnungseinrichtung – *Zehn Gebote für Brautpaare.*

So ihr heiraten wollt, heißt es da salbungsvoll, *bedenket beizeiten die Ausstattungsfrage Eurer Wohnung…*

Die Frau richte ihre Räume ein, der Mann die seinen; es braucht nicht alles über einen Kamm geschoren zu sein…

Streitet nicht, ob Ihr Euch ›modern‹ oder ›alt‹ einrichten wollt. Es lassen sich sehr wohl zu alten ererbten Stücken neue Ergänzungen schaffen. Kauft aber nicht alten Kram dazu. Das Problem der Zeit lautet: sich nicht in alte fremde Stücke setzen, sondern die Motive der alten erprobten Kultur neu zu gestalten!

Den Werkstätten lag natürlich am Verkauf ihrer neuen Möbel; da waren nur ererbte Antiquitäten gestattet.

Weiter heißt es: *Kaufet darum keine Fabrikware!*

Bei diesem Gebot mußte wohl manche Braut das Heft resigniert zuklappen: Ihre Eltern bewilligten die komplette Einrichtung – Schlafzimmer, Herrenzimmer, Wohnzimmer – im günstigen Garnitureinkauf im bürgerlichen Möbelgeschäft, das seine Waren aus den Fabriken für bürgerliche Möbel bezog. Das Gebot: *Sprechet mit den Firmen und Künstlern und lasset Euch nach Euren Gedanken die Stücke machen,* hat so mancher Bürger der maßvollen Mittelschicht sicherlich als lachhaft empfunden.

Wenn Ihr den Grundstock Eures Heimes habt, die Möbel, die Teppiche, die Vorhänge, wenige Bilder und Vasen, dann fügt langsam hinzu, was dem Ganzen noch starke Noten gibt, ein gutes Bild, eine Plastik, ein sonstiges Möbelstück. Wenn Ihr Euch gut eingerichtet habt, werdet Ihr bald merken, wie wenig sich in eine anfangs gut gestimmte Einrichtung nachtragen läßt. Darum legt gleich das Nötige an und spart lieber hinterher.

Höflich wurde doch noch die Möglichkeit bedacht, daß jemand sparsam sein wollte, nicht daß er es mußte. Mit mäßig oder unbemittelten Leuten zu tun zu haben, war in den Kreisen der Inneneinrichtung – die doch einst jedermann zum ästhetischen Glück führen wollten – nicht mehr vorstellbar.

Die ergänzenden Vornehmheiten eines kunstsinnigen Paars stehen heute in Museen. Gleichwohl läßt sich über ihren künstlerischen Wert streiten. Eine Tafeldekoration, die einen ganzen Brautzug in weißem Porzellan darstellt, den Bräutigam zu Pferde, die Braut auf einem Stier, im Ganzen vierundzwanzig Figuren umfassend, dazu ein Kandelaber, ebenfalls aus KPM-Porzellan, das alles verteilt auf dem Teetisch oder der Souper-Tafel, verdient zwar den Respekt vor der Leistung der Manufaktur, provoziert aber Zweifel an der Berechtigung der damals einsetzenden Geschmacksdiktatur, die seither die gesamte bürgerliche Schicht in Unsicherheit versetzt.

Schön waren die silbernen Service, die silbergetriebenen Blumenschalen, kombiniert mit Emailarbeit. Die Wollstickereien, die Seidenstickereien, noch immer vom Blumenmotiv nicht lassend, auf Kissen, Kaffee- und Teewärmern unterschieden sich, auch als Entwurf von Künstlerhand, nicht überaus deutlich von den naiven Blumenmustern der Hausfrauenstickereien. Damen arbeiteten aber als Künstlerinnen neue Handarbeitsmotive aus; sie exzellierten in Filetarbeiten, in Decken mit Weißstickerei für eine Anrichte, einen Serviertisch – die Oberflächen der edlen Hölzer wurden noch immer geschont, man sah keine blanke Oberfläche in der Wohnung. Schönes Tafelgeschirr war geschweift und geriffelt, einmal geduckt, einmal hochstrebend. Die Tüllen und Henkel der Kannen stellten immer neue Formprobleme.

Kronleuchter aus Kristall waren nun schon für elektrische Glühbirnen vorgesehen. Die Leuchtquellen wurden der Kerzenform nachgebildet. Der neue Stil, der sich streng wähnte, gestattete aber doch den Seidenschirm über der Lampe, verwarf auch nicht die Franse. Die seidenbespannte, befranste Stehlampe mit dem Bronzefuß zog ins Herrenzimmer ein: endlich die freistehende Leselampe. In den Empfehlungen der Wohnkultur wurde vorausgesetzt, daß in den in Betracht kommenden Wohnungen bereits elektrisches Licht vorhanden war. Die Befriedigung dieser neuen, hohen Ansprüche ließ jedoch keineswegs Rückschlüsse auf den Bildungsstand zu. Der schlichte Professor, der sich selbst als Mensch von gutem Geschmack empfand,

Formsalat

175

betrachtete zufrieden das Stilleben in seinem Wohnzimmer, auf dem jede Weintraube, jede Nuß wunderbar das Licht und die Kraft ihres Seins verkörperte und ein Hummer etwas Dämonisches einbrachte.

Kriegseinsatz

Er fühlte sich wohl im Ohrensessel, auf der alten Chaiselongue, hatte nichts gegen den Gobelin, auf dem feinfädig eine Rittergesellschaft mit ihren Krüge tragenden Knappen beisammensaß, braun in braun. Das Behagen, das ihm die Gattin bereitete, ersetzte ihm Marmorkamin und Wohnhalle. Er war Professor –, der geachtetste Titel – er besaß ihn.

Der Heldentod ging um, knickte die Mütter, Väter, Schwestern, vor allem die Bräute. Sie gingen in tiefem Schwarz – ein Jahr lang, das zweite Jahr in »Halbtrauer«: grau, oder schwarz mit weißer Garnitur. Vorbei die Ausschau nach geschmackvollen Wohnungseinrichtungen. Hastig geschlossene Kriegstrauungen ließen junge Witwen zurück.

In den Straßenbahnen knipsten Schaffnerinnen die Billets. In die Fabriken waren Rüstungsarbeiterinnen eingezogen. Die Frauen wurden gebraucht, sie gingen auf Arbeit wie die Männer. Das machte das bürgerliche Mädchen nachdenklich: Was eine Frau alles leisten konnte!

Bei allem Leid um die Gefallenen waltete doch die Gewißheit, daß die Front die Heimat beschützte. Man mußte nur durchhalten, die Lebensmittel einteilen, hamstern, dann wieder hungern.

Abgesehen vom gerecht verteilten Hunger, lebten die Bürger weiter im bürgerlichen Stil. Nur Tanzvergnügungen gab es angesichts der ernsten Lage nicht. Doch konnte man, zum Beispiel, ins Kino gehen. Zuerst gingen nur die Dienstmädchen dorthin – nun gingen auch die gnädige Frau und das gnädige Fräulein schon manchmal ins Kino. Dort saß man mit dem gewöhnlichen Volk zusammen – daran war schon zu erkennen: Es kam eine neue Zeit.

Man war nicht mehr so fein wie früher. Im Theater, ja, auch in der Oper verzehrte man in der Pause mitgebrachte Brote.

Herren trugen ihre Koffer selbst. Dieser

und jener trug sogar ein Paket, ein Päckchen – früher hätte dies seinen Rang als
Herr unkenntlich gemacht.
Man neigte auch zur Sparsamkeit. Kleider
wurden öfter geändert, aus zwei Kleidern
eins gemacht. Die Hausschneiderin zog
häufig für eine ganze Woche ins Haus.

Endlich war alles aus. Wenn der Kaiser
weglief! Da entsannen sich nun auch die
Bürger – jedenfalls überwiegend – ihres
Bürgerstolzes und wurden republikanisch.
Das »Berliner Tageblatt« meldete am
1. Januar 1919: *So ein Silvester hat Berlin
noch nicht erlebt. Mit dem Fallen des Tanz-
verbotes stürzte sich das Volk wie ein Rudel
hungriger Wölfe auf die langentbehrte Lust…
Nie ist in Berlin so viel und so rasend getanzt
worden… Zwischen Dreivierteltakt und
Straßenwirrwarr, zwischen Konfetti und roten
Fahnen gleiten alle Paare ins neue Jahr.*
Die Musik Paul Linckes und Walther
Kollos berieselte die wiedererwachte Freude der Überlebenden. Der Durchschnittsbürger war jetzt bestärkt in der Gesinnung,
die er unpolitisch nannte. Durchhalten,
abwarten, die Existenz sichern, zurück-
gezogen dem Leben sein bürgerliches
Behagen abgewinnen.

Bezugscheinfreie Kleider.

Hierzu   Aufnahmen v. E. Schneider.

6

Charleston getanzt –
und wieder Marschtritt gefaßt
1919–1933

Die Monarchie hatte nun nicht mehr viele Freunde im Bürgertum. Die Gloriole, in die sich Wilhelm II. gekleidet hatte: lächerlich! Daß man sich damit arrangiert hatte! Immerhin, wandten bürgerliche Damen ein, hatte die kaiserliche Familie auch ein Beispiel wahrer Vornehmheit gegeben, vor allem die hohen Frauen. Kaiserliche Familienfotos hatten erkennen lassen: Die Familie war das Höchste. Vater, Mutter und die Kinder – alles war in Harmonie getaucht: in die bürgerliche. Wie waren sie eingerichtet gewesen im Berliner Schloß: wie vornehme Bürger, gar nicht kaiserlich. Aber nun lebte er ja im Exil, der kaiserliche Herr. Seine Anhänger hatte er doch sehr enttäuscht.

Gesellschaftliches Interesse richtete sich auf den Kronprinzen, einen charmanten Mann, mit einer verehrungswürdigen Gemahlin. Bürgerliche Kreise fanden Unterhaltung in den Berichten und Bilder von kaiserlichen, königlichen, fürstlichen Familien. Durch sein Interesse für deren Lebensstil war der Bürger aber doch kein Monarchist. Die einen adeligen Namen besaßen, sollten ihn behalten, aber ein Adelsprädikat erwerben konnte nun kein Bürger mehr. Dann war ja der bestehende, nun nicht mehr zu erweiternde Adel eher noch exklusiver als zuvor? Aber nein –

diese Leute galten nun gar nichts mehr; der Adel war sozusagen abgeschafft. Sollten die Junker auf ihren Riesengütern sitzen – das imponierte nicht. Wieviele adelige ehemalige Offiziere sah man als Versicherungs-, als Weinvertreter ihr Leben fristen; sie hatten nichts mehr. Freilich konnte man sie in Industrie und Wirtschaft gebrauchen, zur Repräsentation: Ihr Name imponierte immer noch. Auch in der Diplomatie fand man doch noch den Adel: Diese Persönlichkeiten vertraten das Land mit Würde. Außerdem hatten sie eine aus Tradition gewonnene Erfahrung und eben die passenden Manieren.

Was man früher Gesellschaft genannt hatte, war aber etwas ganz anderes geworden: Jetzt konnte plötzlich jeder eine Rolle spielen, wenn er sich nur scharf als Typ von allem bisher Gekannten abhob. Rennfahrer, Filmdiven wurden vergöttert. Das Kino trug zur Ausweitung des Illusionshimmels bei, ja, es schuf ganz neue Paradiese, in die man sich hineinträumen konnte.

Intellektuelle, Salonkommunisten, Salondamen, Vamps, Gigolos, Stehgeiger, Kaffeehaustenöre brachten den Wein dieser ganz und gar neuen Lebensart zum Moussieren, während Patrioten in Randgebieten des kleiner gewordenen Vaterlandes noch erbittert für den Bestand des Deutschtums kämpften. Quer durch die Familien ging der Schnitt: Der eine Vetter schlug sich bei Annaberg in Schlesien, der andere tanzte Tango im »Esplanade« beim Five o'clock tea.

Das war wirklich eine Entscheidung: Wollte man Idealist bleiben? Sollte man lieber Genußmensch werden?

Es gab »gute Deutsche«, die den säbelrasselnden Patrioten sehr gern aus ihrem Blickfeld verloren. Freilich war der Versailler Vertrag hart, ungerecht, konnte nie verschmerzt werden. Zum guten Ton

Als die Bilder laufen lernten

empörter Vaterlandsliebe gehörte es, den
Vertrag als »Schanddiktat« zu bezeichnen.
Die Friedensbedingungen bereiteten den
Boden, auf dem der Begriff von der natio-
nalen Ehre und ihrer Wiederherstellung in
Bitterkeit überlebte und sich zur Wieder-
erweckung bereithielt.
Während die bürgerlichen Schichten such-
ten, sich in den Konflikten der in der neuen
Republik wirksamen Parteien zurechtzu-
finden, wurde ihr Leben beherrscht von der
Idee des Modernen. Die moderne Zeit war
in beinahe allen anderen Ideen übergeord-
nete Gewalt, ein Schicksal, das von der
Technik, von Kunst und Geschmack, vom
Sport über alle Menschen verhängt war:
imposant, mitreißend. Die Jugend jener
Zeit war frei von nostalgischen Gefühlen,
von Sehnsucht nach der Vergangenheit.
Das neunzehnte Jahrhundert wurde verachtet. »Modern« war das meistbenutzte
Adjektiv der Zeit. Die neue Linie mit

ihrem Tempo weckte jetzt erst das Empfinden: Man war wirklich im zwanzigsten Jahrhundert.

Im Rückblick auf das erste Drittel unseres Jahrhunderts könnte es, bildlich, so aussehen, als seien die Menschen durch einen dunklen Tunnel – die Jahre 1914–1918 – gekrochen, um am Ende ins Licht des zwanzigsten Jahrhunderts zu gelangen, als moderne Menschen. Die bevormundete, unfreie Frau, in den pompösen Gewändern entlegener Zeiten, zwängte sich durch die letzte Strecke ihrer Versklavung – und nun stand sie da: ein schmales Figürchen im kniekurzen Kleid, mit Pagenkopf, ein gänzlich neues Wesen, mit dem die Männerwelt hinfort rechnen mußte.

Das Bild so jäher Verwandlung ist berückend. Wahr ist aber, daß der Wechsel langsamer vor sich ging. Wir sehen in Filmen der Zeit, daß ältere und alte Frauen, besonders die armen, verhärmten, noch in fußlangen Röcken gingen, die Haare am Hinterkopf zum Dutt aufgesteckt. In der öffentlichen Berichterstattung zählten damals Kleinstadt und Land nicht mehr – das Leben hatte sich dort nicht in Richtung der Moderne verändert. Dort trugen die alten Damen noch immer das schwarze Häubchen und das schwarze Umschlagtuch, die Gesellschaft bestand weiterhin aus den Honoratioren der Kleinstadt: Bürgermeister, Schulrektor, Arzt, Apotheker, Fabrikant, Gutsbesitzer, Oberförster, Forsteleve. Die Moden erreichten die Kleinstadt zwei Jahre später. Man achtete peinlich darauf, jeden Herrn mit seinem Titel anzureden, selbstverständlich auch seine Frau. In der Großstadt wußte man, daß der Titel des Mannes der Frau nicht gebührte – sie sollte ihn ablegen. Allerdings hielten sich die meisten Damen nicht daran, und auch der Doktor, der Professor, wollte das nicht – seine Frau sollte »Frau Professor«, »Frau Doktor« sein. Deshalb legten Mädchen, die promoviert hatten, Wert darauf, »Fräulein« zu sein, damit klar wurde, daß sie den Titel nicht erheiratet hatten.

Berlin war der Moderne am nächsten: Es war so heruntergekommen im Großstadtelend, so wenig mehr Hauptstadt eines militärischen Kaiserreiches, so sehr das Quartier einer intellektuellen, skeptischen, umstürzlerischen Gesellschaft, daß das zwanzigste Jahrhundert dort seine Signale setzen konnte. Man fühlte sich nicht in den zwanziger Jahren, sondern endlich angekommen im zwanzigsten Jahrhundert. Dies doppelte »Zwanzig«, als handele es sich um eine magische Zahl, war bildkräftig, zukunftsberauschend – futuristisch.

Die Zukunft – man hatte es geahnt – würde eine verrückte sein; nun war sie da. Die neue Zeit war die Zeit der Metropolen. Dort lebte man mondän, amüsierte sich, man hatte Witz, war intellektuell. Man erkannte, intelligent und nüchtern, daß künftig jeder Krieg Wahnsinn wäre. Besonnene Bürger konnten der Losung »Nie wieder Krieg!« nur zustimmen. Im Ganzen aber war eine Epoche gekommen, da die bürgerliche Klasse mehr als jemals in ihrer Geschichte die Vertreter einer humanitären Moral stellte.

Kur Tucholsky forderte:

Keine Wehrpflicht! Keine Soldaten!
Keine Monokel-Potentaten!
Keine Orden! Keine Spaliere!
Keine Reserveoffiziere!
Ihr seid die Zukunft! Euer das Land!
Wenn ihr nur wollt, seid ihr alle frei!
Euer Wille geschehe: Seid nicht mehr dabei!
Wenn ihr nur wollt: bei euch steht der Sieg!
Nie wieder Krieg!

Einer sehr großen Anzahl mißvergnügter Bürger war diese ganze neue Menschlichkeit aber doch suspekt; immerzu »Humanität« – ein Wort, das der Lebenstüchtigkeit des Menschen widersprach. Wo käme man hin, wenn man allen Menschen, die in der Misere saßen, helfen wollte? Jedem Bettler etwas geben? Ein neues Wort wurde gebildet: »Humanitätsduselei«. Der Mann wollte sowieso nur Geld zum Versaufen. Die gute Schmalzstulle warf er auf die Hintertreppe.

»Betteln und Hausieren verboten« stand am Portal der herrschaftlichen Häuser, und doch klingelte es täglich mehrmals an der Hintertür; die Bettelei war eine Erscheinung des täglichen Lebens. Das Dienstmädchen ließ die Kette vorgelegt, meldete der gnädigen Frau: *Ein Bettler. Er möchte etwas zu essen. – Geben Sie ihm eine Klappstulle mit Margarine und Leberwurst,* sagte die Dame, oder *Nein, er kriegt nichts. Es waren heute schon zuviele da,* oder *Hier, geben Sie ihm einen Groschen.* Hausierer boten an derselben Tür Schnürsenkel und Sicherheitsnadeln an, Blinde kamen mit Bürsten, die in Blindenanstalten hergestellt waren, Blinde traten als Sänger und Ziehharmonikasspieler in den Hinterhöfen auf, Blinde und Einbeinige saßen an belebten Ecken auf der Straße, eine Mütze vor sich. Man wußte, daß manche gar nicht blind waren, und auch die kinderreichen Elternpaare, die singend an den Fensterfronten hinaufsahen und auf Sechser und Groschen warteten, hatten sich oft ein paar Kinderchen für ihren Auftritt ausgeborgt. Gute Musikanten hatten auf den Hinterhöfen beträchtlichen Erfolg. Hausfrauen und Dienstmädchen hörten ihre Lieder gern, sangen die neuen Schlager mit. Der Groschen wurde in ein Stück Zeitungspapier gewickelt, der herunterfallenden Gabe nachgeblickt, bis sie, bei kurzatmiger Unterbrechung des Gesangs mit einem

»Danke!« mit Blick nach oben aufgehoben worden war. War der Himmel über dem Hofgeviert mit dem Ahornbaum blau, durfte der Hofmusikant mit erhöhter Spendenfreudigkeit rechnen. Seiner geregelten Tageseinnahme konnte vor allem der Leierkastenmann recht sicher sein. Die alten Märsche klangen auf seinem Instrument gemildert und verklärt, die Operettenmelodien und Schlager von neuester Aktualität klangen wie schon lange vertraut. Sensationell waren die Auftritte von Spezialisten, die am ganzen Körper mit Instrumenten ausgerüstet waren: auf dem Kopf einen Schellenbaum, auf dem Rücken eine Pauke, die mit dem Fuß betätigt wurde, vor der Brust eine Ziehharmonika. Ein solcher Künstler übertraf noch den Drehorgler, der mit einem Affen in rotem Jäckchen auftrat. In der Hofmusik kam jetzt auch die »Singende Säge« in Mode; es war zum Staunen, was mit gefühlvollem Bogenstrich diesem einfachen, langen Metallband an Melodien in nervendurchdringendem, klagenden Ton zu entlocken war. Die klassische Figur der Hinterhofmusik war seltener geworden, aber es gab die »Harfenjule« noch, eine verhärmte Frau, die sich mit edlem Anstand auf einem Klappstühlchen niederließ und ihre Harfe vor sich aufbaute. Sie galt als das verkörperte Elend, erregte immer Mitleid.

Peinigende Gegensätze waren immerwährend sichtbar: Auf den Straßen standen in kurzen Abständen die Bettler. Ein Foto der Zeit hielt einen Offizier fest, der in seiner Uniform auf dem Pflaster vor einem Kaufhaus saß, einen einbeinigen Kriegskrüppel – das Wort »Behinderter« war noch

Kriegsgewinnler

nicht erfunden. Drinnen, im Kaufhaus –
Bonbonduft, Charmeusewäsche, Bembergseide…

Den Leuten, wie sie da auf den Straßen
hasteten oder flanierten, ging es, in den
zeitgemäßen Nuancen, sehr verschieden.
Innerhalb des bürgerlichen Standes waren
die Schattierungen sehr fein und nicht
ohne weiteres wahrnehmbar, weil das
Standesansehen nach außen immer
gewahrt wurde. Die einen mußten mehr
oder weniger rechnen, andere mußten es
nicht. Man verstand, die Defizite an Kleidung, Ernährung, Annehmlichkeiten aus-
zugleichen; die Hauptsache war, daß die
Grundkosten aufgebracht werden konnten.
Am Ersten mußte die Miete bei der
Portierfrau eingezahlt werden, die den
Betrag im Mietbuch quittierte.

Der Portier wurde jetzt mit »Herr« angere-
det, worin sich die Bemühung des neuen
Regimes um soziale Gleichschaltung aller
Stände ausdrückte. Das Dienstmädchen
war offiziell auf den Arbeitsämtern als Stütze der Hausfrau deklariert, was sich freund-
licher anhörte und ihr mehr Würde gab,
obschon sie die gleiche Arbeit verrichtete.
Herren wurden von niemandem mehr als
»gnädiger Herr« angesprochen, wohl aber
behielten die »gnädigen Frauen« und
»gnädigen Fräulein« ihre verbale Auszeichnung. Ladeninhaber und Verkäufer
gewöhnten sich, jedwede Kundin, trat sie
nur würdig auf, gnädige Frau zu nennen –
das hob den Umsatz.

Der bürgerliche Stand setzte sich wieder
einmal neu zusammen. Schon wieder
waren Emporkömmlinge aufzunehmen:
die Kriegsgewinnler, die Schieber, die Raffkes. Neu in der eleganten Gesellschaft
waren viele erfolgreiche Schneider und
Schneiderinnen, die luxuriöse Maß-Salons
unterhielten und auf deren Modeschauen
sich die Reichen und Prominenten drängten. Ungeheure Blumendekorationen

wurden an diesen Tagen in den Mode-
salons aufgefahren; goldene Stühle,
Boudoir-Zauber, Gesellschaftsgeplauder,
außerordentlich schöne Mannequins ließen
erkennen, welch üppige Lust an Schönheit
und Chic diese Modemacher zu verbreiten
in der Lage waren, hatten sie den finanziell
manchmal abenteuerlichen Aufstieg erst
einmal geschafft. Die kleine Schneiderin
von gestern war jetzt die große Dame, die
morgens ausritt. Berlin allerdings war hierin nur ein schwacher Abglanz von Paris, wo
die großen Créateure der Haute Couture in
unerhörtem Luxus lebten.

An den Kriegsgewinnlern und erfolgrei-
chen Schiebern wie an den traditionell
Reichen war in diesen Zeiten viel Geld zu
verdienen mit dem neuen Geschmack, mit
der neuen, aufwendigen Lebensaus-
stattung.

In Deutschland war der Raffke die von
anständigen Kreisen tief verachtete Figur,
ein mieser Typ, der es verstanden hatte, aus
der Misere des Krieges Nutzen zu ziehen.
Nun sollte er auch darunter leiden, daß er
in seiner Unbildung, mit seinen schlechten
Manieren zur Witzfigur wurde. Die zahllosen Raffke-Witze nahmen besonders Frau
Raffke aufs Korn, die sich mit Schmuck
und Pelzen behängte, falsches Deutsch
sprach und durch jede Art von Aufwand zu
vertuschen suchte, daß sie »keine Kinderstube« hatte. Die ahnungs- und kinderlose
Person, die das Tuscheln über die fehlende
Kinderstube vernommen hatte, zeigte dem
nächsten Besucher in ihrer Riesenwohnung
ein Kinderzimmer – um dem Makel ein
Ende zu bereiten. Das war einer der Witze,
mit denen Verachtung und Mißgunst sich
an ihr wetzten. Die Sicherheit, den Rang
des Bürgers, der Kinderstube hatte, dem
jedes Fremdwort vertraut war, die konnte
Raffke nicht kaufen.

Schön gedruckt, mit wenig Wert. Notgeld

Das Kapital aber – sei die Herkunft auch von Raffkes, im Großen war es ja doch bei den etablierten Industriemagnaten – brachte Bewegung in die Wirtschaft. Mochte es auch schlecht um sie stehen, so gab es doch eine Menge neuer Produkte, die neue Bedürfnisse erweckten. Das Kapital erzeugte die Mode, die Modernität, die technischen Wunderwerke, die großen Sportkonkurrenzen, die Amüsierszene, die schicken Magazine, die Reklame, den Boulevardbetrieb, den Kino-Boom, den Seebäder-Rummel, das gesamte »Waren Sie schon da?« – »Haben Sie schon gesehen?« Mit bürgerlichem Anstand und mit Bescheidenheit konnte dem Zeitgeist nicht mehr entsprochen werden. Die Klasse verteilte sich auf eine Geld-Oberschicht, auf eine Intellektuellen-Oberschicht, ein gediegen dem Zeitgeist nachhinkendes mittleres Bürgertum, ein vielfältig benachteiligtes Kleinbürgertum.

Die Inflation entließ die Pfiffigen als Gewinner, die finanziell Ungewandten als Verlierer. Grundbesitz war verschleudert worden; nun standen die Leute, die ängstlich und unkundig gehandelt hatten, vermögenslos da. Hinfort gehörte in die bürgerliche Biographie der Vermerk: »In der Inflation alles verloren.« Ähnlich nahm sich in der Biographie der unverheirateten Frauen der Seufzer aus: »Den Bräutigam im Krieg verloren!« Manches Fräulein

schmückte seinen Lebensrückblick damit aus, ohne daß sie einen Bräutigam gehabt hatte. Von einer hübschen Lehrerin aber nahmen die Schülerinnen ohne weiteres an, daß der Mann, den sie geheiratet hätte, im Krieg gefallen war.

Notgeldbehelfe, Inflation, Weltwirtschaftskrisen, Bankkräche kennzeichneten die zwanziger Jahre als Epoche der Verzweiflung. Die Szenerien des Chaos, des Amüsements, des kühnen Geschmacks und des Witzes, dazu eine nie zuvor gekannte geistige Freiheit führten zur Bildung der legendären Akklamation, es habe sich um die »Goldenen Zwanziger Jahre« gehandelt. Diese Fehleinschätzung ist in der Gegenwart berichtigt worden: Die turbulenten, eben die »roaring Twenties« – diese Charakterisierung ist passender.

Die Technik und ihr Fortschritt wurden angebetet. Der Faszination der Maschinen, der Automobile, der Flugzeuge, des Zeppelins, der Elektrizität, des Verkehrstempos konnte sich niemand entziehen.

Die Künstler des Expressionismus, die in den zehner Jahren die wachsende Macht von Dämonen, die Großstadt der neuen Zeit als Moloch dargestellt hatten, blieben mit ihren Befürchtungen hinter dem mutigen Zeitgeist zurück. Jetzt wurden Technizität, Hektik und Raserei eher kalt verhöhnt, wie in einem Gedicht Bertolt Brechts:

Siebenhundert Intellektuelle beten
einen Öltank an
Du bist nicht gemacht aus Elfenbein und
Ebenholz, sondern aus Eisen.
Herrlich, herrlich, herrlich!
Du Unscheinbarer!
Du bist kein Unsichtbarer
Nicht unendlich bist Du!
Sondern sieben Meter hoch.
In Dir ist kein Geheimnis
Sondern Öl.
Und Du verfährst mit uns
Nicht nach Gutdünken, noch unerforschlich
Sondern nach Berechnung.
Was ist für Dich ein Gras?
Du sitzest darauf.
Wo ehedem Gras war,
Da sitzest jetzt Du, Öltank.
Und vor Dir ist ein Gefühl
Nichts.
Darum erhöre uns
Und erlöse uns von dem Übel des Geistes.
Im Namen der Elektrifizierung
Der Ratio und der Statistik!

Profitgeier

Gleichwohl, was als bedrohende Umwälzung aller Werte begriffen werden konnte, wurde angenommen als Ausdruck der neuen Zeit. Dem Expressionismus der Furcht folgte der Expressionismus des grellen Dabeiseins, teils ekelerfüllt-kritisch, teils enthusiastisch. Die Zeit hatte für alle etwas. George Grosz und Otto Dix widmeten sich der Darstellung des häßlichen Deutschen – ein schon klassisches Sujet, von erneuerter Ergiebigkeit. In den da wiedergegebenen Szenerien fanden sich Bürger des gängigen Lebenszuschnittes nicht ein, deshalb konnten sie sich in diesen Bildern nicht wiedererkennen. Sie hielten sich fern von Räuschen, fern von den Sündenbars, wo Champagner floß und leichte Mädchen auf den Knien kahler, fetter Kavaliere saßen. Der bloße Name »Bar« war für den Bürger noch jahrzehntelang verdächtig.

Wiederum konnte er alles genießen, was Massenberauschung bot; er gehörte mit zum Publikum, für das die Lichtreklamen glitzerten, die Tanzkapellen aufspielten, Revuegirls die Beine schwenkten, Diseusen die Hüften drehten, Rennfahrer die Pedale traten, Kinoleinwände flimmerten.

Die Tanzwut griff um sich. Vergnügen war nicht mehr auf den Sonnabend-Abend beschränkt – man konnte es alle Tage haben. Der Jazz riß die Jugend hin; die Eltern konnten sich an diese Musik nicht gewöhnen. Schöner war doch die gepflegte, gefühlvolle Tanzmusik, die mit schmachtendem Gesang den Frauen huldigte. *Oh Donna Clara, ich hab' dich tanzen gesehn, oh Donna Clara, du bist wunderschön.* Die Tenöre, die zum Five o'clock tea in vornehmen Hotels auftraten, sangen hoch und feminin, als komme ihre Stimme aus dem Krawattenknoten. Sie hatten enganliegendes, pomadisiertes Haar und vertraten den neuen Männertyp des unterwürfig anbetenden Kavaliers; dasselbe galt für den

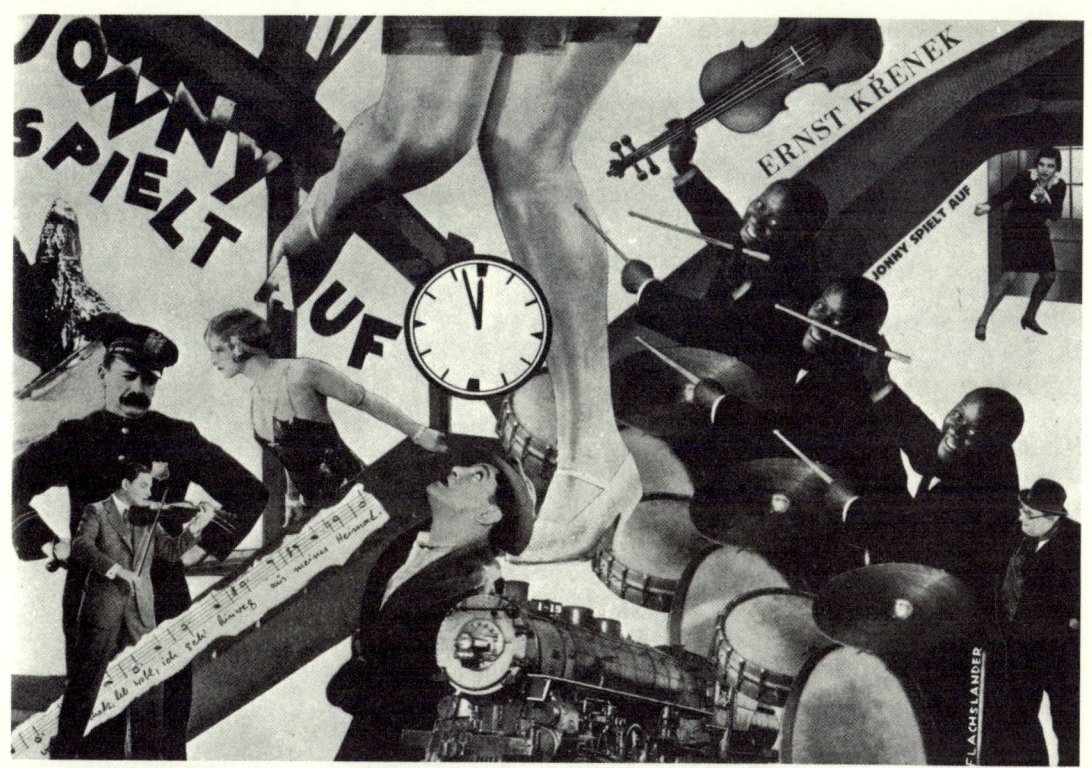

Stehgeiger, für den Mann am Klavier.
Konzertcafés waren an allen Wochentagen
nachmittags voll besetzt. Die Damen
hatten träumerische Gedanken, als zögen
sie in Erwägung, ein solcher Typ von Mann
könnte ihnen einmal näher treten.
Neben weinenden Geigen ließen sich Saxo-
phone hören mit diesem neuen, strengen
und zugleich schmeichelnd-bebenden Ton.
Geigen weinten. Die Musik drehte sich nur
um die Frau, so als sei sie etwas unerhört
Rares und Kostbares – während doch in
Wahrheit zwei Millionen Männer fehlten,
die Frauen also in niederschmetternder
Überzahl waren. Die Mädchen aber, die
ausgingen, auch gegen den Willen der
Eltern, hatten die Vorhand im allgemeinen
erotisierten Vergnügen. Auch bescheidene
Höhere Töchter wagten sich im Seiden-
fähnchen auf die mondänen Bummel-
straßen, setzten sich schon bei Tage vor die

*Die Welt ist kaputt
und die Kunst geht kaputt:
Dadaismus*

Cafés in die Sonne. Bereits vormittags waren die Stuhlparaden dort voll besetzt mit eleganten Müßiggängern. Jeder und jede konnte das Spiel spielen: Unabhängig sein, Zeit haben, sehen und gesehen werden.

Was ein Fräulein aus guter Familie allerdings nicht wagte, war ein Tanzcafé aufzusuchen ohne männliche Begleitung und sich von einem fremden Herrn auffordern zu lassen. Es war schlechterdings unmöglich und hätte sie in die Nähe der Prostitution versetzt. Auch eine Freundin kam als Begleitung nicht in Betracht.
Manche verheiratete Dame indessen legte ihre Biederkeit ab und ging, wenn ihre Verhältnisse freiheitlich genug waren, nachmittags zum Tanztee in das mondäne Hotel, wo die unvergleichliche Tanzkapelle spielte. Bernhard Etté, Barnabas von Gézy: Das waren große Meister der schönen, süßen, der flotten und beschwingten Tanzmusik. Ja, die elegante Dame gestattete sich, mit einem fremden Herrn an solchen Orten zu tanzen. Es mußte ja nicht herauskommen. Eintänzer, die Gigolos, hatten einen süß-verruchten Ruf; man nahm von ihnen an, sie seien eigentlich doch Herren, ja, ehemalige Offiziere. Der Schlager vom schönen Gigolo belebte die Phantasie.
Es gab Cafés, die den speziellen Ruf genossen, sie seien Stätten der Anschluß-Suche: Durchreisende Herren konnten sich durch Blicke mit Damen verständigen, die gegen ein Abenteuer keine ernsten Einwände hatten.

Der Flirt – ein neuer Aspekt der Erotik – wurde zur besonderen Kunst und Mode. Der Augenflirt, der Plauderflirt, sehr aufregend für die jungen Mädchen, von den jungen Herren mit unterschiedlichem Talent geübt. Es gab verwegene Damen, die nichts dagegen hatten, auf der Straße angesprochen zu werden. Töchter aus gutem Hause fanden es aufregend, erzählten es aber zu Hause nicht; eine Straßenbekanntschaft hatte starken Hautgout. Shimmy, Foxtrott, Tango und Charleston waren die beliebtesten Tänze. Von höchster Eleganz war der Slowfox – ohne Schließen der Füße, immer gleich in die nächste Schleife die Schritte geführt, in weicher, träumerischer Drehung.
Der Charleston mit seinem lustigen Nach-hinten-Wegwerfen der Beine war aber doch der flotteste Tanz, der gemäßeste Ausdruck für die Lebenslust der Zeit. Gutmütige Eltern räumten wieder das Herrenzimmer aus und ließen ihre herangewachsenen Kinder Hausbälle geben. Ihre lenkende Teilnahme an der Vergnügung war nicht mehr sehr erwünscht; es genügte, wenn der Vater die Getränke und die Zigaretten bereitstellte, die Mutter die Platten mit belegten Brötchen zurechtmachte. Ein Klavierspieler wurde nicht mehr benötigt, man hatte zehn bis zwanzig Tanzplatten, mit denen man auskam. Morgens gegen vier Uhr tanzte man zum zehnten Mal den Foxtrott »Hochzeit der Holzpuppen« oder nach dem Schlager: *Wenn ich die blonde Inge abends nach Hause bringe, dann sagen wir noch lange nicht Auf Wiedersehen, dann bleiben wir noch stundenlang im Hausflur stehen. Dann kommt ein langer, dann kommt ein langer, dann kommt ein langer, langer Abschiedskuß.*
Was sollten sich die guten Eltern dabei denken? Sie waren vorsichtig – sie wollten es nicht darauf ankommen lassen, als altmodisch geschmäht zu werden. Wenn sie

ES GEHT DIE LOU LILA,
VON KOPF BIS SCHUH LILA,
AUCH DAS DESSOUS LILA,
DAS MUSS MAN SEH'N.
SIE HAT DEN HUT LILA,
ER STEHT IHR GUT LILA,
WAS SICH DA TUT LILA,
IST NICHT MEHR SCHÖN.
ES IST IHR HEMD LILA,
WENN JEMAND KÖMMT LILA,
MACHT SIE DIE LAMPE LILA
BEIM LILA BETT.

Ganz in Lila

im Nebenzimmer saßen, sich wachhaltend bis zum Ende des Vergnügens und dann, vielleicht, die süße Musik von »Faszination« hörten, die aus ihrer eigenen Epoche überdauert hatte, fanden sie es schön, daß diese wunderbare Melodie noch immer gespielt wurde: die Seligkeit ihrer eigenen Jugend, das Brillierstück der einst mondänen Hotel- und Kurorchester, das Paradestück geschmackvoller Salonmusik. Die damals ebenfalls berühmte »Toselli-Serenade« schien aus der Mode gekommen. Was gab es jetzt für dumme Schlager: »Ich reiß dir eine Wimper aus und stech dich damit tot…« Nun ja, Vater und Mutter waren auch einmal durch den Saal galoppiert nach dem Schlager: »Auf dem Baume, da hängt'ne Pflaume…« Das war aber doch einfach und lustig gewesen… Am Schluß wollten die Eltern doch noch einmal in Erscheinung treten und die Gäste verabschieden. Die ersten Bahnen fuhren schon wieder, es wurde bereits hell. Jede Dame mußte – noch nach dem Grundsatz: Eine Dame geht nachts niemals allein auf die Straße – von einem Herrn nach Hause gebracht werden, auch wenn dieser anschließend noch einen langen Heimweg hatte.

Fritzi Massary sang: »Ich bin eine anständige Frau...« Die Operette gelangte zu einer neuen, kaum glaublichen Blüte. Paßten diese Melodien, und, immer noch, Walzerseligkeit noch zu den Menschen? Das war doch keine moderne Kunstform, keine moderne Musik? Gleichviel, die Premieren waren große gesellschaftliche Ereignisse; auf der Bühne sah man höchste Eleganz, wunderbare, wirklichkeitsferne Attitüden, reizende Koketterien, hörte herrliche Stimmen – man fühlte brausende Lebenslust; ja, das Leben war lebenswert.

Varietés, Kabaretts, Revuen – Kleinkunst, Artistik, Chansons, Marschkolonnen von Ballettratten, angekündigt durch Illuminations-Laufschriften, sorgten dafür, daß alles Graue, Alltägliche vergessen werden konnte. Berlin war Deutschlands Hauptstadt, auch des Savoir vivre. Onkels und Tanten, die vom Land auf Besuch kamen, mußten an solche Stätten ausgeführt werden. Der Provinzonkel, auf Amüsierpfaden im Sündenbabel Berlin, war ein belächelter Typ der Zeit, obschon große Mengen braver Bürger in Berlin solche Vergnügungen selbst auch nur anläßlich eines solchen Besuchs erlebten.

Jüdischer Witz und jüdisches Talent brachten Berlin seinen hervorragenden Ruf, seinen Ruhm. Jüdische Künstler waren Stars auf den Bühnen der ernsten wie der leichten Theaterkunst. Antisemitismus schien es nicht zu geben. Der gebildete Bürger kannte ihn nicht. Wenn ihm vieles an der modernen Kunst und dem neuzeitlichen Unterhaltungsbetrieb nicht zusagte, die neuen Töne ihm zu grell, zu frech waren, so lag das an den Grenzen seiner herkömmlichen Auffassung von Bildung. München war wie seit je die Hauptstadt des frivolen Faschings. War der rheinische Karneval weiterhin vom Geschmack der Jecken bestimmt, so gaben in München nach wie vor die Künstler den Ton an. Die Zeiten der Räterepublik, des Kapp-Putsches, waren überwunden – der Geist der Kunststadt wurde eher wieder unpolitisch. Die gesellschaftlichen Kreise mischten sich auf dem Bal paré, wie bei allen Faschingsfesten; das frisch-fröhliche Amüsiermädel auf dem Schoß des Herrn, der nicht schön, aber spendabel war, fragt ihn: *Was? die Centy Wurzbichler ham'S kennt? Da san'S vielleicht gar mei Vater!*

»Modern« und »Altmodisch« war das meistgebrauchte Kontrast-Wortpaar. Waren die meisten Bürger in ihrer Lebensweise noch überwiegend altmodisch, so mochten sie doch in ihrer äußeren Erscheinung nicht zurückstehen. Die Mode diktierte, was man anzog. Die Anzüge des gesetzten Herrn waren jetzt allerdings so haltbar, daß er sie lange tragen mußte. Eitelkeit fehlte ihm, und die Ehefrau stützte sie nicht. Die Neuanschaffungspläne betrafen mehr die in rasendem Tempo wechselnde Damenmode. Die Garderobe der Dame war, im Verhältnis zu der der Herren, immerhin billiger. Die Damenjournale heizten ihre Leserinnen mit Informationen, Vorschlägen, Vorschriften und Schnittmustern

Ernst Matray Katta Sterna Wintergarten

ständig an – darin war keine Veränderung eingetreten; im Gegenteil, jetzt gab es noch mehr Zeitschriften, darunter auch solche für biedere Damen, die kein Geld verschwendeten: Sie hielten sich »Das Blatt der Hausfrau«, das außer Schnittmustern auch Kochrezepte und Haushaltsratschläge vermittelte. Die Journale für die höheren Kreise gaben zu bedenken, daß es laufend mehr Gelegenheiten des gesellschaftlichen Lebens gab, auf welche die Garderobe minutiös abgestellt werden sollte. Mehr Sportkleidung, abwechslungsreichere Amüsiergarderobe, mehr Kostüme für den Alltag. Trat eine Frau mit dem Hut der vorigen Saison vor den Spiegel, mußte sie sich vor Lachen ausschütten. Der Mann, der Vater mußte das einsehen und zahlen. Die Länge der Kleider wechselte von wadenlang zu kniekurz. Gleich nach dem

Eine neue Zeit, ein neuer Stil

Krieg ließ man die Beine zunächst in halber Länge sehen. Die Wade war von tonnenförmigen, jedenfalls weiten Röcken bedeckt; die Oberteile solcher Tanzkleider waren ärmellos und rund dekolletiert. Später erst kam das ungemein kurze Kleid auf. Man zeigte das Knie, das ganze Bein. Manche lustigen Wurstbeinchen sah man im Straßenbild; die Strümpfe aus Bembergseide betonten nicht bei allen Damen die Schönheit des Beins. Aber die Frau war befreit, mußte nicht länger humpeln oder trippeln. Sie konnte im Sitzen die Beine übereinanderschlagen, ungeachtet der Blicke so mancher älterer Damen; solchem Tadel zu trotzen, machte gerade Spaß, und die Jugend genoß es.

Auf das kniekurze Kleid folgte das Kleid mit dem Saum, der vorn hoch, hinten tief lag; schließlich kam das Zipfelkleid auf. Mit der Brennschere das Haar zu kräuseln, war altmodisch; jetzt hatte man zunächst die Ondulationsfrisur: In Wellen mit scharfem Knick legte sich das Haar um den Kopf. Und doch roch es noch manchmal in der Küche nach dem versengten Papier, das um die Lockenwickler gewickelt wurde: dies scherenartige Gerät mit den beiden Brennstöcken, das, papierumwickelt, über die Gasflamme gehalten wurde und dann Strähne für Strähne mit strenger Hitze in Lockenform brachte. Die Stirnlöckchen, Simpelfransen genannt, kamen nun wirklich aus der Mode, aber in den Schubladen der Waschtische und Frisierkommoden lagen die Brennscheren noch jahrzehntelang; man warf nichts weg.

Den größten Trumpf spielte die Frau gegen die Männer aus, wenn sie sich das Haar abschneiden ließ. Damit erst war die Befreiung der Frau abgeschlossen. Freilich mußte der Mann vorher um Erlaubnis gefragt werden. Aber – hatte er seiner Frau denn noch etwas zu verbieten? Diese Zeiten waren vorbei. Wenn der Vater der Tochter, der Gattin den Bubikopf nicht erlaubte – nun, so wurde er eben überrascht; auch eine strenge Mutter konnte von der Tochter vor die vollendete Haarrevolution gestellt werden. Das Bubikopfgezänk lieferte denkbar erbitterte Dramen – in der Arbeiterwohnküche wie am bürgerlichen Eßtisch. Der abgeschnittene Zopf in der Hand einer heulenden Frau mit Bubikopf wurde zum Objekt der Familientragödien, deren Ausmaß noch vergrößert wurde durch manchen Frauenkopf, zu dem die neue Frisur wirklich nicht passen wollte; eine Einheitsfrisur wurde allen und jeder geschnitten, einerlei, wie ihr Haar beschaffen war: Es strubbelte häufig über den Ohren oder hing ratlos und kurz ringsherum – der Protest war stärker sichtbar als eine neue Schönheit. Der neue Stil bildete sich erst in der Pagenkopffrisur richtig aus – vornehmlich an den dunkelhaarigen jungen Mädchen –, die dann zur Einheitsfrisur und sogar für spätere Zeiten zum klassischen Haarschnitt werden sollte. Gegen Ende der zwanziger Jahre kam der Herrenschnitt auf, eine weitgehende Vermännlichung der Dame, die Hemdbluse und Krawatte trug, dazu ein Monokel: très chic! Als die Chemie dem Frauenhaar die Dauerwelle bescherte, holten alle Glatthaarigen den Traum ihrer Jugend nach: endlich Locken! Morgens verabschiedeten sie sich von der

Der Garçonnetyp ist gefragt

Familie, sie würden erst am Abend vom Friseur wiederkehren, wo sie den Tag über Strapazen über sich ergehen ließen, die an alchimistische Prozeduren erinnerten. Das süße blonde Mädel mit Löckchen war kreiert; Lilian Harvey brachte deutschen Geschmack wieder an die Rampe. Allerdings war das Blondieren des Haars, der Gebrauch von Wasserstoff, in bürgerlich-soliden Kreisen verpönt, eine Dame tat das nicht. Solche Frauen sahen billig aus, deklassiert.

Zunächst aber wurde am schicken Frauentyp mit der glatten, dunklen Pagenfrisur alles sichtbar, was vorher undenkbar gewesen, vor allem ein schmaler, flacher Körper. Die »Garçonne« war entzückend knabenhaft und bezauberte – siehe da – nun doch viele Männer. Das Charlestonkleid fiel an diesen Körpern herab wie vom Kleiderbügel, und dies Kleid war ausersehen, in fernen Zeiten immer wieder sein Comeback zu erleben. Eleganz war nicht mehr die dekorative Ausbreitung herrlicher Stoffülle, sie wurde zur Eleganz des Körpers. Bein hieß der neue Blickfang. Der Körperteil, der einmal unanständiger als der Busen war, wurde jetzt zum erotischen Akzent. Der Begriff Sex kam aus Amerika nach Europa. Er bezog sich auf die Verführungsqualität der Frau. Sex-Appeal hieß das Geheimnis des Frauentyps, der Verlangen erweckte. Wie ein Frau im kurzen Kleid mit langem Bein einen Barhocker erklomm, das regte die Männer auf.

Die Bar war ein Lokal, wo ein Kind aus gutem Hause nichts zu suchen hatte. Bürgermädchen konnten die neue Frisur, die neuen Kleider tragen, durften Tanztees, Gesellschaften, Ballsäle besuchen, aber schon beim Schminken gab es Grenzen, die den Eltern zuliebe eingehalten werden mußten. Gut, die Töchter durften etwas Rouge auflegen, aber man durfte nicht sehen, daß es künstlich war. Der Natur konnte nachgeholfen werden, aber es durfte nicht bemerkt werden. Farbiger Nagellack, ausrasierte Augenbrauen, lange Zigarettenspitzen – das war etwas für

Huren und Vamps, für männermordende Abenteurerinnen, die jetzt gesellschaftsfähig wurden – aber nicht in der bürgerlichen Gesellschaft von gutem Stil! Die wahre Dame polierte ihre Nägel mit einem Pulver, sie benutzte einen nahezu farblosen Lippenstift, sie puderte sich die Nase, benutzte Matt-Creme und Cold-Creme, benutzte romantische, leichte Parfums: Veilchen, Maiglöckchen, wenn es hochkam: »Quelques fleurs«, aus Paris.

Es lag nahe, daß viele junge Damen danach strebten, keine »wahren Damen« zu sein, sondern es vorzogen, im modernen erotischen Stil begehrenswert zu sein: Sie rasierten sich die Augenbrauen, benutzten reichlich stäubenden parfümierten rosafarbenen oder weißen Puder, schminkten sich Herzmündchen à la mode. Manchen Verschönerungstrick wandte man erst an, wenn man aus dem Hause war – im Hausflur mit dem Taschenspiegel, bei einer Freundin, wo es legerer zuging.

Das Korsett war gefallen, das Leibchen war tot. Jetzt hielt der neugeschaffene Büstenhalter den Busen, der als solcher jedoch gar nicht mehr in Mode war. Die Taille war da, wo sie saß, nicht mehr gefragt, sie rutschte auf die Hüfte. Die Strümpfe wurden auf dem Oberschenkel mit rosettenverzierten Strumpfhaltern gehalten. Dann kam der Strumpfhaltergürtel mit den langen Gummibändern, Strapse genannt – sie begründeten in den erotischen Träumen der Männer ein neues Reich der Sinne. Aus diesem Gürtel entwickelte sich der Hüfthalter, der formende Kräfte besaß und schon wieder zum Korsett überleitete, das »die stärkere Dame« eben doch nicht missen wollte. Die Wäsche der Dame war aus Batist, Charmeuse, vor allem aber jetzt

aus Kunstseide. Die vorherrschende Farbe in der Wäschemode war ein bestimmtes Rosa, das »fleischfarben« hieß. »Fleischfarben« waren auch die Seidenstrümpfe. Schwarze Unterwäsche trugen wirklich nur verworfene Frauen.

Die Frauen betrieben die Ästhetisierung ihres Körpers nach dem Gesichtspunkt, er müsse jederzeit als Genußmittel von höchster Qualität sein. Sie rasierten sich nicht nur die Augenbrauen, sondern auch die Achselhöhlen und die Beine; wenn sie sich halbnackt zeigten – so wie Frauen sich seit Jahrtausenden nicht hatten sehen lassen –, so sollte nichts menschlich, sondern alles göttlich an ihnen sein. In ihrem Nacken surrte das Rasiermaschinchen des Friseurs, um den Haaransatz genau zu stilisieren.

Wie sie saßen, die Damen des neuen Stils. Ein Häufchen Ponys und große Augen, kurzes Schwarz, spitzes Knie, Spangenlackschuh. Die »Elegante Welt« schrieb:

Gerade in unseren Tagen ist die Art zu sitzen typisch für unsere Frauenwelt. Das Gaminhafte, das Juvenile, das Kecke, Unfrauliche wie das Sprunghafte, Fiebernde, Unruhig-Hastige unserer Tage spiegelt sie wider.

Man sagte der Frau in den mondänen Blättern, sie dürfe verwöhnt und anspruchsvoll sein. Die Männer betrachteten die neue Kapriziöse mit Ergebung, wenn auch manchmal seufzend. Theobald Tiger, alias Tucholsky, verulkt die »Frau, die nichts anzuziehen hat«:

Ich stehe schon eine halbe Stunde lang
vor diesem gefüllten Kleiderschrank.
Was ziehe ich heute nachmittag an?
Jedes Kleid erinnert mich…
also jedes erinnert mich an einen Mann.
In diesem Sportkostüm ritt ich den Pony.
In diesem küßte mich Johnny.
Das da hab' ich an dem Abend getragen,
da kriegte Erich den Doktor am Kragen,
wegen frech…
Hier goß mir seinerzeit
der Assessor Sauce übers Kleid
und bewies mir hinterher klar und kalt,
nach BGB sei das Höh're Gewalt.
Tolpatsch.
In dem… also das will ich vergessen…
da hab ich mit Joe im Auto gesessen –
und so. Und in dem hat mir Fritz einen
Antrag gemacht,
und ich habe ihn – leider – ausgelacht.
Dieses hier will ich überhaupt nicht mehr
sehn:
in dem mußt' ich zu dieser dummen Première
gehn.
Und das hier …? Hängt das immer noch im
Schranke?
Sekt macht keine Flecken? Na, ich danke!
Und den Mantel, das will ich nicht mehr
wissen,
haben sie mir beim Sechstagerennen
zerrissen!
Ich steh' schon eine halbe Stunde lang
vor diesem gefüllten Kleiderschrank:
Das nackteste Mädchen von ganz Berlin.
Wie man sieht: Ich habe nichts anzuziehn.

Die jungen Mädchen, welche Macht sie
über die Männer hatten mit ihren unerhört
gepflegten Körpern, gaben sich nicht
immer mondän, sondern liebten auch, sich
sportlich zu zeigen. Sie waren luft- und
sonnengewohnt; ihre weißen Gesichter
waren bald nicht mehr die große Mode –

jetzt wurde Sonnenbräune getragen, am Rücken fing sie an. Die Rückenausschnitte der Abendkleider sollten braune Haut sehen lassen. Frauen der alten Art brachten weiße, stille Schenkel ans Licht der Lidos, die jungen Mädchen aber waren luft- und sonnengewohnt. Ihre Oberschenkel sollten nicht wie Pudding aussehen, sondern nur leichte Schenkelfülle zeigen. Die Mädchen sprangen mit Kopfsprung ins Wasser, pfeilgleich vom hohen Sprungturm. Ein Frauenwunder, alles in allem.

Die Herrenmode bestimmte noch immer der Prince of Wales. Die Hosen des Herrn waren erst eng und knöchellang, die Schuhe spitz – so sah er am besten beim Shimmy-Tanzen aus. Später reichten die Hosen wieder bis tief auf die Schuhe und waren so weit wie zwei Röcke. Noch waren die Hemdkragen steif, wenn nicht bei sportlichen Gelegenheiten das Hemd mit dem Schillerkragen, weich umgelegt und offen getragen, bevorzugt wurde, was als allzu jünglingshaft ein bißchen belächelt wurde. Das korrekte Hemd mit Krawatte unter einer Weste oder einem Sweater mit V-Ausschnitt, am Vormittag und zu sportlichen Gelegenheiten getragen, entsprach dem neuen jugendlichen Stil, war aber doch niemals zu salopp.

Der Herr hatte nicht viel Möglichkeiten, sich zu putzen. Der junge Mann lehnte auch die Taschenuhr mit der Kette über der Weste ab; er trug eine Armbanduhr. Auch die Damen trugen Armbanduhren, nur kleiner, feiner, noch kostbarer. Die Uhr im Medaillon an der Kette war passé. Wollte man einem Herrn etwas Schmückendes schenken, kamen nur eine Krawattennadel, Manschettenknöpfe, ein Siegelring oder ein Ring mit einem großen flachen Halbedelstein in Frage. Das Protzen mit Brillant-Herrenringen überließ man den Neureichen.

So war der Herr gegenüber der Dame allmählich recht schmucklos geworden, zumal diese sich jetzt mit Diademen und Stirnreifen schmückte und sogar zum nur dekorativen Modeschmuck griff: Ketten aus Holzperlen, Glasperlen, »Negerketten« – weil die afrikanische Kunst gerade en vogue war; die Ketten hießen auch »Chokaketten«, und es gab sie passend zu jedem Kleid. Sich mit Straß zu schmücken, war – so fanden die wirklich vornehmen Leute – ordinär; dennoch, weil er ja auf den Revuebühnen üppig seine falschen Diamantenblitze verschoß, wurde Straß zum Modeschmuck, und manche Dame scheute sich auch nicht mehr, falsche Perlen zu tragen.

Dennoch gab es für den Herrn – und so sah man ihn auch überaus gern auf der Bühne – einen immer noch außerordentlich schönen Aufzug: Frack, Abendmantel mit

Kein Krawattenmuffel

Es braucht auch nur der
Smoking zu sein

Cape-Ärmeln, weißes Seiden-Cachenez, Zylinder; so ging er nicht »ins Maxim«, so ging er ins Theater, in die Oper, zu Bällen und abendlichen Empfängen. Dieser Typ war das Illusionsmodell des Jünglings, der in die elegante Welt hineinwachsen wollte. Der Durchschnittsbürger blieb hinter dem vollendeten Stil weit zurück – er benötigte den Frack nicht sehr oft. Nach zwanzig Jahren etwa ließ er sich einen neuen machen, anläßlich einer Hochzeit; dann hielt der Frack wieder zwanzig Jahre vor. Der Smoking – in England ein bequemer Anzug, des Abends zum Dinner oder Supper im Hause zu tragen – wurde jetzt zu einem halbförmlichen Anzug für minder große Gelegenheiten; er gehörte wie der Frack zur kompletten Herrengarderobe. Der Cut war der offizielle Anzug bei Tage; an seine Seite trat neu die Kreation des deutschen Reichskanzlers und späteren Außenministers, Gustav Stresemann: Dunkler Sakko zur gestreiften Hose – »der Stresemann«. Ältere Herren trugen Zweireiher, Mäntel im Ulsterschnitt, mit Samtkragen, pelzgefütterte Mäntel mit Pelzkragen – diese erschienen in weiteren Kreisen schon als ein wenig protzig. Der elementare Grundsatz des Bürgerstandes, in dem doch so viel und gern geprotzt wurde, lautete: »Man protzt nicht.« Die Klasse stellte sich also dar durch mehr oder weniger heftige Übertretungen ihrer eigenen Grundsätze.

Der Herrenhut war als das Modell »Homburg« weitverbreitet für den seriösen Herrn in den besten Jahren, in Schwarz oder Silbergrau, mit feiner Seidenripsblende am leicht gebogenen steifen Rand. Der steife Hut, die »Bombe«, das »Praliné« war der gängige formelle Hut, der von den jungen Männern des neuen sportlichen Typs abgelehnt wurde, wie alle formellen Kleidungsstücke. Der sportliche junge Herr liebte den Trenchcoat – ein Relikt aus dem

Publikumslieblinge

Weltkrieg; die Engländer hatten diese Mantelform für den »trench«, den Graben, kreiert; aus der Uniformmode war er in die zivile Kleidung übernommen worden und ging einem ewigen Leben entgegen, ein fabelhafter Wettermantel, der den deutschen tannengrünlichen Lodenmantel aus dem Felde schlug. Zu diesem Mantel trug der Herr den nonchalanten Schlapphut, der vielen Männern vorzüglich stand, anderen wieder gar nicht. Die jungen Männer zeigten aber zunehmende Abneigung gegen das Tragen von Hüten.

Sportive Züge der Herrenmode hatten bisher ihren Gipfelpunkt in den »Breeches« gefunden: den über die Knie reichenden Bundhosen, zu denen dicke wollene Kniestrümpfe und derbe Stiefel getragen wurden. So ausgestattet, gingen noch viele Herren in den Ferien als rüstig ausschreitende Wanderer mit dem Knotenstock in Wald und Gebirge, den Wanderhut mittels eines Klips am Jackett befestigt. Dieser Aufzug war nun an die Vätergeneration verwiesen; der junge Mann trug Knickerbocker, die weich über die Knie fallenden Pumphosen, sportlich gemustert oder in dem sehr beliebten und praktischen Webmuster »Pfeffer und Salz«, zu karierten Strümpfen und bequemen, aber doch eleganten Halbschuhen. Dazu paßte eine Schirmmütze, die bisher den Arbeitern vorbehaltene Schiebermütze. Sogar Filmstars trugen solche Mützen und wirkten draufgängerisch mit dieser schief aufgesetzten Kopfbedeckung; der Schirm beschattete den schalkhaften Blick der Augen von Willy Fritsch.

Der moderne Herr lehnte auch die lange Unterhose ab. Emil Jannings führte das alte Modell im Film »Der blaue Engel« noch einmal ausgiebig vor.

Das Nachthemd wurde als total altmodisch verschrien; die junge Generation verlangte nach Schlafanzügen, »Pyjamas«. Moderne Mädchen trugen Pyjamas aus Seide, Kunstseide, Satin – ihr »Pytsch« war dem des Mannes sehr ähnlich. Ältere Herren blieben selbstverständlich bei ihren Nachthemden; sie besaßen ja ein oder zwei Dutzend davon, die mußten aufgetragen werden. Vor seinen Kindern aber ließ ein Vater sich niemals etwa im Nachthemd sehen, dem wallenden Gewand mit den roten Börtchen – er hätte seine Autorität verloren.

Der Bart kam ganz und gar aus der Mode. Selbst das Oberlippenbärtchen, am Filmstar Adolphe Menjou bewundert, hatte wenig Anhänger. Glattrasiert war der Mann. Alte Vollbärte, die man noch auf der Straße sah, waren Gegenstand kindlicher Keckheit: »Biber!« riefen ihnen die Kinder nach. Sie zählten die »Biber«, die sie gesehen hatten und machten daraus einen Konkurrenzsport. Ein Biber galt aber nur dann einen Punkt, wenn der Betroffene sich auf den Anruf hin umgeblickt hatte. Die Journale belehrten in sanftem Ton darüber, wie man jetzt zu leben hatte und welche Produkte zum feinen Stil verhalfen. Ungeniert wurde unter »Mode-Notizen« gleich die Reklame an den Mann gebracht: *Wer ist eitler, der Herr oder die Dame? Als Mann möchte ich natürlich den Vorwurf der Eitelkeit von mir abwälzen, aber seit meine Frau mich darauf aufmerksam gemacht hat, daß ich auf viele Äußerlichkeiten großen Wert lege, glaube ich beinahe an meine Eitelkeit. Und nun hat mich meine Frau, die Verehrerin und langjährige Kundin von Kalasiris ist, auch bewegt, mir einen Herren-Kalasiris zuzulegen. Tatsächlich habe ich, seit ich diesen vorzüglichen Kalasiris-Gürtel trage, kein Bäuchlein mehr und fühle mich wohl, wie neugeboren. Ist dies nun Eitelkeit? Nein, Schlankheit ist Gesundheit, und Gesundheit ist Schönheit. Beides erreicht man durch Kalasiris.*

Da Schlankheit, ja Magerkeit, die große Mode war, strebte alles nach »Linie«. Die Damen trieben Gymnastik nach der Methode Mensendieck, die vordringlich dem Abnehmen diente. Sie massierten sich mit dem Punktroller, einer Art Nudelholz mit profiliertem Gummibelag, der über die Fettpolster des Körpers massierend bewegt wurde und örtliches Verschwinden der abgelagerten Überreserven versprach. Das »Sich-Kasteien« war beliebtes Gesprächsthema unter Freundinnen. Sie schworen auf Säfte, auf Knäckebrot, auf Rohkost, auf Abführmittel. Eine Delle, eine Welle, unter den dünnen, schmiegsamen Kleiderstoffen war peinlich, sie mußte weggedrückt werden.

Der Eindruck, den die Geschlechter von-einander hatten oder zu haben wünschten, richtete sich nach zwei Arten von Empfänglichkeit: Das Sportlich-Beschwingte wurde beim Mann gern gesehen, aber auch das Effeminierte. Die Frau faszinierte als zarte Kapriziöse mit mondänem Chic oder als das süße kleine Ding, das auch Kameradin sein konnte. Auf dem Parkett, sei es in der wirklichen Gesellschaft, sei es in schicken Halbweltkreisen, wirkte der Mann interessant, der sich weich und etwas lasziv gab. Er trug das Haar wie eine Kappe, spiegelglänzend, duftend pomadi-siert. In den Kreisen, die noch »deutsch« dachten und fühlten, war dieser unmänn-liche Typ verpönt – ein Tangojüngling. Leider empfanden die Frauen solches Wohlgefallen für ihn! Den strammen Deut-schen erkannte man am hochgeschorenen Haarschnitt, den allerdings alle älteren Herren noch trugen – sie machten sich keine Gedanken über ihre Frisur, und die Herrenfriseure waren auf diesen konservati-ven Einheitshaarschnitt eingestellt.
Wo nun die gute Gesellschaft aufhörte und die Halbwelt anfing, war nicht immer genau auszumachen. Die langen Zigaret-tenspitzen der Knäbinnen, ihr umflorter Blick unter spitzbogigen Ponys waren

Vamp-Allüren, die auch der echten Dame anstanden. Die Herren in den großbürger-lichen, den Raffke-, den Halbwelt-Salons – in diesen Kreisen führte man wieder einen »Salon« – gaben bisweilen Rätsel auf: Waren es Salon-Schmarotzer? Karriere-macher, die ihren Weg auf dem Parkett suchten? Künstler, die im Kommen waren? Wer eine Hornbrille trug, war wohl ein Intellektueller.
Es war in den eleganten Kreisen chic, sich ein bißchen morbid zu geben. Damen hatten nichts dagegen, wenn sie in den Ver-dacht gerieten, Morphium oder Kokain zu nehmen. Es gab mondäne Abendkleid-modelle mit Namen »Morphium«. Man kokste ein bißchen; manche taten es zuviel und gerieten »auf die schiefe Ebene« – eine Gefahr, die nicht aus den Augen verloren wurde.

Die Kokserin

Mädchen, die besonders nach der Mode hochgezüchtet wirkten, fanden es interessant, für lesbisch gehalten zu werden. Die Liebe unter Frauen war im Gerede. Es war, als gebe es überhaupt kein Tabu mehr. Es gab wohl wirklich keins mehr – außer in der Sprache; die Sprache blieb beim guten Geschmack. »Le bon ton« – er blieb gewahrt.

Daß viele Unterhaltungsmagazine mit ihren erotischen Bildern und Witzen guten Geschmack vermissen ließen, wurde dem Zeitgeist angekreidet. *Amor ist tot, es lebe das Schwein,* war die Unterschrift unter einem Witzbild, das einen Zeitungskiosk mit der Vielfalt erotischer Publikationen zeigte.

Zwischen den Generationen konnte der Gegensatz nicht schärfer sein. Damals ließen sich die Generationen noch nach einem Zwanzig-Jahre-Abstand zusammenfassen. Nie waren Vierzigjährige bestürzter über Zwanzigjährige als damals. Die bei ihrer alten bürgerlichen Lebensweise gebliebenen Menschen konnten die verwegene Erotik der neuen Zeit kaum fassen: Zu ihrer Zeit ließ sich ein Mädchen zum ersten Mal von dem Mann küssen, mit dem es sich verlobt hatte. Hatte es sich schon vorher dazu hinreißen lassen, so war dies beklagenswert. Wenn früher ein junger Mann längere Zeit in einem Hause verkehrte, in dem es eine heiratsfähige Tochter gab, mußte er sich endlich erklären. Hätte er nicht um ihre Hand angehalten, wäre sie kompromittiert gewesen. Männer hatte es gegeben, die erst vierzehn Tage nach der Verlobung Gelegenheit und Mut fanden, ihre Braut zu küssen. Der Kuß war etwas undefinierbar Süßes, Holdes, dabei sehr Gewagtes, tief Geschlechtliches gewesen; allein der Gedanke an Küsse verursachte Herzklopfen.

So war es auch in der neuen Zeit noch, nur, da man vom Küssen kein Kind bekam, wurde es lustvoll, genußreich geübt. Es konnte freilich nicht etwa als Verheißung von Geschlechtsverkehr aufgefaßt werden. Weitaus diente es als Ersatz. Die Demi-Vierge, die Halbjungfrau, war ein Zeittyp: Sie wußte alles, schob den Zeitpunkt aber noch auf – aus Kalkül, aus Angst, aus Wohlanständigkeit. Ältere Freundinnen rieten: Überlege dir, ob du den Mann auch heiraten könntest! Es war ein reizvolles Spiel, das Mädchen ließ den Mann im Unklaren: War sie schon eine Erfahrene, war sie es noch nicht? Der Roman von Claude Anet, »Ariane«, bezog seinen Erfolg aus dem enormen Reiz dieses Themas.

Die hitzigen Begegnungen zwischen jungen Männern und ihren Freundinnen unterschieden sich wenig nach Stand und Klasse: Es gab keine Bleibe für die Liebe. Die Paare standen in Hausfluren, unter Stadtbahnbögen, sie lagerten sommers im Grünen – immer in Furcht vor Voyeuren; in der Dunkelheit saßen sie auf Parkbänken. In der elterlichen Wohnung wurde ein Liebespaar nicht allein in einem Zimmer gelassen.

*Moderne Erotik:
»Nehmen wir uns eine
hübsche Freundin oder einen
jungen Mann oder sollen wir
uns nicht am besten ein reizvolles Paar nehmen?«*

Übrigens hatte ein Mädchen keinen
»Freund«, wenn es sich um eine Liebes-
beziehung handelte. »Freund« war ein
vulgärer Ausdruck. Nur Dienstmädchen
hatten einen »Freund«. Für eine Beziehung
der bürgerlichen jungen Dame gab es keinen Ausdruck; der Verehrer – das traf es
nicht ganz, der Geliebte war zu feierlich
und zu exakt. Man hatte einen Bekannten;
eine andere Bezeichnung für die Rolle des
Mannes, mit dem ein Mädchen sich immer
traf, mit dem allein sie ständig ausging, mit
dem sie oft lange ausblieb, wurde aus Verlegenheit umgangen, wenn keine Verlobung stattfand.
Furchtbar erniedrigend war es, eine Abstei-
ge zu besuchen; darunter verstand man ein
Zimmer an fremder Adresse, wo eine in
beschränkten Verhältnissen lebende Frau
sich Nebeneinnahmen verschaffte. Selten
konnte ein Student das Geld dafür auf-

bringen. In ein Stundenhotel wäre eine Tochter aus gutem Hause niemals gegangen. Kurz, daß so viele ihre Virginität doch noch lange behielten, lag zu einem gewissen Teil am Mangel an Gelegenheiten.

Wo viel Geld war, erwiesen sich auch die Sitten mancher Damen als laxer. Ein Hotelzimmer, wo der Mann die Begleiterin als seine Ehefrau eintrug, war selbstverständlich zu haben.

Neben dem Konflikt zwischen den alten und den neuen Liebessitten stand das moderne Wort Kameradschaftsehe. Im kommunistischen Rußland, hörte man, konnten Mann und Frau ohne Trauschein zusammenleben. Das war sehr nach dem Sinn der jungen fortschrittlichen Generation, allerdings mehr der jungen Männer. Die Mädchen wagten keinen Bruch mit dem Elternhaus, auch hatten sie ein heimliches Mißtrauen gegen die totale Freiheit, und vor allem wünschten sie, die Bezeichnung Fräulein loszuwerden. Der Wunsch, geheiratet zu werden, stand immer noch an erster Stelle.

Die Abenteuer waren oft nur leidenschaftliche Küssereien. Auch war so mancher Mann nicht der, als der er sich ausgab. Der ehemalige Offizier, den man einem vornehm und korrekt auftretenden Mann so gern anzusehen glaubte, konnte auch nur eine Mystifikation sein. Aber er war eben noch immer äußerst attraktiv; anders lassen sich manche Schlager der Zeit nicht erklären: »Adieu, mein kleiner Gardeoffizier« – ein Lied, das die Damen beim Tanz zärtlich stimmte. Die tragische Tango-Ballade vom schönen Gigolo, der als Husarenleutnant am Krieg teilgenommen hatte und jetzt als Eintänzer sein Mütterlein ernähren mußte, kennzeichnet die Epoche auch als eine Post-Militarismus-Ära, als Wehmuts- und Nachrufzeit, die dem schneidigen Elegant

der noch frisch in der Erinnerung verbliebenen Historie Blätter und Blumen nachwehen ließ.

Obwohl nun so viele Lebensformen wenigstens theoretisch in Frage gestellt, die Protagonisten des revolutionierten Geschlechterverhältnisses in so großer Freiheit aufeinander losgelassen wurden, waren die gesellschaftlichen Umgangsformen erhalten geblieben. Auf dem Tanzparkett führte der Herr die Dame exakt, mit der Fingerspitze an ihrem Rücken – verehrungsvoll, aber denn doch dominant. Wie man Leute miteinander bekanntmachte, wer wen zuerst zu grüßen hatte, welche Reverenzen dem Höhergestellten von einem Niedrigergestellten zu erweisen waren – es war unveränderte Etikette. Der Herr hatte der Dame, mit der er sich am Tisch niederließ, den Stuhl zurechtzurücken; auf der Straße ging sie rechts, zwischen zwei Herren ging sie in der Mitte – und was der, noch heute unveränderten, Regeln mehr waren. Der Handkuß war nicht in allen Kreisen mehr gang und gäbe, viele jungen Leute lehnten ihn ab. Das Geplauder der Abendgesellschaften, in Theaterpausen, bei Promenadenbegegnungen bestand wie seit je in der

Kunst, mit Gewandtheit etwas Unverbind-
liches zu sagen, doch in dieser neuen Zeit
hatte man wirklich viele neue Themen: die
neuen Revuen, die neuen Filme, was hielt
man vom Spiritismus, vom Magnetismus,
von der Weißkäse-Heilmethode jenes
Doktors Weißenberg, wie stand man zur
Theosophie, wie zum Ausdruckstanz. War
man auch so hingerissen von den Rein-
hardt-Bühnen? Waren die Hotelbauten in
den Ostseebädern nicht von unüberbiet-
barer Scheußlichkeit? Wie hatte es einmal
zu solchen Geschmacklosigkeiten kommen
können! Bei der letzten Modenschau von
Gerson hatte Bernhard Etté aufgespielt…
Die Röcke würden wieder länger.. Eine
preußische Prinzessin heiratete einen Eintänzer… Zoubkoff hieß er, Jahrzehnte
jünger als sie, ein Arbeiter war er
gewesen… Die Negerkunst, hochinteres-
sant! Expressiv! Die Primitiven waren noch
zu entdecken.
Es war eine Epoche ästhetischen und spiri-
tuellen Chics. Franz Werfel faßte die satirischen Aspekte der Szenerien in ein Prisma:
Eucharistisch und thomistisch,
Doch daneben auch marxistisch,
Theosophisch, kommunistisch,
Gotisch kleinstadt-dombaumystisch,
Aktivistisch, erzbuddhistisch,
Überöstlich taoistisch,
Rettung aus der Zeitschlamastik,

Suchen in der Negerplastik,
Wort und Barrikaden wälzend,
Gott und Foxtrott fesch verschmelzend.
Es gab eine Creme der neu zusammen-
gesetzten Gesellschaft, in der sich Leute
von herkömmlicher Bildung und mittleren
Vermögensverhältnissen fremd vorkamen.
Sie sahen sich zurückverwiesen auf ihre
alten Wertvorstellungen, mit denen sie
immer noch gut auskamen. Waren denn
die Relikte des geschmähten neunzehnten
Jahrhunderts etwa verschwunden? Auf den
Straßen wurden die Lieferwagen schließlich
noch immer von Pferden gezogen. Pferde-
mietdroschken konkurrierten mit Auto-
droschken. Hinter den Stores und Filet-
gardinen der bürgerlichen Wohnungen
waren die Möbel, die Geräte und Dekorationen der jüngsten Vergangenheit noch
vorhanden.
Der neue Wohnstil hatte sich im
Geschmack der breiten bürgerlichen
Schichten noch nicht durchgesetzt. Buffets,
Vitrinen, Konsolen, Plüschgarnituren,
bestickte Decken, gepolsterte Fußbänk-
chen, Fransen, Vertikos, Schnitzwerk,
Alpenlandschaften, Seestücke, Stilleben –
der gesamte Bestand des schönen Habens
diente dem stolzen Wohngefühl der
Familien. Eine altmodisch gewordene
Chaiselongue war vielleicht ins Schlafzimmer verbannt; dort stand sie quer vor
den Ehebetten und konnte, kamen Verwandte herbeigereist, ein Kind zum Übernachten aufnehmen. Ein Kind konnte dann
auch »auf der Ritze« zwischen dem Onkel
und der Tante schlafen. Der Waschtisch
wies noch immer die Waschgarnitur auf.
Die meisten Wohnungen waren noch nicht
mit Warmwasser versorgt. Das Mädchen
brachte morgens die Kanne mit dem
heißen Waschwasser.
Das Bett im Jungmädchenzimmer war mit
weißem Mull umzogen und mit rosa
Schleifen geschmückt. Als Neuheit wurde

zögernd die Couch aufgenommen – nichts weiter als eine mit Kopf- und Seitenpolstern versehene Chaiselongue; die Schlafcouch aber wurde zum Patentmöbel für die herangewachsene Tochter, die nun endlich, da die Couch erst abends in ein Bett verwandelt wurde, eigenen Besuch in ihrem Zimmer empfangen konnte. Unmöglich war es, jemanden in ein Zimmer zu bitten, in dem ein Bett stand. Im Herrenzimmer war die Polstergarnitur schon einmal neu bezogen worden. Sollte man sich zur Anschaffung einer Klubgarnitur entschließen: große kantige Formen, streng rechtwinklig? Wie vermied man, daß man der Wohnung jede Gehaltserhöhung des Hausherrn ansah? Auf dem Schreibtisch zeigten eine schwere Marmorschreibgarnitur, eine dicke Lederbriefmappe, ein Briefbeschwerer aus Glas mit unterlegter Landschaftsansicht, daß hier ernste Obliegenheiten des Familien-Schriftverkehrs erledigt wurden. Ein Bronzehirsch deutete auf den im Herrenzimmer waltenden spezifisch männlichen Kunstsinn. Im Tintenfaß glühte dunkelblau die Tinte, im spitzen Federhalter steckte die spitzige Feder, mit der in schönem Schwung geschrieben wurde, in Haarstrich und Dickstrich. Die Briefadressen noch immer: »S.H. – Seine Hochwohlgeboren«.
Über dem Schreibtisch hingen die Bilder vom Alten Fritz und von Bismarck, jetzt auch von Hindenburg. Wenn der Hausherr aufblickte, hatte er die Bilder kontinuierlicher deutscher Größe vor sich. Der Rauchtisch, mit gehämmerter Messingplatte und glasverkleidetem Unterbau, barg die Kisten mit schweren und leichten Zigarren, darunter eine nicht zu teure Marke für den Briefträger. Zigarrenabschneider mit Hirschkopf, Pfeifenstopfer, Dochtschere, Leuchter, schwere Aschbecher bildeten ein Stilleben reiner Männlichkeit.

Im Herrenzimmer stand auch meist das neue Grammophon, das keinen Trichter mehr hatte, sondern einen stoffverkleideten Resonanzraum. Man legte den Pilgerchor auf, oder etwas aus der Fledermaus und war entzückt von dem wundervollen Klang. Auch Marschmusik war vorhanden außer den Tanzplatten, die den Kindern gehörten. Im Wohn- und Eßzimmer standen noch das reichgegliederte Buffet, das Klavier, über dem weiß die Beethovenmaske zum Üben mahnte. An den Wänden eine grüne Waldlandschaft, ein pfeifeschmauchender Förster, ein Porträt der Hausfrau als junges Mädchen, gemalt von einem Künstler, der dann doch Beamter geworden war. In der Vitrine funkelte das Kristall, glänzte das Schauporzellan, leuchteten die farbigen Römer. Hier wurden auch die neu aufgekommenen Sammeltassen gezeigt: Kaffeetafeln mußte man nicht mehr mit einem einheitlichen Service decken, man stellte jetzt gern diese schönen Einzelgeschenke hin, jedes Gedeck der Sammlung anders. Auch der Nähtisch der Dame stand meist im Wohnzimmer, wo das Dienstmädchen, die »Stütze«, des Nachmittags beim Strümpfestopfen mit ihr Platz nehmen und Radio hören durfte, die Kopfhörer über den Ohren. Die Dame suchte mit einem Drähtchen auf dem diamantähnlichen Detektor die richtige Stelle, wo sie am besten eine schöne Tanzmusik oder Manfred Lommels lustige Sketche hören konnte.

Servante, Krümelschippe, eine Chaiselongue für das kurze Nachmittagsschläf-
chen des Herrn, Ofen und Ofenbank, der
schwere Eßtisch mit den hochlehnigen
Stühlen: So gut wie immer traf man auf
eine solche Zusammenstellung.
Hinten im Korridor, neben der Küche,
konnte das Dienstmädchen am Klingel-
kasten ablesen, von welchem Raum der
Wohnung nach ihr geklingelt worden war.
In der Küche war der Herd ein kombinier-
ter Gas- und Kohlenherd. Im Schrank
stand das Geschirr für alle Tage; die
Geschirrtücher waren noch immer hinter

einem mit einem Spruch bestickten Vorhang verborgen. Blankes Kupfergeschirr
auf Simsen gab es nun nicht mehr. Man
hatte es im Krieg als Opfer dargebracht.
Backofen, Kochkiste, Kohlenkasten,
Abwaschtisch mit eingelassenen Schüsseln,
– alles war eindeutig der niederen Gemütlichkeit der Familienversorgung zugeordnet; der Idee einer Wohnküche war man
ganz und gar nicht geneigt. Niemand –
außer dem Dienstmädchen – aß jemals in
der Küche. Zur Hand standen die Küchen-
büchsen aus blau bemaltem Porzellan, die
Aufschriften trugen: Linsen, Zucker, Mehl
Graupen… Sie fehlen heute auf keinem
Flohmarkt. Diese Büchsen enthielten
damals fast nie das, was ihrer Aufschrift
entsprach, die Hausfrauen wurden damit
geneckt. Linsen waren nicht im Linsentopf,
sondern Zucker; im Zuckertopf befanden
sich Wäscheknöpfe, im Mehltopf Salz, im
Graupentopf wurden Pfennige gesammelt.
In der Küche stand natürlich bei besseren
Familien auch der Eisschrank, einst den
vornehmen Kreisen vorbehalten, jetzt aber
konnten auch mittlere Einkommen die
zwanzig Pfennige für den täglichen Eisklotz
aufbringen, der vor die Tür gelegt wurde.
Schließlich stand in der Küche noch der
Kohleneimer und war das Kleinholz auf-
gestapelt. Kleinholz, Kohlen und Kartoffeln
wurden in demselben Laden gekauft, oft
waren es Kellergeschäfte, wie heute noch in
Berlin-Kreuzberg, sogenannte Produkten-
handlungen, wo die Händler eigentümlich
grauverschattete Gesichter hatten.

Erschreckt waren die Bürger, daß sie ihre
Kinder nicht mehr auf Privatschulen schik-
ken durften. Die Gemeindeschule war die
für alle Kinder zuständige Grund- oder
Volksschule, deren erste vier Klassen – von
der zehnten bis zur siebenten – auch die-

jenigen Kinder besuchen mußten, die später aufs Gymnasium, aufs Lyzeum oder Oberlyzeum gehen sollten. Nur zarte und kränkliche Kinder durften eine Privatschule besuchen, weshalb manche Eltern versuchten, ihr Kind als schwach und angegriffen einstufen zu lassen. Da der Schularzt darüber zu befinden hatte, gelang dies selten.

Nun waren Bürgerkinder mit den Kindern aller Stände aber nicht erst in der Schulklasse zusammen. Auch auf der Straße spielten sie jetzt miteinander. Es ließ sich nicht vermeiden: Nicht alle Kinder aus bürgerlichen Familien hatten ein Kindermädchen, ja, diese Vornehmheit war eigentlich recht selten geworden. Es fand sich nicht täglich eine Aufsichtsperson, die mit den Kindern gesittet in den städtischen Park gehen konnte. Die Kinder wurden auf die Straße gelassen, wo sie fröhlich mit den anderen Kindern Hopsespiele mit Kreide aufs Pflaster malten, Kreisel mitten auf dem asphaltierten Fahrdamm spielten, weil dort eben ein Kreisel am besten kreiselte; kam ein Auto, gingen sie kurz zur Seite. Es kamen noch nicht viele Autos in die Seitenstraßen. Die Kinder spielten Versteck und Einkriegen, »Figurenwerfen«, viele Geh-, Lauf- und Ballspiele. Die Ballspiele der kleinen Mädchen, die ihre Bälle an die Hauswand prallen ließen, waren eingeteilt in viele Geschicklichkeitsübungen: des Werfens und Auffangens, sie hießen »Kralle«, »Pfötchen«, »Faust«, »Spitze«; die Bälle wurden auch über den Rücken und unterm Knie an die Wand geworfen, während eine eifersüchtige Freundin wachte, bis man »aus« war.

Im Frühjahr war der Besitz eines Stückes Kreide sehr glückspendend. Nicht nur »Himmel« und »Hölle« hatten ihre weißen Halbrunde auf den Granitplatten, zugleich mit der Frühjahrssonne tauchten auch die blendenden Inschriften an den Wänden auf: »Grete ist doof«, »Horst ist doof«… In die Erde um den Straßenbaum wurden die Murmellöcher gegraben. Daß es Murmeln und die begehrten Glasbucker zu kaufen gab, war keinem Kind recht bewußt. Es bekam einen kleinen Bestand geschenkt, nun mußte es welche von anderen Kindern dazugewinnen. Der Besitz eines prallen Murmelbeutels verschaffte Respekt und machte vollendet glücklich.

Der vertrauliche Umgang zwischen Kindern aus dem Vorderhaus mit denen

aus dem Hinterhaus erweckte, obwohl er so harmonisch war, bei den bürgerlichen Eltern schwerste Bedenken: Was für Ausdrücke ihre Kinder jetzt nach Hause brachten! Eine solche Sprache durften sie keinesfalls übernehmen! Daß ein Arbeiter- oder Flickschusterkind einen Spielgefährten einmal in seiner Vorderhauswohnung hätte besuchen dürfen, kam selten vor. Die Kindergeburtstage wurden mit den Freunden aus der Schulklasse begangen.

Die Eltern waren erstaunt über die neuen Lehrmethoden in der Schule. Die Kinder – diesen Eindruck hatten sie – lernten nichts, sie spielten ja nur: Plastilin und Streichhölzer waren ihre Lernmaterialien. Von jungen Lehrerinnen wurde die neue Pädagogik begeistert vertreten, die älteren mußten sich den modernen Theorien anpassen. Aus den Schulen der Großstädte verschwand der Rohrstock – auf dem Lande blieb er noch lange das Werkzeug des Lehrers. Eine Ohrfeige konnte sich ein Kind allerdings auch auf einer Schule mit modernsten Lehrgrundsätzen einfangen. Leichte körperliche Strafe wurde von Eltern und Erziehern als manchmal notwendig und dann angemessen empfunden. Die Schreibschrift wurde modernisiert, vereinfacht, von Schnörkeln befreit. Die deutsche sowohl wie die lateinische Schrift wurde nach dem Reformer Sütterlin gelehrt. Die Kinder hatten Federn, die »to« und »ly« hießen und breit oder abgeschrägt waren, also deutlich verschieden von den spitzen Schreibfedern der Eltern, mit denen sie noch die dünnen »Haar«-Aufstriche und die nachdrücklichen Abstriche machten. So, das fand man, schwand viel einstige Schönheit auch in diesen kleinen Dingen.

Nach Abschluß der siebenten Klasse – die Einschulung erfolgte in die zehnte Klasse – erhielten die Kinder eine Beurteilung, mit der sie auf die höheren Schulen wechseln konnten. Mit »empfohlen« und »sehr empfohlen« waren die Kinder der Bürgerhäuser fast immer für Gymnasium und Lyzeum qualifiziert. Der Schulbesuch kostete dort monatlich zwanzig Mark, so daß die Kinder der Unbemittelten nicht davon träumten, in eine Sexta überzuwechseln und eine Schülermütze zu tragen. Die Kinder der Armen und der Handwerker wuchsen unter Verhältnissen auf, in denen die Aufnahme von Schulwissen einen geringen Stellenwert hatte. Auf der Seite der bürgerlichen Kinder gab es indessen nicht etwa lauter auffällige Begabungen. Das Elternhaus mit seiner Atmosphäre von Bildungsanspruch bestimmte das Lernziel der Kinder, als selbstverständliche, frühe Lenkung des weiteren Lebensweges. Niemals hätten Eltern sich eingestanden, ihr Kind sei nicht begabt, nicht geeignet für die höhere Schule. Verspielt, verträumt und faul – einen anderen Grund für schlechte Leistungen konnte es nicht geben; daß es etwa dumm sei, kam nicht in Frage. So wurden ausnahmslos alle Bürgerkinder, empfohlen oder nicht, in die Sexten der höheren Schulen eingeschult, und mit Beaufsichtigung der Schularbeiten, später mit Nachhilfestunden, auch unter Aufwendung des von den Eltern erwarteten Fleißes, gelangten sie mindestens zum »Einjährigen« – so wurde die Mittlere Reife noch genannt – meistens aber zum Abitur, und die Besetzung höherer Posten und Ämter mit Personen mäßiger Gaben war somit gesichert.

Auf den neuen Oberlyzeen konnten die Mädchen das Abitur machen, allerdings herrschte die Meinung noch vor, ein Mädchen brauche soviel Schulbildung nicht. Doch wiederum in sehr gebildeten Familien des professoralen Gepräges wurde es üblich, den Mädchen eine möglichst gleiche Bildung wie den Jungen mitzugeben – wenn auch nicht zu einem besonderen Berufsziel, so doch »für's Leben«. Die Mittelschule war der geeignete Schultyp für die Kinder tüchtiger Kleinbürger, für die ein Abschluß auf der Volksschule aus Standesrücksichten nicht in Frage kam, die aber auch mit »totem Wissen« sich nicht abmühen, sondern aufs praktische Leben vorbereitet werden sollten.

Internate, auf denen die Theorien neuer Pädagogik angewendet wurden, nahmen die Kinder begüterter Eltern auf, die familiäre Schwierigkeiten hatten. Diese schönen, ländlichen, freiheitlichen Schulen mit der ganzheitlichen Auffassung vom Wesen des Menschen wurden von zahlreichen Kindern geschiedener Eltern oder aus Diplomatenfamilien besucht

Der Kunstunterricht wurde in vielen höheren Lehranstalten nach den neuen Auffassungen von Farben, Formen, Komposition betrieben. Die Schüler erhielten Aufgaben wie Flächenaufteilungen, sie lernten, abstrakt mit Bildelementen zu verfahren, in Lichtbildervorträgen wurden sie mit modernerer Kunst bekanntgemacht. Es gab, neben den noch hinter dem Katheder sitzenden Lehrern des alten Stils, nun den neuen Typ des Pädagogen, der in der Klasse umherging, die bloße Abfrage-Methode abgeschafft hatte und von den Schülern wünschte, daß sie sich einen Stoff erarbeiteten. Wieder hatten die Großstädte auch im Erziehungswesen alle Vorteile der Moderne, während die Kleinstadt nicht nur in der modernen Pädagogik, sondern auch mit der Zahl der Gymnasien weit zurückstand. Dort fuhren die Abituranwärter mit dem Milchzug täglich in die nächste Kreisstadt. In allen höheren Schulen aber herrschte noch ein alter Brauch: Montagmorgen wurde in der Aula eine kurze Andacht abgehalten. Lange Choräle mußten im Religionsunterricht gelernt werden, wie überhaupt das Auswendiglernen sowohl als Geistesübung wie als Bildungsmittel für probat gehalten wurde.

Dem bürgerlichen Kind wurde vom ersten Schultag an vor Augen gehalten, daß jetzt der Ernst des Lebens beginne, der ihm durch Überreichung einer großen Schultüte schmackhaft gemacht werden sollte. Das Foto vom ersten Schultag verdeutlicht noch heute den Übergang in einen neuen Lebensabschnitt. Damals wurde das erste Bild des Babys aufgenommen, das nackt auf dem Bauch auf einem Eisbärfell lag. Das dritte offizielle Foto hielt den Tag der Konfirmation oder der Kommunion fest.

In der Schule umfing das Kind der Geruch von Scheuermitteln, Kreide, feuchten Mänteln, wie er sich im Verlauf von Jahrzehnten dick und hartnäckig niedergesetzt hatte. In den langen Korridoren standen an allen Ecken Spucknäpfe. Das Kind trug eine Schulmappe aus Rindleder auf dem Rücken, Tafel, Griffel und Schwamm; vor dem Bauch hing das lederne Frühstückstäschchen mit Pausenbrot und Apfel, außerdem, eingewickelt, dem täglichen Kakaogroschen. Auf Schulausflügen bekam das Kind noch die grüne Botanisiertrommel mit – gefüllt mit dem Ausflugsproviant.

Die Sitzordnung in der Klasse gemäß den schulischen Leistungen war abgeschafft, es gab keinen Ersten und keinen Letzten der Klasse mehr. Kein – von der Klasse verachteter – Streber konnte mehr den Titel des Primus erreichen – alles war ein gutes Stück demokratischer geworden, ohne daß doch die Schule als ehrwürdige Institution weniger beeindruckend geworden wäre.

Im Studentenleben spielten die Verbindungen nun eine weit geringere Rolle, aber innerhalb ihrer jetzt exklusiven Kreise gedieh gesellschaftliches Zusammengehörigkeitsbewußtsein. Auf die in einem Korps oder in einer Burschenschaft erworbenen Beziehungen konnte man sich ein Leben lang verlassen. Die Mehrzahl der Studenten lehnten das Verbindungswesen und seine Bräuche als unzeitgemäß ab und konzentrierten sich lieber auf einen möglichst baldigen Abschluß des Studiums.

Der Student aus unbemittelter Familie
mußte sich das Studium selbst verdienen.
Der »Werkstudent« war ein sehr geachteter,
aber auch recht bemitleideter Typ des
strebsamen jungen Akademikers. Ob er
nach Abschluß des Studiums eine Stellung
bekäme, war noch sehr die Frage; die
Arbeitslosigkeit wuchs in allen Berufen.
Ende der zwanziger Jahre kam es zu Kra-
wallen zwischen sozialistischen Studenten
und solchen, die in der Uniform der SA,
der »Sturmabteilung« der »Nationalsozialistischen Deutschen Arbeiterpartei«, auftraten. Jüdische Studenten gerieten in
Schlägereien, der Ruf »Juden raus!« wurde
immer häufiger. Gehobene bürgerliche
Zeitungen äußerten sich besorgt über
solche Vorfälle, die populären Blätter nannten sie *jugendliche Temperamentsausbrüche.*
Die bürgerliche Ober- und Mittelschicht
war von der wachsenden Arbeitslosigkeit
weniger stark betroffen. Noch sicherten
Ausbildungsstandard, Spezialkönnen oder

Beamtenstatus die Positionen und Gehälter. In der Wirtschaft blieben leitende Angestellte unbedroht auf ihren Posten, während kleinere und kleine Angestellte fürchten mußten, abgebaut zu werden. Mit scheuem Mitgefühl wurde über jemanden gesprochen, der »nun auch abgebaut« worden war. Die Familien wußten innerhalb ihrer Verwandtschaft, die sozial ihre Ausläufer nach oben und nach unten hatte, oft von einem oder zwei Betroffenen. Es kam vor, daß eine Familie gezwungen war, »sich zu verkleinern«. Sie mußte bedrückt und gedemütigt eine kleinere, billigere Wohnung nehmen, womöglich in einer schlechteren Gegend – ein gespenstisches Schrecknis, das Bürgern als letzter Ausweg vor Augen stand: Alles, nur das nicht!

Wer liebte nun diese Republik? Aus verschiedenen Lagern wurde sie mit unterschiedlichsten Argumenten kritisiert und beschimpft. Das mittlere Bürgertum fühlte sich als gesunde, rechtschaffene, als vernünftige Schicht. Aber gerade dies stereotype Milieu konnte nicht verhindern, daß die Kinder ausbrachen – auf der einen Seite in das Modisch-Morbide, in die Dekadenz, auf der anderen zu ekstatisch gepriesenen Lebenswerten. Die Jugendbewegung übte eine starke Anziehungskraft aus und belohnte jeden, der zu ihr stieß, mit einem Auserlesenheitsgefühl: mit dem Bewußtsein, anders als die Bürger zu sein. Jugendbünde aller Schattierungen gab es, von ganz links bis ganz rechts. Der »Bund deutscher Pfadfinder«, »Bund deutscher Pfadfinderinnen« huldigte am meisten der Lagerfeuer-Romantik, zugleich war hier das »Deutschtum« als überparteilicher Begriff ein hoher und heiliger Wert und wurde in einer Weise gepflegt, in der Intellekt nichts zu suchen hatte. Geistige Führer waren dort kaum vorhanden, an den Lagerfeuern wurden Werke von Walter Flex, von Hermann Löns vorgelesen. Beim Sprung über das Sonnwendfeuer rief man kernige deutsche Zitate über den Rauch in den Nachthimmel: *Deutsch sein heißt eine Sache um ihrer selbst willen tun!* oder *Und handeln sollst du so, als hinge von dir und deinem Tun allein das Schicksal ab der deutschen Dinge!*
Wenn bündische Gruppen verschiedener Bekenntnisse einander trafen – in Jugendherbergen, bei bündischen Gesamtveranstaltungen: kommunistische Pfadfinder, jüdische Pfadfinder, das »Bibelkränzchen«, – benahmen sich alle korrekt. Der bündische Gedanke wurde über alles die Gruppen Trennende hinweg als einigend betrachtet. Alle sangen dieselben Lieder, aus dem »Zupfgeigenhansel«, aus dem »Sankt Georg-Liederbuch«. Auch neue Lieder gab es: *Aus grauer Städte Mauern ziehn wir hinaus ins Feld. Wer bleibt, der mag versauern – wir ziehen in die Welt.* Der Verfasser des Liedes starb in den siebziger Jahren.

»Wann wir schreiten Seit' an Seit'«, das Lied von Hermann Claudius, Nachkommen von Matthias Claudius, hatte programmatische Bedeutung: die Erneuerung der gesamten Jugend ohne Klassenunterschied. Vor allem aber entdeckten die »Bündischen« die alten Landsknechtslieder neu. Sie hörten sich finster und todesmutig an, handelten vom Frundsberg, dem sie nachgerannt seien und vom Bummerleinbumm, das ihnen geschlagen würde, vom roten Hahn auf dem Klosterdach – viele Lieder waren in Moll gesetzt, und die Gruppen, die mit diesem Gesang durch deutsche Dörfer, auf staubigen Landstraßen marschierten, fühlten sich erwählt als Aufbegehrende gegen die bestehenden, abgelebten Ordnungen der Welt. Auch die weiblichen Pfadfinder sangen mit tiefen Stimmen und marschierten mit Tornistern, Wimpeln und Klampfen. Man suchte die Nähe zum Volk. Die Bauern überließen den Jugendbewegten ihre Scheunen zum Nachtquartier, aber weitere Berührungspunkte konnten sie mit ihnen nicht finden. Kehrten die naturfrohen, patriotischen Antibürger in die Großstadt zurück, lenkten sie ihre Schritte als erstes in die Eiskonditorei, ehe sie ins Elternhaus heimkehrten, wo man sie mit spitzen Fingern weiterreichte ins Badezimmer, und wo sie von ihrem hübschen, gepflegten Zimmer und den Schularbeiten erwartet wurden. Die Natur, Zelte, Jugendherbergen, Bauernscheunen, Lagerfeuer, Wimpel und Klampfe, Abkochen auf freiem Feld, Genügsamkeit – alles das waren Formen, zu denen deutschtümelnde Inhalte gehörten. Man wünschte Deutschlands Erneuerung, war gegen die moderne Dekadenz, den Sitten- und Geschmacksverfall, war in einzelnen Kreisen nicht mehr christlich, sondern nordisch-religiös, nach den Lehren

eines Hermann Wirth, man sehnte sich nach einem rekonstruierten Germanentum. Es war eine Art Zweitleben, das diese bürgerlichen, bündischen Jugendlichen führten. Ihr Erstleben war angepaßt, normativ, auf Abitur und Studium gerichtet.

In jener Epoche bestanden die krassesten Gegensätze der Denkweisen nebeneinander, und sie vertrugen sich durchaus nicht miteinander. Der ehrenwerte Bürger nahm von allen Angeboten der neuen Zeit nur wenig wahr. Gehörte er zu denen, an denen der Wohlstand vorbeigegangen war, fühlte er sich zufrieden, wenn er nur sein gewohntes Behagen erhalten konnte. In der Zeitschrift »Die Dame« hieß es offen: *Alle mit Ausnahme der Schwerreichen und der Neureichen und der ganz bescheiden ihr Leben beginnenden jungen Ehepaare haben wir den Lebensstil, ohne unsere Schuld, durch den Zwang der Verhältnisse verloren. Aber,* so heißt es weiter, *sich von der Misere des Lebens nicht unterkriegen lassen, ist das Motto, das heute jeder von uns seinen Lebensanschauungen einverleiben muß. Ja, es ist vieles dazu angetan, unsere Lebensfreude und Sorglosigkeit auf ein Mindestmaß zu beschränken.*

Der Bescheidenheit gegenüber stand der zeitgemäße Geschmack an großem Luxus, an imposanten Interieurs. Die adlige Dame, die ihr Brot als Heiratsvermittlerin verdiente, beeindruckte ihre Besucher von vornherein durch ein erhaben ausgestattetes Empfangszimmer. Der Besucher einer Freifrau von Coburg beschrieb ihren Salon: *Hier sind alle Möbel vergoldet… Noch ein Taburett, und noch ein Hockerchen, und noch ein Konsolchen, und noch ein Fauteuilchen, alles Gold. Da sitzt ein Püppchen und starrt die Porzellanchinesen an, die oben auf dem Ofen aufgestellt sind. Ein ovaler Salontisch, eine goldene Bronze »Nackte Tänzerin«, zwei große Sofakissen, aus Samt und Seide. Ein drittes Kissen liegt auf dem Boden als Unterlage für ein Straußenei. Die Dame des Hauses! Sie trägt ein erdbeerfarbenes ärmelloses Kleid, mit Goldborte besetzt. Sie ist blond, sehr blond, am Busen trägt sie eine Brosche, neun Zacken, und auf jeder Zacke eine Perle. Mit dem Brillantring weist die Baronin auf die beiden Clubsessel beim Ofen…*

Wir sehen an dem verspielten Ambiente der Imponierszene: Weite Kreise folgten, auch bei großem Aufwand, nicht den Formerneuerern, die vom Werkbund und vom Bauhaus vertreten wurden. Allerdings liebten reiche Leute, die etwas vorstellen wollten, Materialien, die besonders auffielen und vor allem glänzten: Chrom war die große Mode, Silber, Messing, Lack, Elfenbein, Ebenholz, Glas, Leder. Das Kunstgewerbe, die Industrie brachten, was als gereinigte neue Form gedacht war, weniger exklusiv, weniger streng, dafür billiger und gefälliger an den Kundenkreis in mittlerer Vermögenslage. Auch hier waren es nun wieder die Tänzerinnen aus Bronze, vor allem Porzellanskulpturen, bis

Der neue Wohngeschmack

hinunter zum kleinen Glasmöpschen und
Glasflamingo, zum holzgeschnitzten Ter-
rier. Sie ersetzten die verachteten Nippes
von einst und – behielten den neuen
Nippes.
Die dekorativen Künste, denen angesehene
Manufakturen sowohl wie industrielle
Fertigungen sich widmeten, waren
zunächst noch dem Jugendstil verbunden;
auch Plakate und die gesamte Typographie
gingen erst allmählich zu einem neuen Stil
über, der damals keinen besonderen
Namen hatte, da man ihn nicht als Stil
empfand, und den wir heute »Art déco«
nennen, nach der Pariser Ausstellung von
1928: »Les Art décoratifs«. Ausnahmslos
alle heute älteren Bürger haben einen
Gegenstand aus diesem Stil besessen oder
besitzen ihn noch heute: schöne, weniger
schöne, komische und bedeutungslose.
Die Damen hatten Teewärmer in Form von
Rokoko-Puppen, mit Porzellankopf und
weißer Rokokofrisur; unter dem Reifrock
bargen sie die Teekanne. Kaffeewärmer

aber häkelten sie selbst – in einer Unmenge von Formen und Mustern, Verzierungen und Materialkontrasten; Kränzchenschwestern führten einander ihre neuesten Schöpfungen vor. Unter ihnen verbreitete sich besonders die neuartige »Gabelarbeit«: ein Schling-Häkelwerk, das mit einem U-förmigen Gerät betrieben wurde und mit seinen üppig-langen Lasso-Maschen in kurzer Zeit ganze Ellen fertigen Materials ergab, besonders geeignet für lange Schulterschals.

Die kleinen Töchter übten sich in Häkeln und Kreuzstich; sie fertigten Topf- und Waschlappen, Eierwärmer, Tablettdeckchen.

Das Sofakissen spielte weiterhin eine große Rolle, war eine vornehme Aufgabe für die Frauenhand. Neu war die Kunst, den Kissenstoff am vorgezeichneten Muster mit einer Klebmasse zu bestreichen, auf die sodann ein glitzerndes Material in den gewünschten Farben von Blumen und Blättern aufgetragen wurde. Kaum eine Dame versagte sich dieser neuen Kissenmode. Zwischen den Kissen saß das Diwanpüppchen, ein schwarzweißer Harlekin, mit weißem Seidengesicht und Schlenkerbeinen. Der Harlekin kehrte wieder auf der weitverbreiteten Grammophonplatte »Serenade des Harlekin«, als musikalisch verträumte Vorstellung von einer elegant-melancholischen Figur. Das Pendant war ein weibliches Diwanpüppchen mit schwarzer Topfkappe, schwarzer Schmachtlocke über einem weißen Gesicht mit Kußmünd-

chen, im Seidenpyjama. Das Lied vom »Diwanpüppchen«, das einem Frauentyp der kalten, schönen Oberflächlichkeit galt, schloß in jedem Vers mit dem Refrain *Genau wie du! Genau wie du!*

Die Töchter wurden jetzt nicht mehr auf den Mann dressiert – aber grundsätzlich sollten sie doch imstande sein, als Ehefrau einen Haushalt zu führen. Klavierunterricht war so selbstverständlich wie die Tanzstunde; eine angemessen elegante Garderobe, sei sie auch nur von der Hausschneiderin nach dem neuesten Modeheft angefertigt, sollte das junge Mädchen so hübsch wie möglich erscheinen lassen. Vielleicht entschloß es sich doch sehr schnell, einen Verehrer, der es ernst meinte, zu erhören – dann brauchte man kein Geld mehr in seine Ausbildung zu stecken.

Studium oder Mitgift hieß die Alternative, wo die Geldmittel eingeteilt werden mußten. Doch zogen nun – mit oder ohne Mitgift im Hintergrund – viele Mädchen auf die Universitäten, und Frauen durften endlich auch einmal die herrlichen Zeiten genießen, die früher nur den männlichen Studenten vorbehalten war. Von diesen vielen gaben dann wieder viele ihr Studium vorzeitig auf, weil sie heirateten. Andere legten ihre Examen ab, wurden Ärztinnen,

Fräulein Doktor in spe

Studienrätinnen, Chemikerinnen. Gutes Aussehen und Studieneifer mußten nicht in Widerstreit miteinander treten. Trotzdem bildete sich das Vorurteil weiter aus, hübsche Mädchen seien geistig weniger gerüstet für die akademische Laufbahn und besuchten die Universität nur, um sich einen Mann zu angeln.

Weil der bürgerliche Wohlstand allgemein zurückging und es für jüngere Leute nun keine Schande mehr war, einzugestehen, daß sie knapp bei Kasse waren, setzte sich eine neue Benehmensregel durch: Die Dame, die mit einem Studenten ausging, zahlte für sich selbst.

Die Frauen hatten seit 1922 das Stimmrecht; sie rauchten, sie trieben Sport, man sah sogar Bilder von Frauen, die Motorrad fuhren. Frauen trugen Hosen, dann wieder ließen sie beim Tennisspiel fliegenden Rocks ihre Dessous und das Strumpfband sehen. Frauen wurden Fliegerinnen. Es gab keine modernen, revolutionären Ansichten mehr, die nicht auch Frauen in vorderster Linie vertraten. Sie marschierten in Demonstrationszügen gegen den Abtreibungsparagraphen.

Trotz aller solcher Energien blieb die vorherrschende Meinung bestehen, Frauenglück liege in der Ehe. Eine damals bekannte und erfolgreiche Journalistin, Elsa Herzog, verdeutlichte in ihrem Buch »Wie mache ich meinen Mann glücklich?« die Auffassung, daß eine Frau selbstverständlich einen Beruf erlernen sollte, daß sie Ausbildung oder Beruf aber aufzugeben habe, wenn sie sich verheiratete. Dann hieß ihre Lebensaufgabe eben: ihren Mann glücklich zu machen. Das Buch schilderte, wie man einen geschmackvollen Haushalt führt:

Wie bereitete man eine Gesellschaft vor? Wie pflegte man Weine, Zigarren, Zigaretten? Wie deckte man den Tisch, wie servierte man?

Das Morgenfrühstück bei festlichen Gelegenheiten, Jubiläen, Silberner und Goldener Hochzeit
Das Katerfrühstück nach dem Ball
Das Frühstück nach dem Standesamt
Das Gabelfrühstück
Der Damenlunch als Einladung
Der Herrenlunch als Einladung: Nichts, was zum gehobenen Lebensstandard gehörte, war vergessen. Kaffeeklatsch, Damentee, Tanztee – gesellschaftlich und kulinarisch sollte die Dame firm sein. *Tee mit Schleppe – so nennt man eine Veranstaltung, die schon nachmittags anfängt und sich über den Abend hinzieht.* Dazu wurde ein kaltes Buffet gerichtet, unter Beachtung des Umstandes, daß tanzfreudige junge Leute mit dem Einfachsten zufrieden sind. Würstchen mit Salat war ein Lieblingsgericht, mit dem man immer Erfolg hatte. *Will man den Gästen etwas Besonderes bieten, reicht man außer Eis später in der Nacht Hühnerbouillon oder eine andere Suppe, wie Erbsen- oder Linsensuppe, wohl auch frühmorgens die berühmte Pariser Zwiebelsuppe und warme Sandwiches, nicht zu vergessen Kaffee und Kuchen. Die Musik stellen heute meist Sprechmaschine und Radio, nur bei größeren Anlässen kommen Klavierspieler und Kapellen in Frage. In bescheidener Häuslichkeit ist man mit Konservenmusik und der kleinsten Tanzfläche zufrieden.* Aber auch die Cocktailparty einzuführen, bemühte sich die Autorin. Alles Englische und Amerikanische war en vogue, und die

Sprache war voller englischer Wörter: Lunch, Cocktail, Sex-Appeal, Sweater, Pullover, Knickerbocker, Five o'clock tea, shocking.

Die Autorin empfahl die Einrichtung einer Hausbar. Jedwede Geselligkeit sollte von der Dame des Hauses ausgerichtet werden können: Soupers, Tauf-, Konfirmations- und Kommunionsessen, Festbankette, Bier-, Bowlen-, Punschabende, Krebs-, Spargel-, Austern-, Hummeressen, Jagd-morgenfrühstücke, Gabelfrühstücke nach der Jagd, Jagdessen am Abend, Tanz- und Theatersoupers, Kostüm- und Maskenfeste, Gartenfeste, Ausflüge zu Wasser und zu Lande… Alles hatte seinen Stil, seine Aus-stattungsmodalitäten.

Eine Seite ist auch »Männes Skatabend« gewidmet… Ja, wie lange ist es heute her, daß eine Frau zum letzten Mal ihren Mann »Männe« genannt hat? In der Biedermeier-zeit hatte es angefangen, daß ein sorgliches Ehefrauchen liebevoll von ihrem »Männ-chen« gesprochen hatte. Später war daraus ein »Männe« geworden – sicher in vorneh-men Kreisen nicht üblich, und in dem hier betrachteten Ratgeber für Damen nur als Konzession an einen weniger vornehmen Umgangsstil gedacht.

Das Skatspiel, im frühen neunzehnten Jahrhundert entwickelt, hatte jetzt alle anderen Kartenspiele aus dem Feld geschlagen und war das Freizeitglück des deutschen Mannes geworden – über alle Klassenunterschiede hinweg. Der weibliche Verstand schien dem Skatspiel nicht gewachsen. Frauen trafen sich zum Rommèspiel, das große Mode wurde. Sogar Kränzchen gab es, bei denen die Hand-arbeiten dem Rommèspiel zuliebe aufgege-ben wurden.

Daß Männer ihre Skatabende in einfachen, gemütlich-bürgerlichen Kneipen am Stammtisch abhielten, erbitterte die Gattin-nen beträchtlich und war auch damals schon die Ursache manchen Ehezwistes. Der Vorschlag, der Mann könnte doch auch daheim mit seinen Freunden Skat spielen, wurde meist abgelehnt: Es war nicht dasselbe.

Der »Herrenabend« aber war eine Form der Gastlichkeit eigenen Stils: Die Dame ließ sich gutmütig-schelmisch überhaupt nicht blicken, hatte nur Mayonnaise gerührt, Brötchen belegt, Salate geschnip-selt und alles im Nebenzimmer bereit-gestellt. Es gab Bier, später standen im Nebenzimmer Kaffee und Liköre oder Cognacs bereit.

Beinahe bei allen allgemeinen Gastlichkei-ten im Hause wurde getanzt. Entsprechend festlich waren die Gäste gekleidet – ja, es gab regelrechte Vorschriften: Die Herren im dunklen Anzug, die Damen im kleinen Abendkleid oder Teekleid.

Es wurde viel geraucht, fast nur Orient-Zigaretten, flach, kurz, mit Goldmund-stück, und nikotingelbe Finger waren sogar bei den Damen nicht selten. Gegen den Rauch stellte man Rauchverzehrer auf: Behälter aus Bronze oder Porzellan, in denen über einem mit Wasser gefüllten Gefäß eine Glühbirne brannte; das sah hübsch aus, und man glaubte an die wohl-tätige Wirksamkeit des Rauchverzehrers.

Das Familienleben war noch unverändert. Der Hausherr freilich nahm schon lange nicht mehr das Mittagessen mit den Seinen ein. Es wurde ihm, wenn er heimkehrte, meistens aufgewärmt. Das jüngste Kind brachte eifrig und liebevoll dem Vater die Hausschuhe. Noch immer hielt die Mutter darauf, daß nicht zu früh Licht angemacht wurde. Daß ein Familienmitglied sich in sein eigenes oder in ein anderes Zimmer zurückzog und den Abend für sich allein verbrachte, das gab es nicht – außer wenn erwachsene Kinder sich zum Studieren an ihren Schreibtisch setzen mußten. Dort leuchtete ihnen die neue Schreibtischlampe mit dem grünen Schirm auf einem bronzenen Fuß.

An den Sonntagen gingen die Väter mit ihren kleinen Kindern spazieren, bis die Mutter das Sonntagsessen bereitet hatte. Oder die heranwachsende Tochter spielte Klavier – heute zur Erbauung, ohne Etüden; viel Chopin, während Bratenduft aus der Küche drang. Nach Tisch, während die Eltern ihren geheiligten Mittagsschlaf hielten, begann für die Kinder schon die große Sonntagslangeweile, die nur noch einmal durch den Kaffeetisch mit dem selbstgebackenen Sonntagskuchen unterbrochen wurde. Der Rest des Sonntags wurde von den Kindern, wenn sie zu Hause bleiben mußten, als qualvoll langweilig empfunden. Im Sonntagsstaat standen sie vor der Haustür herum. Daraus entstand die spöttische Bezeichnung für ein biederes Kleid: »Das Sonntag-Nachmittag-vor-der-Tür-steh-Kleid«.

Machte die Familie einen Besuch bei Freunden oder Verwandten, kam es darauf an, ob es dort Kinder gab, mit denen man spielen konnte. Die elektrischen Bahnen, die Busse, die Untergrund- und Stadtbahnen waren voller Familien mit Blumensträußen – alles Sonntags-Verwandtenbesuche.

Sportiver Herr

Für die Kinder gab es immer neue Spielzeuge, viele Blechfiguren und Fahrzeuge zum Aufziehen. Babypuppen mit richtigem Nuckel im offenen Mündchen, Puppen, die »Mama« sagen und stehen konnten; die schönsten Puppen aber stammten von der Künstlerin Käthe Kruse. Sie hatten einen weichen Stoffkörper, der kindliche Formen wiedergab, ihre runden weichen Hände und Füße, die stämmigen Knie, mit einem wirklichen Kindergesicht, stumpfnasig, sanft und glatt; die Puppenmütter überschütteten sie mit Zärtlichkeit.

Der Teddybär, in den Vereinigten Staaten vor längerer Zeit entstanden und nach dem Präsidenten Theodore Roosevelt benannt, erlebte hier erst jetzt seinen großen Boom. Auch kleine Jungen verschmähten nicht, mit einem Teddybär zu spielen und ihn mit ins Bett zu nehmen.

Kinderfeste waren Höhepunkte im Kinderleben. Sackhüpfen, Eierlaufen, Stangenklettern, Wippen, Schaukeln, Kreisspiele, Bonbonketten, um den Hals zu tragen, Pfefferminzstangen, »Naute«, Brauselimo-naden berauschten die Kinder, während die Eltern bei Bier und Kaffee an langen Holztischen saßen. In der Abenddunkelheit liefen die Kinder mit Lampions und Laternen vom Ausflugslokal zurück, in Kleinstädten zum Marktplatz, wo dann das Deutschlandlied gesungen wurde, das 1922 zur Nationalhymne geworden war und das auf alle, die Erwachsenen wie die Kinder, eine ergreifende Wirkung hatte.

In der Großstadt wurden die schönsten Kinderfeste in den Laubenkolonien veranstaltet, ein Brauch, der sich bis heute erhalten hat. Die Schrebergärten, nach dem Reformer Hermann Schreber (1807–1861) benannt, waren gegen Ende des neunzehnten Jahrhunderts noch weitgehend den Arbeitern und kleinen Handwerkern vorbehalten gewesen. Jetzt hatten auch kleine und mittlere Beamte, Leute des bescheidenen Bürgerstandes ihr Gärtchen am Rand der Stadt. Dort hatten sie auf ihre Weise ein alternatives Leben; Naturnähe, Gartenbau unter viel Mühen des Gießens mit der Gießkanne, primitives Hausen in der

Die »Villa«
in der Kolonie

Laube mit kleiner Veranda, das Häuschen mit der Herzöffnung im grünen Türchen, dazu einen Komposthaufen und den Riesenkürbis. Sonntags im Sommer hatten sie viel Besuch, und die Verwandten erkannten gerührt in den ausrangierten Kaffeetassen mit dem Sprung das gute Service von der Großmutter wieder. Mit Körben voll Obst, Blumensträuße in den Armen, fuhren sie abends nach Hause. Es war Sitte, Gästen immer etwas mitzugeben, vor allem vom übrigen Kuchen.

Obst, das man umsonst oder billig bekam, wurde eingeweckt – so hieß das Verfahren nach »Weck«, dem Erfinder des Weck-Apparates, in dem acht Gläser auf einem Metallrost im Wasserbad eines großen Kessels zum luftdichten Abschluß gelangten. Das Eingemachte war noch immer der Stolz der Hausfrau. Auch selbstgekochte Marmelade war immer besser als gekaufte. Alles aber wurde maßvoll genossen. Ein Kind durfte niemals naschen, dafür wurde es bestraft. Bekam es eine Tafel Schokolade geschenkt, nahm die Mutter sie ihm gleich weg und teilte ihm erst nur einen Riegel zu, den Rest verschloß sie im Buffet. Jeden Tag ein Riegelchen, das war genug. So kam es, daß manches Kind insgeheim einen Heiß-hunger auf Süßigkeiten entwickelte und sein Taschengeld in den Süßwarenladen trug. Solche Geschäfte gab es damals mehr als heute, vor allem die auf Kinderverfüh-rung spezialisierten neben den Schulen. Sie führten Sahnebonbons, Honigkissen, Nappos, Cremehütchen, Pfefferminzbruch, Nußschokoladebruch, Nougatriegel. Die klassischen Bonbonsorten hatten ihre Blütezeit: Stachelbeerbonbons, Maiblätter, Himbeerbonbons, Hustenbonbons, Malz-bonbons, Drops in allen Farben; sie waren nicht eingewickelt, leuchteten lose in großen Bonbongläsern, in die mit der Bon-bonschippe hineingelangt wurde; zehn Pfennig, fünfzehn Pfennig, die teuersten

fünfundzwanzig Pfennig pro Viertelpfund. Matrosenkleid und Matrosenanzug waren weiterhin in Mode. Die Knaben trugen noch immer lange Wollstrümpfe zu knie-langen Hosen. Die größeren gingen als heranwachsende Jünglinge in Hosen, die nun schon deutlich kürzer wurden. Mütter, die auf Schick auch für ihre kleinen Töch-ter hielten, ließen sie jetzt in sehr kurzen Kleidchen gehen, sogar kniefrei. Andere,

Große Mode
für kleine Leute

223

weniger glückliche Kinder mußten noch wadenlang gehen. Das waren die, die auch zu allerletzt die Wadenstrümpfe gegen die langen tauschen durften – wenn es schon Mai war; und im Juni erst kamen dann die Söckchen an die Reihe.

Weiße, sogar geringelte Söckchen kamen schließlich auch in der Damenmode auf. Ja, eine Dame konnte im Sommer mit nackten Beinen gehen, an den Füßen nur diese Söckchen und »Opanken« – Sandalen, mit neuem Namen.

Frauen und Mädchen, Liebes- und Ehepaare – alle gingen auf der Straße untergehakt, Arm in Arm. Primanerinnen gingen mit Hut in die Schule, auf der einen Hüfte die Schultasche, auf der anderen Seite die Freundin untergehakt. Allein auf der Straße gehende Damen trugen das Handtäschchen mit beiden Händen vorn an den Leib gepreßt.

Es war das Straßenbild, das alleweil bewußt machte: Eine neue Zeit ist da! Reklame über Reklame! Vornehm war es nicht, in einem Haus zu wohnen, an dem Leuchtreklame angebracht war. Schon, wenn in ein herrschaftliches Miethaus ein Laden eingebaut wurde, reduzierte dieser Umstand den Prestigewert des Hauses. Ganze Wände waren bemalt mit Reklame – das betrachtete man zwar sehr gern, doch wohnen mochte man nicht um die Ecke von der blütenweißen Dame, die für Persil warb. In Kleinstädten waren solche Reklamemittel nicht denkbar, dort ließ man sich nicht die Häuser verschandeln; es gab ja allerdings auch keine vergleichbaren Werbeflächen. Alles war dort, wie es immer gewesen, wie es gewohnt war. Im Bekleidungsgeschäft neigten altmodische Schaufensterpuppen die Köpfe unter Hüten, die in Berlin seit zwei Jahren aus der Mode waren.

In den Freibädern gingen die Herren noch immer in den ganzen, mit Trägern geschlossenen Badeanzügen ins Wasser, nur junge Männer trugen den »halben Badeanzug«: die Badehose. Die Damen wagten sich im Familienbad mit züchtigen Badekostümen hervor, ohne Büstenhalter gaben sie ein naßglänzendes, schlappes Busengetüm den Blicken preis, dazu trugen sie rote, gepluderte Badekappen aus dickem Gummi.

In den modischen Seebädern war alles schicker. Die Mädchen trugen Badeanzüge mit tiefen Rückenausschnitten. Die Brachtsche Notverordnung allerdings rief nach mehr Zucht: Ab sofort sollten alle Badeanzüge Zwickel haben und unter dem Arm fest anliegen. Ganz Deutschland lachte darüber. Leider waren die anderen Notverordnungen nicht so amüsant.

Im Sport, soweit er sich als allgemeine Körperertüchtigung verstand und in Kursen und Vereinen betrieben wurde, war nun der Medizinball das aktuelle Sportgerät: ein sehr großer, schwerer Ball, der mit Geschick, Kraft und möglichst auch zielgerecht gestoßen werden sollte. Er war besser für Männer geeignet. Die Sportkleidung der Damen bestand aus kurzen schwarzen Satinhosen und weißem Turnhemd aus Trikot. Die jungen Turnlehrerinnen der Mädchenschulen sahen wunderbar damit aus, und neben ihnen hatten die älteren Damen einen schweren Stand, die in über die Knie reichenden Hosen zu Seidenstrümpfen, in hochgeschlossener

Bluse, getufftes Haar unterm Haarnetz, auch noch Turnstunden gaben, freilich mehr anleitend als selbst vorführend.

Im Schwimmunterricht wurde der neue Startsprung gelehrt, der neue Schwimmstil war das Kraulen. Ein Sportkleidungsstück wurde kreiert, das sich durch Unkleidsamkeit auszeichnete, aber gesund und praktisch war: der Trainingsanzug. Auch wer sich nicht direkt leidenschaftlich mit Sport abgab, wollte doch gern einen solchen Anzug besitzen.

Das Skilaufen, zwar noch kein Massensport, gewann die bürgerliche Jugend für den Winterurlaub im Gebirge, für Sonne auf Gletschern, Abfahrten auf steilem Hang, Übernachten in Ski-Hütten, Winterbräune, starken Punsch zur Nacht.

Der Sport als große Schau wurde hochgesellschaftsfähig: Bei den Boxmatches sah man die Creme de la Creme der Gesellschaft – die Prominenten, die Idole, in Monokel-Eleganz. Man ließ sich beim Sechstagerennen sehen, beim Eiskunstlauf. Wer nicht dazugehörte, wer nicht dabei sein konnte, lauschte den Reportagen im Radio. Olympia begeisterte immer mehr Menschen, Nurmi war eines unter den vielen Idolen der Zeit.

Sport, Körperbewußtsein, Hygiene – alles gehörte zusammen. Die Hygiene-Ausstellung in Dresden war eine Sensation. Vielen fehlte der Ausdruck bisher in ihrem Wortschatz. Die kalte Dusche – jeden Morgen! – wurde von jungen Männern und Mädchen in die selbstverständlichen Gewohnheiten übernommen.

Es gab Modernität, die esoterisch, und Modernität, die populär war und zum ständigen Bedarf wurde. Das Eintauchen ins Dunkel des Kinos gehörte dazu. Kino wirkte wie eine Droge: Die Menschen, die da herauskamen, hatten einen anderen Gesichtsausdruck als vorher, besonders die Frauen. Sie waren wie verzaubert, waren noch eine Weile Asta Nielsen, Henny Porten, Marlene Dietrich, Greta Garbo, Lilian Harvey. Im Kino wurde den Frauen bewußt, wie wenig sie ihr Leben lebten, wie wenig ihnen beschert war vom großen Glück, vor allem in der Liebe. Das Kino war die Fabrik der großen, unerfüllbaren Wünsche, der unerhörten Illusionen.

Die Namen der Filmtheater waren Verheißungen: Allotria, Alhambra, Splendid, Puck, Piccadilly, Corso. In der Frühzeit des Kinos gab es noch zwei lange Filme nacheinander, dazwischen eine Varieté-Einlage mit Akrobatik. Liebespaare fanden es gut im Kino: Winters im Warmen und im Dunklen; Küssen und Händehalten wurden geduldet.

An der Wende zu den dreißiger Jahren gelangte die Filmpostkartenproduktion zu ihrem Höhepunkt. Die starken Kartons mit der seidigen Fotoreproduktionsoberfläche, auf denen die Diven mit ihrem verhangenen Augenaufschlag, ihren dunkelglänzenden Mündern, ihren Schultern den entflammten Backfischen ganz nahe waren – zumal wenn sie auch noch das Autogramm trugen –, waren passioniert gesammelte Objekte. Unter den Schulbänken wurden Brigitte Helm, Lilian Harvey, Willy Fritsch, Willy Forst, Adolf Wohlbrück, Conrad Veidt, Henny Porten, Anny Ondra – eine Garde von Göttern und Göttinnen – gehandelt und getauscht.

Lilian Harvey – Willy Fritsch

Lilian Harvey

Lilian Harvey

Louis Graveure – Jenny Jugo

Conrad Veidt

Lilian Harvey

Willy Fritsch

Lilian Harvey

John Boles – Lilian Harvey

Marlene Dietrich

Brigitte Helm

Sylvia Sidney
Maurice Chevalier

Das Kino belebte aber auch den nationalen Illusionismus neu. Der Tonfilm fügte dem starken Ausdruck des Bildes das Pathos des gesprochenen Wortes hinzu. Der expressionistische künstlerische Film hatte seine Zeit gehabt, er hatte die frühen Cinephilen-Zirkel erreicht. Jetzt gewann der deutsche Film noch mehr Kinogänger: Einmal die Woche war das übliche. Sonnabends war Kinotag. Da das Programm aber dienstags und freitags wechselte im Kino an der Ecke, gab man auch zweimal wöchentlich eine Mark dafür aus. Das Vaterländische nun auch auf der Leinwand! Vermengt mit ergreifenden Liebesgeschichten! Otto Gebühr als der Alte Fritz: Wäre damals der alte König noch einmal auf die Erde gekommen: niemand hätte ihm geglaubt, daß er es war – weil er nicht aussah wie Otto Gebühr. Eine alte Wunde schmerzte: Was der deutsche Bürger doch einmal gewesen – Träger des vaterländischen Idealismus –, es trat in sein Bewußtsein zurück. Das Bürgertum schied sich zunehmend in rechts und links. Der Geist stand links! Links stand der Impuls der Kunst, ihr frecher Zugriff. Die »Dreigroschenoper«

war ein großer Erfolg. Aber ebenso groß war die Mißbilligung von Leuten, die da gar nicht erst hingingen. Vom Kommunismus kannten die Bürger nur den Typ des Salon-Kommunisten und den die geballte Faust zeigenden Ernst Thälmann. Den ersteren nahmen sie nicht ernst, vor dem Typ des aufständischen Proletariers ängstigten sie sich: Von ihm hatte der Mittelstand nur seinen Untergang zu erwarten. Wenn »die« ans Ruder kämen, dann gute Nacht, dann gehörte einem kein Kochtopf mehr! Wie die Anhänger der Parteien in Saalschlachten mit Stuhlbeinen aufeinander losgingen! Wie heruntergekommen mußten diese Leute sein! Leider hatten viele Familien auch schon einen Angehörigen in der SA.

Alle Vornehmheit, aller Anstand gingen doch immer noch von einem Mann wie Hindenburg aus. Nun kam da der, den immerhin Papen dem Reichspräsidenten empfohlen hatte; einen Versuch zur Rettung Deutschlands sollte man ihn doch machen lassen…

Und da kam »dieser hergelaufene Gefreite« schon anmarschiert. Die Fahne hoch! Die Kolonnen in Braun sahen gräßlich aus. Das waren doch alles verkrachte Existenzen – aus denen hatte der seine Anhänger gewonnen. Später las man, daß der Untergangsphilosoph Oskar Spengler die Nazis *die Organisation der Arbeitslosen durch die Arbeitsscheuen* genannt hat.

Aber allzusehr wurde der Bürger doch nicht erschreckt. Aus seinem neuen großen Radio – Programme aus aller Welt – kam noch die gewohnte, die süße erotische Musik. Die »Commedian Harmonists« sangen »My wonderful baby…«. Das Fluidum des zwanzigsten Jahrhunderts – flott, süß, schick, fesch, charmant –, es war den Bürgern lieb geworden. Das würde doch nun nicht alles vorbei sein?

Republikanische Ersatz-Idole:
Die Filmstars

7 Wunschkonzert
1933–1945

Nun marschierten diese braunen Trupps durch die Straßen. Es war ein häßliches Braun, eine häßliche Uniform. Den Bürgern mißfiel sie. Die Uniform der Reichswehr war die einzige, die bei ihnen Geltung hatte. Die ganze Zeit seit 1918, die jetzt Systemzeit genannt wurde, war die Reichswehr dem Bürgertum als stabiler Träger des nationalen Gedankens erschienen, als Verkörperung der Würde, die Deutschland im Versailler Vertrag gerade

Die neuen Imperatoren

noch belassen worden war. Daß die Reichswehr außerhalb des Parteienhandels stand, daß sie streng unpolitisch war, billigte das Bürgertum, weil es selbst unpolitisch war und sich etwas darauf zugute tat. Diese Rabauken der Sturmabteilung, der SA, die immerfort gröhlten und krakeelten, diese Randalierer sah man vom Fenster, hinter der Gardine hervor, bitter und verächtlich an.

Immerzu gab es Kundgebungen, Aufmärsche, große Reden, Selbstbeweihräucherungen, als könne damit die Arbeitslosigkeit bekämpft werden. Wie benahm sich nun dieser Hitler? Wie sah er aus im Frack? Er küßte Winifred Wagner die Hand? Er wurde von den Industrie-Magnaten hofiert? Vielleicht nahm er jetzt ein bißchen Schliff an, lernte, sich in Gesellschaft zu bewegen, der ehemalige Anstreicher. Man würde sehen.

In jedem Verwandtschaftsklan gab es schon einen Parteigenossen, der begeistert die Hand hob und »Heil Hitler« sagte. Sehr viele »bessere Leute« traten jetzt in die Partei ein – es gab nur noch die eine. Wenn man drin war, hatte man so manchen Vorteil. Die Partei mußte vorübergehend die Aufnahme sperren. Die Scharen der Neulinge nannte man die »Märzgefallenen«, denn der März 1933 war der Monat, in dem sie alle, alle kamen.

Die alten Kämpfer waren in den Augen der sich kritisch Zurückhaltenden verkrachte Existenzen: Glücksritter, ewige Krieger, kleinbürgerliche Arbeitslose, deutschtümelnde Schwärmer, Halbgebildete, die einem Idol nachliefen. Was sollte man dazu sagen: Sogar ein Sohn des Kaisers war dabei, Prinz August Wilhelm, von den SA-Genossen »Auwi« genannt, ein treuer Gefolgsmann des Führers. Die neuen Parteigenossen wurden von den Standhaften und von den noch nicht Entschlossenen als Opportunisten durchschaut.

Wer vom »Führer« sprach, von dem rückten die kritischen Bürger ab. Sie nannten den Mann bis zum Ende seiner Tage Hitler. Der verordnete Gruß »Heil Hitler« war eine so haarsträubende Geschmacklosigkeit, daß man sich wundern mußte, wie alle Deutschen sich daran gewöhnten. Man wußte aber, wo man noch »Guten Tag« sagen konnte. Briefe mit »Heil Hitler« unterschreiben – das war doch auch geradezu lächerlich. In gepreßter halber Anpassung unterzeichnete man »Mit deutschem Gruß!« Es soll auch Wendungen gegeben haben wie »Mit ergebenem Heil Hitler, auch an Ihre Frau Gemahlin…«, »Ein herzliches Heil Hitler! an Euch alle…«

Parteieintritt, Hitlergruß, Fahnenzeigen – nichts wurde gesetzlich verordnet. Es machte sich alles ganz von selbst, teils freiwillig aus verschiedenartigen Erwägungen, teils durch ein schnell entstandenes Netz von Aufpassern, die auf ihre Weise den Zögernden und Kühlen nahelegten, es sei besser für sie, wenn sie bewiesen, daß sie keine Gegner des neuen Deutschlands seien.

Die Bürger hängten ihre schwarzweißroten Fahnen über die Balkonbrüstung. Schwarz-Weiß-Rot waren ja doch die Lieblingsfarben der meisten. Die Zusammenstellung war einfach schöner als Schwarz-Rot-Gelb. Hämisch sah man, wie in den Arbeitervierteln auf vielen Fahnen das Hammer-und-Sichel-Emblem mit dem weißrundigen schwarzen Hakenkreuz überdeckt worden war. Die Arbeiter wurden ja auch sehr hofiert jetzt. Nicht nur wurden ihnen ihre Arbeiter-Rechte belassen, sie bekamen Versprechungen dazu, die, statt sie im Klassenkampf zu bestärken, ihnen ein besseres Leben in Aussicht stellten. Man konnte verstehen, daß diese armen Teufel von ganz links nach ganz rechts schwenkten.

Viele Male im Jahr waren die Straßen ein Fahnenmeer: eine nationale Erhebung, vergleichbar der von 1813. Daß in bürgerlichen Gegenden zunächst nur wenig Hakenkreuzfahnen zu erblicken waren, mußte anders werden. Die schwarzweißrote Fahne bedeutete: Nazis sind wir nicht!

Bessere Leute traten
in die Partei ein

Nur national. Bald aber klingelte ein bislang unbekannter Mann aus dem Hinterhaus an der Tür im vorderen Treppenhaus
und empfahl sehr dringlich, das Hakenkreuz zu zeigen. Der Mann war der Haus-
obmann, oder der Blockwart. Mit diesem
Mann würde man sich ja nicht streiten.
Man kaufte eine Hakenkreuzfahne und
hängte sie bei der nächsten Gelegenheit
neben der schwarzweißroten heraus. Damit
zeigte man immer noch deutlich, daß man
nicht zu den Enthusiasten gehörte. Denn
der ganze Rummel kam einem beträchtlichen Teil des Bürgertums geschmacklos
vor. Das Ganze hatte kein Niveau! Die
hohen Töne, die da alleweil angeschlagen
wurden, wirkten widerlich. Man war ja
national gesinnt, aber man verachtete alle
diese neuen Reimereien:
Hakenkreuz, du Kreuz der Ahnen!
Läutern wollen wir das Blut,
immer sollst du uns ermahnen:
Volkes Freiheit – höchstes Gut!
Beschwörung! Gelöbnis! Alles mit Aus-
rufezeichen. Die nationalsozialistische
Weltanschauung! – ein zusammengebacke-
ner Wirrwarr. Hitlers furchtbar langweiliges
Buch »Mein Kampf« las man nicht. Man
liebte keine doktrinäre Literatur. In den
gesamten zwölf Jahren, die das neue Reich
währte, hatte die nazistische Tendenzlitera-
tur keine Chance. Sie wurde auf dem
Zuteilungswege, als Parteigeschenk verbreitet, in den Bibliotheken per Verordnung
eingestellt; Buchhandlungen kauften die
Titel anstandshalber ein, hielten sie auf
Sonderauslagen für Parteibonzen bereit, die
damit ihresgleichen beglückten.
Der gebildete Bürger wurde schon nervös,
wenn er an einem geistigen Erzeugnis die
Nazitendenz witterte. Ein unbegründeter
Verdacht mußte ihm dann vom Buchhändler ausgeredet werden.
So hielt der kultivierte Mittelstand sich aus
allem heraus, was politisch war. Das war
ohnehin seine Neigung, und da es keine
vielfältige Politik, sondern nur noch die
eine gab, konnte er, wenn er entschieden
dagegen war, sich in dieser Distanz ganz
gut einrichten. Man gewöhnte sich daran,
daß man mit erhobener Hand das
Deutschlandlied und dann noch dies grob-
schlächtige »Die Fahne hoch« singen mußte. Man gewöhnte sich an alles; es waren
Äußerlichkeiten, denen man nachkommen
konnte, um im übrigen nicht anders als
vorher zu leben. Außerdem war anzuerken-
nen, daß das Rheinland wieder frei, daß die
Saar wieder deutsch war. Auch war die
Arbeitslosigkeit im Rückgang begriffen.
»Die« schafften also doch tatsächlich greif-
bare Verbesserungen. Die Ausschreitungen
gegen die Juden und gegen die jüdischen
Geschäfte verurteilte man als roh und
vulgär. Es gab aber nicht wenige, die fanden, die Juden einmal etwas einzuschüch-
tern, wäre im Prinzip nicht verkehrt. Um
die »Nürnberger Gesetze«, die den Juden
eine diskriminierende Stellung außerhalb
des »Volkskörpers« zuwiesen, kümmerte
man sich kaum. Es wurde alles nicht so
heiß gegessen, wie es gekocht wurde. Wo
gehobelt wurde, da fielen Späne. Geordnete Verhältnisse würden sich schon wieder
einstellen. Man sah ja, daß die anfangs so

fanatische Deutschtümelei nicht Oberhand gewann. Die »Hunderfünfzigprozentigen« mochten es damit halten, wie sie wollten – die anderen lebten weiter im zukunftsfrohen zwanzigsten Jahrhundert, modern, technikfreudig, sportlich, mondän, vergnügungssüchtig. Die Nation im ganzen war nicht zu germanisieren, das »Völkische« konnte nicht indoktriniert werden. Das Regime rechnete mit dem Wohlverhalten der Intelligenz und wollte sich bei diesen Leuten nicht lächerlich machen; es waren mehr die unteren Chargen, die treudeutschen Biedersinn und eine muffige Moral verbreiten wollten. Ganz oben war man kühler und realistischer, auch selbst nicht unempfindlich gegen Mondänität und Eleganz. Was international an Pfiff und Schmiß im Vergnügungsangebot Geltung hatte, war auch in Deutschland wohlgelitten. Der Steptanz riß alle hin; Steptanzschulen wurden eröffnet und hielten sich bis zum Ende des Krieges. In Berlin konnte man noch 1944 zwischen Ruinen das Klavierspiel eines Steptanzlehrers und das Schuhklappern seiner Schülerinnen hören. Tanzbars, Tanzkapellen, Cabarets, Varietés, Kino, Konzert, Theater – alles war dasselbe. Daß mit der Zeit die bekannten Namen vieler Juden fehlten, war bedauerlich, aber kein Signal, daß man selbst Furcht haben müsse.

Daß erst einmal alle Menschen in ihren Berufen, Berufsverbänden erfaßt und »gleichgeschaltet« wurden, brachte rechten Verdruß und kostete Zeit. Es war kein Vergnügen, Versammlungen zu besuchen und sich anzuhören, was von einem erwartet wurde.

Arbeiter wurden in die Arbeitsfront eingereiht, Angestellte in den für sie zuständigen NS-Bund. Für geistige Berufe gab es Kammern. Nach der von der Partei veröffentlichten Meinung saß die Reaktion im Bürgertum, dem mußte jetzt erst einmal der Dünkel ausgetrieben werden. Die Bürger hörten sich das mit an und lächelten. Studentenkorporationen wurden verboten: Diese Art akademischer Eliten gab es nicht mehr. Linke Studentengruppen waren sofort ausgemerzt worden. Der SA-Student war das neue Vorbild:
Horst Wessel ist für alle Zeiten das Urbild der SA-Studenten der Kampfzeit, die, verachtet und verlacht von den anderen, mißverstanden und bekämpft von ihren Professoren, den Kampf aufnahmen um die deutsche Hochschule. Als Kampfgenossen von Bauern und Arbeitern, als Soldaten des Führers haben sie im Sturme gegen eine volksfremde und lebensferne Gelehrtenschaft, gegen eine Studentenschaft, die, schon in der Jugend vergreist, nur noch das Vergangene hüten wollte, die Pforten der Universität von innen gesprengt. Sie haben unter Einsatz ihrer Existenz dem Strom des Lebens, der durch unser Volk schon jahrelang hindurchflutete, auch im Bereich der Hochschulen freie Bahn gebrochen.
Die Worte Volk, Volksgenosse konnte man schon gar nicht mehr höhren. »Volk« wurde ein für lange Zeit unbrauchbares

Wort, beladen mit einem nebelhaften und dumpfen Heroismusverständnis, behaftet mit Blut- und Bodengeruch.

Persönlichkeiten, die beruflich tüchtig waren, mochten auf die Dauer dem Zureden, sich der Partei anzuschließen, nicht widerstehen. Viele entschlossen sich, in irgendeine angegliederte Organisation, nicht in die Partei selbst, einzutreten, damit sie ihre Ruhe hatten, als »politisch zuverlässig« galten. Als Beamter konnte man sich pensionieren lassen, wenn man diesem Regime nicht dienen wollte, oder sich mit der erreichten Position zufriedengeben. Konnte man von den reduzierten Bezügen eines Pensionierten den Kindern ein Studium ermöglichen? Wäre es nicht besser, in eine höhere Gehaltsstufe aufzusteigen? War es klug, als Akademiker auf eine Berufskarriere zu verzichten, wenn man gerade am Anfang des Berufslebens stand? Das Parteiabzeichen, das jeden guten Anzug deklassierte, brauchte man ja nur bei offiziellen Gelegenheiten zu tragen.

Kein Kind wurde gezwungen, in die Hitlerjugend einzutreten. In jeder Schulklasse gab es drei, vier, fünf, die nicht in der Hitlerjugend oder im Bund deutscher Mädel waren. Sie hatten davon in der Schule keinen Schaden. Diesen Vorzug boten allerdings nur Großstädte. In den deutschen Kleinstädten traten oft doch ganze Klassen geschlossen in die Parteijugend ein. Das war vor allem günstig für den Ruf ihrer Eltern. Denn in der Kleinstadt gab jetzt der nationalsozialistische Schulrektor – auch er hatte seine Sympathie für die NSDAP erst im März 1933 entdeckt – den Ton an, natürlich auch der häufig neue Bürgermeister, der den alten untragbaren abgelöst hatte. Die Honoratioren bekannten sich zum neuen Geist, und es fiel ihnen nicht schwer, so durch und durch deutsch zu sein. Sie waren es immer gewesen, hatten nur nicht erkannt, daß erst der Nationalsozialismus den Deutschen die wahre nationale Größe wiederbringen würde.

Fähige Köpfe, Wirtschaftsführer, Fachleute, auf die Staat und Wirtschaft nicht verzichten konnten, mußten keine Parteimitgliedschaft nachweisen, um sich zu halten oder aufzusteigen. Auch die prominenten Künstler hatten sehr viel Freiheit – wenn sie nur weiterhin an prominenter Stelle tätig waren. Dann gab es noch ein großes, graues Heer mittelständischer Existenzen, die sich recht und schlecht heraushalten konnten. Wenn sie in der »NS-Volkswohlfahrt« waren, genügte das. Allmählich wurden erträgliche Formen geschaffen, wie eine Persönlichkeit von Ansehen und Vermögen sich einen guten politischen Ruf schaffen konnte: Man schlug ihr vor, »förderndes Mitglied« einer Unter-Organisation der NSDAP zu werden, zum Beispiel der SS, der Schutzstaffel – der besonderen Garde Hitlers, die in Konkurrenz zur SA trat und sich durch eine sehr viel schmuckere, ja, schneidige Uniform auszeichnete, dazu, das wußte man, erheblich gefährlicher war. Dem kleinen Mann wurden Mitgliedschaften in Verbindung mit mancherlei Verlockung geboten: Wer vom Reiten nicht einmal geträumt hatte, konnte Mitglied einer Reiterstaffel werden. Wer den Motorsport liebte, trat dem »NSKK« bei, dem »Nationalsozialistischen Kraftfahrkorps«. Es gab keine denkbare Verbandstätigkeit, die nicht mit einem »NS« in die Allgewalt der Partei einbezogen werden konnte.

Den Arbeitern und den kleinen Angestellten gefielen die Vergünstigungen der »Deutschen Arbeitsfront«, die regelmäßige Mittelmeer-Kreuzfahrten veranstaltete. »Jeder einmal in Madeira« hieß die Losung der Organisation »Kraft durch Freude«. Als diese Volksbeglückung etabliert war, hatte sich die Welle der Gleichmacherei, die der Bürger so haßte, schon gelegt. Die ewig gepredigte Volksgemeinschaft ging ihm auf die Nerven. Er lehnte die Betriebsfeste ab, wo es passieren konnte, daß die Reinemachefrau neben dem Direktor saß. Peinlich war das – auch für die Reinemachefrau! Aber mit der Zeit zeigte sich, daß die großen Massen der einfachen und kleinen Leute auch ohne Verbrüderung mit der Mittelklasse zufriedenzustellen waren. Beschimpft wurden nur noch die Intellektuellen, besonders von Joseph Goebbels, der freilich selbst ein aus Intellektuellenhöhe Heruntergefallener war. »Intellektuell« war ein Schimpfwort, das vorzugsweise in Verbindung mit »jüdisch« gebraucht wurde.

Zeitungen, in denen eine solche Sprache geführt wurde, las man natürlich nicht. Den »Völkischen Beobachter«, den »Angriff« gar, sah man nicht in den Hän-

Massentourismus im Dritten Reich

den eines Herrn. Die bürgerliche Zeitung war die »Deutsche Allgemeine Zeitung«, vor allem die »Frankfurter Zeitung«, für besondere Kenner noch die »Kölnische Zeitung«, nachdem das »Berliner Tageblatt« und die »Vossische Zeitung« als Judenblätter eingegangen waren.

Die bürgerlichen Zeitungen verstanden es, ihre Leser spüren zu lassen, daß die Redakteure keine begeisterten Nazis waren, daß sie aber nicht so konnten, wie sie wollten. Der Leser war damit zufrieden: Er wußte, er war nicht allein mit seinen Vorbehalten gegen die Regierung.

Bei vielen war aus der Ablehnung schon eine Stimmung des Vorbehaltes geworden. Es sah ja nun doch so aus, als seien diese Verhältnisse in absehbarer Zeit nicht zu verändern. Man mußte sich arrangieren. Schließlich konnte man überhaupt nicht immerzu und alle Tage an die Nazis, an die Politik, an den Umschwung denken, man wollte in erster Linie leben wie immer. Am Ende war dem Bürgertum ja überhaupt nichts passiert. Später, als alles zu Ende ging, riefen einige Nazis bitter: »Der Nationalsozialismus war der letzte Versuch zur Rettung des Bürgertums!« Rückblickend

läßt sich sagen: Die Bürger wurden wirklich weitgehend verschont von Gesinnungsstrapazen.

Seinen Ariernachweis hatte jeder erbracht, und es war sogar interessant, diese Ahnenforschung zu betreiben. Pfarrämter wurden bemüht mit Erforschung der Eintragungen in den alten Kirchenbüchern, Papiere und Stempel mußten beigebracht und am Ende konnte der Ahnenpaß ausgestellt werden. Eine Art nationaler Nostalgie kam in Mode, nach einem Jahrhundert interessierte man sich einmal wieder dafür, wo man eigentlich hergekommen war. Einen Ahnenpaß kann man noch heute in jedem Papiergeschäft kaufen. Vor seiner Einführung durch das NS-Regime hatte das Stammbuch genügt, das nur die Personalangaben der Eltern enthielt und jedes Kind verzeichnete. Wer nun damals auf eine nichtarische Großmutter stieß, war schlecht daran und konnte nur hoffen, durch striktes Wohlverhalten seine berufliche Existenz zu behalten.

Mit solchermaßen bereinigten Verhältnissen konnte man zur bürgerlichen Tagesordnung übergehen. Vieles an der neuen Zeit war doch positiv zu beurteilen. Der schon vor 1933 bestehende Arbeitsdienst wurde zur Pflicht, und diese Pflicht tat den jungen Männern doch ganz gut. Als der weibliche Arbeitsdienst eingeführt wurde, verbreitete sich ein Grauen unter den jungen Mädchen: Die von dort nach einem halben Jahr zurückkamen, hatten zwanzig Pfund zugenommen und sahen unmöglich aus. Schuld daran war die einseitig füllige Kost bei der Arbeit auf dem Lande.

In der Großstadt traten im Straßenbild die braunen Uniformen allmählich zurück. Das zivile Leben herrschte vor.

Man fühlte sich nicht von der Welt abgeschnitten, wie es später in der Nachkriegszeit hieß. Amerika war präsent mit Coca-Cola, mit seinen braunen Boxern, seinen

Filmen. Abgesandte des französischen Frontkämpferbundes kamen und äußerten sich über den Frieden zwischen den Völkern. Französische Romane waren beliebt: Wie leicht und geschmackvoll sie doch waren! Die bedeutenden Franzosen wurden in Übersetzungen gelesen, allen voran André Gide. Die anglo-amerikanische Literatur füllte die Auslagen der Buchhandlungen und wurde vom bürgerlichen Publikum bevorzugt.

Was im Kino die NS-Gegenwart anzeigte, waren nur die Wochenschauen, begleitet von einer merkwürdig hochkrähenden und doch etwas femininen Stimme. Amerikanische Filme waren den Kinogängern geläufig. »Broadway Melody« – ein Hit. Clark Gable, Joan Crawford waren so populär wie Willy Fritsch und Lilian Harvey. Der amerikanische Modernismus wurde nicht verteufelt. Die deutschen Filme hielten jede Parteitendenz klug zurück; sie waren leicht, entzückend, sie injizierten den erwünschten neuen »deutschen« Geist in kleinen Dosen. Das Publikum merkte nicht, wie die Frau als das süße Mädel, als das reizende Trotzköpfchen, das vom Manne dann doch bezwungen wurde, wieder an den Kochtopf geschickt wurde. Marianne Hoppe sagte, als Fliegerin in einem Fliegerfilm, von dem Flieger Gustaf Gründgens: *Ich gäbe was drum, wenn er mal wieder »dumme Gans« zu mir sagen würde!*

Geordnete Herrschaftsverhältnisse zeigte der deutsche Film, König und Heer und Vaterland in heroischen Zeiten. Im Film, der in der Gegenwart spielte, sah man keine SA-Uniform, niemand hob die Hand zum »Heil Hitler!«. Die Stars trugen sich mondän, in Frack und Abendkleid. Die Filmhelden tanzten auf Bällen, saßen in Opernlogen, schritten Revuetreppen herab. Der Losung »Wider den undeutschen

Der Kinderstar aus Hollywood

Geist« kam die Filmkunst weder nach, noch trat sie ihr entgegen – sie ließ solche Parolen einfach aus.

Abwertende, negative Kritiken las man nicht mehr in den Zeitungen. Denn was durch die Zensur des Goebbelsschen Propagandaministeriums gegangen war, hatte die offizielle Kritik schon positiv bestanden. Jetzt gab es nur die »Kulturbetrachtung«; sie allerdings konnte auch scharf und witzig abgefaßt sein; es war eine Zeit, in der die Stilkunst des Feuilletonisten verdeutlichte, was er als Urteil nicht formulieren durfte.

Was nun »deutsch«, was »undeutsch« war, blieb ganz offen in der Frage der Frauenschönheit, des Männercharmes, der Mode. »Die deutsche Frau raucht nicht« stand auf Plakaten vielleicht noch in Kleinstadt-Cafés. In Wirklichkeit rauchten jetzt nicht weniger Frauen als vor 1933; die jungen Mädchen fingen sogar noch früher damit an. Die Forderung »Die deutsche Frau schminkt sich nicht« wurde von Anfang an nicht ernst genommen außer von den Fanatikerinnen mit dem angekrausten Rock und den schweren Schuhen. Das Mädel des BDM schminkte sich natürlich ebenfalls nicht, wenn sie in Kluft ging. Wenn eine Führerin eines ihrer Mädel privat in elegantem Zivil sah, mit Hut und Handschuhen und geschminkt, legte sie ihr ernst nah, aus dem BDM auszutreten. Ein Austritt war jederzeit möglich, er zog keine Konsequenzen nach sich. Die Jugendorganisation forderte von ihren Mitgliedern vollen Einsatz, die Aufgabe des Privatlebens; wer das nicht leisten konnte, gehörte eben nicht zu dieser Jugendelite, wurde deshalb aber nicht diskriminiert.

Der Zulauf zur Hitlerjugend, zu der auch der Bund deutscher Mädel gehörte, war, das soll nochmals betont werden, freiwillig. Die Organisation war für die Jugend äußerst attraktiv, sie bot Fahrten, Sport, Abenteuer an; in den »Pimpfenverbänden« wurde das Bündische weitergepflegt. Die Jugendbewegung hatte sich, überwiegend gezwungen, der Hitlerjugend eingegliedert. Den Bündischen mißfiel die Betonung des Militärischen in der Hitlerjugend. Aber sie nahmen fast alle sogleich Führerposten ein und bewarben sich besonders um die Führung der Pimpfen. Sie trugen statt der braunen HJ-Uniformen die viel kleidsameren schwarzen; die Hosen wurden immer kürzer, der Pimpf mußte zackig aussehen. Daheim gab es immer Kämpfe um eine nochmalige Kürzung der Hosenbeine. Die alten Liederbücher wurden weiter benutzt. Es entstand eine Gegnerschaft zur Hitlerjugend der Halbwüchsigen und Älteren; im heimlich fortbestehenden bündischen Geist sammelte sich sogar der finstere Trotz der einst kommunistisch geneigten »Tusk«-Jugend. Schwarzweiß war das Jungenbuch, das »wir« hieß und eine Landsknechtstrommel auf dem Deckel zeigte. Die Jungen sangen die »Lieder der Eisbrechermannschaft«. Es war innerhalb der mächtigen Jugendorganisation eine ständige Gegnerschaft wirksam, allerdings ohne erklärte Ziele, und keinesfalls dem Regime feind.

Als Verdienst wurde es den Jungvolkführern angerechnet, daß sie endlich den deutschen Jungen im Winter mit der schwarzen langen Skihose bekleideten. Mit kurzen Hosen und langen Strümpfen mußte kein Junge mehr gehen.

Eine eigene deutsche Mode zu schaffen, war schnell wieder aufgegeben worden. Merkwürdigerweise neigte die Mode in aller Welt sich der Schönheit blonder Flechten zu, einer insgesamt neuen weiblichen Linie. Es ist denkbar, daß das neue Deutschland mit seinen germanischen Parolen im Ausland in derselben Weise anregend wirkte, wie exotische Völker mit ihren Trachten die Mode-Designer immer wieder mit Einfällen versorgten. Das Journal »Die Dame« – auf die neuen Richtlinien umgelenkt – berichtete aus Paris:
Bei Chanel hatte in diesem Jahr ein Mannequin mit Gretchenzopf großen Erfolg…
Einige große Pariser Modehäuser stellen jetzt mit Vorliebe deutsche Mannequins an. Der neue deutsche Schönheitstyp hat in Paris einen durchgehenden Erfolg.

»Mädchen in Uniform«
– diesmal ganz anders

In Deutschland selbst gingen nur wenige Frauen mit einem Haarkranz um den Kopf. Er wäre hier ziemlich lächerlich erschienen. Die Mädchen trugen aber fast durchweg jetzt den Nackenknoten – am besten blond; gelegt wie ein geringeltes Törtchen, mit möglichst wenig Haarnadeln gehalten, war er die beliebteste Frisur. Der Bubikopf, der Herrenschnitt traten deutlich zurück. Allmählich setzte sich auch die »Olympia-Rolle« durch: eine durchgehend gerollte Locke, die vom Hinterkopf nach vorn geführt, oben an den Schläfen enden sollte. Dies Ideal wurde selten erreicht; zur Sicherheit wurde das Haar um einen Reifen gewickelt und als Wurst an den Kopf gesteckt. Hochmodisch war natürlich auch der dauergewellte Lockenkopf, auch er möglichst blond. Aber naturblond! Wer mit Hilfe von Wasserstoff seiner modischen Erscheinung nachhalf, war keine wirkliche Dame, außer es handelte sich um »hohe Frauen«, wie Frau Magda Goebbels, deren blonde Wellen angezweifelt wurden.

In der Garderobe unterschied man, wie von jeher, die passende Bekleidung nach Ort und Stunde: vormittags das sportliche Kostüm, etwa aus grauem Flanell, mit breiten Schultern, nach englischer Art; nachmittags das dunkelblaue Kostüm, dann das Teekleid, das Gesellschaftskleid, das kleine Abendkleid, das große Abendkleid. Man trug fließende Seiden zur großen Toilette, oder, besonders reizend an jungen Mädchen: Organdy, hold und lieblich in Hellblau, mit Puff- oder Flügelärmeln weit von den Schultern abstehend. Die Rückenausschnitte reichten sehr tief herab. Die Kämpfe der Töchter um die Erlaubnis zu einem solchen kühnen Rückenausschnitt, endeten oft mit einer Niederlage.

Abends war die hochhackige Abendsandalette üblich, während die schicke Frau vormittags einen festen Schnürschuh trug. Der nachmittägliche Trotteurschuh durfte verspielt verziert sein. Junge Mädchen von schlichtem Sinn liebten die Haferl-Schuhe – sie hatten gefranste, heraushängende Laschen, und zu diesen Schuhen paßte dann besonders gut das Berchtesgadener Jäckchen, das jetzt seinen Siegeszug antrat, eine Trachtenstrickjacke in schwarzrotgrün, oder weißrotgrün. Mädchen und Frauen trugen weiße Söckchen, jedenfalls am Tage. Später ließen sie auch die Söckchen weg und gingen mit gänzlich bloßen – schlanken und braunen – Beinen.

Die Kleider wurden lang und länger. Backfische gingen mit knöchellangen Kleidern und Röcken zur Schule. Häkelmützchen auf dem Hinterkopf lösten die Baskenmützen ab. Elegante Damen aber überboten einander in den bizarrsten Hutformen. Die Hüte hatten das Aussehen von Radar-Stationen, von fühlerbewehrten Raupenköpfen, dann wieder von flachen Tellertörtchen, von denen ein Schleier übers Gesicht gezogen werden konnte, bis dann, alles beruhigend, die Herrenhutform in die Damenhutmode einzog.

Soirée beim Führer:
Man spielt Große Gesellschaft

Zum Kostüm trug man einen baumelnden Fuchs – aber einen Silberfuchs. Der Rotfuchs galt als Abzeichen der »Damen von der Friedrichstraße«, jedenfalls in Berlin. Der Herr hatte mit dem männlichen Filmstar, der alleweil im Frack und Abendmantel auftrat, wenig Ähnlichkeit. Er ging alltags in Anzügen von gedeckter Farbe. Am späten Nachmittag war der tiefbraune Anzug empfohlen – natürlich war es ein von dem Nazibraun völlig verschiedener Ton. Die Knickerbocker blieben noch, aber die Weste kam aus der Mode. Der Mann konnte nicht viel aus sich machen. Es gab international einen Einheitshaarschnitt für Männer: Vorne kurz, hinten nicht zu lang. Der »Formschnitt« stand auch in den Sprachführern aller Sprachen und sollte von dem Reisenden in aller Welt beim Friseur verlangt werden.

Mode wird immer noch
groß geschrieben

Der steife Hut, die »Bombe«, verschwand völlig; er war als »Judenstahlhelm« gebrandmarkt. Der Homburg indessen war noch immer der Hut des seriösen älteren Herrn. Junge Männer trugen am liebsten überhaupt keinen Hut mehr. Doch mußte der Junge es sich zu seiner Konfirmation gefallen lassen, daß er einen Hut verpaßt bekam – einen gemäßigten Schlapphut, mit dem er auf dem Konfirmationsbild verewigt wurde.

Niemals ging der Mann mit einem Schirm! Das war unmännlich. Der wahre Herr älteren Jahrgangs konnte sich aber doch nicht abgewöhnen, einen eingerollten Schirm über dem Arm zu tragen, und Damen, die einen jungen Mann empfangen mußten, der einen triefenden Mantel in ihrer Diele pfützenbildend aufhängte, waren nicht entzückt.

Körperliche Schönheit war eine weithin vernehmbare Forderung der Zeit. Man lebte einen Sonnenkult, Bräune war das Schickste. Der erste Sonnenstrahl im Jahr traf junge Mädchen, die mit geschlossenen Augen das Gesicht zurücklegten, um braun zu werden. Solche Sonnenbesessenheit hatte es früher noch nicht gegeben. Es war die größte Epoche für Nivea. Nun gab es auch ein Nußöl, mit dem man noch schneller braun wurde.

Schlank war man und sportlich. Wenn die Frau wieder weiblich erscheinen sollte, bedeutete das nicht, daß sie breithüftig und vollbusig sein sollte. Wunderbar sahen Mädchen im Rhönrad aus: ästhetische Objekte männlichen Wohlgefallens. Dem Schönheitsideal entsprachen sie auch in rhythmischer Gymnastik. In den Seebädern wurden Schönheitsköniginnen gewählt. Sie stellten sich im neuen zweiteiligen Badeanzug vor: Man sah in der Magengegend den bloßen Körper. Ein Mädchen aber, das den Nabel sehen ließ – das war kein guter Umgang!

Die Söhne und Töchter gingen zur Tanzstunde, lernten die guten Manieren, die herkömmlichen Formen, die alten und neuen Gesellschaftstänze, englische Tanzschritte, nach englischer Ballroom-Musik und neuen deutschen Schlagern. »Schön ist jeder Tag, den du mir schenkst, Marie-Luise…« Der Langsame Walzer war der Lieblingstanz der Epoche. Aus dem Foxtrott wurde oft der »Marschtanz«, als »Schieber« stur, exakt und bierselig in den sogenannten Bumslokalen getanzt.

In der Tanzstunde saß man in zwei Reihen an den Wänden entlang einander gegenüber. Die Jünglinge rasten auf ein Zeichen hin auf die Dame ihrer Wahl zu. Unter den Herren – es waren die Obersekundaner und Unterprimaner vom nahen Gymnasium – war kaum einer, der den Mädchen gefiel. Denn der deutsche Mann war damals nicht schön – jedenfalls nicht in seiner frühen Jünglingszeit. Es lag am Einheitshaarschnitt und am Einheitsschnitt der Anzüge von der Stange. Die Konfektion bot den Jünglingen, die dem Burschenanzug-Alter entwachsen waren, steife, festgezimmerte Sakkos an, in denen sie sich ungeschickt bewegten.

Die Tochter mußte zum Abschlußball ein Abendkleid haben; es sollte allen ihren Illusionen entsprechen, mochten sie sich nun aufs Liebliche und Holde oder mehr auf Mondänität richten. Der Tanzstundenherr begrüßte seine Dame in der Garderobe und war ihr besonders beim Ablegen der Überschuhe behilflich. Diese Überschuhe der Damen waren so unschön, wie sie praktisch waren: graue oder schwarze, halbhohe Kähne zum Knöpfen, unter denen man die eigentlichen Schuhe trug, es konnten die zierlichsten Ballschühchen sein. Die Dame stieg aus, tat die Überschuhe in einen Beutel und gab sie der Garderobenfrau.

Braun ist beautiful

Wie vereinbarte diese Tanzstunden-Jugend nun dies läppische Vergnügen mit ihrem Dienst in der Hitlerjugend und im Bund deutscher Mädel? Die bürgerliche Jugend führte eine Art Doppelleben; sie sah sich großenteils doch nicht imstande, immer nur den großen Forderungen des Führers zu leben – abgesehen davon, daß viele nach anfänglicher Begeisterung eine gewisse Beklommenheit empfanden gegenüber dem Regime, besonders wenn ihre Eltern dagegen waren. Dies Dagegen war ein heimliches Schlagwort, es wurde gebraucht ohne Zusatz, gegen wen oder was es sich richtete – man wußte schon Bescheid. »Der ist auch dagegen«, so flüsterte man sich zu, wenn man eine neue Bekanntschaft machte und sich über ihre Ungefährlichkeit beruhigen wollte.

»Wir sind nichts! Das Volk ist alles!« Das hielt die Jugend auf die Dauer nicht aus. Sie wollte auch ein eigenes Leben haben, privates Glück, mit intimen, süßen Freuden. Nicht jeden Sonntag war Dienst, dann gingen die Mädchen als junge Damen aus. Sie gingen mit einem »Bekannten« oder mit dem »ersten Mann ihres Lebens« in den Wald; sie lagerten sich zum Küssen, oder sie trafen sich in einem der kleinen Cafés, die zwischen den Tischchen Wände hatten und die Knutschcafés genannt wurden. Für die Tochter aus gutem Hause schickte es sich nicht, da hinzugehen. Aber sie tat es trotzdem.

Die Mädchen waren auch damals schon früh reif, und manche Dreizehnjährige traf man beim Poussieren an, mit Jungen, die sich samt ihren Rädern vor den Eiskonditoreien herumlümmelten, oder, winters, auf der Eisbahn. Die Eisbahn – bleiche Dämmerung, Walzermusik – war die Stätte erster erotischer Annäherung.

Verlobte Paare gingen, wenn sie es sich leisten konnten, ab und an abends richtig aus, in Tanzlokale mit Weinzwang. Es gab sie in verschiedenen Vornehmheitsgraden und mit entsprechend nuancierten Preisen. Die Dame trug dann ein langes Abendkleid, der Herr einen schwarzen Anzug. Sie tanzten den ganzen Abend bei einer Flasche sauren Weins.

Es war für weitaus die meisten bürgerlichen Familien und ihre Kinder, soweit sie nicht jüdisch oder »jüdisch versippt« waren, eine subjektiv als glücklich empfundene Zeit. An Demokratie waren sie niemals recht gewöhnt gewesen, so fehlte sie ihnen nicht. Das Leben lag schattenlos vor ihnen, sie machten sich wenig Sorgen. Sie litten nicht unter Verfolgung, sie waren durchaus sicher, daß es der Milchmann war, wenn es morgens klingelte.

Die zuerst vorherrschende Skepsis hatte sich verloren. Die meisten Bürger waren keine Nazis, aber sie erkannten an, was geschaffen worden war. Man hatte immer ein Ventil, konnte mit Leuten sprechen, die auch dagegen waren. Viele Witze gingen um. Sie fingen meistens an: »Hitler und Göring kommen in den Himmel..« Es gab auch Kabaretts, wo gewagte Witze gemacht wurden – man bekam gerade so viel Luft, wie man brauchte. Die, die ganz und gar dagegen waren, die hatten auch ihren passenden Kreis. Man kannte sich überall gleich heraus. Man konnte seine wahre Meinung noch loswerden – das machte alles gut erträglich. Das Wort »Widerstand«, oder gar »Widerstandsgruppe«, war unbekannt.

Lästig war die Sammelei auf den Straßen. Dieser klappernden Büchsen konnte man sich nicht erwehren. Aber die nett aussehenden jungen Leute bedrängten die Passanten nicht drohend, sondern fröhlich und intensiv, für die Winterhilfe zu spenden;

mit dem erworbenen Abzeichen konnte man dann ungestört weitergehen. Die Abzeichen wurden Sammelobjekte; zu Weihnachten gab es kleine Figürchen für den Weihnachtsbaum.

Zum Weihnachtsfest konnte man sich sonst nichts Nationalsozialistisches einfallen lassen. Das Regime hätte es am liebsten in eine germanische Sonnwendfeier verwandelt. An ein solches Wagnis war natürlich nicht zu denken: Die deutsche Familie hielt ihre Art, Weihnachten zu feiern, für deutsch genug.

Die meisten Protestanten waren nicht mehr religiös, gehörten der Kirche nur aus Konvention an. Die Kirche besorgte alles, was sein mußte, immer noch am besten: die Hochzeiten und vor allem die Beerdigungen. Um das traditionelle Zeremoniell in Anspruch nehmen zu können, blieb man der Kirche treu, ließ die Kinder taufen und konfirmieren. Die Konfirmation wurde in vielen Familien mit einem Aufwand begangen, der dem einer Hochzeit gleichkamen. Die Bindung der katholischen Familien an ihre Kirche war bedeutend enger, in den Großstädten jedoch weniger als in der Provinz. In jedem Fall aber waren die Bürger, bis auf wenige Dissidenten, Christen und hatten eine christliche Gesinnung, auch wenn sie, wie es bei vielen der Fall war, die Kirche Zeit ihres Lebens nur zu Kindtaufen, Einsegnungen und Hochzeiten besuchten. In jedem Haus waren eine Bibel und ein Gesangbuch; die bekanntesten Choräle konnte jeder mitsingen: Man hatte sie in der Schule gelernt. Auch im Dritten Reich war der Religionsunterricht in den Schulen dem Lehrplan voll integriert. Die »Deutschen Christen«, die eine schmähliche Anpassung an eine germanische Phantasie-Religiosität betrieben, wurden allgemein belächelt und hatten wenig Anhänger.

Das Weihnachtsfest wurde also christlich begangen – sogar der Andrang in die Kirchen war am Heiligen Abend stark. In bestimmten Kirchen, wo man von gewissen Pfarrern deutliche Nicht-Nazi-Töne zu hören bekam, sammelten sich ohnehin an vielen Sonntagen größere Gemeinden; das damit ausgedrückte politische Bekenntnis wurde argwöhnisch beobachtet. Im Rundfunk aber waren während der ganzen

Die Kreuze des Herrn Reichsbischofs

Adventszeit keine Weihnachtsmusik, kein Weihnachtslied zu hören. Nur am Heiligen Abend selbst wurden eine Stunde lang die Weihnachtslieder gespielt. Diese Konzession mußte man an die deutsche Familie machen, und alle suchten im Programm nach dieser einen Stunde, in der »Stille Nacht, heilige Nacht«, »Oh du fröhliche« und weitere vertraute Lieder erklangen. Nicht alle Familien sangen die Weihnachtslieder noch selbst, nicht überall saßen Mutter oder Tochter am Klavier, die Tonart nach dem stimmlichen Vermögen der Familie wählend. Vater, Mutter und Kinder wollten jetzt lieber nur mitsingen, was im Radio gespielt wurde: Es hörte sich doch schöner an. Es gab auch Grammophonplatten mit Weihnachtsliedern zu kaufen, und besonders eine Platte, welche die Lieder mit einem salbungsvollen Text verband, ließ sich, obwohl man sie als kitschig belächelte, sehr gut verwenden, wenn die Kerzen am Baum angezündet wurden. Sie hieß »Der Erzengel Gabriel erzählt«. In

den alten verstaubten Beständen der Schellackplatten in Trödelläden taucht sie noch immer auf.

Die Kerzen am Baum waren in vielen Häusern schon elektrisch. Als fein und kultiviert, als stimmungsvoll galt ein so geschmückter Baum jedoch nicht.

Um den Gedanken »Gemeinnutz geht vor Eigennutz« zu verwirklichen, wurde empfohlen und erwartet, was so gut wie angeordnet hieß, jeden ersten Sonntag des Monats ein zusammengekochtes Essen auf den Tisch zu bringen – in *einem* Topf zubereitet, billige, gediegen-einfache Kost. Seither heißen diese Gerichte Eintopfgerichte. Das brachte manche Dame in Verlegenheit. Die Zeitschrift »Die Dame« schrieb:

Von Hausfrauen, die viel auf die Kultur ihres Tisches geben, wird oft der Einwand gemacht, daß die Eintopfgerichte schwer aufzutragen seien…

Nun, es gab aber doch sehr hübsche Terrinen; dazu deckte man den Tisch mit den Suppentellern des guten Services – alles ging mit gutem Willen.

Das bürgerliche Haus war noch immer gleichbleibend ausgestattet, die gleichen Akzente und Bedürfnisse erbten sich fort. Die Wände wurden jetzt hell tapeziert, auch die letzten rotgoldenen Tapeten verschwanden. Das hochgetürmte und geerkerte Buffet war gänzlich altmodisch und wurde verworfen. Jetzt kam das flache, sehr lange und tiefe Buffet auf. Man mußte hinknien, um an die hinteren Schüsseln heranzukommen. Die Oberfläche wurde nicht durch eine Decke geschont; glänzend poliert, Nußbaum geflammt, trug sie einige große Schaustücke: Kristallkaraffen, Kristallschalen, silberne Kaffeeservice. Darüber hing, was unter den Begriff »Das Bild

Das Nationalgefühl
geht durch den Magen

Das entrümpelte Speisezimmer

über dem Buffet« fiel, der jetzt aufkam und mit dem seither bürgerlicher Kunstgeschmack verspottet wird. Verdächtigte man doch den Bürger, daß er jegliches Bild mit der Frage prüfte, ob er es sich übers Buffet hängen würde.

Das Kunstgewerbe blühte: Geschnitztes und Handgewebtes, Gehämmertes und Gepunztes lagen zuhauf in den Kunstgewerbegeschäften, von denen es jetzt mehr als früher gab. Brotteller und Leuchter zeigten den neuen bäuerlichen, bodenständigen Geschmack. In blondes Holz geschnitzte Ähren bestätigten die Gefühlsbindung zum Ackerland. Kacheltische mit Landsknechtsfiguren, niedrig, seitlich an die Couch zu stellen, deuteten weitere Tendenzen zum Rustikalen an.

Kerzenbeleuchtung gehörte in kultivierten Kreisen zum Zeremoniell der Gastfreundschaft. Man besuchte einander, um Schallplatten auf dem neuen elektrischen Grammophon zu hören, ganze Konzerte wurden andächtig bei Wein und Bienenwachskerzen regelrecht gefeiert: Das war die passende Erholung vom draußen waltenden Ungeist. Es gab Leute, die hatten noch Platten von der Dreigroschenoper, verbotene Jazzplatten – in solchen Zirkeln fanden viele die erlesenen Freuden, die ihre Ansprüche befriedigten. Man lebte mit den Leuten, die zu einem paßten, als die »Stillen im Lande«, die sich auf ein feines kulturelles Erbe oder auf die unerhörte Modernität von gestern zurückzogen; man verachtete die Kunstwerke, die von der Bewunderung der Backfische schon abgenutzt waren – Mozarts »Kleine Nachtmusik« war unmöglich, und auch van Goghs Sonnenblumen, so schön sie waren, konnte man nicht mehr sehen, weil sie in jedem Jungmädchenzimmer an der Wand hingen. Da hingen auch die Totenmaske der »Unbekannten von der Seine«, das Veilchensträußchen von Dürer, oder sein liegender Hase – es gab diese Bildchen in kleinen Rähmchen, und die Betenden Hände von Dürer waren die Bild-Bestseller von damals.

Doch Dürer bleibt

Die Bilder der neuen Epoche, die unter dem Motto »Die Kunst dem Volke« standen, wurden allgemein belacht. Die deutsche Frau in dürftiger Nacktheit war Objekt der Witze. Die Architektur war weniger umstritten; für imposante, gebieterische Fassaden hatten die Bürger ein Faible. Von der modernen Kunst hatten sie ohnehin wenig Ahnung, sie hatten sie immer eher abgelehnt. So brachte die Ausstellung der Verfemten, »Entartete Kunst«, sie nicht etwa in zornige Wallung. Die Bilder waren zudem so raffiniert gehängt, daß »gesundes Volksempfinden« erschauern mußte vor soviel Krankheit, Häßlichkeit, Verzerrung und Unverständlichkeit. Unter diesem Publikum sah man aber auch diesen und jenen Betrachter versonnen vor den Bildern stehen, traurig, aber natürlich ganz stumm.

Der literarische Geschmack des Publikums ließ sich durchaus nicht zum Wohlgefallen an der angepaßten deutschen Literatur zwingen. Unter den Neuerscheinungen in den Schaufenstern und auf den Tischen der Buchhändler überwogen Übersetzungen aus dem Englischen und Amerikanischen. Der größte Erfolg war Margaret Mitchells »Vom Winde verweht«. Doch gab es hinreichend Literatur, die Furcht vor dem Bolschwismus anzuheizen. Die »Fratze des Kommunismus«, die Schilderung von ostischen Untermenschen, ein tödliches Grauen vor der bolschewistischen GPU – Schlagworte, Berichte und Romane befestigten den bürgerlichen Antikommunismus, während der Antisemitismus nicht verstärkt werden konnte. Viele hatten »mit den Juden nichts im Sinn«, aber solche Unbilden, wie den Entzug aller bürgerlichen Rechte, hatte man ihnen nicht zufügen wollen. Nun, jetzt wanderten viele ja aus – das war wohl das Beste, was sie tun

konnten. Die Bänke im Park, auf denen »Juden« stand, der einzelne Herr, der da gesehen wurde, die Dame mit dem Kinderwagen… ein sehr unangenehmer Anblick, der ins Herz schnitt und beschämte. Bürger, die wirkliches Mitgefühl mit den Juden hatten, weil sie immer ihre Fähigkeiten, ihre großen Talente erkannt hatten, entließen diese Empfindungen dann doch, allmählich, in ein vages, entferntes Bedauern. Man hatte ja auch soviel mit sich selbst zu tun. Was bedeutete das: Kanonen statt Butter? Luftschutzübungen! Gab es womöglich Krieg? Es gab schon keine Schlagsahne mehr.

Die Olympischen Spiele in Berlin hatten eine Kraft der Einigung und der Zustimmung zu diesem Staat erbracht. War er doch nun auch von anderen Staaten anerkannt, wurde bewundert. Man genoß

Triumph der Stärke

250

Der große Bluff

es amüsiert, daß ausgerechnet einem Neger von Hitler ein junges Eichbäumchen als Siegestrophäe überreicht wurde; das olympische Reglement stand über dem deutschen Rassenwahn.

Als Hitler den Pakt mit Stalin schloß, fiel das Wort: Das ist eben Realpolitik! Man berief sich auf Bismarck, auf Rapallo. Und es war ja schließlich immer noch zu einem guten Ende gekommen. Man wünschte, seinen Frieden weiterzugenießen, den man ja selbst mit diesem Regime gemacht hatte. Wo man sein Stimmkreuz bei den Wahlfarcen machte, war von vornherein festgelegt; da konnte man nicht kundtun, daß man kein Nazi war. Man konnte seine wahre Gesinnung für sich behalten und doch im großen und ganzen kein direkter Gegner des Regimes sein. Eine Formulierung ging um, die den Gesinnungszustand der Bürger sehr treffend beleuchtete:

Ist einer intelligent und Nazi – so ist er nicht anständig.

Ist einer anständig und Nazi – so ist er nicht intelligent.

Ist einer intelligent und anständig – so ist er kein Nazi!

Die Meinung der Fanatiker dagegen war: Alle anständigen Deutschen sind Nazis. Der Krieg brach wieder an einem heißen Augusttag aus – so recht zum Jubel und zum Rausch von Haß gegen den Feind gemacht. Nichts derartiges aber war im ganzen Lande zu bemerken. Bedrückung und Niedergeschlagenheit empfand man, keinen Haß gegen den Feind, und man erinnerte sich nur zu wohl, daß man den letzten Krieg verloren hatte, daß damals die große Siegesgewißheit in einer Katastrophe geendet hatte. Würde man einen Krieg mit den neuen, furchtbaren Waffen denn überleben? Der Zivilist war in seinem Haus nicht mehr sicher. Man konnte auch seinen ganzen Besitz verlieren!

Die Frauen heulten am Hals ihrer Männer vor den Kasernentoren. Eine Dame natürlich ließ sich nicht so gehen. Aber vorm Kasernentor wartete doch auch sie auf ihren Rekruten. Es zeigte sich, daß viele Männer, die ihren Stellungsbefehl erhielten, »nicht gedient« hatten, daß sie erst ausgebildet werden mußten. Und wieder zeigte es sich, daß viele, die zum Offizier qualifiziert waren, nicht Offizier werden wollten. Diese Herren waren weder Nazis noch Militaristen, und wiederum wurde dieser verbreitete deutsche Typ des stillen, nachdenklichen Bürgers von gehässigen jungen Ausbildern der Wehrmacht durch

Liebchen Ade, scheiden tut weh

den Schlamm gescheucht. Der alte zotige Preußenbrauch beim Drillen erwies sich als unsterblich. Die Dame, die sonntags, wenn ihr »Schütze« Ausgang hatte, am Kasernentor stand, erkannte die Spottfigur, die man aus ihrem Geliebten, ihrem Ehemann gemacht hatte, nicht wieder.

Es war keine Jubelstimmung im Land – weder im Bürgerstand, noch beim einfachen Volk.

Aber dann kamen die Blitzkriege, die Blitzsiege! Zuversicht keimte auf, der Nationalstolz regte sich. Jetzt hatten die deutschen Soldaten es Frankreich gezeigt, das war die Rache für Versailles. Nun sollte aber Schluß sein! Keine Alarme mehr, die Nächte in den Kellern sollten ein Ende haben. Und »das mit den Juden« – das war zu hart, und klug war es auch nicht! Die gelben Sterne – schon an den kleinen Kinderchen!

Den Luftschutzkeller teilten die Herrschaften aus dem Vorderhaus mit den Leuten aus dem Hinterhaus. Nun ja, man kam sich näher, man verhielt sich korrekt, zeigte sich sogar liebenswürdig. Zum Blockwart mußte man freundlich sein. Aber man hatte auch ein gewisses Talent, sich ein wenig breiter da unten zu machen, mit ein paar bequemen Sesseln, mit einem alten Sofa.

Die Kriegserklärung gegen Rußland machte alle Hoffnungen zunichte. Die Bürger kannten die Geschichte, sie dachten an Napoleon. Viele hatten im Ersten Weltkrieg in Rußland gelegen; diesem Feldzug gaben sie keine Chance. Nach der Schlacht von Stalingrad warteten sie ergeben, was das Schicksal ihnen brächte. Wie es einmal weitergehen würde, das konnte man sich überhaupt nicht vorstellen. Die Rache für alles, was »die mit den Juden gemacht« hatten, würde kommen. Gelbe Sterne sah man immer weniger. Wohin waren die

Juden gebracht worden? Man hörte, sie würden nachts an Sammelstellen auf Lastwagen geladen, in Arbeitslager verschleppt. Aber – man hatte ja gar keine Zeit zum Grübeln. Man mußte anstehen nach Lebensmitteln. Beruhigend und sehr anerkennenswert war noch immer die gute Organisation der Versorgung. Organisieren konnten »die« wirklich, alles klappte viel besser als im Ersten Weltkrieg.

Viele Bücher lasen die Bürger – es waren nur noch ältere Herren in der Heimat – im Luftschutzkeller. Friedrichs des Großen Gespräche mit Katt – daraus konnte man Gelassenheit gewinnen. Coulaincourt, Napoléon – da konnte man Parallelen ziehen und sich ausrechnen, wie die deutschen Armeen aus Rußland zurückkehren würden.

Die Frauen tauschten Rezepte aus. Nahrungsmittel wurden nun doch sehr knapp. Kartoffelkuchen, schwarze »Schokoladentorte« mit Ersatzkaffee, der »Muckefuck« genannt wurde; falsche Schlagsahne, falsches Schmalz, gestreckte Butter; manchmal bekam man noch Rhizinusöl in der Apotheke – darin konnte man Bratkartoffeln braten.

Die Verzweiflung und Entrüstung der Ausgebombten ging unter in den Flammenmeeren der Häuser. Man saß auf dem geretteten Sessel auf der Straße und sah in die Flammen, die sich von Stockwerk zu Stockwerk durchfraßen, Klaviere, Stand-

... wenn alles in Scherben fällt

uhren und Buffets verzehrten. Menschen-
massen aus anderen Gegenden kamen, um
in unerklärbarer Lust den Anblick der
Brände zu genießen oder um zu plündern.
Was manche Leute oben aus den Fenstern
warfen, kam unten nicht unbedingt dort an,
wo es aufgefangen werden sollte.
Wo kam man unter? Man hatte alles verloren. Wie würde man weitervegetieren?
Wer noch alles hatte, packte Pakete, ver-
lagerte seine Werte aufs Land. Man fragte
einander: »Und wohin haben Sie Ihre Werte verlagert?« Kisten mit Teppichen,
Büchern, Aussteuern, trafen bei Verwandten auf dem Lande ein. Vor allem Schlesien
war der Luftschutzkeller des Reiches.
Obwohl der totale Krieg ausgerufen war,
gab es doch immer noch die Kinos; die

Theater spielten, die Läden hielten hinter vernagelten Schaufenstern einen Als-ob-Betrieb aufrecht, mit rationierten, verknappten Waren, mit Ramsch, markenfreiem Kram wie launigen Sprüchen auf gerahmter Wandkachel. Restaurants boten markenfreies Stammessen an, rätselhafte Getränke. Stammgäste in Bars verlebten noch ab und an elegante Abende wie im Frieden. Wie es da gewesen war, konnte man sich im sechsten Kriegsjahr nicht mehr vorstellen. Der Gedanke daran, wie der kommende Frieden aussehen würde, verursachte die größten Schrecknisse: Dann würde sich alles rächen, und diesmal würde das Volk nicht nur gedemütigt, es würde total ausgelöscht werden. Weil der deutsche Bürger sich dies nicht ausmalen konnte, neigte er nun doch zum Glauben an den Endsieg. Die Soldaten bekamen in der Mehrzahl noch regelmäßig Urlaub. Es war, als wage der Staat nicht, die Frauen gegen sich aufzubringen. Es sollten auch Kinder gezeugt werden – die deutsch-germanische Volkssubstanz war zu erhalten und zu mehren. Die Frisiersalons waren voller Frauen mit Lockenwicklern; die neue Dauerwelle zum Besuch des Mannes fiel nicht unter den totalen Krieg. Bei Stromsperre warteten die Frauen eben, bis es weiterging.

Die Soldaten auf Heimaturlaub waren tief deprimiert: Sie sahen, daß sie die Heimat nicht schützten; niedergeschlagen fuhren sie zurück an die Front.

Die Briefe aus Stalingrad waren bar der hohen Töne. Säcke voll Post von Gefallenen wurden im Auftrag von Goebbels auf ihren Kampfgeist untersucht; sie waren allesamt nicht zu verwenden, waren untragbar. »Nun bleibt uns nur der Himmel oder Sibirien«, hieß es da. Ein Beamter gedachte im Angesicht des Todes seiner Aktentasche, die er immer mit ins Büro genommen hatte, mit Äpfeln, Frühstücksbroten und Thermosflasche. Entschuldigend setzte er hinzu: »Ihr habt mich ja immer für einen Spießer gehalten…«

Das aber war der Nerv alles Sehnens: die bescheidene bürgerliche Existenz, das friedliche Einerlei eines normalen Alltags. Die Zivilbevölkerung wurde für ihre Tapferkeit gelobt und belohnt. Ausgebombte erhielten Sonderzuteilungen von Kaffee und Schnaps. Im Wirrwarr der Trümmer sah man nach den Luftangriffen die verhaßten »Goldfasane«: Amtswalter der Partei in ihrer braunen Uniform; stramm und wohlgenährt gaben sie sich jovial und überwachten die Hilfsleistungen.

Die meisten Frauen sparten ihre Rauchermarken für ihre Männer auf. Doch auf Kaffee konnten sie nicht verzichten. Manche wieder rauchten gierig, versuchten, ihren Kummer zu betäuben. Aussteuerwäsche sogar wurde im Tausch gegen Kaffee und Zigaretten angeboten.

Im Luftschutzkeller und bei den Lösch- und Aufräumungsarbeiten trugen die Frauen Trainingsanzüge, Ski- und Männerhosen. Sie nahmen eine Art tapferen Scherzens an, das sie als Galgenhumor bezeichneten. Es gab viele Möglichkeiten, sich aus einem Tuch einen Turban zu winden, um das Haar zu schützten. Der Turban paßte auch zu der neuen Frisur, bei der alles Haar nach oben gekämmt und auf dem Kopf mit Nadeln festgesteckt wurde. Den Vorderkopf bedeckten dicke Locken. Die Frisur hieß »Entwarnungsfrisur: Alles nach oben«. Die Kleidermode wurde extrem kurz, sie zeigte das Knie; die Schultern wurden breiter und eckiger ausgearbeitet. Im guten Kostüm gingen viele Mädchen noch zur Bummelstraße, flanierten zwischen Steingeröll, genossen an einem Tischchen in der Sonne eine Ersatzlimonade; sie taten bis zum nächsten Alarm so, als lebe man noch normal.

Der Aufstand der Offiziere erschütterte nur durch die Tatsache, daß es also tatsächlich eine Widerstandsgruppe gegen Hitler gegeben hatte. Das sagte ja alles: Wenn diese Offiziere, die bislang, solange Deutschland siegreich gewesen war, solche führenden Stellungen innegehabt hatten, jetzt nicht mehr mitmachen wollten, dann hielten sie den Krieg für verloren. Und dann war er auch verloren. Nun mußte man alles bis zum bitteren Ende auslöffeln. Der Heroismus in der Heimat bestand in der Zähigkeit, mit der alle Menschen diesem Krieg immer wieder ein paar normale Stunden abzutrotzen trachteten, Nächte der Ruhe, Mahlzeiten »wie im Frieden«. Sonntag für Sonntag suchte die Hausfrau, einen Friedenssonntag zu inszenieren. Wenn man in der Woche hungerte, kam noch eine Sonntagsmahlzeit zustande. Bei mit Pappen vernagelten Fenstern, aufgerollten Teppichen saß man Nachmittags beim Wunschkonzert im Radio um den Familientisch zusammen. Die Damen stopften große Löcher in Strümpfen, Faden bei Faden. Die seidenen Strümpfe, die der

Mann, Bruder, Bräutigam aus Frankreich geschickt hatte, waren linksgewirkt, das ließ sie nicht mehr glänzend, sondern matt wirken, und das war jetzt das Eleganteste. Im Sommer '43 hatte ein windiger Erfinder einen markenfreien Strumpf auf den Markt gebracht. Die Käuferin erhielt ein Stück Pappe mit einem Längsschlitz und einen Stift: Die Pappe sollte sie sich an die Wade legen und mit dem Stift dann den Längsschlitz ausmalen. Die Pappe weggenommen: So sah ihr Bein, mit vorgetäuschter Strumpfnaht, bestrumpft aus.

Beim Stopfen und Ausbessern, im Anhören der Grüße zwischen Front und Heimat, der Musikwünsche von Brahms bis zu den Caprifischern, dachten die Damen daran, wie sie ihre Garderobe retten wollten, für die Zeit »danach«, die vielleicht doch käme. Viel, sehr viel, war da aus den besetzten Gebieten zusammengekommen: Stoffe, Schuhe, Parfum, Wäsche, Kognak, Wein…

Die dienstverpflichteten Frauen in den Fabriken hatten nicht mehr viel zu tun. Es fehlte an Material. Sie arbeiteten langsam, dem Vorarbeiter, dem Werkmeister, den Kollegen zuliebe, die ihre UK-Stellungen halten wollten. Die Luftangriffe auf Berlin wurden weniger: Die Russen standen an der Oder. Man erwartete den Einmarsch des Feindes. Die russischen Kanonen waren auf Berlin gerichtet, im Wunschkonzert sang es zart aus dem Radio: »Wovon kann der Landser denn schon träumen…« Leise klopfte in vielen Radios das Signal des Londoner BBC, die ersten Takte von Beethovens Eroica.

Im Westen, die hatten alles schon hinter sich. Wie es da aussah, das wußte man nicht. Die hatten immerhin überlebt. In manchen Kellern wurde heimlich nach verbotener Musik der englische Lambeth Walk getanzt. Das war doch frivol. Parteiabzeichen flogen nächtens in Gullis,

in Teiche und Flüsse. Übers Brückengelän-
der, ein kleines Loch im schwarzen Wasser
– fort mit dieser schrecklichen Peinlichkeit.
Man nährte doch die Hoffnung, daß man
eine Chance hatte durchzukommen. Ein
ganzes Volk konnte man nicht umbringen.
Da war doch auch das Völkerrecht, darauf
besann man sich jetzt. An der Idee vom
Reich hatte man sehr gehangen. Nun war
es dahin.

Die Bürger dachten an ihre Werte, die ver-
lagerten, daß die nun vielleicht auch hin
waren. Wie man es am besten machen
sollte, hatte man nicht wissen können. Die
Damen spielten noch einmal Klavier, öffneten weit die Fenster mit den verbeulten
Pappen, es war ein unerhörter Frühling,
voller Wärme, voller Vogelrufe, frischen
Grüns in schon alten Ruinen. Die Hauptsache wäre jetzt, daß die Familien wieder
zusammenfanden. Daß Väter, Söhne,
Brüder, Gatten und Verlobte wiederkämen.
Realitätssinn, Vernunft, Würde: die weißen
Fahnen raus! In den Luftschutzkellern
konnte man die strammen Nazis nicht
mehr finden – sie waren seit längerem in
andere Gegenden verzogen; keinem konnte
man endlich sagen, was man dachte,
keinen mit seinem »Führer« verhöhnen.
Wenn man überlebte, würde man wieder
alle Nächte durchschlafen können und alles
sagen, was man dachte.

Würdevoll gingen die Hausgemeinschaften
– Herrschaften des Vorderhauses und die
Nachbarn aus dem Hinterhaus – einer nach
dem anderen die Kellertreppe hoch. Nicht
drängeln! Still und gefaßt, die Arme hoch,
ins Sonnenlicht, das durch zerfetzte Bäume
blendete.

Gebt mir vier Jahre
Zeit, Ihr werdet Deutschland
nicht wiedererkennen!

Vom Kahlschlag
zum süßen Leben
1945–1960

In den stehengebliebenen Häusern wisch-
ten die Portierfrauen die Treppen. Die
Damen legten wieder Tischdecken auf und
machten Gardinen an, sobald sie Glas für
die Fenster bekamen. Zu essen gab es
nichts, was man gemeinsam mit Anstand
als eine Mahlzeit hätte verzehren können,
dennoch inszenierte man es dreimal am
Tag. Der Mensch mußte seine Ordnung
haben. Roggenmehlsuppen schmeckten
doch nicht so schlecht, wie man immer
geglaubt hatte. War trockenes Brot von
einem befriedigenderen Geschmack, wenn
man es röstete? Oder enttäuschte es, weil
es an Gewicht verlor?
Man war oft gereizt in der Familie. Es gab
Männer, die nachts heimlich in die Speise-
kammer gingen, sich von dem Brot
nahmen, das, nach Zentimetern berechnet,
soundsolange reichen mußte. Die Frauen,
denen die Einteilung der Lebensmittel
oblag und damit das Überleben der
Familie, gerieten dadurch in eine katastro-
phale Lage. Ihnen wurde die schlechteste
Lebensmittelkarte zuerkannt; obwohl sie
den längsten Arbeitstag hatten, galten sie
als Nichtarbeitende.
Die Lebensmittelkartenstellen waren dieselben wie im Krieg; dieselben Frauen
stempelten dort die blaßfarbigen neuen
Bogen, von den alten Stempelkissen. In

den ersten Tagen fühlten sich die
Menschen unsicher im Umgang mit diesen
Behörden: Durfte man jetzt wirklich
wieder »Guten Tag« sagen?
Alleinstehende alte Damen wurden verhungert und erfroren in ihren Betten auf-
gefunden. Die Lebensmittelzuteilungen für
Einzelpersonen ließen keine abrundenden,
streckenden Geschicklichkeiten zu, wie
ganze Familien sie immer noch fertigbrach-
ten. Auch Tausende von kleinen Kindern
starben. Auf den Friedhöfen entstanden
weite Wiesen mit kleinen Schildchen, auf
denen stand, wie alt sie gworden waren.
Vier Wochen … drei Jahre … fünf Monate.
Das Besitzbürgertum von einst schied sich
in zwei Klassen: die, die noch alles hatten,
und die, die alles verloren hatten. Es war
eine Welt des Habens oder Nichthabens.
Die Ausgebombten lebten dürftig, in auf-
geteilten Wohnungen; draußen an den
Türen waren viele Schilder übereinander
angebracht; »Lehmann, sechsmal klingeln«… Verwöhnte Herrschaften waren bei
fremden Leuten eingewiesen, ungern
geduldet. Sie kochten, wuschen, trockneten
ihre Wäsche in einem einzigen Raum.

*Der Führer geht,
die Marken bleiben*

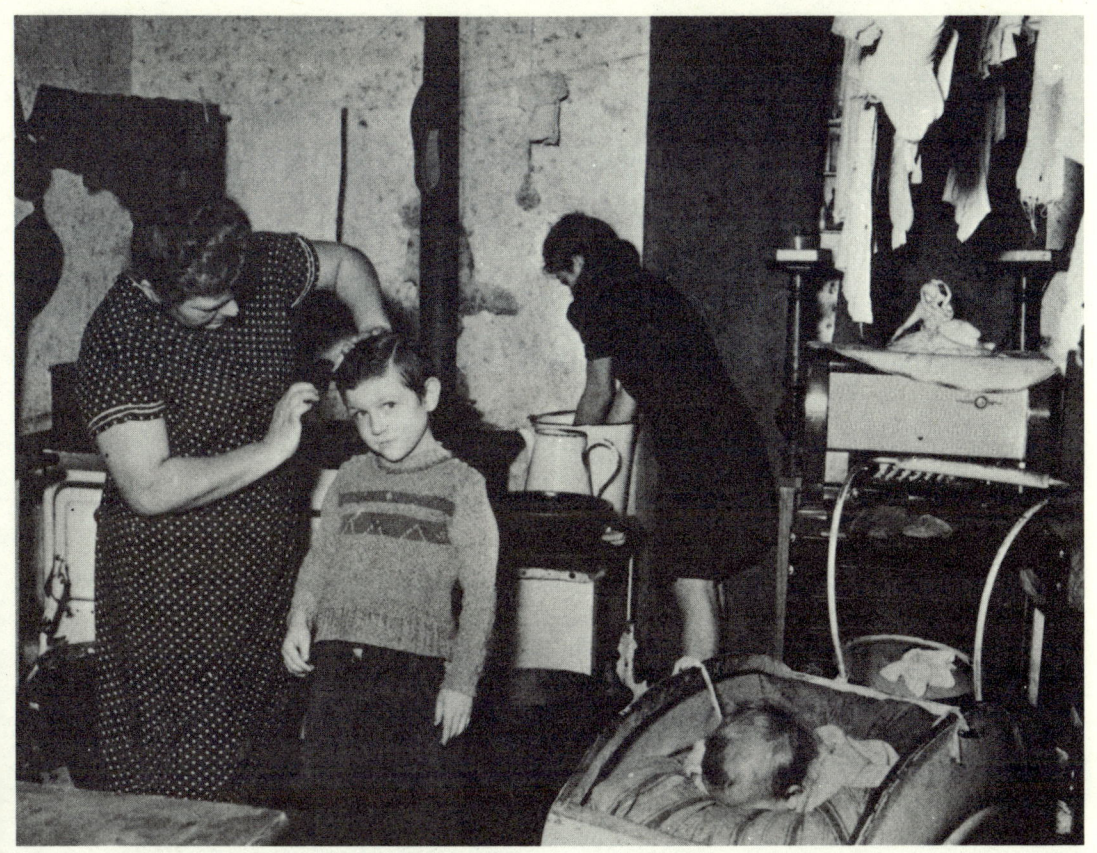

Heimatvertrieben

Kanonenöfen streckten ihre Rohre durch
Fenster und Mauerlöcher. Die »Kochhexe«
war ein Patentherd für Holz- und Kohlen-
feuerung. Der elekrische Strom war kontin-
gentiert, der Verbrauch überdies durch
lange Stromsperren gedrosselt. Frauen
standen nachts auf, um zu plätten. Das
Selbstmitleid der Deutschen war stark. Die
vielleicht notwendige Abbüßung des nazi-
deutschen Übermuts sah man als voll
erfüllt an. Die Trecks, die aus den verlorenen Ostgebieten in den Westen kamen,
hatten Schreckliches erlebt, doch bewirkten
ihre Klagen im Westen wenig, denn da
wurden sie nicht gern aufgenommen: Noch
mehr Enge. Auch empfand man diese
Deutschen aus dem Osten in ihrem Wesen
als so verschieden von denen im Westen.

Erzwungene Großfamilie –
im Notquartier

Außerdem schleppten die vertriebenen Verarmten einen Makel mit sich, eben den der Habenichtse, mit denen man nun teilen sollte.

Ruinen bargen zur Not noch bewohnbaren Raum. Bewohnbar war ein dehnbarer Begriff. Eimer wurden aufgestellt, wo es durchregnete. Mancher alte Herr blieb jetzt am besten im Bett, mit aufgespanntem Regenschirm. In einem Berliner Theater wurde Gorkis »Nachtasyl« gegeben; was die da oben auf der Bühne als groteskes Elendsquartier aufgebaut hatten, beeindruckte die Zuschauer nicht: So wohnten sie selbst.

Die Bürger mit den Schreibtischberufen, mit den rein geistigen Tätigkeiten, hatten zunächst gar nichts für den Wiederaufbau tun können. Sie mußten warten, bis die Techniker, Fachleute, Arbeiter die notwendigsten Einrichtungen wiederhergestellt hatten.

In den Großstädten reichten lange Reihen grauer Frauen mit gezipfelten Turbantüchern sich die Steine und Brocken von Hand zu Hand. Die Damen aus dem Vorderhaus zögerten sehr, sich da einzureihen. Es war Pflicht, bis fünfzig Jahre? Nun, der Arzt bescheinigte schlechte Gesundheit. Die besseren Lebensmittelkarten der Trümmerfrauen waren schließlich ausschlaggebend für den Aufräumeeifer. Die Leistung dieser Frauen war enorm – mit den bloßen Händen vollbracht, allein mit der Mechanik, die mit der Vielzahl dieser Arme, dieser Hände in Gang gesetzt wurde. Die Straßen wurden wieder befahrbar.

Hamsterfahrten waren an der Tagesordnung. Aber man verbrauchte dabei mehr Kalorien, als man gewann. Die Städter waren erbittert über die Bauern – die hatten alles; man sagte sich böse, bei ihnen lägen die Perserteppiche schon doppelt im Kuhstall! Man konnte ihnen bringen, was man wollte, es war nur ein paar Eier, ein kleines Stück Speck wert.

Jetzt ging man so weit, Besuch auch in einem Zimmer zu empfangen, in dem ein Bett stand. Nun, man konnte nicht erwarten, daß alles wie früher war. Zur bürgerlichen Lebenskunst gehörte auch eine

Bild ohne Worte

EIN GROTESKES BILD boten die Eisen-
bahnzüge der ersten Nachkriegszeit. Sie
waren auf eine Weise überfüllt, die alle
Gefahr und Unbequemlichkeit ein-, aber
jede Reisefreude ausschloß. Dennoch
drängten die ausgehungerten und zu-
meist auch ausgefrorenen Bewohner der
deutschen Großstädte zu den wenigen
Zügen, um auf dem Lande zu „hamstern".

Das allerletzte Aufgebot:
Hamsterfahrten

gewisse Wendigkeit, würdevolle Anpassung an veränderte Verhältnisse. Deshalb blieb man doch, wer man war!

Dankbar mußte man sein, daß das kulturelle Leben so schnell aufgenommen wurde. Nach dem schrecklichen Kriegsende hörte man im Radio doch gleich wieder Mozart. Die deutsche Kultur wurde also noch geachtet. Eine innige Zuwendung zu kulturellen Veranstaltungen griff um sich – in Ermangelung jedweder leiblichen Genüsse; so entstand die Legende, dies sei eine Zeit außerordentlicher kultureller Blüte gewesen. Wie bescheiden die Menschen waren! Wie fanden sie Halt an allem Geistigen! Genaugenommen aber zogen sie sich, ebenso wie in der Nazizeit, auf ihr »kulturelles Erbe« zurück. Moderne Musik war nicht zu hören. Im dicken Mantel saß man in kalten Konzertsälen; im Wintermantel, mit klammen Fingern, spielten Streicher klassische Streichquartette.

Theater wurde wie noch nie gespielt. In Schulaulen, in Kinos, in Gemeindesälen – überall führte man irgendwelche Stücke auf – Klassiker oder leichte Kost, wie »Bezauberndes Fräulein«: Ein bißchen Fröhlichkeit sollte ja auch wieder aufkommen. Damen suchten ihre ehemaligen Putzmacherinnen auf und ließen sich alte Hüte umarbeiten. »Etwas Optimistisches« wünschten sie und ließen Blumen und zarte Schleier daraufgarnieren.

Aus alten Gardinen wurden Sommerkleider, aus Tischdecken Kostüme, aus Soldatenuniformen Zivilanzüge.

Sich handelnd am Schwarzen Markt zu beteiligen, hatten die meisten Bürger kein Talent. Sie konnten nur geretteten Besitz bei den Händlern in Butter, Zucker, Kaffee eintauschen. Bei manchem reichten die laufenden Einkünfte nur für ein Päckchen Süßstoff, für ein Brot im Monat.

Noch heute erzählen die Leute, die damals Butter auf dem Schwarzen Markt kaufen konnten:»Denkt euch, ein Pfund Butter kostete fünfhundert Mark!« Damit machen sich diese Erzähler einer Geschichtsfälschung schuldig. Denn alle Lebensmittelpreise waren stabil; offiziell gab es Lebensmittel nur auf Marken. Der schwarze Handel war illegal.

Dem ehrenhaften Bürger ging es gegen den Strich, Schwarzmarktware zu kaufen. Es war nicht nur strafbar – es war niedrig. In den ungeheizten Gerichtssälen, wo gegen Schwarzmarkthändler verhandelt wurde, saß oben der Richter, in Mantel und Schal, halb verhungert, und sprach Recht über den flotten Bonvivant im dicken Teddyflauschpaletot.

Hatte man das, was man jetzt litt, nun alles verdient? Kollektiv oder individuell? Man war bereit, das alles zu durchdenken. Die Judenvernichtung scheute man sich beim Namen zu nennen, man sagte nur »das mit den Juden«. Daß es dies Ausmaß gehabt hatte, hatte man nicht gewußt. Und wenn –

was hätte man denn machen sollen! Man staunte sehr, daß manche Menschen Juden geholfen, Juden sogar verborgen gehalten hatten. Das war ja Todesmut gewesen! Unter einem Kohlenberg im Keller kam bei Ende des Krieges ein kleiner Aron hervor; hier war eine Frau, da ein Ehepaar verborgen und von den Lebensmittelkarten der anderen mit durchgeschleppt worden. Bedrückt fragten sich viele, ob auch sie zu solchen Taten bereit gewesen wären, wenn sie einen Juden in Not persönlich gekannt hätten.

Aber – zu welchem Schluß auch immer man kam mit seiner unerprobten Moral – man mochte nicht ewig der verachtete, in den Augen der Welt nichtswürdige Deutsche sein. »Reeducation«: Es war erniedrigend, daß man umerzogen werden sollte. »Entnazifizierung«: Wie viele der wirklich großen Verbrecher waren gar nicht in der Partei gewesen! Merkwürdig, wieviele Deutsche jetzt nachwiesen, daß sie einer Widerstandsgruppe angehört hatten. Im Radio, auf den Bühnen alleweil präsent, hatten sie den Anschein erweckt, mit den Nazis konform zu gehen; nun waren sie in Wirklichkeit Widerstandskämpfer gewesen!

Dennoch, trotz mancher bitterer Betrachtung, konnte man sagen: Man war gewandelt. Auf schlechtem Papier wurden die neuen Zeitschriften gedruckt, in jeder Besatzungszone eine von den Besetzern geförderte und lizenzierte, in denen neue Hoffnungen vertreten wurden. In der Zeitschrift »Die Wandlung« schrieb Dolf Sternberger:

Das höhere Prinzip, nach dem wir suchen, kann einzig das Prinzip der Menschheit sein. Es fällt mir nicht leicht, das Wort hier über die Lippen zu bringen, denn es muß aus aller idealischen Verklärung herabgeholt und aus aller sentimentalen Erweichung herausgerissen werden – aber es ist das Wort dieser Epoche: Das Wort »Humanität«. Es mag wunderlich sein, gerade einen Deutschen so reden zu hören. Aber auch der Ohnmächtige hat eine Chance, das Notwendige zu erkennen. Es ist freilich auch unser deutsches Interesse, das solche Gedanken hervortreibt: das Interesse der Deutschen, zur Menschheit zu gehören. Auf diese Weise ein Vaterland zu gewinnen.

Das klang gut. Ein Gewölbe höherer sittlicher Forderung brauchten die Deutschen, ein Gewölbe stärkerer Macht, das ihre höheren Sehnsüchte barg. War es bisher das deutsche Vaterland, das Reich, – jetzt sollte es die Menschheit sein, die ganze. Oder – zunächst einmal: das Abendland. Abendland – dazu gehörten die Deutschen auf jeden Fall doch noch immer.

Würden die vielen Emigranten zurückkommen? Würden sich die zuständigen Kreise darum kümmern?

Hans Sahl schrieb:

Ich trage Picassos Pyjamahosen,
Leonard Steckels Borsalino,
die Manschettenknöpfe meines Freundes
Hans Brock, der ein Musiker war,
den tropical suit von George Grosz,
Friedrich Burschells gestreiftes Hemd,

(das mir leider etwas zu groß ist):
Untröstliche Witwen gaben es mir
zur Erinnerung an einen unvergeßlichen
Gatten.
Ich bin ein lebendes Memorial,
eine wandelnde Gedächtnisausstellung.
Wißt ihr, wem das Taschentuch gehörte,
in das ich mich schneuze? Der Seidenshawl,
in dem ein Grandseigneur der Weltrevolution
sich seinen Bewunderern am Bühnen-
ausgang zeigte?
Wer wird meine Sachen durch die Fifth
Avenue
tragen: die Polohemden aus Nylon, Perlon,
Polyester,
PERMANENT PRESS, NEVER IRON,
die geflickten Jeans, die räudige Bärenmütze
aus dem Disney-Island der Diaspora?
Die Eisenzähne der Müllabfuhr
werden sie zermalmen und in Papier
wandeln, an dem Blinde
ihre Finger wärmen.
Wie es aussah, waren die Bemühungen um
die Rückgewinnung der Ausgewanderten
nicht eifrig genug. Viele Namhafte, nam-
haft auch in ihren Gastländern, blieben
draußen. Einige wandten sich zurück in
den Teil Deutschlands, der jetzt »Ostzone«
war.
Das gebildete Bürgertum im viergeteilten
Deutschland hatte zwar Interessen für diese
Vorgänge, aber überwiegend hatte es doch
mit sich selbst zu tun. Es gab Unglück
genug, Hunger, Kälte, die Verlassenheit der
Frauen, die keinen Mann mehr hatten oder
nun keinen bekommen würden. Alle
mußten arbeiten, um das, was die Besat-
zungsmächte durch Demontagen an Tabula
rasa geschaffen hatten, wieder in wirtschaftliche und industrielle Funktion zu ver-
setzen. Universitäten und Hochschulen,
Forschungsstätten, Institute mußten zu
neuem Leben erweckt, die vielen Arbeitslosen wieder zum Broterwerb geführt

werden. Später würde dies heißen: »Da
haben wir die Karre erstmal in die Hand
genommen«; das Selbstlob der Generation,
die durch die Tugend des politischen
Desinteresses das Dritte Reich und den
Krieg mit ermöglicht hatte.

*Wiedergefunden – Emigranten
und Spätheimkehrer*

Neben der Wiederaufbauenergie gab es die vielen Klagen derer, die sich mit ihrem Nicht-mehr-Haben nicht abfinden konnten. Bürger, für die ihre Habe einen tiefen Gefühlswert dargestellt hatte, hingen noch lange an den verlorenen Werten ihrer Vorkriegsexistenz. Vor allem die Frauen seufzten: »Wenn ich an die schönen Sofakissen denke!« »Und das ganze Eingemachte im Keller!« »Wenn wir doch das Meißener Service noch hätten!« Verlorenes Porzellan war immer Meißener. Verbrannte Teppiche waren Perser, verschwundene Bücher große Bibliotheken.

Vom mangelnden Essen zu reden war nicht fein. Aber – wenn man gerade nicht von einem Konzert schwärmte, von Kulturellem allgemein – sprach man vom Essen. Von Kräutertee, von »Molke«, die man in Kannen an bestimmten Adressen markenfrei holen konnte, von falscher Leberwurst, wie man Dörrkohl doch weichbekam. Die Zeit war intensiv materialistisch, eine natürliche Folge des Mangels. Die Amerikaner schickten Care-Pakete. Man besann sich auf entfernte Verwandte, die früher nach Amerika ausgewandert waren; ihnen schrieb man herzliche Briefe, erkundigte sich nach ihrem Wohlergehen und fragte beiläufig an, ob man nicht ein Care-Paket bekommen könnte. Es fanden sich drüben Verwandte, die alles Erdenkliche taten, um Wünsche zu erfüllen. Was hatte die Kusine geschrieben? Leider hätten sie immer noch keinen Zuzug! In keinem Wörterbuch fand sich das Wort »Zuzug«. Die Amerikaner rätselten: War es eine Gardinenschnur? War es Gummiband? Bedauernd schickten sie erst einmal Zigaretten – vielleicht zum Tauschen gegen einen Zuzug. Die Kusine bekam dann den Zuzug! Die Aufenthalts- und Wohngenehmigung in einer Stadt zu erhalten, war für manche die Sorge beim Aufwachen und beim Schlafengehen. Ohne Bestechung der Ämter ging nichts. Es herrschten Verhältnisse, wie sie den Balkanländern nachgesagt wurden. Die Besatzungsbehörden lernten stolze, würdevolle Deutsche kaum kennen; die Bittsteller, die zu ihnen kamen, nahten sich mit tiefen Verbeugungen, untertänig und liebedienerisch. Auf die Frage: »Waren Sie in der Partei?« gab es nicht die Antwort »Ja« oder »Nein«, sondern ein umständliches: »Erlauben Sie, daß ich Ihnen das erkläre … die Sache war so …«

Die jungen Mädchen erlebten ein armseliges Amüsement, wenn sie sich in die Kreise der Fraternisation begaben. Liebesgeschichten von bemessener Dauer nahmen ihren Lauf. Manche endeten mit einer Heirat. Die ersten Bräute trafen in England und in den Vereinigten Staaten ein. Sie wurden dort wohlaufgenommen, obschon es schon Scheidungen gab wegen dieser hübschen deutschen Fräulein, die sich, im Gegensatz zu den Engländerinnen, so reizend anzuziehen verstanden, obwohl sie nichts hatten.

Ein Traum:
Der Onkel in Amerika

Das Reich ist liquidiert, jetzt auch die Reichsmark

Die Währungsreform brachte es an den Tag: Immer war alles dagewesen, diese Verbrecher hatten die Waren bloß zurückgehalten. Kapitalien, Aktien, Sparguthaben waren nur noch den zehnten Teil wert. Wieder einmal hatte der Mittelstand alles verloren. Wie sich herausstellte, gab es aber auch, oder gerade, in diesem Stand Talente, die Werte zu horten verstanden hatten und sich jetzt anschickten, die Wirtschaft in Schwung zu bringen, das hieß, eigenen Wohlstand voranzutreiben. Wieder gab es auch neue Raffkes, die schon während des Krieges ihre Beziehungen genutzt und Geschäfte für eine spätere Zeit angebahnt hatten. Man nannte sie aber nicht mehr Raffkes – man kannte sie auch nicht heraus im allgemeinen Aufschwung.

Die normalen Talentlosen erregten sich
stark darüber, daß es mit einem Schlag
alles gab. Dann gingen sie zur Tagesordnung über.

Drei Jahre lang hatten sie die Miete immer
pünktlich gezahlt, aber zu essen hatten sie
nichts. Jetzt gab es Existenzen, da stimmte
das Essen wieder, aber die Miete stimmte
nicht.

Alle aber genossen, daß nach zehn Jahren,
wieder normale Verhältnisse im täglichen
Leben herrschten. Die Frauen konnten
wieder kochen, wofür sie einst gerühmt
worden waren, sie mußten nicht mehr aus
einem halben Pfund Fleisch eine lange
Soße für vier Personen zubereiten, brauchten endlich nicht mehr eine Riesenterrine
mit einer rätselhaften Suppe auf den Tisch
zu bringen. Mütter, die auf den Bänken am
Buddelplatz saßen, wo ihre Kleinen spielten, erzählten einander, was es bei ihnen zu
Mittag gab. Kotelett mit Blumenkohl, Spar-
gel mit Schinken. Schokoladenpudding. Sie
häkelten und strickten dabei, immer noch
»aus alt mach' neu«: von zwei alten Pullo-
vern räufelten sich die Fäden empor zum
Gebilde eines neuen Pullovers.

Jede Dame änderte nun endlich ihre alte
Garderobe um, der neuen Mode entspre-
chend, die wieder länger geworden war:
wadenlang, mit sanft abfallenden Schultern, Schößchen auf der Hüfte. Schüchtern
kauften sie die ersten neuen Kleider in dem
New Look des Pariser Modeschöpfers Dior.
Wehmütig wurde jungen Müttern bewußt,
daß sie ihre Jugend leider versäumt hatten.
Die Dreißigjährigen sahen neidvoll, wie die
Zwanzigjährigen ganz neue Tänze tanzten.
Jazz-Musik war verboten gewesen in der
Nazizeit. Trotzdem hatten die Tanzkapellen
oft sehr jazzig gespielt, aber jetzt hörte man
doch den enormen Unterschied.

Man war ohne Weltanschluß gewesen, das
wurde einem täglich gesagt. Man mußte
nachholend lesen, was »draußen« geschrie-

*»New Look« –
die Stoffe
werden knapp,
die Röcke länger*

269

ben worden war. Hemingway, Steinbeck ... Aber diese amerikanischen und englischen Autoren, die nicht erwünscht gewesen waren, hatte es immerhin in den englischsprachigen Editionen von Albatros und Tauchnitz gegeben; mehr Deutsche, als die Besetzer annahmen, waren durchaus auf dem laufenden.

Auch der verbotene Kafka hatte doch bei nicht wenigen im Bücherschrank gestanden, aus der Vor-Nazizeit. Nun aber verbreitete sich erst wirklich eine große Kafka-Begeisterung. Alles sprach von Kafka. Und doch – liebte man vor allem immer noch Rilke.

Nun kam der Existentialismus aus Frankreich auf die gebildeten Kreise in Deutschland zu. Die Bühnenstücke von Sartre verstand man, aber seine Philosophie erschien als sehr kompliziert. Nur soviel begriff man: Der Mensch war in das Sein geworfen. Die Geworfenheit der Menschen: Bürgerlicher Pessimismus entzündete sich daran. Die Philosophie des Existentialismus – die schon vor den Nazis

dagewesen war, aber da hatte man sie nicht bemerkt – gab sich nihilistisch und antibürgerlich. Das war das Attraktive an ihr, denn viele Bürger waren jetzt nihilistisch und antibürgerlich. Mit dieser Haltung kam man am besten aus, in diesem Zeitalter der Angst; es nannte sich selbst so. Mit der Atombombe lebte die Menschheit in der Erwartung, ausgelöscht zu werden. Man ging in allen Gedanken sehr ins Tiefe, man las Tiefes. Hermann Hesses »Glasperlenspiel« mußte man gelesen haben.

Die Teilung Deutschlands wurde perfekt. *Dreigeteilt? Niemals!* forderte ein pathetisches Plakat, während die vollendeten Tatsachen geschaffen wurden. Ein Ost-, ein West-Staat. Der Osten vom Osten – verloren. Der westdeutsche Staat nun wurde eine Attraktion. Deshalb mußte er auch immer noch mehr Menschen aufnehmen – weitere Flüchtlinge kamen aus der Ostzone.

Bürger in Sachsen, Thüringen, Mecklenburg, der Mark Brandenburg ließen alles stehen und liegen – das Äußerste, wozu sich ein Bürger entschließen kann – und suchten im »goldenen Westen« ein neues Glück. Schwer war es, den Besitz zurückzulassen; ein Büffet, Nußbaum geflammt, konnte eine Frau wie mit Stricken zurückhalten. Später, modern und modisch der ganzen, weit offenen Welt angeglichen, legten die Flüchtlinge die anrüchige Art von Überlegenheit über die armen Verwandten im Osten an den Tag, die zum Thema vieler Fernsehfilme geworden ist. »Der Westen« war der Inbegriff für Freiheit und Vorankommen. Die Kombination dieses Angebots war unwiderstehlich. Die Benachteiligung der Bürgerkinder in der Deutschen Demokratischen Republik bei der Zulassung an die Universitäten wurde

Der große Treck endet nicht

als Unterdrückung, die sozialistische Gesinnung als von oben kommandierte und geforderte Normüberzeugung als Qual empfunden.

Enteignete Unternehmer, qualifizierte Techniker brachten ihre Erfahrung, ihr Spezialistentum in die Bundesrepublik Deutschland mit. Nicht ewig wurden bei Krupp aus Stahlhelmen Kochtöpfe hergestellt. Die neue Bundesrepublik hatte wieder zukunftweisende Industrien. Während die neue Deutsche Demokratische Republik, im Westen noch lange hartnäckig »Ostzone« genannt, das Bürgertum aus einem Klassenfeind zur Unklasse machte, manifestierte sich die Bundesrepublik Deutschland als ein von Bürgern und bürgerlichem Geist geführter Staat. Großbürgerliches Denken institutionalisierte das Streben nach Profit als ein Prinzip, das der Gesamtheit des Volkskörpers zugute käme. Kapitalismus war kein Begriff, auf dem die Unmoral der Ellbogenstärke lastete; er bedeutete Dynamik, Energie, lebenspendende Kraft. Wie immer man daran deuteln mochte: Unter dem Kapitalismus ging es den Menschen eben besser. Schnodderige Bekenntnisse wurden formuliert: »Lieber stehe ich mit leerem Portemonnaie vor einem Schaufenster mit Schlackwürsten als mit vollem Portemonnaie vor einem Schaufenster mit Stalin-Büsten. Mein politisches Bekenntnis? Ich rauche lieber Camel als Machorka!« Das war der Rückschlag eines hysterischen nationalen Idealismus nach verlorenem Krieg. Niemand entrüstete sich über eine amerikanische Programmatik: »Der Amerikaner kämpft für sein tägliches frisches Hemd!«

Wieder erhob sich die Frage nach dem Sinn der Bildung, die im humanistischen Gymnasium vermittelt wurde. Was fing der Techniker mit der »Anabasis« des Xenophon an? Die Eltern entschieden sich nach der Bildung, die sie selbst genossen hatten, oder gern genossen hätten. Das bürgerliche Ideal war noch das humanistische. Es war schlichthin das beste, das es gab. Nicht nur als notwendige Grundlage für ein Studium, sondern als Nachweis eines höheren Niveaus war jedenfalls das Abitur ein unerbittlicher Maßstab. Zwar fiel auf, daß die Schüler beträchtlich weniger wußten, wenn sie mit neunzehn Jahren die Schule verließen, und spöttisch war schon früher angemerkt worden, daß das Reifezeugnis nur die Aneignung einer gediegenen Halbbildung bestätigte; aber das Markenzeichen des durch höhere Bildung privilegierten Menschen behielt seinen Wert.

In der Wirtschaft kamen viele mit und ohne Bildung gut voran. Dynamisch mußte man sein! Die Stellenangebote in den Zeitungen stellten alle diese eine Eigenschaft besonders heraus.

Unternehmen der Großverbraucher-Industrie sucht einen dynamischen Herrn, der mit anspruchsvollen Geschäftspartnern geschickt verhandeln kann und gewohnt ist, mit Schwung und Zähigkeit ein Ziel zu verfolgen…

Dynamischer, kreativer Herr gesucht für die Leitung unserer Vertriebsabteilung…

Sogar der Lehrling sollte dynamisch sein. Bemerkenswerte Aufsteiger gab es jetzt, erstaunliche Karrieren. Ein neues, geschäftssinniges Bürgertum entstand, das mit seinem Einkommen an den höheren Beamten glatt vorbeizog. Diese Leute erwarben Grundstücke, bauten Häuser. Etwas sehr Unbürgerliches griff um sich: Schulden mußte man machen! Kredite aufnehmen, um etwas anzufangen, etwas aufzubauen. Dem Bürger alten Schlages widerstrebte dies zutiefst. Er war zufriedenzustellen mit einer auskömmlichen Position, in der er bis zu seiner Pensionierung würdevoll leben konnte.

Die Pensionen in jener Zeit fielen sehr verschieden aus. Wer nur eine Rente erhielt, stand grundsätzlich schlechter da. Die Minimalrente garantierte nur das bloße Existieren, und die Sozialrenten waren nach dem Bedarf kleinster Notwendigkeiten berechnet, wie zum Beispiel eines halben Bleistifts im Monat.

Mittellose Studenten arbeiteten im Bergwerk. Der Bergmann war der am meisten umworbene Arbeiter in der Republik, und der Student, der in den Schacht einfuhr, erwarb außer guter Bezahlung auch besondere Hochachtung und mancherlei Anrechte.

Es gab viele Studenten über dreißig: die Kriegsteilnehmer. Manches Mädchen opferte alles für einen Studenten: teilte die Not mit ihm, verdiente, wusch und kochte für ihn, tippte seine Examensarbeit. Es konnte aber geschehen, daß, wenn aus dem armen Studenten ein Herr mit einer guten Anstellung geworden war, das Mädchen sitzengelassen wurde.

Statistisch kamen in diesen Jahrgängen

Glück auf!

etwa acht Frauen auf fünf Männer. Still-schweigend regelte sich die Situation der nichtverheirateten Frauen: Sie hatten einen verheirateten Freund. Die Ehefrauen ahnten es oder auch nicht, andere wußten es, fanden sich aber damit ab. In manchen Kreisen war es schick, wenn der Mann eine Freundin hatte. Mit ihr ging er sogar ins Theater, sie war in gewissen gesellschaft-lichen Gruppen die akzeptierte Begleiterin des Herrn. Doch zu Weihnachten war sie es, die nur knapp bedacht wurde; während die Ehefrau den Pelzmantel bekam, erhielt sie Nylonstrümpfe.

Die Zahl der Arbeitslosen nahm immer mehr ab. Man sprach sogar schon von Überbeschäftigung. Die Klage »Keine Leute!« war immer häufiger zu hören. Es ging den Deutschen im Westen wieder gut, es ging ihnen beinahe schon zu gut. Wer hätte das gedacht – nach '45! Satt, wohl-habend stand das westliche Deutschland da.

Der Geschmack der deutschen Bürger war wieder einmal sehr unsicher. Das Geld war da, aber was hatte man jetzt? Der schnelle und teilweise pfuschige Wohnungsbau hatte den Wohnungsmarkt gerade genug entlastet, daß gutsituierte Familien wieder eine eigene Wohnung hatten. Für die Inneneinrichtung gab Skandinavien den Ton an. Oder war es Le Corbusier? Wurden die Bauhaus-Gedanken jetzt fortgesetzt? Architekten, Innenarchitekten, Designer nahmen die allgemeine Beratung in die Hand. Wer hatte denn den Nierentisch kreiert? Ein furchtbarer Mißgriff! Die Leute trennten sich erschrocken wieder von ihm – auf den Müll damit! Die nieren-förmigen, schlängeligen Muster gehörten nur auf Wohntextilien, vor allem auf Vor-hänge und Lampenschirme. Lampen hatten »vegetabile« Formen, waren geneigt wie Blumenkelche; ihre Schirme wurden alsbald von den Glühbirnen bräunlich ver-sengt. Die Möbel hatten dünne, schrägge-stellte Beinchen. Man saß an ganz niedrigen Tischen, in tiefen Sesseln. Der Tisch war nicht mehr Mittelpunkt des Zim-mers – nein, des Raumes; er stand seitlich, er bildete den Teil einer »Ecke«. Man hatte auch kein Eßzimmer mehr – die Neubau-wohnungen waren klein –, sondern eine Eßecke, oder auch »Esse«. Das Sofa, die Chaiselongue, die Couch, wurde zur Liege. Türen gab es kaum – alles sollte ineinander übergehen.

Vornehme Geschäfte verkauften Möbel und Gegenstände des Kunsthandwerks; die Verkäufer gaben den Kunden Auskunft, was man jetzt hatte. Eine Decke für einen runden Tisch? Aber, aber! Man hatte doch keinen runden Tisch mehr!

Teakholz war das feinste Material, später wurde es von Palisander noch übertroffen. Aber auch die furnierte Spanplatte machte ihren Weg. Haushaltsgeräte waren mittler-

Nüchternheit auf schrägen Beinen

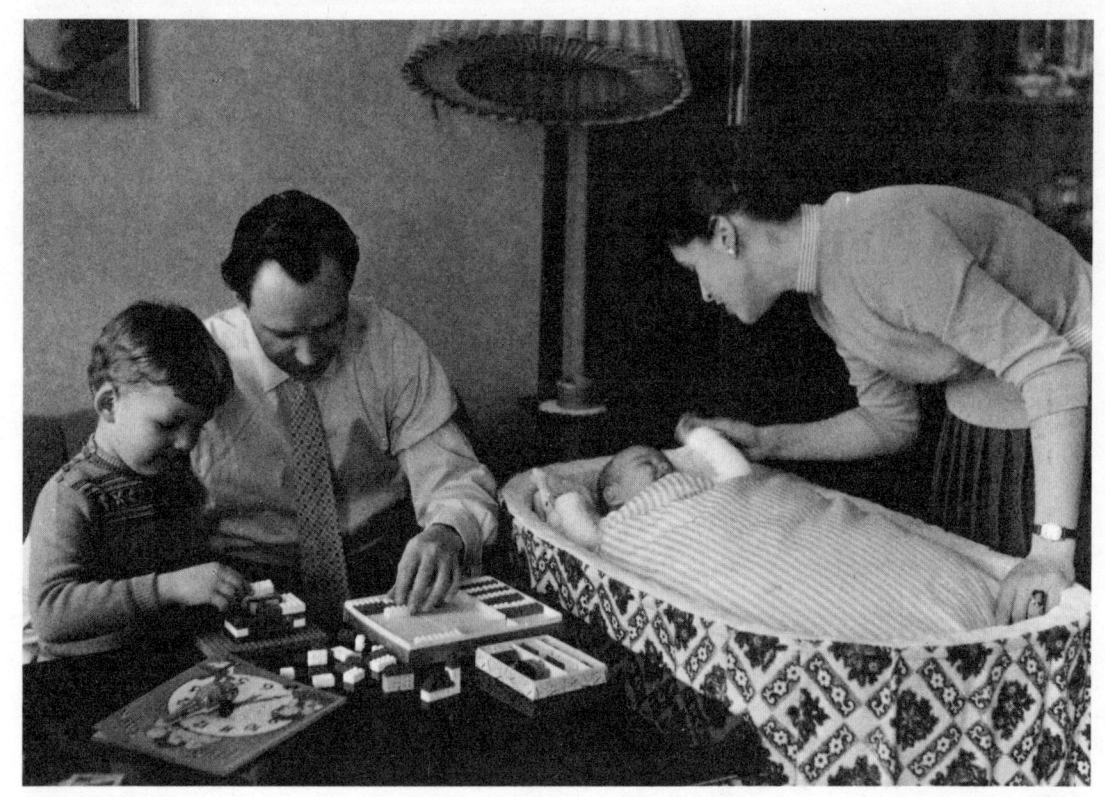

Geschrumpfte Idylle:
Die Einraumwohnung

weile alle aus Plastik, in vielen frohen Farben, die der Hausfrau ihre Arbeit lustig erscheinen lassen sollten.

Einen Gummibaum verbarg man besser, wenn Besuch kam. Man hatte jetzt Pflanzen, die sich aus an den Wänden oder an der Decke aufgehängten Bastkörben rankten. Efeu, Philodendron und dergleichen mehr, dem die Hausfrau immer wieder Ableger abgewann, so daß sich in der Basttopfgärtnerei eine gewisse Einförmigkeit bemerkbar machte.

Das Grün milderte jedoch die nüchtern-funktionellen Formen der neuen Möbel. Zu der äußersten Strenge, wie die große Nobelfirma sie empfahl, konnte man sich ohnehin schwer entschließen; auch waren diese Möbel gar zu teuer. Damit harmlose Menschen auch Harmloses kaufen konnten, stieg die Möbelindustrie mit großem Erfolg in die Produktion halbmoderner oder »antik« nachempfundener Formen ein, womit sie den ganzen neuen Geschmack wieder heillos durcheinanderbrachte.

Die Tapetenindustrie – nicht faul – stellte den Grundsatz auf, sämtliche Wände seien alle zwei Jahre neu zu tapezieren. Kleine Räume – aber an den Wänden verschiedene Tapeten: Das belebte die Perspektiven.

Das Wohnen der Familie sollte in einem Allraum stattfinden – so schlugen es die Architekten auf der »Internationalen Bauausstellung« in Berlin vor. Dort sollten der Vater werken, die Mutter an der Nähmaschine nähen, die Kinder spielen.

Das Kinderspielzeug wurde immer kleiner – dem geschwundenen Wohnraum angemessen. Kleine Kunststoff-Steckklötzchen lösten den Baukasten mit den großen Würfeln und Quadern ab. Winzige Autos erfreuten die Kinder, Renner aller Marken, die in die Hosentasche paßten.

Nach der Eisenzeit, sagte man, sei nun die Kunststoffzeit gekommen. Hatte es in den dreißiger Jahren schon viele Gebrauchsgegenstände aus »Bakelit«, einem Kunstharz, gegeben, so hatten die jetzigen Kunststoffe viele verschiedene Namen und waren durch Prozesse entstanden, die man nicht mehr verstand. Die Chemiefaser trat ihren Siegeszug an – Nylon, Perlon, alles war praktisch und billig.

Während die großen Kaufhäuser die Stapelware der neuen Moden im geläufigen Publikumsgeschmack und aus eben jenen neuen, billigen Materialien anbot, stufte sich die höhere Eleganz in verschiedenen »Genres« ab: Mittelgenre, Gehobenes Mittelgenre, Modellkonfektion, die sogar der Haute Couture ebenbürtig sein konnte. Alle eleganten Schneider, die in Paris ihre Modelle und Schnitte besorgten, wurden jetzt Modeschöpfer genannt. In ihren Salons saß man, um ihre neuen Kollektionen zu sehen, eng bei eng auf goldenen Stühlchen. Die Damen des Modefachs trugen selbst die neuesten Kreationen, mit großen, wunderbaren Hüten. Opulente Buffets wurden geboten, Sekt gereicht.

Es war allgemein die große Zeit der Kalten Buffets, der kostspieligen Public-Relations-Veranstaltungen. Reklame hieß jetzt Werbung, aber noch anspruchsvoller klang Öffentlichkeitsarbeit – noch passender war Public Relations. Menschen, die längst reichlich zu essen hatten, sah man nun am Kalten Buffet Schlange stehen oder sich drängen, als hätten sie Jahre des Hungerns soeben erst überstanden.

Bei allen diesen Veranstaltungen prüfte man gegenseitig mit schnellem Blick, wie man gekleidet war. Eine einschneidende Umkehr hatte die Mode wieder verändert und die Textilwirtschaft belebt: die H-Linie Diors ließ den jetzt als häßlich empfunde-nen New Look von demselben Dior als unmöglich erscheinen. Die Männer konnten sich an die neuen, strengen und gerade herabfallenden Kleider nur schwer gewöhnen. Sie liebten an der Frau die Sanduhr-Linie. Aber Damen, die up to date sein wollten, kümmerten sich nicht darum und kleideten sich konsequent in diese aus-geklügelte Nonchalance, in raffinierte Farb-zusammenstellungen, zu denen wieder die langen Ketten mit dem tiefgeschlungenen Knoten paßten. Das Charlestonkleid war wieder da.

Allen kurzsichtigen Frauen – und wieviele waren es! – wurde eine unendliche Wohltat zuteil durch die Erfindung der kleidsamen, sogar schmückenden Modebrille. Sie war in den fünfziger Jahren an den Seiten hoch-gebogen, wie für Katzen gemacht; zum Abend aus Straß. Aus der traurigen Not-wendigkeit, die das kurzsichtige Mädchen unansehnlich gemacht hatte, wurde eine herausfordernde Verfremdung des Gesichts – die ein Gesicht möglicherweise erst recht interessant machte. Vorbei die Zeiten, als die Frau mit Brille einem Gottfried Benn als bemitleidenswert erschien; seinem Freund Oelze gestand er, es sei ihm unmöglich eine Brillenträgerin zu begehren, ja, er verstieg sich zu der Annahme, wie traurig eine Frau mit Brille sein müsse: keinen Anspruch auf Geschlechtsverkehr!

Zu der Modebrille kamen die riesigen Ohrgehänge; einfach vermittels eines Clips – ohne daß die Damen sich also das Ohr durchlöchern lassen mußten – wurden die oft langen und schweren, auf jeden Fall ausladend dekorativen und phantasievollen Schmuckstücke aus häufig billigem Material getragen, passend zum Kleid. Ohne Ohrclips fühlte eine Frau sich nicht angezogen.

Modeschmuck war im Vergleich zu echtem so gut wie nichts wert, und doch gab man viel Geld für ihn aus. Straß, falsche Perlen, alles erdenkliche Falsche wurde an eleganter Garderobe zum hochdekorativen Blickfang. Nur auf den Geschmack, auf die Zusammenstellung kam es an.

Der lange, nadeldünne Damenschirm verwarf den praktischen Knirps. Jetzt war man modischerweise immer auf Regen gefaßt, hatte den zum Kleid passenden Schirm – es mußten also mehrere sein –, der zur Ensemblewirkung beizutragen hatte.

Die Handschuhe sollten den Damen bis über die Ellbogen reichen, so wollte es die Abendmode. Das ergab Verlegenheiten mit dem Handkuß, der als elegante Liebenswürdigkeit wieder gepflegt wurde, doch der niemals eine behandschuhte Hand treffen durfte. Ganz sicher war man sich da nicht, die Vorstellungen von wahrer Feinheit gingen etwas durcheinander, die Restauration aller Details des guten Benehmens von einst war eher bruchstückhaft.

Der Herr kam ab von der amerikanischen V-Linie, auch er trug jetzt natürliche Schultern, ohne auspolsternde Watte. Er war skrupelvoll mit seiner Garderobe beschäftigt, oder jedenfalls waren es die Herrenschneider und die Konfektionäre, die im »herrenjournal« zu Wort kamen. Ständig wurde allerdings beklagt, der deutsche Mann sei noch zu wenig an seinem modischen Aussehen interessiert. Doch Besserung trat in dem Maße ein, in dem ein Mann nach beruflichem und gesellschaftlichem Aufstieg strebte. Wiederum durfte ein Abteilungsleiter sich nicht herausnehmen, auffälliger gekleidet zu sein als der Direktor.

Der »Edwardian Style« führte sich wieder in die Herrenmode ein, mit dem hochgeknöpften Anzug, der die Weste eher unten als oben ein wenig heraussehen ließ. Zuerst hatte sich die Phantasieweste – in Kontrastfarbe zum Anzug – den Herren wieder empfohlen. Sie wurde abgelöst von der zum Anzug passenden Weste. Ältere Herren scherten sich nicht um die neue Linie. Sie trugen weiterhin die unmöglich langen Mäntel, gingen mit schrecklich weiten Hosenbeinen, mit Umschlag! Soviel modische Gleichgültigkeit tat weh, besonders bei prominenten Politikern.

Der Herr des neuen Typs war schmal, dekadent, hatte enge Hosenbeine, kannte nur fallende Revers. In den Journalen, die bei den Schneidern auslagen, standen tiefsinnige Aufsätze, wie schmal ein Revers sein sollte, welche Tweeds für den Countrytown-Anzug geeignet waren. »Hat der Tiefknopf eine Zukunft?« lautete die Frage nach dem Verschluß des Sakkos.

Eine Gesellschaft im alten Sinne, in welcher alle diese Geschmacksentfaltungen verbindlich gewesen wären, gab es nicht. Es gab einen Geldadel, der sich – passend durchsetzt mit aristokratischen Namen – als die bessere Gesellschaft empfand. Dort war man hochklassig gekleidet, war sehr verwöhnt, hatte Allüren. Auf der Straße waren diese Mitmenschen kaum zu sehen; sie schritten durch Hotelhallen – wenn man den Namen der Kreationen, die ihnen zugedacht waren, glauben konnte; in fernen Städten machten sie einen Einkaufsbummel. »George V.« hieß ein Frühjahrskostüm; »Ritz«, oder »Waldorf-Astoria«, »Shopping in Kairo« waren die Namen der Modelle der Damenmode. Das kleine schwarze Kleid aber war unentbehrlich und durfte in keiner Garderobe fehlen – diese Lehre setzte sich in allen Kreisen durch.

Auch vom unentbehrlichen kleinen Sommerpelz war die Rede in den Mode-Conferencen – es war ja zuweilen kühl auf den Terrassen.

Für ihr Heim konnten sich die Reichen kaum noch etwas einfallen lassen. Da herrschte weniger der neue skandinavische Stil, selten »Knoll international«, eher der Stil, den die Zeitschrift »Film und Frau« vorführte. Antiquitäten steuerten die Komponente der Erlesenheit bei: Barockengel gehörten zur Ausstattung, alte Plätteisen standen zur Zierde herum, die elektrisch angeschlossene Petroleumlampe war der letzte Schrei. Ein Barockaltar, zur Hausbar umgebaut, zeugte von Originalität, jedenfalls aber von alles vermögenden Geldmitteln.

In normalen Haushalten hatte man inzwischen eine Musiktruhe und eine Hausbar. Die Musiktruhe barg formschön den Plattenspieler, das Radio, das Plattenregal und sicherte der Familie den Musikgenuß, den früher das Klavier erbracht hatte. Die Zahl der bürgerlichen Klaviere war bedeutend vermindert. Die Musiktruhe war ein blondes, glattes Möbel und »stand gut im Raum«, wie es in der Sprache der Innenarchitekten hieß. Ein zur Moderne nicht entschlossener Geschmack zog die Musiktruhe im Chippendalestil vor.

In der Hausbar, die auch Eisschrank und Eiswürfelfach barg, stand eine Getränke-Auswahl bereit, von der man oft ängstlich annahm, daß sie doch noch nicht alles enthielte, was man zu den Cocktails brauchte, die jetzt in Mode waren. Shaker mußten angeschafft werden, der Hausherr mußte das Mixen aus einem der vielen Cocktailrezeptbücher erlernen.

Die Cocktailparty war die beliebteste Form der Geselligkeit. Überhaupt die Party: Sie war eine gern übernommene amerikanische Sitte. Man stand herum, plauderte mit

Modenschauen zwischen Ruinen

jedem ein paar Worte, war ungezwungen. Die tiefsinnigen Gespräche, die bewegten Diskussionen der ersten Nachkriegsjahre – jener entlegenen »Reichsmark-Zeit« – wurden nicht mehr gepflegt. Jetzt blieb man an der Oberfläche, im Unverbindlichen, zelebrierte das Party-Gespräch. Jan Herchenröder schrieb damals in seinem anmutigen Cocktailbüchlein »Cheerio-Gin-Gin«:

Die Gespräche werden lebhafter, man redet bereits über Picasso. Das ist das Zeichen dafür, daß eine Party dem Höhepunkt zustrebt. Ein ›Picasso-Cocktail‹ sieht folgendermaßen aus: Ein halbes Glas Gin, je ein Viertel Kognak und Whisky, drei dash Angostura-Bitter und drei Schuß Maraschino.

Das deutsche Cocktalmixen geriet zuweilen nicht so recht, weil das rechte Maß fehlte; mancher Party-Gast verbrachte den nächsten Tag im verdunkelten Zimmer mit einem Eisbeutel auf der Stirn. Allmählich gab der deutsche Mann zu: Am liebsten trank er doch Bier!

Allgemein aber liebte man die Geselligkeit. Man mußte nicht reich sein, um als gastfreundlich zu erscheinen. Die Margarinereklame verhieß: Mit der guten Margarine gibt man eine gelungene Party! Alle Gäste sagen »Ah!« beim Anblick der Rama-Brote! Die Teenager – endlich hatte man sich an das Wort gewöhnt – gaben ihre eigenen Partys. Sie wurden zu wichtigen Kunden der Modeindustrie. Die Mädchen trugen mehrere stoffreiche und steif abstehende Unterröcke, die Petticoats; grün, rosa, blau hingen sie in großen Wolken in den Warenhäusern. Die heranwachsenden Kinder kleideten sich nach eigenem Geschmack, der Einfluß der Eltern stand weitgehend zurück.

Die Teenager wünschten sich mehr Selbständigkeit, einen Keller für ihre Partys. Ihre Freunde wollten sie den Eltern nicht vorstellen. Ängstlich lauschten Vater und Mutter, nahmen beklommen wahr, daß in der Stätte des Vergnügens öfter das Licht ganz erlosch.

Im einfachen Volk machte sich ein neuer Jugendtyp bemerkbar: der Halbstarke. Die Bürgerkinder würden doch in solchen Kreisen keinen Anschluß suchen?

Was hatten denn die Jugendlichen für Leitbilder? Albert Schweitzer? Elvis Presley? Bill Hailey brachte die Kinder zum Schreien und Toben, sie zertrümmerten die Bänke und Barrieren eines ganzen Stadions. Die Generation, die vor nicht langer Zeit ganz Europa zertrümmert hatte, regte sich auf. Was war das für eine neue Musik?

Gottlob gab es aber auch noch die artigen Tanzstunden. Im ganzen – man erkannte das nur nicht – war dies doch die Zeit der vollkommenen Restauration aller bürgerlichen Werte. Man verlobte sich wieder, sorgte für eine Aussteuer, strebte nach einer Position, heiratete, richtete sich ein, vermittelte seinen Kindern, daß der Mensch sein Leben so am besten durchmaß. Zur besonders pfleglichen Erziehung gehörte der Besuch einer Ballettschule. In der Tanzstunde wurde auch Boogie getanzt, dagegen hatte man nichts. Ja, Ehepaare besuchten Kurse, um die neuen Tänze auch noch zu lernen. Den Kindern

Ein neuer Begriff: Design

Boogie-Woogie, Rock 'n' Roll,
Walzer ade!

wurden in der Tanzstunde die guten Sitten beigebracht, die noch immer von den Tanzlehrerverbänden ermittelt wurden. In Bonn gab Erica von Pappritz an, was gutes Benehmen, was Etikette war. Wer in seinen Umgangsformen nicht sicher war, kaufte eines der vielen Bücher über »Guten Ton«. Der Handkuß war als liebenswürdige Sitte wieder eingeführt. In welcher Reihenfolge Gäste miteinander bekanntgemacht wurden, lag genau fest. Der Niedrigergestellte hatte den Höhergestellten zuerst zu grüßen. Kurz, alle Benehmensregeln, die der wohlerzogene Bürger noch immer beherrscht, wurden mit allem Nachdruck befestigt.

Für die Wirtschaft war allgemein die Frauenarbeit sehr wichtig. Nicht um Emanzipation handelte es sich, sondern um eine Notwendigkeit. Manchmal wurde den Frauen vorgeworfen, sie vernachlässigten ihre Familie, nur um einen Kühlschrank kaufen zu können. Ob das Streben nach neuzeitlichem Komfort verwerflich genannt werden konnte, kümmerte die Familien, die es zu etwas bringen wollten, nicht. Sie hatten ja auch die Großmütter. Die Großmütter waren wesentlich, wenn auch indirekt, am Wiederaufbau der Wirtschaft beteiligt.

Gegen Ende dieses Jahrzehnts waren nun die Kinder, die in der Hungerzeit großgeworden waren, zum Genuß eines angenehmen Lebens herangewachsen. Die Jünglinge trugen gern die geölte, angeschobene Tolle und die kunstvoll gebutterte Ente am Hinterkopf. Allerdings entsprach dies mehr dem Geschmack der Halbstarken. Der Bürgersohn trieb es nicht ganz so weit. Die Mädchen schnürten sich die Taillen nach dem Vorbild der kleinen Amerikanerinnen. Taillenweite achtundvierzig war nicht allgemein durch. Marilyn Monroe,

zum Beispiel, trug sie nicht. Der enge Rock, die kraß eingekerbte Taille, ein ausladender Busen, ein ausgeprägtes Gesäß – das war sexy. Das Etuikleid vereinigte solche Deutlichkeit in einer gewissen Mäßigung mit gutem Geschmack. Die kompakt gebaute deutsche Frau entschied sich noch immer für das englische Kostüm, das seit zehn Jahren aus der Mode war, aber die Herrenschneider zimmerten es noch immer mit Ernst. War das Straßenbild noch elegant, wie es vor dem Krieg einmal war? Da war man doch unsicher. Eleganz und Publikumsgeschmack hatten sich voneinander entfernt.

Die »Entkernung« der Städte war ein städtebauliches Ziel. Sogenannte Schlafstädte entstanden vor der Stadt und an ihrem Rand, utopisch entworfenem Menschenglück geweiht. Konnte der Mensch seine Bedürfnisse überhaupt ausdrücken? Die Architekten machten sich zu seinen Sprechern. Sie maßen die Menschen aus und wiesen ihnen ihre Unterkünfte zu. War aber der Mensch ein Maßobjekt? Der deutsche Bürger dieser fünfziger Jahre konnte nicht genau angeben, wo seine Wünsche einmal aufhören würden. Welches waren die neuen Selbstverständlichkeiten? Wo fing der Luxus an? Man empfand es als peinlich, vor des Nachbars Tür ein Auto zu sehen, wenn man selbst noch keins hatte. Für ein

Vom KdF-Wagen zum
Symbol des Wirtschaftswunders

Auto mußte man sich etwas einschränken: Garderobe, Reisen, Bildung – am ehesten ließ sich noch am Essen sparen. Es war keine Schande, Margarine zu essen. Etwas Vermögen wollte man doch auch bilden. Eigentlich aber lebte der Mittelstand so, wie er es sich nur wünschen konnte, vor allem: schicksalsfrei. Sollte man, an der Wende zum nächsten Jahrzehnt, die fünfziger Jahre nicht die »goldenen« nennen? Rechtfertigte das Wirtschaftswunder nicht die Bezeichnung golden? Für eine ganze Generation war dies die erste Epoche ihres Lebens, in der jeder Gedanke frei ausgesprochen werden konnte: Geistige Freiheit, sie war doch ein hoher Wert!

Aber die fünfziger bekamen diesen Namen nicht. Hatten doch die Deutschen der Bundesrepublik die schwere Bürde zu tragen, daß Deutschland noch immer geteilt war, daß »unsere Brüder und Schwestern im Osten« es schwer hatten. Der Westdeutsche mußte sich für seinen Wohlstand ein wenig genieren.
Trotz der geistigen Freiheit hat es eine Blüte des Geistes nicht gegeben. Es war die große Zeit des deutschen Gartenzwergs: eine Epoche, die alle konservativen Werte und die üppige Selbstdarstellung der Deutschen wiedereingesetzt hatte. Und noch darüber lag das Süße Leben als wunderbare Zugabe.

9

Die ganz und gar
gefährdete Gemütlichkeit
1961–1982

Herr und Dame standen am Kamin. Die Buchenscheite lagen vornehm gestapelt zur Hand. Selbst an einem heißen Julitag schürte man ein Feuer, wenn man eine Party gab, um den Gästen den neuen Kamin vorzuführen.

Die Damen trugen Kamin- oder Terrassenkleider – beide im selben Stil: fußlanger Rock, dazu ein phantasievoller »top«, so hießen die Oberteile.

Was hatte man, was war im Kommen? Hartnäckig verfolgte die Bürgersgattin das Ziel, zu einem Nerz zu gelangen. Der Ehemann sah es ein, daß die Ausstattung seiner Frau seine Visitenkarte war; daran konnte jeder ablesen, wie weit er es gebracht hatte. War der Weg zum Nerzmantel noch lang, so gab es für die Frau – als kleinen Vorgeschmack wenigstens – ein winziges Nerzschwänzchen für wenig Geld zu kaufen; sie konnte es sich an den Mantel stecken. Ein Nerzkollier, über dem Kostümkragen baumelnd, war schon ein beachtlicher Investitionsgrad, und schließlich war der Besitz einer Nerzstola der erste Meilenstein zum »Es ist erreicht«. Der Nerzmantel war dann der Stern, den der Mann für seine geliebte und verwöhnte Gattin vom Himmel holte. Sie war nun nicht mehr ganz jung, aber sehr gepflegt. Der kostbare Mantel konnte keiner Garderobe anvertraut werden; in eleganten Restaurants saßen die Damen und ließen deshalb den Nerzmantel sitzend an sich herab, thronten in dem teuren Nest. Die Krokohandtasche war eine weitere Unverzichtbarkeit; groß baumelte sie am Arm der Dame auch am Theaterabend, belächelt von anderen Damen, die

natürlich wußten, daß die größere Krokotasche nur am Nachmittag getragen werden konnte.

Die Standardausstattung der Dame kannte aber doch sehr verschiedene Grade. Die Frau des mittleren Mittelstandes verlor die Realität nie ganz aus dem Auge. Sie begnügte sich damit, in den Zeitschriften »Constanze«, »Brigitte« und »Petra« zu studieren, wie man Schick und guten Geschmack bewies.

Überall wurde Geschmackserziehung betrieben. Das Streben nach Anpassung an die veröffentlichten Grundregeln über Farben und Linien ergriff alle Schichten, und auch die großen Billigkaufhäuser gaben sich Mühe, Massenware im neuen Geschmack anzubieten. Sie hatten begriffen, daß ihre Kunden sofort das Neueste haben wollten – nicht erst, wenn es aus den teuren Genres abgesunken war. So gelangten Pariser Modeideen jetzt manchmal schneller in die großen Massenangebote als in die teurere Konfektion.

In der ganzen Bundesrepublik wurde alles sehr ästhetisch… jedenfalls bemühte man sich merklich darum. Vom Gestrigen und Traditionellen rückte man weit ab und rümpfte die Nase zum Beispiel über die Würdenträger der »Volksdemokratien«, die zu offiziellen Gelegenheiten die silbergraue Krawatte umlegten – im Westen war sie passé.

Allerdings waren die Köpfe über den silbergrauen Krawatten dem Westen gefährlich. Der fühlte von Osten her einen sehr kalten Wind blasen. Drohte von dort ein neuer Krieg?

In der bürgerlichen Gesellschaft – soweit man diese Zusammenfassung noch anwenden konnte – machte sich langsam eine Polarisation bemerkbar. Die selbstsicheren, die Wonnen des Wohllebens genießenden Bürger unterschieden sich von gewissen Intellektuellen, die der Hochkonjunktur und ihrem politischen wie kulturellen Umfeld Zweifel entgegenbrachten.

Künstlergruppen bildeten sich, Galerien wurden eröffnet, man traf sich in sehr merkwürdigen Domizilen. Hier und da sprach man mit Menschen, die auf den nicht aufzuhaltenden Siegeszug des Kommunismus vorbereitet waren. Sie machten daraus keine politische, sondern eher eine künstlerische Polemik, die attraktiv war. Hinterhöfe wurden ausgewählt als Stätten der Gegenkultur; unversehens wurden diese Zentren schick. Feine Damen und Herren fanden sich dort ein, um auf der Treppe stehend zu lauschen, wenn der faszinierende neue Erfolgsschriftsteller aus seinen Werken vorlas.

Schließlich ging alles recht durcheinander. Heute sah man in der Oper die eleganten Herren mit Rüschenhemden zum Smoking, morgen bei einer Dichterlesung traf man bedeutende Menschen – alle in Kord, in verbeulten Hosen, mit offenen Hemden: Das war die neue Bohème. Viel Alkohol aber gab es in beiden Kreisen. Feine Leute tranken gern Wodka, sie

Vor der Whiskywelle:
Der Klare

nippten vom Besten, was der Bolsche-
wismus bot. Auch deutsche Firmen
fabrizierten jetzt Wodka und stiegen mit
trotzig-männlich-romantischer Werbung in
den Spirituosenmarkt ein. In der schlich-
teren Bohème aber trank man den einfachen Klaren.
Für den aufgeschlossenen, neugierigen
Bürger war es angenehm, sich in beiden
Kreisen zu bewegen. Bei den Verspöttern
der Bourgeoisie fühlte er sich sehr wohl.
Gern spottete er ja über sich selbst. Was
am Bürgertum immer faul gewesen war –
das wußte man ja. Dann aber wieder – in
den Kreisen der offiziell Angesehenen –
erlebte man eben die perfekte
Verwöhnung, die Totalität alles dessen, was
fein und schön war. Da war alles vom
Besten. Es war schwer, sich das Verlangen
nach dem Besten abzugewöhnen. Eine
Gardenparty – herrliche Gardenparty-
Kleider, Musik, in der Hand den Sektkelch,
dazu sanfter Rasen, bauschiges Baum-
grün… Wie lange dauerte es, bis ein Rasen
so wunderbar war! Dafür, daß so etwas
erhalten blieb, hätte man sich, in solchen
Augenblicken, auf der Stelle niedermetzeln
lassen!
Die ewigen Spießer lehnte der kritische,
der intellektuelle Bürger natürlich ab. Die
dicken Spesendeutschen, die ihre Ge-
schäftsbesucher in Stripteaselokale ausführten und diese Kosten von der Steuer
absetzten, waren nicht besser als die kleinen Bürger in ihren miefigen Interieurs mit
den in der Mitte geknickten Kissen auf dem
Sofa. Spießer – das waren immer die anderen. Wer nicht nur guter Einnahmen sicher
sein konnte, sondern auch Bildung und
hinreichend Geschmack hatte, durfte sich
doch zu den Kultivierten rechnen? Gewiß
man ging auf manche Party, auch wenn
man diesen schnöseligen Betrieb längst
verächtlich bewitzelte. Die Party-Verspötter
waren selbst überall zu sehen, weil eben

alles darauf ankam, gesehen zu werden.
Jeder betrieb seine eigene Public Relations.
Selbstdarstellung war wichtig. Bei Fest-
spielempfängen, zu denen alle Prominenten eingeladen waren – gewöhnliches
Publikum trat dort gar nicht auf –, selbst
auch dazuzugehören, bescherte Höhe-
punktserlebnisse.
Nun, nicht alle konnten prominent sein.
Aber Vermögen und das Vorzeigen des
Vermögens verschafften dem neuen Geldadel auch seine Geltungsgenüsse. Den
echten Adel hatte er auf seiner Seite – man
versuchte, die große Gesellschaft darzustellen. Es gab keinen Star, den man nicht
für seinen Auftritt auf einem illustren Ball
hätte bezahlen können. Weißgekleidete
junge Mädchen wurden auf Debütantin-
nenbällen jener Gesellschaft vorgestellt, die
keine war, die aber trotzdem gern bestim-
men wollte, wo »oben« war.
Vergnügt und leichtlebig gab man sich
überall. Man tanzte Twist und Hully-Gully.
Auch die Älteren machten mit; die harten
Jahre des Wiederaufbaus wurden jetzt
belohnt. War man mit fünfundvierzig nicht
eigentlich noch eher jung: Jugend, das las
man jetzt immer wieder, hielt länger vor als
einst.

Neuer Wein in alten Schläuchen:
Debütantinnen-Ball

In vielen Kreisen wurde eine bestimmte Art von Imponier-Plauderei gepflegt. Herbert – mußte man da wissen – war der gute Bekannte Herbert von Karajan – das »name-dropping« war en vogue. Kyra hatte man neulich zum Cocktail – ganz reizend, die Prinzessin von Preußen.

Erfolgsbesessene arbeiteten hart, stellten aber auch hohe Ansprüche. Textilfabrikanten errichteten in südlichen Ländern Europas – Spanien war günstig – Zweitwerke; da waren die Näherinnen billig. In Portugal spielte man zwischendurch Golf.

Verschlug es einen Bürger von normalen Ansprüchen auf eine Party bei solchen »Arrivierten«, mußte er sich auf Fragen gefaßt machen wie »Kennen Sie den Golfplatz von Lissabon?« Wie konnte man denn über eine solche Frage lachen? Der Golfplatz von Lissabon hatte wirklich nicht seinesgleichen!

Es handelte sich um Wellen, die da aufeinander folgten. Zuerst war es die Freßwelle, dann die Wohnwelle, darauf kamen die Reisewelle, die Geltungswelle; danach begann alles wieder von vorn: die Edelfreßwelle, die neue, noch weitere und exklusivere Reisewelle. Spanien und Italien, Griechenland und Jugoslawien als Reiseziele waren schon das Herkömmliche. In New York hatte man öfter einfach zu tun, von Paris gar nicht mehr zu reden. Wer das »Black horse« nicht kannte, fühlte sich blamiert. Ein Kostümchen hatte die Freundin an, ganz reizend – woher? Ach, mal eben so bei Lafayette mitgenommen. Wer nicht sehr weit entfernt von der französischen Grenze wohnte, war in Paris so gut wie zu Hause. Damen fuhren, ehe sie einer Party beiwohnten, zum Friseur Alexandre nach Paris.

Dies war eine neue Oberschicht, auf welche der in mittleren Verhältnissen verbliebene Mittelstand nicht dauernd wie gebannt starren wollte. Der Bürger, dem noch eine gewisse Bescheidenheit eigen war, konnte da nicht mithalten: als Verwöhnter unter Verwöhnten. Sein Einkommen langte nur für eine herkömmliche Repräsentation. Vertrackt war es nur, daß er auch damit immer im Nachahmen begriffen war. Es war sogar nichts dabei, wenn jemand lachend zugab, er sei eben ein Snob. Snobismus war eine anerkannte Mode, beinahe eine Bewegung.

Der Snob wußte nicht, daß er die Kennzeichnung trug, die in England einmal dem gnadenhalber bei Hofe zugelassenen Nichtadeligen zugewiesen war: »Sine nobilitate« stand auf der Einladungsliste hinter seinem Namen. Der Snob suchte den Adel mit seinem Geschmack, seinen Allüren noch zu übertreffen. Oscar Wilde hatte die Rolle zur Perfektion gebracht. Nun trat im westlichen Deutschland der Snob im zweiten Aufguß des Snobstils auf. Das Tiefstapeln, genußreich in der Theorie, schwer durchzuhalten in der Praxis, wurde zur Maxime:

Schöner Wohnen?

Nerz nur als Innenfutter! hieß die Empfehlung. Der nonchalante Trench – nerzgefüttert. Gelegenheiten, das Futter sehen zu lassen, wurden herbeigeführt.

Am Rande erschien das Kleinbürgertum, das sich mit »Anschaffungen« begnügte. Es strebte nicht nach Glanz und Glamour, aber es wollte auch in guten und vorzeigbaren Verhältnissen leben. Die Wohnung mußte wirklich neu eingerichtet werden. Mosaiktapeten – richtigem Mosaik täuschend ähnlich; eine Backsteintapete – anheimelnd rustikal in der Küche, wohin man jetzt manchmal noch nachts Gäste mitbrachte – der letzte Schrei.

Die neuen, rein funktionellen Möbel aber erschienen weiten Kreisen immer noch ein bißchen zu kahl. Lieber entschied man sich doch für Stilmöbel. Die Industrie fertigte sie serienweise: Chippendale, altdeutsch, Barock. Die Wohnwand war eine Möbelmodenidee, die gefiel: Keine Lücke mehr an der Wand, alles eine einzige Front, die Schrankwand; endlich kam alles in Fächern unter. Nie fehlte in den Prospekten eine kleine Anzahl gefällig schräg gelehnter Bücher. Polstergarnituren als großes und raumgreifendes Ensemble warben um Käufer, die nicht nur ihren Besuchern, sondern auch sich selbst imponieren wollten: So weit hatte man es nun gebracht, man konnte ausruhen. Der Fernsehsessel mit dem Fernsehhocker für die Füße inthronisierte die Selbstverwöhnung des Menschen, der hart arbeitete, um sich in seiner Freizeit vor allem das Wohnen im Geist der neuen Zeit zu leisten. Wohnen – ein Hauptbegriff des Menschseins schlechthin – hieß: nach Hause kommen, sich niederlassen und um sich blicken. Für den Mann war die Wohnung der arbeitsfreie Raum, der diese Sinnerfüllung bot. Für die Frau hieß Wohnen: das ständige Pflegen der Wohnung – wischen, polieren, staubsaugen.

Das Unbehagen am Muff und Mief der Zeit wuchs indessen. Es gab keinen Tucholsky, keinen Mehring – die neuen Dichter drückten Trauer und Unbehagen nur sehr verhangen und verschlüsselt aus. »Malaise« wurde zum Modewort. Die Kabaretts aber brachten Freches, Kesses und Scharfes, am Ende Bitteres, Höhnisches, Verzweifeltes. Das Publikum – die Leute, denen die Attacken galten – war begeistert. Ja, ja, so waren die Zeiten! Genau getroffen! Man lachte über sich selbst, genierte sich angemessen. Das Kabarett war eine bürgerliche Einrichtung; es spülte den Geist einmal richtig durch, das brauchte man.

Die nächstfällige Revolution der Mode war eher da als der politische Aufstand der Jugend. Gerade auf der Seite der konservativen Wohlstandsrepräsentanten machte sich Neuerungsbegierde bemerkbar. Die Konfektion stagnierte, die Kleiderschränke der Damen waren voll, eine einschneidende Änderung mußte den Konsum ankurbeln. Damit konnte zugleich der radikalen Veränderungslust der Jugend Rechnung getragen werden. Paris und London vereinten sich zu einem bestürzenden Diktat: Die Mädchen sollten die halben, nein, die ganzen Oberschenkel zeigen. Die Damen über dreißig auch, und sogar die über vierzig. Mary Quant in London kreierte die Minimode, und diese Kinderkleidchen bestimmten jetzt das Straßenbild. Endlich wieder einmal Mut zu einer entschieden neuen Mode in der Öffentlichkeit. Courrèges in Paris brachte den Astronautenlook, kühl, kalt, kurz, weiß, in Lack und Leder. Fröhlich gingen auch die stämmigen Mädchen, die üppigen Frauen, in dem neuen Look; sie fühlten sich befreit, sie waren lustig, die bösen Blicke entsetzter Passanten machten ihnen nichts aus. Überall schossen Boutiquen aus dem Boden: der neue Ladentyp, in dem schicke, dünne Damen sich eine Existenz schaffen konnten, bevorschußt von einem Gönner, oder aus familiärem Vermögen. Bei ihnen konnte man die Sachen und Sächelchen kaufen, die es nur in Boutiquen gab. Alles war Pop!

Die Angst war vergessen. Zwar mehrten sich die in Europa gelagerten Bomben, immer wieder schien die Gefahr eines Krieges ganz nahe, aber ebenso wie den Schock der Berliner Mauer, überwand man auch weitere Krisen. Zwar fiel die Mark, man klagte über die Teuerung, die nur ja nicht Inflation genannt werden sollte – aber plötzlich war die Zeit ganz neuer Werte gekommen: Freude, Spaß, Knall und Witz. Die Geschmacksrevolution war total und kam vorwiegend aus Amerika. Was mochte »Pop« heißen? Populär? Pop war ein Stil,

es gab Popkunst, Popmusik, Popmode. Farben, die nicht zueinander paßten, paßten jetzt doch: Rot zu Rosa, Rot zu Orange, alles Bunte, Grelle, Dissonante war poppig – ein neues Adjektiv. Bewegung kam ins bürgerliche Leben. Die Frau war befreit von Prüderie, von der restaurierten vorgestrigen Moral. Sie hatte die Antibabypille und konnte frei wählen, wie sie leben, wen sie lieben wollte. Die Gleichberechtigung der Frau, sozial und politisch immer noch nicht überzeugend angestrebt und von der Mehrheit der Frauen noch nicht dezidiert gewünscht, wurde zunächst als sexuelle Gleichberechtigung verwirklicht. Zugleich wurden die ahnungslosen Bürger aufgeklärt, daß ihre Liebe in den meisten Fällen keine gekonnte, keine geübte, geschickte und beglückende Liebe war. Oswalt Kolle, ein cleverer Journalist, entdeckte den Markt und schickte sich an, der Menschheit zu helfen. Ob er es wollte oder nicht – eine noch viel cleverere Geschäftsfrau in Flensburg unterstützte ihn durch reichlichen Versand von Prospekten ihrer sexstimulierenden Artikel.

Der neuen Zeiterscheinungen war kein Ende mehr, man kam nicht mehr zur Ruhe. Wie gern hätten die deutschen Bürger – das waren mittlerweile alle Leute mit gutem Einkommen – in Gemächlichkeit ein Ziel nach dem anderen verfolgt: die Geschirrspülmaschine, den Zweitwagen, das Häuschen im Grünen. Sie hatten den Fernsehapparat zur Unterhaltung; davor ließ es sich des Abends gut sitzen. So lud man weniger Leute zu Partys ein. Größere Feste feierte man in Restaurants; das kostete ein Vielfaches, machte aber keine Arbeit.

Von fern erst hörte man von den »zornigen jungen Männern«, von den Beatniks; griff das jetzt am Ende aufs eigene Land über? Auf die eigene Familie? Was war mit der Jugend los? Die Gammler – auch so ein neuer Jugendtyp –, die in den Städten auf Treppen in der Sonne saßen und nichts taten, gefielen nicht. Die lehnten das Arbeiten ab. Was den anständigen Menschen ausmachte, wurde jetzt in seiner Geltung angezweifelt, madig gemacht. Dabei hatte niemand mehr etwas gegen die amerikanische Einheitshose: Die Jeans, die Arbeitskluft der Cowboys, wurden zum Bekenntnis, zur Passion, Gegenstand des neuen Jugendkults. Merkwürdigerweise galten sie in den Ländern des Ostblocks als Kapitalistenhosen und verursachten der dortigen Jugend tiefe Neid- und Sehnsuchtsschäden. Im Westen, im Land des Überflusses gelangte gerade die Armutsmode zu höchster Geltung und gab das Signal zur Demokratisierung der Kleidung. Die Couturiers in Paris klammerten verächtlich die Jeans aus ihrem Verständnis von Ästhetik aus: Wie würde eine elegante Frau jemals ernsthaft solchen Jeans einen Platz in ihrer Garderobe einräumen. Jeans hatten mit Mode überhaupt nichts zu tun! Und doch bestimmten sie immer mehr das Straßenbild. Die jungen Mädchen wechselten zwischen Miniröckchen und Jeans, mit engen Beinröhren; die mageren jungen Liebespaare sahen von hinten aus wie zwei Jungen, nur daß sie sich eng um die Hüfte gefaßt hielten, was die homosexuellen jungen Männer, obwohl sie nun von jeder Diskriminierung befreit waren, doch noch nicht wagten. Endlich wuchsen schon kleine Kinder in Jeans auf, und selbst der Herr von Ende der Vierzig gönnte sich schließlich das unerhörte Gefühl des Eigentlich-ja-noch-Jungseins, indem er sonntags Jeans anlegte. Die Damen erlernten ebenfalls die wahre Gewandtheit, wie sie von nun an in Heiratsannoncen gang und gäbe wurde: Sie waren ebensowohl in Jeans zu Hause wie im Abendkleid.

Anziehsachen sollten recht »heiß« sein für die jungen Leute: heiße Socken, heiße Hemden, ein heißer Schal. Wunderbar war der lange »Talentschal«, der mit beiden Enden bis auf die Erde hinabreichte. Die Jugendsprache veränderte sich vom albernen Teenagerjargon der fünfziger Jahre zu einem scharfen und witzigen Idiom, schnodderig, überlegen. »Der war sowas von abgeschlafft – das träumst du nicht!« – »Das Schärfste ist, daß er voll auf die Mine aufgelaufen war…« Das Wort »überhaupt« wurde plötzlich auf der ersten Silbe betont – und so wird es heute von fast allen Politikern ausgesprochen. Die Kinder hatten Radio und Plattenspieler, jedes in seinem Zimmer. Technische Geräte sollten nun wie technische Geräte aussehen – die Musiktruhen der Eltern wurden verachtet. Schularbeiten konnten die Kinder nur noch machen, wenn eine »heiße Scheibe« lief. »Play Bach« hatte Bach ins Wohlwollen der Jugend gerückt und wurde von manchem Halbwüchsigen schließlich auch ohne Jazz-Untermalung genehmigt.

An allen Wänden der Jugendzimmer hingen Beatles-Poster. Beatmusik drang den ganzen Tag über aus den Kinderquartieren, und die Beatles wurden zu den Göttern des Jahrzehnts, überragten jetzt Elvis Presley und Bill Haley. Nur die Rolling Stones konnten es halbwegs mit ihnen aufnehmen. Die vielverschrienen langen Haare der Beatles, die eine ganze Haarschnittrevolution hervorriefen: Wenn wir sie heute betrachten – wie kurz waren sie doch vergleichsweise! Damals aber begann der erbitterte Krieg der konservativen Bürger gegen schlechthin alle Langhaarigen. Besonders aber die Arbeiter zeigten sich böse und bitter; am liebsten wären sie handgreiflich auf sie losgegangen. Nach dem kurzen amerikanischen Bürstenschnitt schlug das Pendel eben nur nach der anderen Seite aus. Nicht lange, und die Straßen, die Busse und U-Bahnen waren voller sanft mittelgescheitelter Heilandsköpfe. Sie fanden aber auch Toleranz und

Anerkennung: Wie schön konnte doch auch der deutsche Mann aussehen, wenn er sich etwas so Schmeichelndes wie schulterlanges Haar gönnte, dazu noch einen weichen, lockigen Bart.

Ab Mitte der sechziger Jahre hatten alle Bürger solche Langhaarigen in der eigenen Familie. Dann waren sie noch zufrieden, wenn es bei der äußeren Mode blieb – wenn diese herangewachsenen Jungen und Mädchen nicht zur großen Weltgruppe der Hippies gehörten. Aus dem modernsten, dem technischsten Land der Welt kam eine so romantische Bewegung, eine so unbegreiflich revolutionäre Wendung zu juveniler Poesie, zu Leistungsverweigerung. Die ganze Welt versetzten diese Blumenkinder in Sorge mit ihrem »make love, not war!« Freier Sex! Hasch! Marihuana! Kommunen! Das war gefährlich, das stellte bürgerliche Grundsätze nicht nur in Frage; alle etablierten Verhältnisse sollten abgeschafft werden. Sanftes Blumenstreuen, Räucherkerzen, Joint-Entrückungen entwickelten sich zu einer neuen politischen Kraft, die sich mit studentischen Gruppen verband und vor allem von ihnen getragen wurde. Sie formulierten jetzt öffentlich: Nicht nur unter den Talaren ihrer Professoren sollte der Muff von tausend Jahren weggelüftet werden, sondern aus der gesamten bürgerlichen Gesellschaft – im Sinne des Gesamtzustands der Menschen innerhalb eines Systems. Die herrschende Gesellschaftsordnung wurde abgelehnt.

Ein Bürgersohn, Rudi Dutschke, der ideologische Anführer der Bewegung, die sich »Außerparlamentarische Opposition« nannte, mobilisierte die gesamte bürgerliche Jugend – eher sie als die Massen der Arbeiter, die eigentlich mobilisiert werden sollten. Der »Spiegel« schrieb:

Die bleiche Stirn vom nachtschwarzen Schopf überflattert, das Kinn von Stoppeln verschattet, die dunklen Augen unter buschigen Brauen ekstatisch entflammt – da ist nichts an Rudi Dutschke, das nicht dem Bild des braven Bürgers vom Revolutionär entspräche... Was Dutschke denkt, ist ›Revolution‹, ›Konterrevolution‹, ›Obstruktion‹, ›Sumsuption‹, ›Integration‹, ›Transformation‹, ›Repression‹, ›Manifestation‹, ›Manipulation‹... Kaum ein Mensch versteht's, doch die Republik spricht von ihm. Wenn das Stichwort ›Dutschke‹ fällt, werden müde Partys munter.

Intellektuelle, Pseudointellektuelle, aufgeschlossene Schöngeister beschäftigten sich mit dem neuen Phänomen, und die feinen Kreise öffneten sich ein wenig der Diskussion über die Erscheinung »Apo«. Die Eltern der Studenten waren aufgeschreckt – die einen erbittert und ablehnend, andere um Verstehen bemüht, aber doch sehr zurückhaltend. Es handelte sich, so hofften sie, um eine Phase, die jedem Jugendlichen sogar wohl anstand. Die jungen Menschen würden da auch wieder herauskommen. Nur, dies Ausmaß ihres Engagements für Vietnam war nicht zu begreifen. Ihr hochgemutes *Ho Ho Ho Chi Minh*, wenn sie in langen Zügen auf den Straßen demonstrierten, gegen Wasserwerfer der Polizei anrannten, empfanden die meisten Eltern als mindestens peinlich. Vietnam war doch sehr weit weg. Konnte man sich ein Urteil darüber erlauben, was da vorging? Furchtbar war es allerdings. Im Fernsehen sah man diese Greuel immer gerade zum Abendbrot.

Besondere Vorbehalte gab es gegen diese neue Apo-Sprache: Rudi Dutschke sprach sie, und die gesamte Außerparlamentarische Opposition machte sie sich zu eigen:

Wenn wir es schaffen, den Transformationsprozeß, einen langwierigen Prozeß, als Prozeß der Bewußtwerdung der an der Bewegung Beteiligten zu strukturieren, werden die bewußtseinsmäßigen Voraussetzungen geschaffen, die es verunmöglichen, daß die Eliten uns manipulieren...

Das war nicht gerade eine Sprache der Arbeiter, um die doch geworben wurde. Demagogisch war diese Sprache schon gar nicht.

Aber es hatte Schick, zu diesen Kreisen Verbindung zu halten. Die Radikalen, die Linken wurden zu Partys als unterhaltsame Bürgerschrecks eingeladen oder von den eigenen linken Kindern mitgebracht. Cohn-Bendit war gestern mit einer italienischen Prinzessin bei Rapallo gesehen worden, heute zierte er den Industriellensalon in Düsseldorf. Schöne Mädchen, attraktive langhaarige junge Männer genossen die Drinks der Eltern, der Bürger, der »nützlichen Idioten«.

Eine Randgesellschaft, bestehend aus bürgerlichen Menschen, hatte gern teil an dem neuen Leben, an den Treffpunkten der neuen Lockerheit. Man verjüngte sich. Journalisten, die man gestern noch im Smoking bei einem offiziellen Empfang sah, überraschte man heute barfuß in einer linken Kneipe, wo aus der Musikbox viele Male am Abend die Internationale, gesungen von einem Opernchor, durch Qualm und Bierdunst jubelte.

Ins Theater ging man nicht mehr »fein« gekleidet. »Fein« war unfein, unfein war fein. Die neuen Theaterstücke waren nicht mehr als »kulinarische« Publikums-erbauung zu verstehen, sondern als Provokation, als Anstoß zum »Bewußtseinsveränderungsprozeß«. Lustvoll ließ das Publikum sich auch von der Bühne herab beschimpfen.

An der Wand im Jungmädchenzimmer hing das Bild von Che Guevara. Ungern ließen die Kinder sich noch mit ihren Eltern sehen. Wenn sie sich dazu bereit-fanden, bestanden sie auf betont lässiger Kleidung. Die Mode war endgültig von jedem Diktat befreit, das war eine Folge der Revolution, die – trotz der Straßen-schlachten – letztlich doch nicht stattfand. Die zahllosen Mitläufer begnügten sich mit dem linken Stil. Second-hand-Garderobe war das Begehrteste. Läden mit gebrauchten Kleidern von Omas und Tanten wurden aufgemacht und waren erfolgreich. Dort wurden Räucherkerzen abgebrannt, ein Hauch von Hasch lag in der Luft. Es gab jetzt eine Subkultur. Die Industrie griff den Trend auf und produzierte Subkultur in großen Auflagen. An der weltweiten Bewegung der Blumen-kinder wurde weltweit gut verdient. Kneipen wurden ganz und gar mit alten Möbeln eingerichtet. Fotos alter Tanten von 1900 hingen an den Wänden, zwischen Palmwedeln und alten Vasen. Die Liebe zum Jugendstil kam auf, die Preise stiegen. Trödel und Edeltrödel machten den Antiquitätenläden Konkurrenz. Aus den Apo-Kneipen wurden allmählich Treff-punkte überwiegend für Künstler und Lebenskünstler. Die siebziger Jahre brachen an.

Junge Männer, die wenige Jahre zuvor noch ihre Professoren mit Farbbeuteln beworfen hatten, waren jetzt selbst Professoren. Revolutionäre Studenten machten doch noch ihre Examina und wurden Referendare, Lehrer, Studienräte, Soziologen, Psychologen, Politologen, Ärzte, Architekten, Diplomingenieure, Diplomvolkswirte – auch Juristen. Die unterdrückten Massen, die für eine Revolution hätten gewonnen werden müssen, waren nicht aufzubringen gewesen. Die Massen lebten gut. Sie wünschten ein bürgerliches Leben; sie wollten die Klasse nicht bekämpfen, deren Lebensstil sie sich angleichen wollten. Nicht nur die Preise, auch die Löhne waren gestiegen. Billigreisen in Gruppen-formationen brachten jedermann zu fernen Gestaden, von denen er früher nicht einmal zu träumen gewagt hatte. Die Massen waren überwiegend dem Genuß des Erreichten hingegeben. Nur die vielen Gastarbeiter empfanden sie als fremd und lästig. Aber noch wurden »die« gebraucht – für Arbeiten, die hier niemand mehr gern anpackte.

Es gab nichts, was zu wünschen ganz aussichtslos gewesen wäre. Man konnte einen Teppich aus grünem Kunststoffrasen ins Auge fassen, oder vierzehn Tage Lanzarote, oder eine Stereoanlage. Wurde man von einem Wunsch übermannt, konnte man in einen Laden gehen und ohne Anzahlung den Farbfernseher gleich mitnehmen, oder das Jugendzimmer geliefert bekommen, den Glastisch »Adalbert«, die Schrankwand »Edgar«. Bequeme Teilzahlungen, verteilt auf Monate oder Jahre, ließen die hohe Verzinsung vergessen. Die Banken lockten mit phantastischen Krediten; zahllose kleine Leute machten Schulden, es war überhaupt nichts dabei. Und alle träumten von einem Lottogewinn.

Das Verlangen nach bürgerlichem Wohlleben wurde zum Massenverlangen – alle durften es sich erlauben. Bevorzugte Behandlung vornehmer Kunden gab es nicht mehr. Im Selbstbedienungsladen sind alle gleich. Lange hielten verwöhnte Bürger noch am Kauf im Einzelhandel, im Fachgeschäft, fest, aber auch sie erlagen den Verlockungen des billigen Einkaufs in den neuen Großflächenschuppen. Man entdeckte die Vorteile der neuen Warenverteilung, und bald bekam man auch dort alles, was Verwöhnte brauchten: den echten Kognak, den echten Wodka, Markensekt, Lachs und Krabben, Hummerkonserven, Schnecken, chinesische Suppen, vor allem Crème fraîche.

Nur, geschickt wurde gar nichts mehr. Service war eine Sache von gestern und vorgestern; in einem kleinen Geschäft

Unerwartete Probleme – die Gastarbeiter

Der Preis des Überflusses –
die Selbstbedienung

konnte man seinerzeit durch seine Ansprüche imponieren. Die Gleichheit aller Menschen – durch den Kapitalismus war sie in gewisser Weise erreicht, im kapitalistischen Westen.

Über dieser Sattheit brach die Depression herein. Ölverteuerung, Energiekrise, Grenzen des Wachstums, Arbeitslosigkeit. Wieder war es der obere Mittelstand, der von dem Debakel nicht hart getroffen wurde. Energiesparen wurde eine eher sportive Mode. Allgemein aber wurde kaum weniger Auto gefahren als vor der Ölkrise. Das Auto tastete man als letztes an. Es war unentbehrlich geworden, es war das Gehäuse des Ich, in dem es sich frei fühlte. In den öffentlichen Verkehrsmitteln drängten sich die Armen, die wirklich Genügsamen, die Gastarbeiter, alte Frauen, und die Kinder. Elegante Kleidung fiel hier mißliebig auf. Zwar gab es noch Angehörige der sogenannten besseren Stände, die kein Auto besaßen und mit genießerischer Gelassenheit Bus und Untergrundbahn benutzten. Aber sie kleideten sich auf ihren Wegen unauffällig. Das Konsumverhalten änderte sich wenig. Aber die vielzitierte Bewußtseinsveränderung trat tatsächlich ein. Die Epoche der bürgerlichen Restauration war endgültig vorüber. Die Bürger paßten sich der Auflehnung gegen die Anpassung an. Selbst sehr Konservative mußten Konzessionen an die veränderten Denkweisen und Lebensformen machen. An den langen Haaren erkannte man keinen Linken mehr, am Vollbart nicht mehr den Anarchisten. Volles, längeres Haar war zur Mode geworden. Auch ein dynamischer Manager konnte einen Bart tragen. Den einstigen Revolutionären lichtete sich schon das Haar. Eine vielbelächelte Tendenzwende brachte bereits die Gegenrichtung des kürzeren, des »manierlichen« Haarschnitts.

Wo waren die Enttäuschten der nicht stattgehabten Revolution geblieben? Sie waren bürgerlich geworden, oder sie hatten sich der biodynamischen Ernährung zugewendet, hatten Werkstätten und Läden aufgemacht, sich in alten Fabriken eingerichtet. »Tunix« nannte sich die totale Verweigerung. Im Untergrund lebten die Terroristen, um die man in mancher bürgerlichen Familie traurig bangte, die man verurteilte und nicht verstand, die man aber bedauerte. Es gab – neben Erbitterung und Zorn – Trauer um die in revolutionärer Leidenschaft verelendeten Kinder, die auf der Bahre aus ihren Zellen getragen wurden, während doch gleichzeitig niemand zu sagen wußte, wie es denn anders hätte ausgehen sollen.

Revolutionär gestimmte Frauen, die aktiv blieben, wandten sich der Frauenfrage zu. Die Frauenfrage war von der Apo beiseite gelassen worden; Frauen hatten auch da hauptsächlich kochen, waschen und tippen dürfen. Die Frauenemanzipation manifestierte sich mit allem Mut zur Unpopularität, und es war erstaunlich, wie weit sich die Frauen, im Überschwang auch schwärmerischer Gefühle, vorwagten. Es gab keinen Punkt, in dem sie nicht Recht hätten – aber ihr vorangestellter Männerhaß stand einem breiten Zulauf von Frauen im Weg.

Die Frauenfrage hat sich mit der lesbischen Liebe verheiratet und ehrt die homosexuellen Männer. Das machte es den Bürgern herkömmlicher Veranlagung schwer, sich mit der Frauenemanzipation zu beschäftigen. Doch veränderte sich schon erkennbar das Familienleben. Der Mann »half« der Frau nicht mehr im Haushalt, er hatte voll mitverantwortlich seinen Teil Hausarbeit zu erledigen. Die Frauen wollten in richtigen Berufen tätig sein, ganz allmählich wurde »Nur-Hausfrau« ein verschämt oder seufzend-trotzig eingestandener Beruf.

Der Arbeiter allerdings war mit solcher neuen Lehre nicht einverstanden. Er wollte nachholen, was ihm der bürgerliche Stand früher voraus hatte: Seine Frau sollte nicht arbeiten müssen. Sie sollte nur für ihn da sein, sollte ihm, wenn er von der Arbeit kam, die Idylle bieten, die einst nur dem Bürgersmann zustand, das Genrebild der behüteten, ordentlichen Familie, des gepflegten Heims.

Solche Ideale waren aber von den sozialen Maximen der Zeit längst überrollt. Es war die Frau des Mittelstands, die den neuen Auffassungen mit Glück folgte. Höhere Qualifikation, Wunsch nach Unabhängigkeit, eigenes Geld – die Karrierefrau bildete sich als Typ heraus. Unverheiratet zu sein, war kein Makel mehr; die alte Jungfer war ausgestorben.

Die achtziger Jahre finden die Bürger der Bundesrepublik Deutschland in fortgesetzter Depression. Der Mittelstand macht sich Sorgen: Werden seine Kinder etwa nach vollendetem Studium ein Akademiker-Proletariat bilden? Viel zu viele haben Soziologie, Politologie, Pädagogik studiert, Lehrer sind arbeitslos. Akademiker bestreiten mit »Jobben« ihren Lebensunterhalt. Man kann alles einmal machen. Die Bürgerkinder von heute sind sich für nichts zu schade. Aber der Wunsch bleibt bestehen, zu dem Status zurückzukehren, den man mit Recht immer noch den privilegierten nennt. Ist das Ende der Illusionen gekommen?

Die Werbewirtschaft bietet alle Anstrengungen auf, um die zahlreichen Wünsche am Leben zu erhalten. Eine Menge Leute können sich ohnehin noch immer vieles leisten. Morgens fällt der Prospekt aus der Zeitung, mit Angeboten vor allem von Möbeln. Ist die Schrankwand passé? Ist es wahr, daß das Einzelmöbel wieder im Kommen ist? Hat man die Küche doch nicht mehr rustikal, die ganze Technik altdeutsch verkleidet – hat man jetzt wieder alles ganz in Weiß? Wohnzimmer wiederum, behaupten solche Prospekte, sollten ein Gefühl vermitteln, als wohne man ganz wie die alten Ritter. Reiseprospekte, Reise-Fernsehsendungen machen uns klar, daß immer noch neue Ferienwünsche geweckt werden können. Es muß Kreise geben, die sich weiterhin jeden erdenklichen Luxus leisten können. Die Gesellschaftsreisen entwickeln immer mehr Geschick, individuelle Interessen der gehobenen Mittelklasse zu wecken. Da fährt man dann im Kanu mit Eingeborenen auf dem Urwaldfluß. In Ägypten müssen neben den Pyramiden ausgedehnte Hoteldörfer gebaut werden, um die Touristen unterzubringen. Niemand möchte eigentlich Tourist sein, es ist beinahe ein Schimpfwort; Touristen sind immer die anderen – so geniert sind die wenigen alleinreisenden Touristen.

Erhaben gestimmt kommt man vom Abenteuer- und Strapazenurlaub zurück; selbst vor dem »Überlebens-Urlaub« schreckt mancher nicht zurück.

Aus dem einst romantischen Reisen mit Rucksack und Zelt wurde das Reisen mit Auto und Zelt – nicht mehr zu Zelt-, sondern zu Campingplätzen; schließlich bildeten die Camping-Reisenden mit Wohnmobilen oder Wohnanhängern international eine Heerschar von Simulanten des einfachen Lebens, des Nomadentums, dem man sich zur Erholung und Abwechselung in den Ferien hingab. Aus dem abenteuerlichen Sichbehelfen, Sichbegnügen mit dem Einfachsten hat sich mit der Zeit eine gigantische Industrie entwickelt, die Campingreisen mit größtem Komfort ausstattet. Nun ziehen die Wohnwagen über unsere Autobahnen, mit Gardinchen an den Fensterchen; drinnen kann die Familie wie zu Hause um einen Tisch sitzen, auf dem ein Blumentopf steht: Bürgerliches Nestbauen findet zur Doppellust, vom Daheim ein niedliches Duplikat zu schaffen.

Grausam quälen viele Leute sich gegenseitig mit – nein, nicht mehr – Diavorführungen; jetzt sind es richtige Filme, mit Ton.

Bedenken wir aber: Wir sehen und hören doch weitaus mehr die herausragenden Beispiele von Wohlleben und Wohllebens-

Schön ist auch anderswo, und hier bin ich ja sowieso (Wilh. Busch)

Erlaubt ist, was gefällt (Goethe)

verlangen als von dem normalen, bürgerlichen Alltagsleben. Nur sehr wenige besitzen schon einen Zweitwohnsitz in Florida. Und mag auch Fuerteventura, mag Kenia oder Barbados sehr in Mode sein – die Veröffentlichungen darüber spielen diese Luxuswünsche noch eigens hoch. Die meisten leisten sich nur einen Bruchteil von allem, was es gibt. Viele Familien fahren noch wie seit altersher in einen bescheidenen Ort in Deutschland, wohnen in einer kleinen Pension, laufen mit ihren Kindern durch den Wald, bauen Burgen am Strand.

Aus der Deutschen Demokratischen Republik wissen wir, daß sich dort eine Form von Bürgerlichkeit erhalten oder sogar neu gebildet hat; sie scheint so tugendreich zu sein, daß sie vom Sozialismus nicht verworfen wird: Maßvoll, aber um so herzlicher wird die Gemütlichkeit hochgehalten, wie sie jedem arbeitenden Menschen zukommt. Die bürgerliche Klasse, einst gegen den Feudalismus angetreten, dann von der Arbeiterklasse als Klassenfeind bekämpft, wird in ihren historischen Verdiensten behutsam gewürdigt. Es gibt ein bürgerliches Erbe, auf das zu verzichten

sich als Torheit erwiesen hat. Wer Weimar besitzt, muß etwas Rot nachlassen. Die literarische Seite der Bildung bleibt bürgerlich, denn Literatur ist von bürgerlicher Tradition. Sozialistischer Ausgleich sähe gern den Arbeiter, der das, was am Bürgertum positiv war, nun seinerseits in Besitz nähme, handelt es sich doch um ein allgemein menschenwürdiges Leben, allgemein anständige Lebensformen. So kommt es, daß im sozialistischen Teil Deutschlands bessere Restaurants nicht ohne Schlips und Kragen betreten werden können.

Im Theater sieht man bemühte Feinheit: das lange Kleid, den Silberschuh der Damen, die Frisur frisch vom Friseur. In den Pausen hört man gebildetes Geplauder wie in den Theatern der Bundesrepublik Deutschland.

Wir hören und lesen oft, wieviel menschlicher die Menschen drüben seien, wieviel natürlicher, befähigt zu behaglichem Zusammensein ohne viel Aufwand. Unbeliebt ist drüben der Westdeutsche, der zeigt, was er hat, was er ausgeben kann: Sekt für alle!

Im Westen kommt Bedürfnislosigkeit als Mode auf – auch ein Überbleibsel aus der Aufruhrzeit. Man hat solange in Trödelläden gestöbert und sich das Notwendigste für den jugendlichen Wohnanfang zusammengesucht, bis diese Läden sich derart vermehrt und ein solches Image gewonnen hatten, daß An- und Verkauf zu einem harten Geschäft geworden sind. Dadurch sind die Billigkäufer nun wiederum ins Hintertreffen geraten; nun bilden sie das große Publikum der Abholmöbelfirmen.

Das Entzücken an alten Formen aber greift um sich: Man entdeckt die alten

Industriearchitekturen, die ersten Eisen- und Glashallen der Bahnhöfe. Die Nostalgiewelle, oft totgesagt, findet kein Ende. Es ist eine große Sehnsucht in uns, die ist antimodern. Großmutters Gurkenkruke ist schön. Alles Alte ist schön. Stricken ist schön. Die Studentinnen sitzen in der Vorlesung und stricken. Damen schaffen sich einen Stickrahmen an. Man kann spinnen und weben lernen. Das Spinnrad im deutschen Wohnzimmer – sehr apart. Zuhause töpfert man Eigengeschirr.

Beinahe nichts gibt es mehr, was nicht »alternativ« wäre oder so genannt werden könnte. Irgendeinen alternativen Hang hat jeder.

Die große Umweltklage hat uns alle erfaßt. Früher hätten wir mit dem Wort »Umwelt« nichts anzufangen gewußt. Kaum hatten wir begriffen, daß mit »Lebensqualität« etwas gemeint war, was täglich abnahm, war das Wort schon wieder aus der Mode. Aber die Möglichkeit, Bürgerinitiativen zu bilden, wird als positiv aufgefaßt und angenommen. Jeder Bürger hat oft Lust, da einmal mitzumachen. Da wäre sein Sachverstand gefragt. Aber die meisten neigen doch mehr zum Beobachten. Wie leicht mischt sich eine Initiative mit einer dubiosen »Szene«.

Gibt es überhaupt noch einen Freiraum außerhalb irgendwelcher »Szenen«? »Kunstszene«, »Literaturszene«… Es gibt aber keine »Kaufmannsszene«, keine »Beamtenszene«. Wer unauffällig lebt, gehört zu gar nichts. Die Familien wünschen, daß ihre Kinder von »Szenen« verschont bleiben. Das Szenenangebot ist zum Fürchten: die Drogenszene, die Rockerszene, die Hausbesetzerszene – die Punks. »No future« – was für eine Jugendlosung!

Die Punks sind nun nicht mehr übersehbar unter uns. Eine tief proletarische Trotzmode hat auf bürgerliche Kinder übergegriffen. Auch Bürgertöchter haben plötzlich grüne und rosafarbene Stacheln auf dem Kopf. Wir beobachten, daß der enorme Bürgerschreck allmählich ästhetischer, schicker wird – er wird industrialisiert. Es wird wohl eine Mode sein wie jede andere, wird vorübergehen. Schon haben wir das attraktive Gegenspiel: Reizende Mädchen kleiden sich im Pagenlook, mit Kniebundhosen zu feinen Seidenblusen. Auch die ältere Dame – warum nicht? – geht so ins Theater, mit

Deutsches Allgemeines Sonntagsblatt

Schleifchen am Knie. Das Pendel schlägt weit aus – von Provokation zu Entzücken. Prognosen für ein bürgerliches Jahr zweitausend sind müßig. Das Bürgertum wird nicht mehr von einer Schicht dargestellt. Es wird gebildet aus Lebensgewohnheiten und -ansprüchen, die auch an diejenigen Stände vermittelt worden sind, die man einst als die »unteren« bezeichnet hat. Es wird weiterhin den Unterschied zwischen dem sauberen Schreibtischberuf und der Arbeit geben, bei der man nicht sauber bleibt. Das mag immer noch eine Trennung, einen Schnitt bedeuten. Die klassenlose Gesellschaft ist ein Traum, der sich erübrigt, wenn soziale Gerechtigkeit verwirklicht wird.

Der Bürger des ausgehenden Jahrhunderts ist an Exklusivität nicht mehr interessiert. Er macht alles mit, er sieht sich als Mensch in einer Masse, gegen deren Gewohnheiten und Moden er nichts ausrichten kann. In der breiten Masse entstehen Bewegungen, die attraktiv sind. Der Bürger will seine Kinder nicht mehr von der klassenlosen Jugend absondern, die sich in den Diskotheken trifft. Dort findet sich zusammen, was jung, nicht, was privilegiert ist.

Die Friedensbewegung ist eine Massenbewegung; die Bürger können nicht für sich in Anspruch nehmen, sie seien grundsätzlich ihre Träger.

Was von dieser Schicht, die einmal eine Klasse war, bleiben wird, ist das einfache und menschliche Verlangen, ohne größeres Unglück von der Wiege ins Grab zu gelangen. Man weiß, daß außerordentliche Tragödien gerade in solche schlichten Lebenswege einbrechen können. Die »bürgerliche Tragödie« folgte in der dramatischen Dichtung der Königstragödie. Verlust der Ehre, Verlust des Ranges, Verlust des Vermögens: Das war der Stoff der bürgerlichen Katastrophen. Sie sind heute dramatisch weniger verwendbar, da wir insgesamt vor Katastrophen ganz anderen Zuschnitts zittern.

Der Rest des bürgerlichen Selbstverständnisses präsentiert sich als das, was alle Menschen wollen, was allen zugestanden werden muß: ein angenehmes Leben, in behaglicher Umgebung, mit

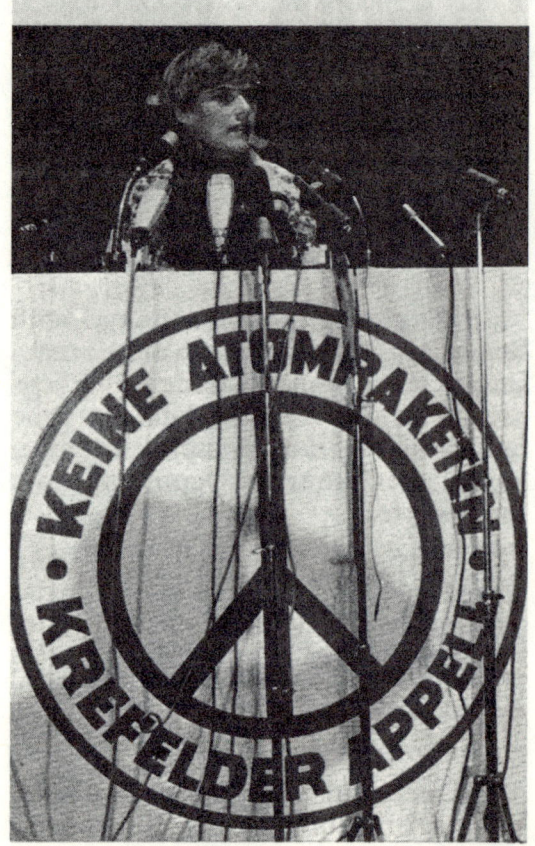

Die große Verweigerung

freundlichen Umgangsformen. Selbst in den verschrienen Hausbesetzerkreisen und gerade bei den »Alternativen« bilden sich Ansprüche nach altem Vorbild: Topfpflanze und Sofa, der selbstgebackene Napfkuchen, Besuch am Abend. »Besitz und Bildung«, der doppeltgegipfelte Stolz des einstigen Bürgerstandes, kann als offizielles gesellschaftliches Ziel nicht mehr formuliert werden: Es wäre arrogant, ja, lächerlich. Insgeheim aber ist die Verbindung dieser beiden Glücksgüter noch immer das Lebensziel einer Mittelschicht von nicht genau fixierbarer Breite. Kultur ist eines der meistgebrauchten Wörter; die Beflissenheit, kulturell auf dem Laufenden zu sein, hat sich noch nie so eifrig gezeigt. Es herrscht Furcht, als rückständig zu gelten, wenn man sich avantgardistischen Kunstrichtungen versagt. Will aber eine Familie regelmäßig Theater, Opern und Konzerte besuchen, die interessantesten neuen Filme sehen, vieldiskutierte Neuerscheinungen lesen, die wichtigsten Kunstausstellungen besuchen, Bildungserlebnisse auch auf Reisen wahrnehmen, so muß sie sehr schnell ermatten: Ein mittleres bürgerliches Einkommen kann diesen Bedarf nicht decken. So kommt es, daß die Kulturpublizistik eine einschüchternde Wirkung ausübt; der Bildungsbürger hat das Gefühl eines ständigen Defizits zu bewältigen. Wenigstens aber hat er von allem etwas gehört, hat über alles etwas gelesen, kann sich zu allem auch ein wenig äußern.

Es ist ein Trost, daß man weiß: Bildung von universalem Umfang gibt es seit zweihundert Jahren nicht mehr. Nur die Gebildeten, die den Standard des neunzehnten Jahrhunderts noch halten, aus der »alten Schule«, die sich bis zur Mitte unseres zwanzigsten Jahrhunderts fortsetzte und in der man ein denkbar umfangreiches Wissen erwarb, haben Bedenken gegen den anders orientierten Bildungsbegriff heutiger Abiturienten und Studenten. Das in seiner Weise so köstliche Gut der Allgemeinbildung wird von Wenigen an Wenige weitergereicht.

Kritisch betrachtet wird der Umgang der nach jetzigen Begriffen gebildeten Jugend mit der Sprache; Professoren klagen über die aufgeschwemmte, nichtssagende Ausdrucksweise der Studenten. Die Welle der Soziologensprache hat eine weitere Sprachwelle herangespült: eine Inflation leerer Füllwörter.

Die Musikpflege, wie sie früher zur bürgerlichen häuslichen Kultur gehörte, hat sich durch die Technik gewandelt. Ob das eine Verkümmerung darstellt, ist schwer zu entscheiden. Viel ist auf dem Klavier auch an der Musik gesündigt worden. Viel Dilettantismus hat sich auf Blockflöten, Geigen, Akkordeons hören lassen. Dennoch hat das Hauskonzert immer einen guten Ruf gehabt: das Streichquartett, die Violinsonate. Wo die liebenswürdigsten Tugenden der bürgerlichen Kultur lagen – und noch liegen –, kann nur punktuell angedeutet, nicht exemplarisch zusammengefaßt werden. Die Kinder heutiger Bürger lieben das Gitarrespiel, aber auch das Klavier zieht wieder in viele Wohnzimmer ein. Die Heimorgel ist ausersehen, schwachbegabten Kindern zu ermöglichen, ihrer Familie das Gefühl zu vermitteln, auch bei ihr sei die Musik zu Hause.

Das bürgerliche Besitzdenken ist revolutioniert. Man ist empfindlich gegen Imponiergehabe. Das Klasse-Auto des Nachbarn macht nicht mehr unruhig. Es gibt Bürgerstolz, der sich in der Feststellung ausdrückt: »Unsere Bildung ist enorm, unsere Kaufkraft gering.« Der verbürgerlichte Arbeiter, der durch Überstunden ein

Einkommen erreichen kann, das manches Bürgereinkommen übertrifft, freut sich verständlicherweise an seinem wohlausgestatteten Heim.

Woran der Bürger – wenn es ihn denn noch gibt – festhält, ist die »gute Adresse«, ein Verlangen, das regional unterschiedlich ausgeprägt ist. In Hamburg und Bremen gibt es noch eine nach der Wohngegend orientierte geheime Klasseneinteilung; aber auch Münchens Grünwald und Bogenhausen, Berlins Grunewald und Dahlem dienen als Etikett gehobener Existenzen. Der Luxus der Reichen wird immer erstaunlicher und zeitigt bei den im finanziellen Mittelstand lebenden Bürgern eine gewisse Tapferkeit: eben das Sich-nicht-imponieren-lassen. Eine geschmackvolle Lebensart kann doch ein jeder pflegen; Feinschmecker sein, Ansprüche an das Essen in guten Restaurants stellen – es wird in Deutschland von anerkannten Vorschmeckern gelehrt. Zwei Drittel der Erdbevölkerung leben in Hunger und Unterernährung. Aber die Kunst, eine Sauce béarnaise abzuschmecken, soll dennoch hochgehalten werden: der Eßkritiker – ein neuer Beruf; seine Leser staunen über seine selbsteingesetzte Autorität. Unter allen Snobismen ist der Eß-Snobismus derzeit der markanteste. Während er gewiß einen wohltätigen Einfluß auf deutsche Kochgewohnheiten ausübt, wird gleichzeitig gerätselt, warum die Hamburger-Stationen sich immer mehr verbreiten.

Allgemein nehmen Erscheinungen, die beklagt werden, ständig zu. Während wir erbittert in unsere schmutzige Flüsse starren, sterben sie vor unseren Augen. Unbeirrter Merkantilismus steht aufgebrachtem Begehren nach Naturschutz und Gesundheit gegenüber: Polarisierungen des Bürgertums, in dem sich Besitz und Bildung eher trennen als vereinen.

ELBWASSER MACHT SCHLANK !
Arbeitsgruppe gegen Unterelbeindustrialisierung (AGUI)/BUU

Das Schwanken zwischen Lebensgenuß – nach dem Motto: wer weiß, wie lange die Welt noch steht! – und tätiger Hinwendung zu den Problemen der Zeit – mit der Frage: wie kann die Verelendung der Menschheit aufgehalten werden? – ist heute den Menschen aller Schichten gemeinsam. Der ganz und gar Unpolitische ist seltener geworden. Man scheut sich, einzuräumen, daß man vordringlich seine Ruhe haben will. Aber sogar am Ende aller humanitären Utopien steht der Traum: Einmal soll eine Zeit kommen, in der alle ihre Ruhe haben. Natürlich denkt man dabei an eine heitere Ruhe.

CIP-Kurztitelaufnahme der Deutschen Bibliothek

Weber, Annemarie:
Immer auf dem Sofa: Das familiäre Glück vom
Biedermeier bis heute / Annemarie Weber. –
Berlin: Severin und Siedler, 1982.
ISBN 3-88680-039-3

Die Abbildungen stellte Claus-Peter Gross
aus seiner Privatsammlung zur Verfügung.

© 1982 by Quadriga GmbH
Verlagsbuchhandlung KG, Berlin
Severin und Siedler
Alle Rechte, auch das der fotomechanischen
Wiedergabe, vorbehalten
Layout: Hildegard Morian
Satz: Bongé & Partner, Berlin
Lithos: Rembert Faesser, Berlin
Druck und Buchbinder: Spiegel, Ulm
Printed in Germany 1982
ISBN 3-88680-039-3